U1009134

上海财经大学商学院"全球经济与金融研究中心"成果

国际金融发展报告

（2016）

靳玉英 等　编著

上海财经大学出版社

图书在版编目(CIP)数据

国际金融发展报告.(2016)/靳玉英等编著．—上海:上海财经大学出版社,2016.12

ISBN 978-7-5642-2647-3/F·2647

Ⅰ.①国… Ⅱ.①靳… Ⅲ.①国际金融-经济发展-研究报告-2016 Ⅳ.①F831

中国版本图书馆 CIP 数据核字(2016)第 305538 号

□ 责任编辑 施春杰

□ 封面设计 张克瑶

GUOJI JINRONG FAZHAN BAOGAO

国际金融发展报告

(2016)

靳玉英 等 编著

上海财经大学出版社出版发行

(上海市武东路 321 号乙 邮编 200434)

网 址:http://www.sufep.com

电子邮箱:webmaster @ sufep.com

全国新华书店经销

上海华业装璜印刷厂印刷装订

2016 年 12 月第 1 版 2016 年 12 月第 1 次印刷

710mm×1000mm 1/16 20.25 印张 311 千字

定价:58.00 元

本研究报告得到“上海市曙光学者计划”资助出版

前 言

随着经济全球化的深入发展，各国在金融维度的联系日益密切，全球金融市场的联动性不断增强。距 2008 年全球金融危机发生已过去 8 年时间，世界经济形势依旧低迷，经济结构进入深度调整期。加之中东地区地缘政治动荡，全球面临恐怖主义风险加剧，国际金融体系的运行面临着多重考验。

首先，世界各国经济走势出现分化，宏观经济政策步调不一。2015～2016 年间，在发达经济体中，欧元区国家和日本的内部经济依旧存在产出缺口，通货紧缩的阴霾未散，因而继续维持扩张性货币政策，旨在降低信贷成本，刺激经济增长。而美国经济表现有所起色，失业率创 2008 年金融危机以来新低，为此，美联储开始逐步退出量化宽松的货币政策，在 2015 年底开启美元加息通道，上调联邦同业拆借基金基准利率，导致美元汇率不断攀升。对于新兴经济体而言，由于美联储加息政策的外溢效应，加之全球经济总需求不足，大宗商品价格在低位震荡，阿根廷、巴西、俄罗斯等资源出口型国家经济增速纷纷回落，跨境资本外流加剧，通货膨胀高企，货币大幅贬值，资本市场动荡不安。

其次,国际金融市场风险持续累积,严重威胁全球金融体系的稳定。IMF于2016年10月发布的《财政监测报告》显示,全球总体债务水平创历史新高,非金融部门债务超过152万亿美元。持续走高的债务水平会侵蚀一国财政的可持续性,降低经济政策操作空间,提高金融危机发生概率。对于发展中国家,由于美元进入升值通道,而国内对外债务普遍存在币种错配,无疑将进一步加重债务负担,提高融资成本。当前,各国货币当局加快推进经济"去杠杆化",旨在化解潜在债务风险,对于维护全球经济和金融安全至关重要。

再次,全球"黑天鹅事件"频发,对全球经济金融市场的运行构成负面干扰。2016年6月,英国"脱欧公投"获得通过,导致英镑在随后的两个交易日内汇率重挫10%,全球股市蒸发3万亿美元。具有民粹主义特征的美国总统候选人特朗普"逆袭"竞选成功,欧美的反全球化思潮开始抬头。当前,全球经济复苏前景仍不明朗,仍处于后金融危机的阴霾笼罩之下,尤其需要各国紧密合作,推进经济和金融政策协调。而美国和欧洲出现的贸易保护主义和孤立主义倾向,无疑为世界经济的复苏蒙上了一层阴影。

最后,2008年爆发的全球金融危机彻底暴露了以美元为主导的国际货币体系的内在缺陷,美元承担本国货币和世界货币的双重职能存在根本性冲突。然而,全球货币体系的改革进展十分缓慢,在G20峰会的推动下,国际社会对全球金融机构治理和监管框架进行了一系列修补,但并未从根本上解决问题,美联储依旧无法在兼顾国内经济目标的同时为全球经贸发展提供充足稳定的流动性并承担最后贷款人的职责。随着美元进入加息周期,预计将会引发全球流动性收缩和国际风险资产的重新配置,进而使得国际金融动荡的周期性持续显现。

作为全球最大的发展中国家,我国同样需要对潜在的金融风险保持高度警惕。自2015年以来,随着国际资本的不断外流,外汇储备持续减少,离岸与在岸市场人民币汇差出现偏离,人民币贬值压力凸显。此外,我国房地产市场的非理性上涨,银行信贷的过度投放,使得实际信贷扩张差额远高于国际危险临界值,金融市场累积的风险日益扩大。如何有效应对国内房地产泡沫,及时化解银行业债务风险,防范外部突发性事件对我国经济金融系统的冲击,成为未来宏观审慎监管的重要方向。

鉴于全球金融市场运行面临的不确定性和高度传染性，我国建立完善的宏观审慎监管框架，构建金融防火墙有其内在需要和现实紧迫性。本人基于专业责任感和研究兴趣，希望通过编撰年度《国际金融发展报告》，详细分析全球资本市场总体运行态势，系统研究各国国际收支状况，有效识别全球金融市场压力和潜在危机，为我国金融系统改革和有效应对内外部金融风险提供些许的参考性政策建议。

由于自身时间和精力有限，研究内容难免存在疏漏，本书不足之处，还请各位同仁及时指正，并在未来的报告中进一步完善。

目 录

第一章

国际金融市场

第一节　国际金融市场总体运行概述

2015 年是国际金融市场动荡的一年，各类金融动荡事件频发。瑞郎“黑天鹅事件”、“希腊悲剧”、乌克兰危机、欧元大跌、美元加息、中国股市大挫和人民币贬值等，多国的政策转换与不确定性问题一并引发了金融市场波动性的上升，全球金融动荡加剧，各国货币当局愈发重视自身的金融安全与稳定。

一、全球外汇市场

（一）全球外汇市场发展状况

全年外汇市场整体跌宕起伏，汇率波动剧烈。瑞郎“黑天鹅事件”开启了 2015 年全球外汇市场跌宕起伏的一年。1 月 15 日，瑞士央行突然宣布放弃瑞郎兑欧元的 1.20 汇率上限，引发瑞郎的全线暴涨，美元兑瑞郎下挫至2011年8月以来最低点0.736 0,欧元兑瑞郎跌幅超过40%。1月14日至23日期间,瑞士两年期国债收益率从11.8%大跌至1.4%。紧接着,希腊银行股暴跌,乌克兰战争引发其本币格里夫纳大幅贬值,欧洲央行实施的“QE”政策引发欧元大幅贬值与德国国债收益率大涨,中国“8·11汇改”后人民币大幅贬值,美联储开启“加息”进程引起美国国债收益率与美元汇率持续上升。2015年全球金融市场加剧动荡。

美元、瑞郎全线大涨,欧元、加元等下跌严重。瑞郎、美元汇率呈现不同程度的上涨,而加元、新西兰元、澳元汇率下跌最为严重。如图1—1所示,美元指数(USDX)延续2013年以来的上涨势头,由2014年12月31日的90.27继续上涨至2015年12月31日的98.704 4,上涨了9.34%。其中,11月30日,美元指数上涨至全年最高点100.319 5。如图1—2所示,欧元兑瑞郎汇率全年下降9.51%,至1.088 4点,而瑞郎在2015年1月15日放弃与欧元的1.2汇率限制后,当天欧元兑瑞郎汇率收盘价跌至0.975 3点。如图1—3所示,截止到2015年12月17日,加元、澳元、新西兰元、欧元兑美元、日元、英镑等主要货币汇率均出现较大幅下跌。如图1—4所示,欧元兑美元汇率报收由2014年底的1.210 5点下跌到2015年12月31日的1.085 4点,全年下跌10.33%,且仍存在较大的贬值压力。

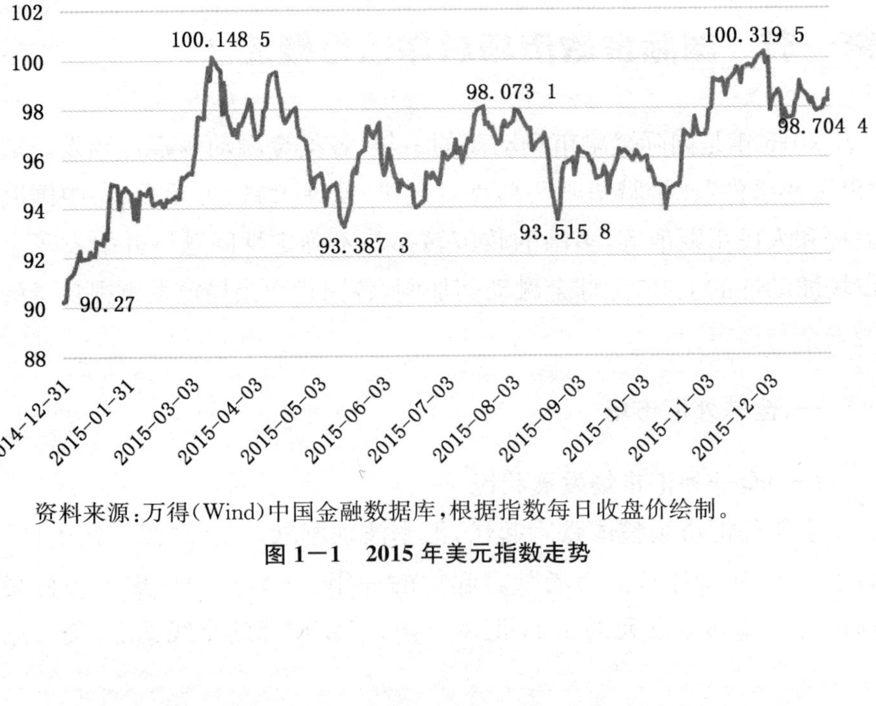

资料来源:万得(Wind)中国金融数据库,根据指数每日收盘价绘制。

图1—1 2015年美元指数走势

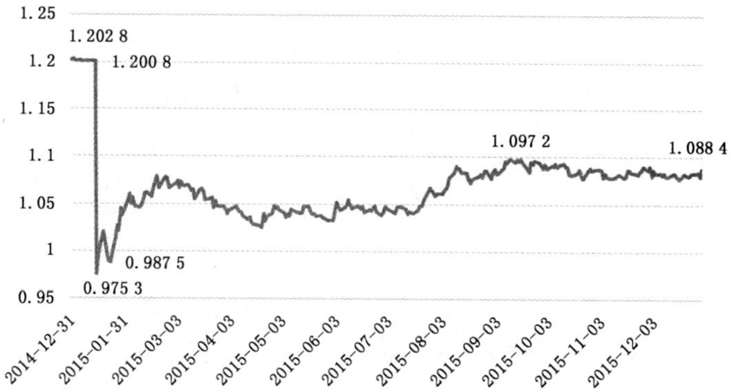

资料来源:同图 1—1。

图 1—2　2015 年欧元兑瑞郎汇率走势

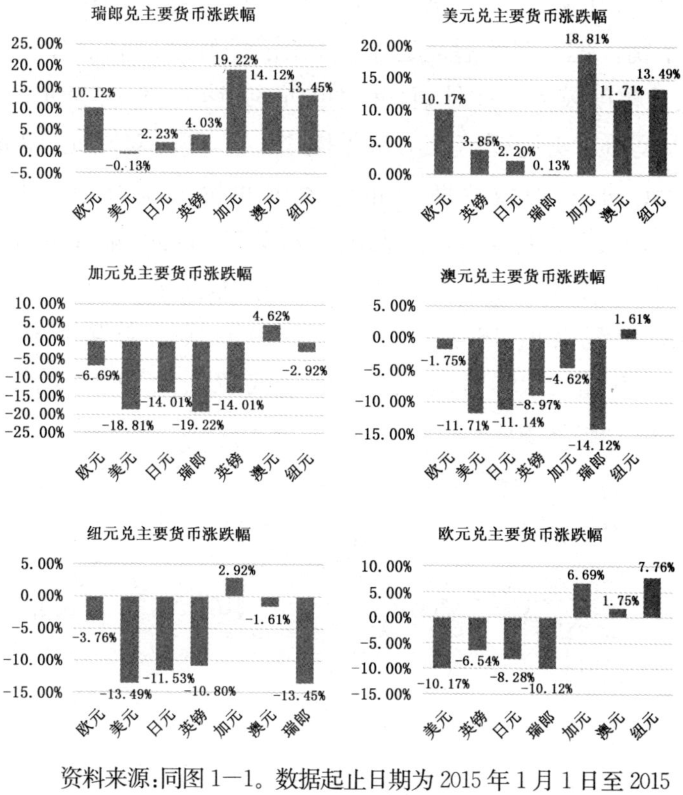

资料来源:同图 1—1。数据起止日期为 2015 年 1 月 1 日至 2015 年 12 月 17 日。

图 1—3　2015 年全球主要货币汇率涨跌幅

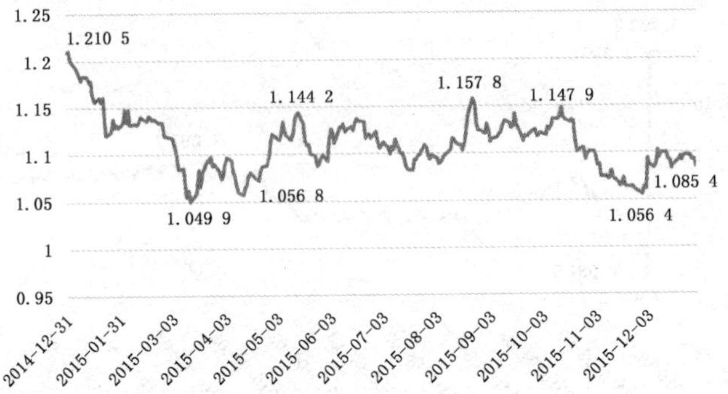

资料来源:同图 1—1。

图 1—4　2015 年欧元兑美元汇率走势

日元、人民币、俄罗斯卢布等其他主要货币汇率增长不一。如图1—5所示,美元兑日元从 2014 年底的 119.68 到 2015 年 12 月 31 日的120.21,基本保持平衡。但 6 月 5 日,美元兑日元汇率升至最高点125.86,增长了 5.16%,波动幅度较大。此外,日元对欧元、英镑升值,对美元、瑞郎贬值。2015 年,人民币对美元贬值 5.8%(见图 1—6),同时对欧元、澳元、新西兰元、新加坡元、加元和俄罗斯卢布汇率中间价分别升值 5.1%、6.1%、8.1%、1.1%、12.7%和 24.9%。人民币对英镑、日元、港元和瑞郎汇率中间价分别贬值 0.8%、4.6%、5.8%和 0.9%。如图 1—7 所示,2015 年,俄罗斯卢布对美元贬值 16.48%,但 5 月 19 日美元兑俄罗斯卢布跌至 49.225,卢布升值 21.89%,随后美元兑俄罗斯卢布汇率持续下跌至 70.822,年底报收 73.405 点。

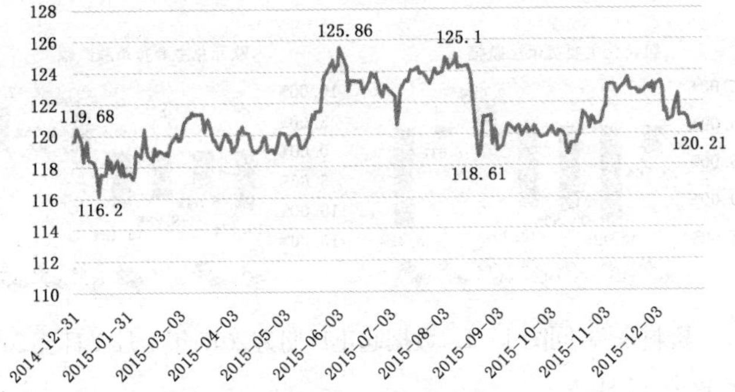

资料来源:同图 1—1。

图 1—5　2015 年美元兑日元汇率走势

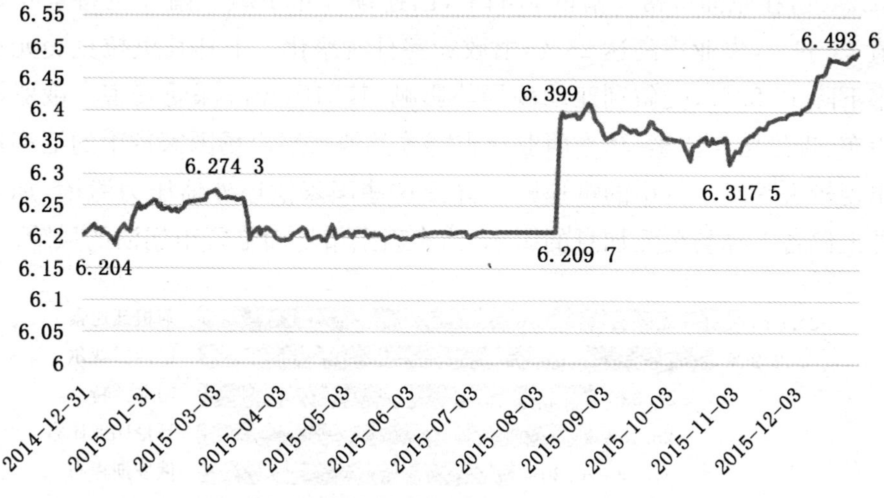

资料来源:同图 1—1。

图 1—6　2015 年美元兑人民币汇率走势

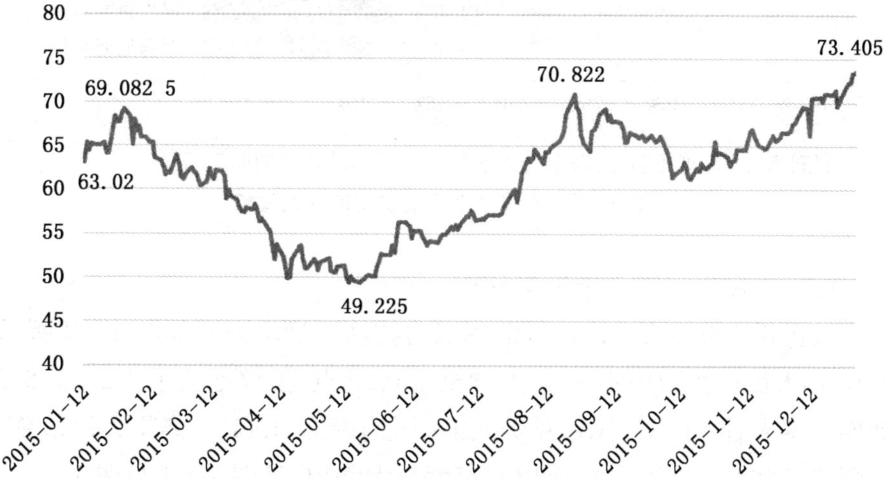

资料来源:同图 1—1。

图 1—7　2015 年美元兑俄罗斯卢布汇率走势

新兴市场国家货币经历贬值期,面临沉重外债压力。2015 年,新兴市场国家货币的汇率遭遇 20 年来最大跌幅。其中,阿根廷比索在宣布结束外汇管制后,瞬即暴跌 40%,全年贬值 34.54%,比索兑美元汇率由 9.9 跌至 12 月 30 日的 13.3。如图 1—8 所示,巴西雷亚尔 2015 年贬值

32.94%,在原油价格下滑的影响下,已连续五年下跌。南非兰特全年贬值 25.39%,失业率高达 25%,财政赤字日益恶化。土耳其里拉兑美元汇率下降 19.89%,受叙利亚动荡局势影响,其国内经济深受其害。俄罗斯卢布、哥伦比亚比索、马来西亚林吉特等其他新兴市场国家货币的汇率均出现较大跌幅。货币的迅速贬值导致这些国家偿还外债压力激增,加上外汇储备下降与美元加息的影响,诸多新兴市场面临货币崩溃的风险。

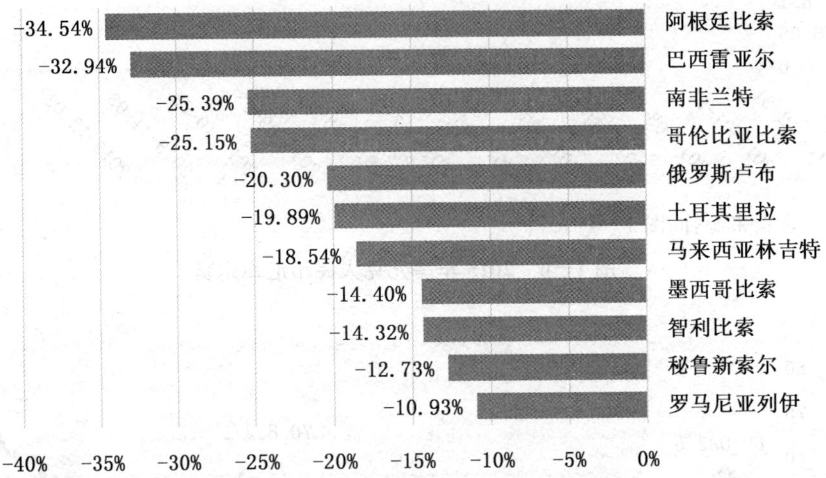

资料来源:彭博终端,新兴市场国家兑美元汇率最差即期回报(5%)。

图 1—8 新兴市场国家货币汇率跌幅榜

(二)人民币汇率全年走势分析

人民币全年贬值 4.44%,汇率双向波动明显增大。如图 1—9 所示,2015 年人民币指数由 119.45 点增至 120.99 点,虽仅增长了 1.29%,但从即期汇率来看,在岸人民币兑美元汇率全年贬值 4.44%,离岸人民币兑美元贬值 5.29%,实现 1994 年以来年度最大跌幅(见图 1—6 与图 1—10)。"8·11 汇改"前,在岸与离岸人民币持续保持较小价差,但"汇改"后,随着人民币迅速贬值,两地价差不断扩大,超过1 200点。2015 年,人民币兑美元汇率中间价累计下调3 746个基点,逼近 6.50 元,达到 2011 年 5 月以来的最低水平。如图 1—11 所示,2015 年 8 月 11 日至 2016 年 8 月 5 日,人民币对美元汇率中间价最高为6.229 8元,最低为6.697 1元,242 个交易日中有 125 个交易日贬值、117 个交易日升值。

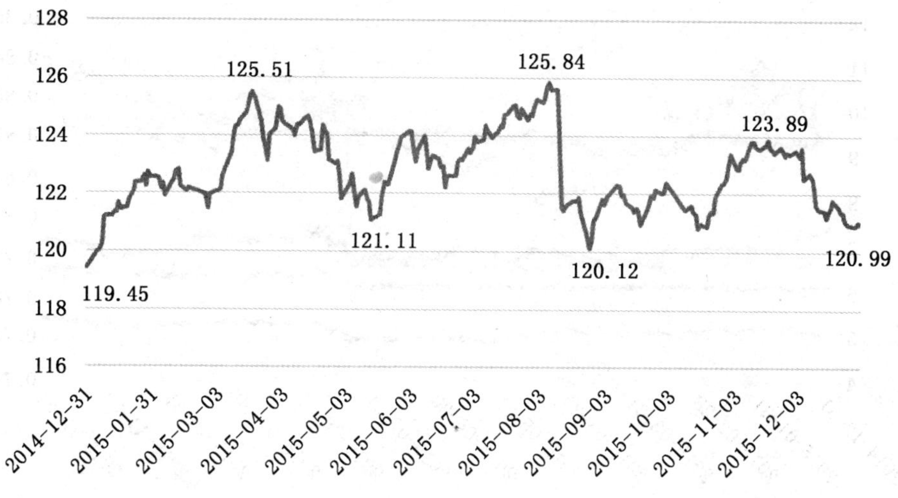

资料来源:同图 1—1。

图 1—9　2015 年人民币指数走势

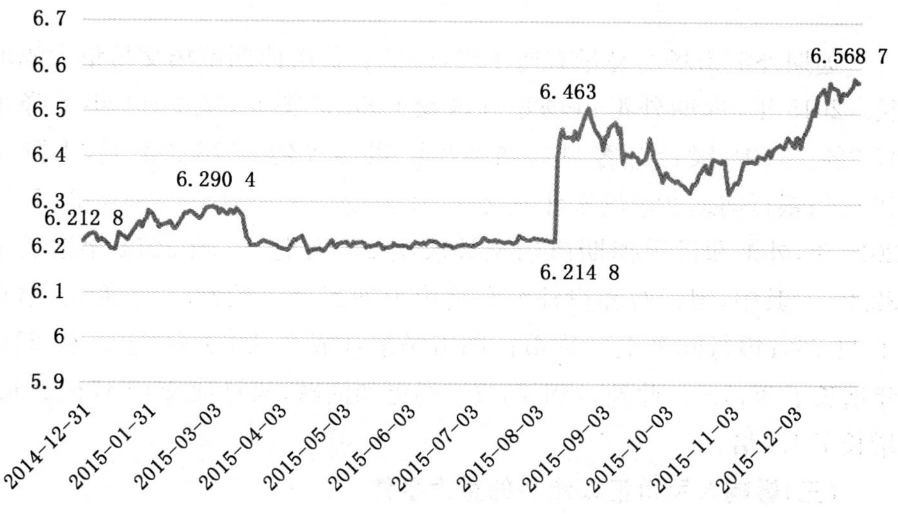

资料来源:同图 1—1。

图 1—10　2015 年美元兑离岸人民币走势

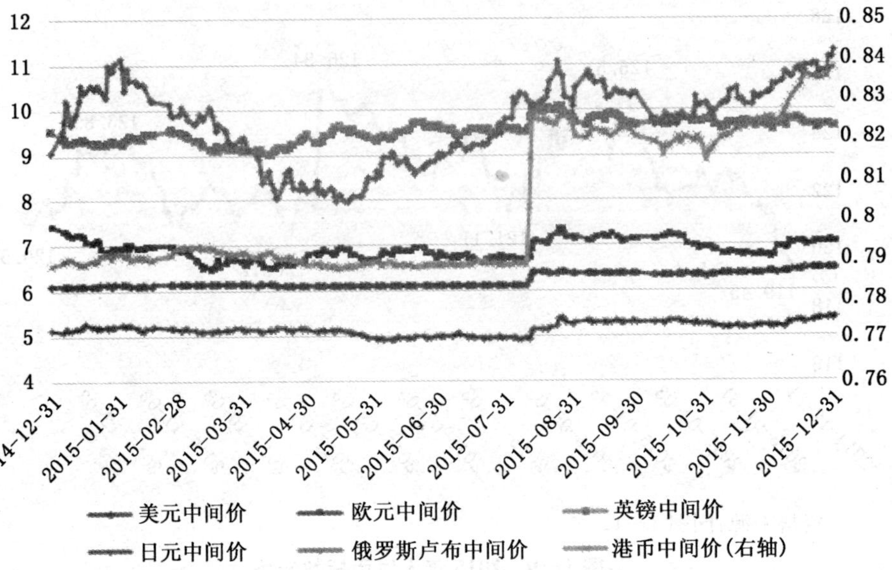

资料来源:同图 1—1。

图 1—11 2015 年人民币中间价走势

远期外汇市场交易量有所下降,外汇和货币掉期市场交易量大幅增长。2015 年,远期外汇市场累计成交4 950亿美元,较 2014 年下降了 17.2%。其中,银行对客户远期结售汇累计签约4 578亿美元,下降了 16.0%;银行间远期市场累计成交 372 亿美元,较 2014 年下降了 29.7%。2015 年,外汇和货币掉期市场累计成交 8.6 万亿元,较 2014 年增长了 82.4%。其中,银行对客户外汇和货币掉期累计签约2 427亿美元,增长了 11.7%;银行间外汇和货币掉期市场累计成交 8.4 万亿美元,较 2014 年增长了 85.5%。此外,外汇期权市场更加活跃,累计成交4 047亿美元,增长了 1.1 倍。

(三)影响人民币汇率走势的重大事件

在国内经济增速放缓与国外经济形势日益复杂的情况下,人民币汇率波动明显增大,并先后经历了“8·11 汇改”、人民币“入篮”SDR、人民币汇率指数发布与美元“加息”等一系列重大事件。

“8·11 汇改”提高了人民币汇率形成的市场化程度。2015 年 8 月 11 日,中国人民银行发布公告完善人民币汇率中间价报价,由单纯地参考银行间同业市场上日收盘价,改为综合考虑外汇供求情况与“一篮子”

货币汇率报价，被称为是人民币汇率市场化改革的重要一步。如图1—12所示，在"8·11汇改"前，人民币兑美元汇率竞价与美元中间价之间价差较大，改革后，价差缩小在−0.03到0.03之间。

人民币加入SDR，国际化进程与资本市场改革进程加快。2015年12月1日，国际货币基金组织执行董事会正式批准人民币加入"特别提款权"(Special Drawing Right，SDR)货币篮子，并于2016年10月1日正式生效。调整后的各主要货币权重为：美元权重为41.73%，欧元权重为30.93%，日元权重为8.33%，人民币权重为10.92%。这是对人民币国际地位的肯定，将进一步促进人民币的国际化进程。

参考一篮子货币形成CFETS(中国外汇交易中心，China Foreign Exchange Trade System)指数，增强人民币汇率指数的参照系功能。2015年12月11日，中国外汇交易中心网站(中国货币网①)发布了CFETS人民币汇率指数，该指数参考了包括美元、欧元、日元等在内的13个主要货币汇率，使人民币汇率指数更加科学合理地反映国际贸易与投资的现状和发展需求。如图1—13所示，CFETS指数参考的一篮子货币权重前三名分别为美元(26.40%)、欧元(21.39%)和日元(14.68%)。2015年12月11日，CFETS指数为101.45点，2016年8月26日为94.06点，下降了7.28%(见图1—14)。

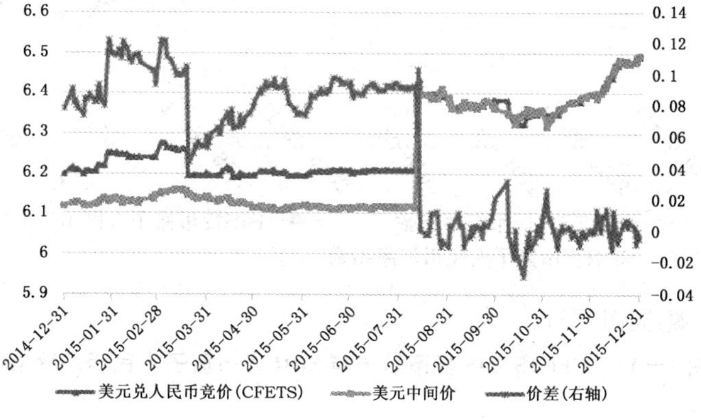

资料来源：同图1—1。

图1—12 2015年美元兑人民币竞价与美元中间价价差

---

① 中国外汇交易中心网站 http://www.chinamoney.com.cn/index.html。

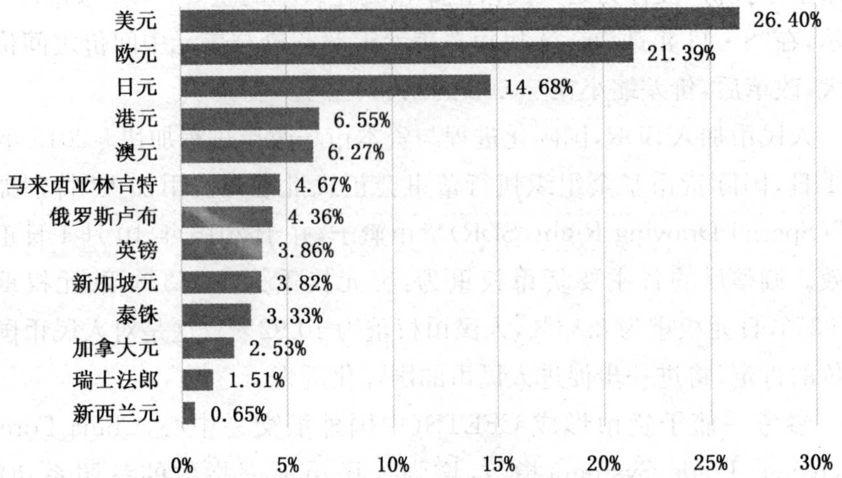

资料来源:根据中国外汇交易中心公布的CFETS指数各主要货币权重值绘制。

图1—13 CFETS指数参考的一篮子货币权重

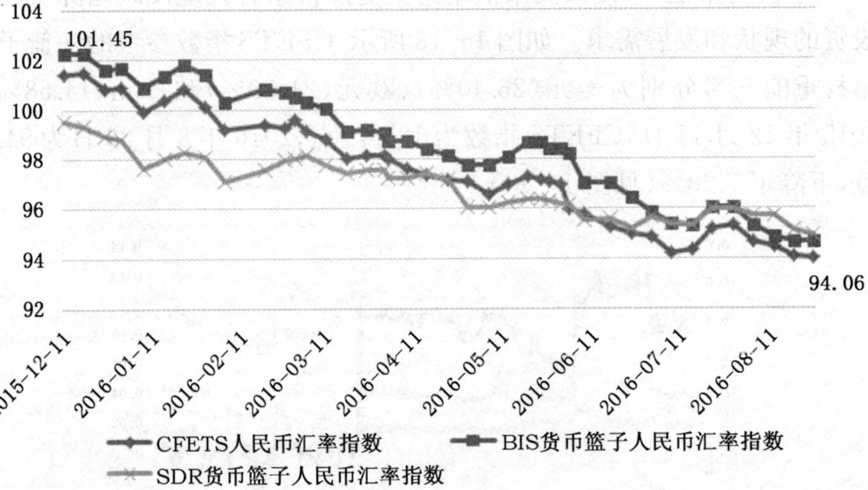

资料来源:同图1—1。

图1—14 CFETS、BIS货币篮子与SDR货币篮子人民币汇率指数

美联储加息预期整体减弱,人民币贬值压力有所缓和。2015年12月16日,美联储联邦公开市场委员会宣布,将于17日起上调利率0.25个百分点,至0.25%~0.5%,标志着美国始自2006年的宽松货币政策的结束。较12月之前,加息后的美元升值势头减弱,人民币对美元汇率贬值压力逐渐降低，外汇储备基本企稳。

二、全球股票市场

（一）全球股票市场整体发展情况

全球股票市场全年实现较快增长，但整体波动剧烈。根据世界交易所联盟统计报告①显示，2015 年全球股票市场实现 55%的快速增长。其中，市场波动性较大的亚太地区引领了全球股票市场的增长，主要表现在以下几个方面：(1)2015 年，全球股票交易总额达到 114 万亿美元，相比 2014 年的 81 万亿美元，增长了 41%。其中，亚太地区 2015 年实现股票交易总额接近 54 万亿美元，增长了 127%。(2)从股票交易量来看，2015 年，股票交易次数为 23.7 万亿笔，较上年的 15.3 万亿笔增长了 55%。同时，亚太地区股票交易量由 2014 年底的 8 万亿笔，增长到 15.5 万亿笔，年增长率为 94%。(3)相比 2014 年底的 68 万亿美元，2015 年全球股票市值下降了 1.3%，为 67 万亿美元。美洲地区股票市值下降最多，几乎达到 8%，其次是欧洲、中东和非洲下降了 3%，亚太地区由 2014 年底的 21 万亿美元增长至 23 万亿美元，增长了 9.5%。(4)首次公开募股（Initial Public Offerings，IPO）市场与投资流量增速放缓，2015 年 IPO 总量增速由 2014 年的 24.3%下降至 9.6%，IPO 投资流量由 22.6%下降到 17%（2014 年为2 420亿美元，2015 年为2 020亿美元），其他投资流量为9 140亿美元，增长了 41%。(5)2015 年场内衍生品交易量增长了 11.6%，增长动力主要来源于商品类与货币类金融衍生品。2015 年，全球股市剧烈波动，上半年股市涨势较好，年中一度大幅回调，全年走势总体振幅较大，发达地区股票市场表现整体优于新兴市场。

（二）全球三大区域股票市场变动情况

亚太地区股票市场各项指标均实现高速增长，且在第二季度最为活跃。从股票市场交易活跃度来看，2015 年全球股票交易量与交易额增速均达到 40%以上，其中亚太地区股票市场异常活跃，两项增速分别为

---

① 世界交易所联盟《2016 年度统计报告：全球股票交易增长 55%》。World Federation of Exchanges.2016 WFE Market Highlights. WFE 2016 [R/OL]. Paris：WFE Full Year Statistics Show 2015 global equity trading volumes rise 55% as volatility boosts activity.http://www.world-exchanges.org/home/index.php/research/wfe-research.2015 Highlights.pdf/2015－08－20.

126.9%与93.8%。在全球股票市值降低1.3%的情况下,亚太地区股票市值仍然增长了9.8%,为23.14万亿美元(见表1—1)。从上市公司与IPO个数来看,2015年亚太地区上市公司增加4%,且数量最多,为25 401家,IPO形式的投资流量达到108.269万亿美元,增长了25.5%,同时,其他形式的投资也增长了46.8%。从季度数据来看,2015年第二季度,亚太地区股票市场最为活跃,股票交易实现19.65万亿美元,市值达到27.37万亿美元,同时首次公开募股个数与投资流量均为四个季度的最大值。

欧非与中东地区股票交易增速缓慢,但其他投资流量增长迅速。2015年,欧非与中东地区交易额与交易量分别达到13.94万亿美元与17.98亿笔,分别增长了2.6%与19%,但市值下降了3.6%,为15.88万亿美元。其中,上半年市值相对较高,下半年开始回落。2015年,该地区上市公司增长了3.5%,IPO投资流量下降11.1%,而其他投资流量则增长了63.1%,达到2 788.58亿美元,为三大区域增速最快的地区。

美洲地区交易增长缓慢,市值与投资流量严重下降,但总量仍然最高。2015年,美洲地区股票市场总市值为27.94万亿美元,下降了7.7%,且下降集中在第三、第四季度,但仍然高于亚太地区。全年交易额、交易量分别为46.06万亿美元、64.64亿笔,分别增长了5.6%、10.7%。与其他地区增长态势不同,美洲地区全年上市公司数量减少了1.3%,为10 203家,IPO投资流量更是减少了58.9%,仅为396.78亿美元,远低于亚太地区,其他投资流量为1 942.06亿美元,增长了10.4%。从总体来看,北美股票市场表现平平,主要增长动力来源于拉丁美洲地区,尤其是委内瑞拉股市与牙买加股市指数暴涨278%与93%。

表1—1　　全球三大区域股票市场增长情况

	第一季度	第二季度	第三季度	第四季度	全年	年增长率
市值(百万美元)	72 548 800	74 498 795	65 392 815	66 960 858	66 960 858	−1.3%
美洲地区	30 335 800	30 236 210	28 058 649	27 943 103	27 943 103	−7.7%
亚太地区	25 359 012	27 368 840	21 925 007	23 141 192	23 141 192	9.8%
欧非与中东地区	16 853 938	16 893 746	15 409 159	15 876 563	15 876 563	−3.6%
交易额(百万美元)	25 160 866	34 098 939	28 561 774	25 897 938	113 719 334	40.6%
美洲地区	11 703 385	10 829 829	12 232 090	11 298 256	46 063 560	5.6%
亚太地区	9 714 428	19 645 172	12 876 12	11 478 610	53 714 739	126.9%

续表

	第一季度	第二季度	第三季度	第四季度	全年	年增长率
欧非与中东地区	3 743 053	3 623 937	3 452 973	3 121 072	13 941 035	2.6%
交易量(百万笔)	4 882	6 633	6 355	5 903	23 722	54.9%
美洲地区	1 569	1 436	1 748	1 711	6 464	10.7%
亚太地区	2 847	4 761	4 158	3 745	15 510	93.8%
欧非与中东地区	466	436	450	447	1 798	19.0%
上市公司数量(家)	48 842	49 164	49 324	49 830	49 830	2.7%
美洲地区	10 273	10 271	10 271	10 203	10 203	−1.3%
亚太地区	24 640	24 911	25 084	25 401	25 401	4.0%
欧非与中东地区	13 929	13 982	13 960	14 226	14 226	3.5%
新上市公司数(家)	551	794	565	714	2 556	9.6%
IPOs	307	503	312	448	1515	5.6%
其他	244	291	253	266	1041	15.9%
投资流量(IPOs)(百万美元)	36 661	72 656	24 121	68 637	214 487	−16.7%
美洲地区	6 339	14 931	7 106	9 042	39 678	−58.9%
亚太地区	14 254	38 101	13 079	36 419	108 269	25.5%
欧非与中东地区	15 769	19 624	4 026	23 177	66 539	−11.1%
投资流量(其他)(百万美元)	193 946	265 464	230 232	224 216	913 857	41.2%
美洲地区	60 178	57 798	24 179	52 052	194 206	10.4%
亚太地区	75 619	145 193	100 340	119 640	440 791	46.8%
欧非与中东地区	58 149	62 472	105 713	52 524	278 858	63.1%

资料来源：世界交易所联盟 2016 年度统计报告，http://www.world-exchanges.org。

(三)全球主要股票指数变动

全球股市涨幅集中在上半年，下半年则出现显著回调。2015 年第一、第二季度全球股市大幅上涨，第三季度股指开始大幅下滑，第四季度有所回升。总体来看，2015 年，主要股指各具特点，但发达地区股市相对乐观，除中国股市之外的新兴市场国家股市相对疲软。纳斯达克指数、法国 CAC40、德国 DAX、STOXX 欧洲 50、日经 225、韩国综合指数等发达国家股票指数均有所增长，分别为 5.73%、8.53%、9.56%、3.21%、9.07%、2.39%。同时，道琼斯工业指数、标普 500、澳洲标普 200、恒生指数分别下降了 2.28%、0.73%、2.13%、7.16%。委内瑞拉 IBC 继续持续蝉联全球股市涨幅榜榜首，2015 年全年增幅达 278%。紧随其后的是MSCI

牙买加指数,全年增速为 71.19%。

中国股市虽跌宕起伏,但上证综指全年增长了 9.41%。上证综指与深证成指在 2015 年 12 月 31 日分别报收3 539.18点和12 664.89点,各增长 9.41%和 14.98%,在全球主要股指中处于增长的领先位置。如图 1—15所示,2015 年,中国股市大起大落,全年振幅达 72%,6 月 15 日达到5 166.35点的高位,而后急速下挫,8 月 26 日下跌至最低点2 927.29,达到最大跌幅 43%,其中创业板的最大跌幅更达 56%。其间,共出现 14 次千股跌停的局面,是 A 股历史上的一次大震荡。沪深两市流通市值总计减少 22.9 万亿元,投资者人均损失近 24 万元,折损比例高达 40%。

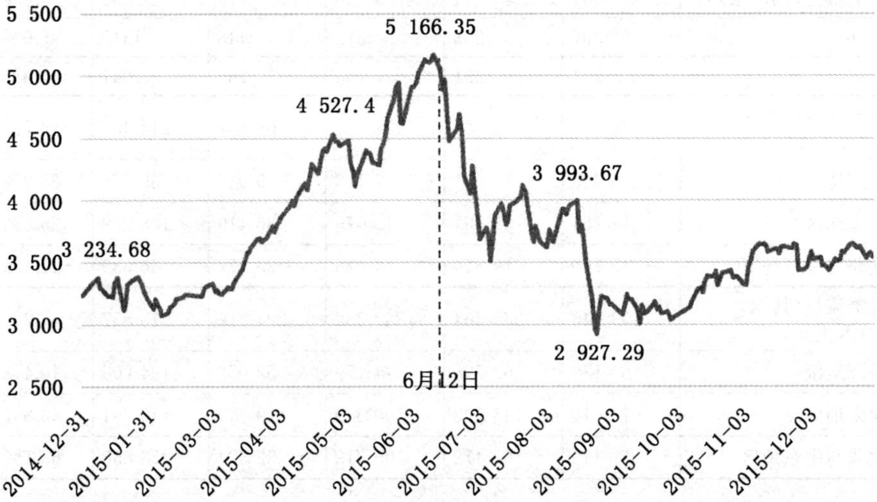

资料来源:同图 1—1。

图 1—15 2015 年上证综指走势

表 1—2 2015 年全球主要股指变动情况

代码	股指	2014 年底[a]	2015 年底[b]	涨跌幅
美洲地区(AM)				
DGI.GI	道琼斯工业指数	17 823.07	17 425.03	−2.28%
IXIC.GI	纳斯达克指数	4 736.05	5 007.41	5.73%
SPX.GI	标普 500	2 058.9	2 043.94	−0.73%
GSPTSE.GI	多伦多 300	14 632.44	13 009.95	−11.09%
IBVC.GI	委内瑞拉 IBC	3 858.74	14 588.25	278.06%

续表

代码	股指	2014 年底[a]	2015 年底[b]	涨跌幅
IBOVESPA.GI	圣保罗 IBOVESPA 指数	50 007.41	43 349.96	−13.31%
欧非与中东地区(EMEA)				
FTSE.GI	富士 100	6 566.09	6 242.32	−4.93%
FCHI.GI	法国 CAC40	4 272.75	4 637.06	8.53%
GDAX.GI	德国 DAX	9 805.55	10 743.01	9.56%
SP5P.GI	STOXX 欧洲 50	3 003.95	3 100.26	3.21%
RTS.GI	俄罗斯 RTS	790.71	757.04	−4.26%
700071.MI	MSCI 牙买加	749.81	1 283.58	71.19%
亚太地区(AP)				
N225.GI	日经 225	17 450.77	19 033.71	9.07%
KS11.GI	韩国综合指数	1 915.59	1 961.31	2.39%
SENSEX.GI	孟买 SENSEX30	27 499.42	26 117.54	−5.03%
AS51.GI	澳洲标普 200	5 411	5 295.86	−2.13%
大中华地区(GC)				
000001.SH	上证综指	3 234.68	3 539.18	9.41%
399001.SZ	深证成指	11 014.62	12 664.89	14.98%
TWII.TW	台湾加权指数	9 307.26	8 338.06	−10.41%
HIS.HI	恒生指数	23 605.04	21 914.4	−7.16%

注：a. 采用 2014 年底最后一个交易日的收盘价。

b. 采用 2015 年底最后一个交易日的收盘价。

资料来源：同图 1−1。股指采用每年最后一个交易日的收盘价。

三、全球债券市场

(一)全球债券市场的发展现状

国际债券未清偿余额持续下降，新兴市场国家债券下挫。根据国际清算银行的统计数据，2015 年全球国际债券市场未清偿余额为 21.121 万亿美元，较 2014 年的 21.878 万亿美元减少了 3.46%，而 2014 年同样为负增长(−3.91%)，国际债券市场未清余额实现连续两年下降。如表 1−3 所示，发达国家国际债券未清偿余额为 15 万亿美元，约占全球总额的 74.42%，包括中国香港、新加坡等在内的 14 个离岸中心的债券余额为 2.046万亿美元，发展中国家债券余额为 1.88 万亿美元，国际组织债券余额为1.477万亿美元。2015年,美银美林全球总体债券市场指数上涨1.3%,以希腊代表的国家主权债持续走高,而新兴市场国家国债与企业债分别下降0.4%和0.5%。

表1—3　2015年第四季度全球国际债券未清偿总量　单位:十亿美元

国家或地区		总量	金融公司		非金融公司	一般性政府
			所有	银行		
所有国家		21 121	15 065	6 413	3 051	1 528
发达国家		15 718	12 586	5 689	2 407	725
离岸中心		2 046	1 886	307	99	61
发展中国家	非洲与中东	262	89	58	78	94
	亚太地区	558	280	189	147	131
	欧洲	397	103	92	59	235
	拉丁美洲	664	119	78	261	283
	合计	1 880	591	417	545	743
国际组织		1 477	—	—	—	—

资料来源:国际清算银行。数据按照债券发行方驻地与所属部门划分后统计出的未清偿国际债券总额,http://www.bis.org。

(二)主要国家债券市场的发展情况

从发行总额来看,美、日两国总量仍占全球较大比重,中国排名升至第三。如表1—4所示,2015年,美、日两国债券总额分别为36.90万亿美元和11.18万亿美元,各增长3.12%和0.97%。中国债券总额为7.746万亿美元,实现了34%的高速增长,首次超过英国,成为第三大债券发行国。相比来看,英国、法国、德国、意大利、荷兰、西班牙等欧洲主要发达国家,债券总额大幅下降。世界清算组织统计数据①显示,2015年中国国内债券余额为7.51万亿美元,与2014年的5.77万亿美元相比,增长了30.16%,其中金融机构发行2.91万亿美元,非金融机构发行2.22万亿美元,政府发行2.38万亿美元。

① 国际清算银行债券统计数,根据发行方驻地划分。Bank for International Settlements, BIS, HOME, About BIS Statistics, BIS Statistics Explorer, Table C1: Summary of debt securities outstanding by residence and sector of issuer, amounts outstanding at end—December 2015, in billions of US dollars.

表 1—4　**2015 年全球主要国家债券总额(按所属地)**　单位:亿美元

国家	2011 年	2012 年	2013 年	2014 年	2015 年	2015 年增长率
美国	321 099	332 859	344 943	357 806	368 969	3.12%
日本	156 741	145 526	122 607	110 719	111 794	0.97%
中国	33 982	37 856	40 939	57 800	77 454	34.00%
英国	55 554	57 698	57 506	61 222	58 240	−4.87%
法国	43 658	45 162	47 451	43 096	39 877	−7.47%
德国	43 831	43 552	43 569	37 797	33 206	−12.15%
意大利	36 866	38 936	40 741	34 688	30 082	−13.28%
荷兰	22 627	23 160	23 724	22 461	20 140	−10.33%
西班牙	23 040	24 241	23 889	20 239	17 972	−11.20%

资料来源:国际清算银行。数据为按照债券发行方驻地所划分后统计出的债券总额,其中国家代码分别为美国(US)、英国(GB)、德国(DE)、法国(FR)、荷兰(NL)、西班牙(ES)、意大利(IT)、中国(CN)、日本(JP)。

从未清偿余额来看,中、美、日国际债券余额增长迅速,欧洲主要发达国家跌幅较大。如表 1—5 所示,按照债券发行方的国籍划分,国际债券未清偿余额排名中美国、英国、德国、法国、荷兰仍然位居前五,分别为 3.19 万亿美元、2.51 万亿美元、1.71 万亿美元、1.50 万亿美元、1.20 万亿美元,五国国际债券未清偿余额合计占全球总额的 47.87%,与 2013 年的 49%、2014 年的 48.39%相比,呈稳步下降趋势。2015 年美国国际债券未清偿余额占全球总额的 15.10%,高于 2013 年的 13.1%和 2014 年的 13.86%。从增长率来看,美国、中国、日本未清偿余额分别增长了5.20%、21.12%、5.39%,而英国、德国、法国、荷兰、西班牙、意大利等欧洲主要发达国家国际债券余额均出现较快下滑,分别下降了 5.58%、9.8%、11.39%、8.2%、10.55%、11.48%。中国国际债券未清偿余额仍然排名第八位,虽然与发达国家差距较大,但处于快速增长阶段。

表 1—5　**2015 年主要国家的国际债券未清偿余额(按国籍)**　单位:亿美元

国家	2012 年	2013 年	2014 年	2015 年	2015 年增长率
美国	29 620	29 787	30 311	31 888	5.20%
英国	28 129	28 450	26 557	25 075	−5.58%

续表

国家	2012年	2013年	2014年	2015年	2015年增长率
德国	20 630	20 431	18 996	17 135	−9.80%
法国	18 050	18 465	16 904	14 979	−11.39%
荷兰	14 189	14 222	13 108	12 033	−8.20%
西班牙	11 818	11 830	10 262	9 179	−10.55%
意大利	11 144	11 661	9 997	8 849	−11.48%
中国	1 738	2 751	4 376	5 300	21.12%
日本	3 751	3 959	4 137	4 360	5.39%
所有国家合计	219 289	227 685	218 781	211 210	−3.46%

资料来源:国际清算银行。数据为按照债券发行方国籍所划分后统计出的债券总额,其中国家代码分别为美国(US)、英国(GB)、德国(DE)、法国(FR)、荷兰(NL)、西班牙(ES)、意大利(IT)、中国(CN)、日本(JP)。

(三)中国债券市场的发展情况

中国债券发行规模快速增长,债券二级市场持续呈牛市。《国家外汇管理总局年报(2015)》①数据显示,截至 2015 年末,中国全口径外债余额②为14 162亿美元。其中,中长期外债余额为4 956亿美元,占 35%;短期外债余额为9 206亿美元,占 65%。《2015 年债券市场年度报告》统计数据显示,2015 年,中国债券市场增量与存量迅速扩大,全年发行16 566只债券,规模达 23.2 万亿元,分别同比增长了 133.49%和 89.92%(见表1—6),其中利率债、信用债分别发行1 597只、14 969只,发行规模分别达到85 454.39亿元、146 071.82亿元,发行数量分别增长了 188.79%和128.81%,发行规模同比上升 86.69%和 90.06%。中国债券的发行效率与发行动力都在不断提高。从二级市场来看,2015 年,中债指数由 1 月 4 日的 155.35 波动上升至 12 月 31 日的 167.74,全年上升 7.98 个百分点。其中,4 月至 10 月央行大幅降准和股市暴涨暴跌共同推动大量资金进入债券市场,形成中国债券市场最活跃的阶段。但年底美联储加息与人民币贬值,中国债券市场存在着资金流出的潜在风险。

---

① 国家外汇管理局年报 http://www.safe.gov.cn/wps/portal/sy/cbw_whglnb。

② 不包括香港特别行政区、澳门特别行政区和台湾地区的对外负债。

表 1—6 **2015 年中国债券发行情况**

	2015 年债券发行情况			2014 年债券发行情况			发行期数同比(%)	发行总量同比(%)
	发行期数(只)	发行金额(亿元)	金额比重(%)	发行期数(只)	发行金额(亿元)	金额比重(%)		
国债	99	21 216.20	9.16	78	17 745.01	14.56	26.92	19.56
地方债	1 035	38 350.62	16.56	43	4 000.00	3.28	2 306.98	858.77
央票	—	—	—	—	—	—	—	—
金融债	1 057	42 837.88	18.5	951	35 707.78	29.29	11.15	19.97
企业债	302	3 421.02	1.48	584	6 971.98	5.72	−48.29	−50.93
公司债	320	5 250.99	2.27	76	759	0.62	321.05	591.83
中票	924	12 759.46	5.51	720	9 780.70	8.02	28.33	30.46
短融	2 544	32 806.30	14.17	1 521	21 849.53	17.92	67.26	50.15
私募债	991	4 812.48	2.08	502	685.82	0.56	97.41	601.71
定向工具	1 118	8 852.95	3.82	1 204	10 230.66	8.39	−7.14	−13.47
资产支持证券	1 441	6 032.40	2.61	389	3 309.84	2.72	270.44	82.26
政府支持机构债	21	1 800.00	0.78	11	1 500.00	1.23	90.91	20
可转债	5	108	0.05	13	320.99	0.26	−61.54	−66.35
可交换债	22	183.03	0.08	5	59.76	0.05	340	206.28
同业存单	6 686	53 064.90	22.92	998	8 985.60	7.37	569.94	490.55
国际机构债	1	30	0.01	—	—	—	—	—
合计	16 566	231 526.22	100	7 095	121 906.66	100	133.49	89.92

资料来源：鹏元资信评估有限公司网站《2015 年债券市场年度报告》，http://www.pyrating.cn。

四、全球金融衍生品市场

(一)全球金融衍生品市场的发展现状

截至 2015 年，全球衍生品市场持续第三年高速增长，2015 年增速达 13.5%。美国期货业协会(Futures Industry Association，FIA)年度统计报告[①]显示，2015 年，全球金融衍生品市场总成交量为 247.78 亿笔，相比上年的 218.33 亿笔增长了 13.5%。虽然实现了连续三年的增长，但仍然低于 2011 年的最高值 249.9 亿笔。如表 1—7 所示，期货类金融衍生品

① 美国期货业协会期货、期权与清算掉期市场杂志，《2015 年年度报告：亚太地区引领全球金融衍生品增长》。

成交量为144.80亿笔，增长了19.3%，期权类金融衍生品成交量为102.96亿笔，增长了6.1%，均远高于2014年的增速(期货类增速为0.3%，期权类增速为3.1%)。

表1—7 **2015年全球金融衍生品总体情况** 单位:笔

类型	2014年	2015年	2014年增长率	2015年增长率
期货类	12 140 909 196	14 479 909 196	0.3%	19.3%
期权类	9 692 431 660	10 295 852 158	3.1%	6.2%
合计	21 832 931 580	24 775 761 354	1.5%	13.5%

资料来源:美国期货业协会《2015年年度报告:亚太地区引领全球金融衍生品增长》，http://marketvoicemag.org。

从金融衍生品交易种类来看，股指、农产品、非贵重金属类衍生品增速放大。如表1—8所示，2015年，在全球期权期货交易中，股指类衍生品成交量仍然最高，达到83.43亿笔，实现13.7%的持续增长，其次是个股类、利率类。股指类、货币类、农产品类、能源类、非贵重金属类、其他类衍生品成交量均有所增长，分别增长了13.7%、31.2%、18.1%、21.2%、46.8%和131.6%。利率类与贵重金属类衍生品成交量持续下降，增长率分别为−1.3%和13.4%，但下降速度逐渐放缓。

表1—8 **2015年全球各类衍生品成交量** 单位:笔

种类	2014年	2015年	2014年增长率	2015年增长率
股指	7 338 870 063	8 342 860 438	8.3%	13.7%
个股	4 931 561 737	4 927 935 476	1.6%	−0.1%
利率	3 293 164 521	3 251 257 586	−1,9%	−1.3%
货币	2 122 783 609	2 784 884 902	−15.1%	31.2%
农产品	1 387 993 407	1 639 668 492	15.7%	18.1%
能源	1 160 869 956	1 407 235 307	−11.8%	21.2%
非贵重金属	872 626 126	1 280 935 517	35.0%	46.8%
其他	353 997 195	819 713 435	2.2%	131.6%
贵重金属	371 064 966	321 272 435	−14.5%	−13.4%
合计	21 832 931 580	24 775 761 354	1.5%	13.5%

资料来源:同表1—7。

(二)亚太地区与新兴市场国家衍生品市场发展情况

按全球各区域来看,亚太地区增长最为迅速。如表1—9所示,2015年,亚太地区衍生品市场增长了33.7%,其中,28家交易所在2015年累计实现约97亿笔合约,占全球衍生品总成交量的39.2%,是2011年以来增速最高的地区。其次是北美地区,25家交易所累计交易82亿笔合约,占全球总数的33.1%,较上年下降了0.2%。欧洲14家交易所以48亿笔的累计成交量占全球总数的19.3%,占据第三,较上年增长了8.2%。拉美地区总成交量相对2014年下降了4.4%,为14.5亿笔。其他地区,如土耳其、以色列、南非、希腊四国2015年总成交量为6.581亿笔,占全球总数的2.7%。

表1—9　　2015年全球主要地区期货期权成交量　　单位:笔

类型	2014年	2015年	2014年增长率	2015年增长率
亚太地区	7 257 085 363	9 701 681 822	−0.7%	33.7%
北美地区	8 215 935 876	8 195 399 670	4.9%	−0.2%
欧洲	4 409 853 876	4 769 831 611	2.1%	8.2%
拉丁美洲	1 516 759 488	1 450 744 978	−10.0%	−4.4%
其他	433 297 533	658 103 273	15.9%	51.9%
合计	21 832 931 580	24 775 761 354	1.5%	13.5%

资料来源:同表1—7。

从主要交易所成交量来看,印度、中国等新兴市场国家更加活跃。2015年,芝加哥商业交易所(集团)以35.31亿笔继续列成交量排名第一位,相比2014年的34.42亿笔增长了2.6%。紧随其后的是印度国家证券交易所、欧洲期货交易所(集团)、洲际交易所(集团)、莫斯科交易所、巴西交易所(集团)、芝加哥期权交易所(集团)、大连商品交易所、郑州商品交易所、上海期货交易所(见表1—10)。2015年,大连商品交易所由2014年的第10名上升至第8名,郑州商品交易所由第13名升至第9名,上海期货交易所则由第9名降至第10名。

表1—10　　全球主要交易所金融衍生品交易额排名

排名	名　称	2014年	2015年	年增长率
1	芝加哥商业交易所	3 442 770 984	3 531 760 591	2.6%
2	印度国家证券交易所	1 880 362 513	3 031 892 784	61.2%

续表

排名	名　称	2014 年	2015 年	年增长率
3	欧洲期货交易所	2 097 975 470	2 272 445 891	8.3%
4	洲际交易所	2 215 559 295	1 998 810 416	−9.8%
5	莫斯科交易所	1 413 222 196	1 659 441 584	17.4%
6	巴西交易所	1 420 479 205	1 358 592 857	−4.4%
7	芝加哥期权交易所	1 325 391 523	1 173 934 104	−11.4%
8	大连商品交易所	769 637 041	1 116 323 375	45.0%
9	郑州商品交易所	676 343 283	1 070 335 606	58.3%
10	上海期货交易所	842 294 223	1 050 494 146	24.7%
11	纳斯达克交易所	1 147 450 449	1 045 646 992	−8.9%
12	韩国交易所	677 765 128 1	794 935 326	17.3%
13	孟买证券交易所	754 992 572	614 894 523	−18.6%
14	约翰内斯堡证券交易所	299 742 584	488 515 433	63.0%
15	BATS*	201 985 667	397 881 184	97.0%
16	日本交易所	309 732 384	361 459 935	16.7%
17	香港交易所	319 590 751	359 364 547	12.4%
18	中国金融期货交易所	217 581 145	321 590 923	47.8%
19	台湾期货交易所	202 411 093	264 495 660	30.7%
20	迈阿密国际证券交易所	134 535 972	252 605 427	87.8%

注：* BATS，2005 年 8 月成立于美国堪萨斯州的堪萨斯城，其名字来源于更好的多样化交易系统(Better Alternative Trading System)的英文缩写，现已发展成为全美第三大证券交易所运营商。

资料来源：同表 1−7。

(三)场外衍生品市场发展情况

全球场外交易衍生品名义金额持续下滑。国际清算组织(BIS)统计结果[①]显示，2015 年上半年全球场外交易(Over-The-Counter，OTC)衍生

① 具体为国际清算组织全球场外衍生品市场统计数据。Bank for International Settlements，BIS.Statistics.Derivatives.Semiannual OTC derivatives statistics Global tables.D5 Global OTC derivatives market. D5.1 Foreign exchange，interest rate，equity linked contracts. D5.2 Commodity contracts，credit default swaps[R/OL]. Switzerland Basel.Bank for International Settlements. 2016−05−04：Table D5. D5.1，http://www.bis.org/statistics/d5_1.pdf.D5.2 http://www.bis.org/statistics/d5_2.pdf. 2016−05−04/2016−08−20.

品市场名义金额为 551.702 万亿美元，环比下降了 12.18%，同比下降 20.23%。如表 1－11 所示，2015 年下半年名义金额为 492.911 万亿美元，比上半年下降了 10.66%。衍生品合约总市值也随之下降，2015 年上半年下降了 25.69%，跌至 15.493 万亿美元，而下半年下降了 6.42%，跌至 14.499 万亿美元。减少场外衍生品交易成为全球监管机构控制系统性风险的有效措施。从产品类型来看，利率类场外衍生品交易额占名义金额、总市值的比例分别降低了 2.54%、4.76%，分别达到 77.91%、70%；排名第二位的为外汇类衍生品，其交易金额占名义金额、总市值的比例分别降至 14.29%、17.79%，分别降低了 2.35%和 3.71%（见图 1－17）。

表 1－11　　2015 年全球场外衍生品（OTC）市场　　单位：十亿美元

类型	名义金额				总市值			
	2014 年上半年	2014 年下半年	2015 年上半年	2015 年下半年	2014 年上半年	2014 年下半年	2015 年上半年	2015 年下半年
利率类	563 290	505 431	434 492	384 025	13 461	15 586	11 062	10 148
外汇类	74 782	75 043	73 607	70 446	1 724	2 936	2 539	2 579
股票类	7 084	6 968	7 544	7 141	678	612	606	495
商品类	2 206	1 869	1 671	1 320	269	318	237	297
CDS* 类	19 462	16 399	14 594	12 294	635	593	453	421
其他	24 815	22 541	19 794	17 685	671	802	596	558
合计	691 640	628 251	551 702	492 911	17 438	20 848	15 493	14 499

注：* CDS，Credit Default Swaps，信用违约掉期。

资料来源：国际清算银行全球场外衍生品市场统计数据。

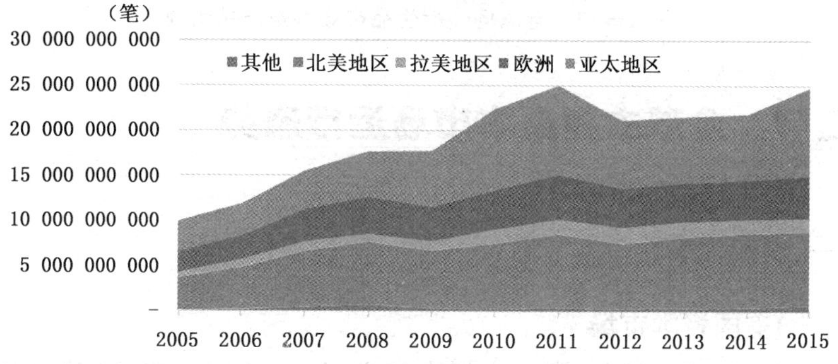

资料来源：同表 1－7。

图 1－16　2005～2015 年全球金融衍生品合约成交量走势

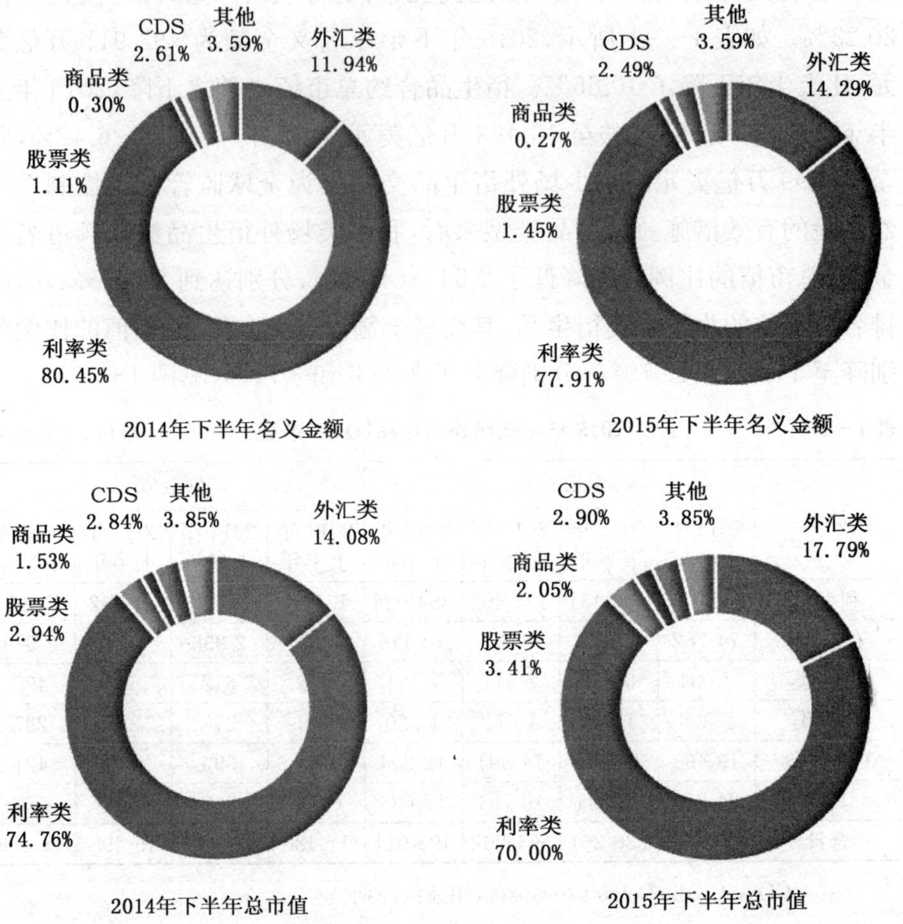

资料来源:同表1—11。

图1—17 全球场外衍生品市场各类产品比例

第二节 全球主要资本市场运行态势

一、美洲代表性资本市场

(一)美国资本市场

美国经济稳步复苏,资本市场走势良好。2015年,美国实际GDP增长2.4%,其中第四季度实际GDP增速放缓,为0.7%,低于预期值0.8%,远低于第三季度2.0%的增速。随着经济的复苏,美元兑全球主要货币汇率全面上涨，股票市场整体走势较其他发达国家略显疲态，在年底美元加息的情况下，政府债券与国债收益率迅速上涨，洲际交易所、芝加哥交易所等衍生品交易所的交易量有所下降。

国际资本减少对美国长期证券的持有额，增加对其短期证券的持有额。美国财政部发布的《国际资本流动报告》[①]数据显示，2015 年，国际资本对美国证券的购买总额为292 475亿美元，相比 2014 年的278 678亿美元增长了 4.95%；国际资本对美国证券的销售总额为291 031亿美元，相比 2014 年增长了 5.38%，国际资本对美国长期证券的购买净额下降到1 444亿美元，降幅达 42.08%，其中民间部门购买净额为3 568亿美元，增长了 108.65%，政府部门销售净额为2 124亿美元。美国居民对国外长期证券的购买净额为1 759亿美元，较 2014 年增长了 5.79 倍(见表 1—12)。从短期证券来看，国际资本对美元计价的短期证券净持有量为 606 亿美元，增长了 126.97%。2015 年底美联储加息前后，美国再次出现“格林斯潘利率之谜”[②]，长期国债收益率并未随基准利率的上调而有所上涨，对长期证券的投资减少与短期证券的增加印证了美国所面临的加息难题(见图1—18)。

表 1—12　　国际资本对美国证券的投资情况　　单位：十亿美元

	2013 年	2014 年	2015 年	增长率
对美国证券的购买总额	27 769.9	27 867.8	29 247.5	4.95%
对美国证券的销售总额	27 690.5	27 618.5	29 103.1	5.38%
美国证券购买净额	79.4	249.3	144.4	－42.08%
其中，民间部门：	0.7	171.0	356.8	108.65%
国债和票据	49.3	120.6	205.5	70.40%
政府机构债券	－3.7	43.2	123.2	185.19%
公司债券	－5.8	18.4	137.6	647.83%
股票	－39.1	－11.2	－109.5	—
政府部门：	78.8	78.3	－212.4	－371.26%

① 2016 年 2 月 16 日，美国财政部发布了《国际资本流动报告》。Treasury International Capital (TIC), U.S. Treasury Department Office of Public Affairs. http://www.treasury.gov/press—center/pressreleases/Documents/TIC%20press%20release%20for%20February%202016.pdf. 2016—02—16/2016.8.20.

② 艾伦·格林斯潘是美国第十三任联邦储备委员会主席。“格林斯潘利率之谜”现象表现为美国上调短期利率后，长期无风险利率并未上升。

续表

	2013 年	2014 年	2015 年	增长率
国债和票据	−8.4	44.9	−225.9	−603.12%
政府机构债券	75.2	31.4	33.5	6.69%
公司债券	16.2	7.0	−3.8	−154.29%
股票	−4.1	−4.9	−16.2	230.61%
从美国居民手中购买的外国证券额	8 157.1	9 145.0	10 686.5	16.86%
销售给美国居民的外国证券额	8 378.1	9 119.0	10 510.6	15.26%
美国居民对国外长期证券购买净额	221.0	25.9	175.9	579.15%
债券	−46.8	131.7	288.4	118.98%
股票	−174.2	−105.7	−112.5	6.43%
长期证券交易净额	−141.5	275.3	320.2	16.31%
其他	−230.6	−84.0	286.0	—
国际资本对美国长期证券的购买净额	373.3	191.2	34.3	−82.06%
国际资本对美国短期证券的购买净额	−37.9	26.7	60.6	126.97%
其中,美国短期国库券	21.6	−13.9	53.0	—
其他可转让票据等	−59.4	40.6	7.6	81.28%

资料来源:2016 年 2 月 16 日,美国财政部《国际资本流动报告》,http://www.treasury.gov。

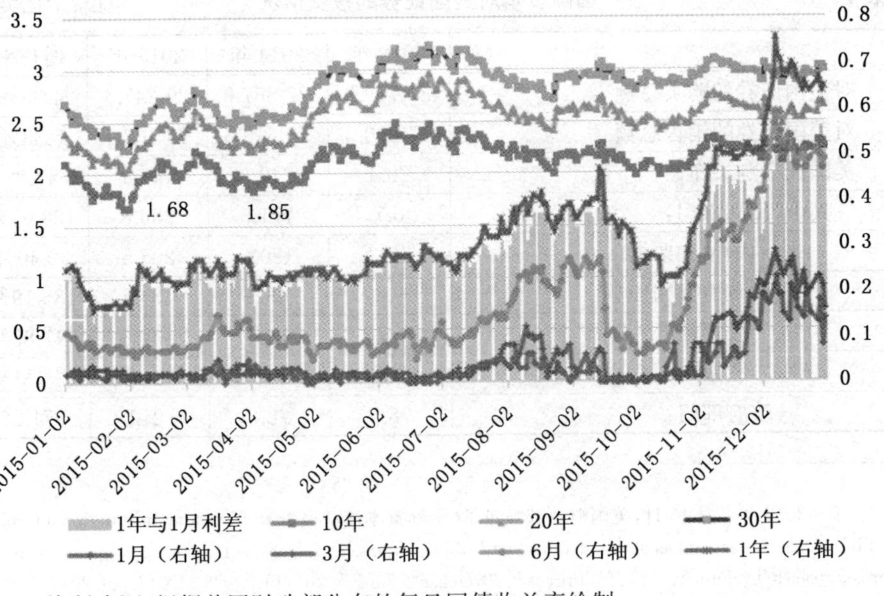

资料来源:根据美国财政部公布的每日国债收益率绘制。

图 1—18 2015 年美国国债收益率走势

美国国债持有量有所下降，中国持续八年成为美国国债最大持有国。美国财政部统计公布的数据①显示，截止到 2015 年 12 月，美国外债总额为 17.71 万亿美元，与 2014 年的 17.26 万亿美元相比增加了 2.62%。其中，其他国家共持有美国国债61 468亿美元，相比 2014 年的61 577亿美元减少了 0.18%。在美国国债持有国家或地区中，前十名分别是中国、日本、爱尔兰、巴西、开曼群岛、瑞士、英国、中国香港、卢森堡、中国台湾。其中，中国持有12 461亿美元美国国债，日本持有11 224亿美元美国国债，两者共计23 685亿美元，占总量的 38.53%。中国自 2008 年以7 274亿美元的美国国债持有量首次成为美国国债最大持有者之时起，已经持续八年位居第一。2015 年起，中国开始减持美国国债(见图 1—19)。

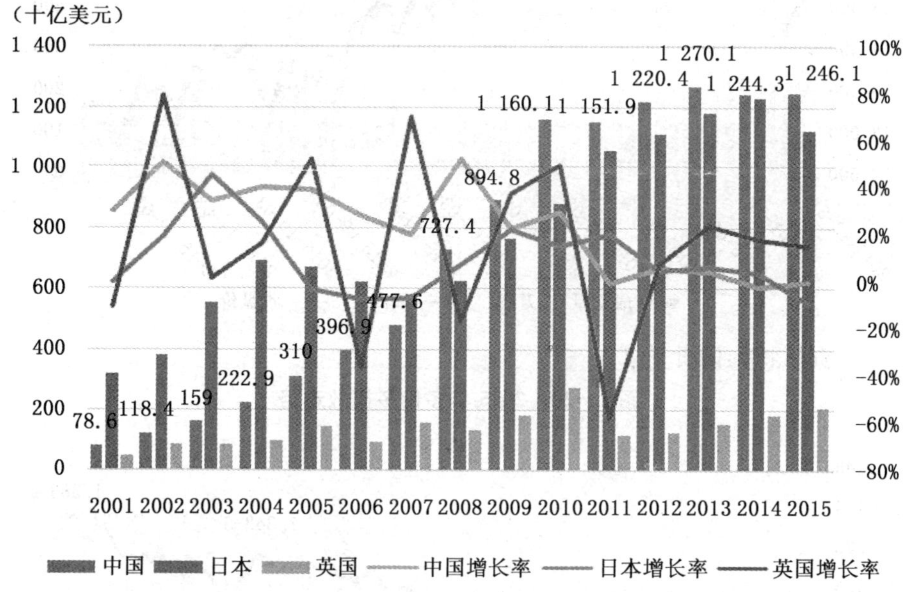

资料来源：根据美国财政部所统计的各国对美国国债的持有量绘制。

图 1—19　中国、日本、英国对美国国债持有量及其增长率

(二)加拿大资本市场

加拿大股市全年下跌 11.09%，加元汇率下跌 18.8%。2015 年，加拿

① 美国财政部统计数据：美国国债持有国。U.S. Department of The Treasury, Data and Charts Center, Treasury International Capital System, Major Foreign Holders of Treasury Securities. http://ticdata.treasury.gov/Publish/m fhhis01.txt.

大实际 GDP 增长 1.2%,增速下滑,全年增长乏力,增速低于预期。如图 1—20 所示,2015 年 12 月 31 日多伦多指数收盘价为13 009.95点,比 2014 年同期的14 632.44下降了 11.09%。2015 年,多伦多证券交易所股票交易额为1 091.00亿美元,低于 2014 年的 970.405 亿美元,增长了 12.33%;交易量为 70.71 亿股,较 2014 年增加了 10.06%。2015 年,美元兑加元汇率下跌严重,全年下跌 18.8%,成为全球汇率跌幅较为严重的货币之一(见图 1—21)。

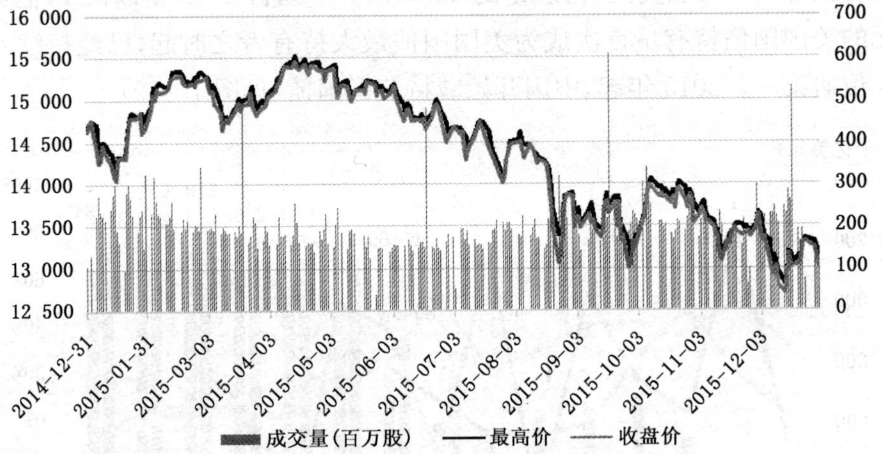

资料来源:同图 1—1。

图 1—20 2015 年多伦多指数走势

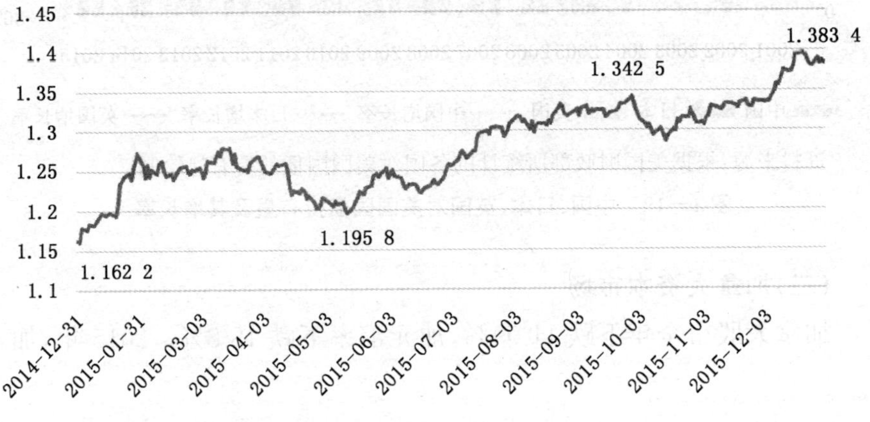

资料来源:同图 1—1。

图 1—21 2015 年美元兑加元汇率走势

加拿大证券一级、二级市场运行平稳。加拿大央行统计数据[①]显示，2015 年，加拿大共发行证券1 766.08亿加元，较 2014 年的1 744.90亿加元增长了 1.21%，其中联邦政府债券发行 181.47 亿加元，省级债发行 309.6 亿加元，市政债券发行 12.81 亿加元，公司债发行 877.19 亿加元，优先股与普通股发行 304.12 亿加元，信托基金发行 15.01 亿加元，NHA 抵押贷款支持证券 114.37 亿加元，其他资产支持证券回收 45.82亿加元。从货币市场上看，2015 年 12 月加拿大国内各类证券交易总额为1 204.23亿加元，较 2014 年 12 月的1 184.26亿加元增长了 1.69%，其中国库券交易额为 234.77 亿加元；从债券市场来看，2015 年 12 月加拿大国内债券交易总额1 435.85亿加元，较 2014 年 12 月的 1 547.53亿加元下降了 7.22%，其中联邦政府债券交易额为1 072.19亿加元。

(三)巴西资本市场

巴西股市全年跌幅 13.31%，交易量下降 5.49%，证券投资增长 12.05%。如图 1－22 所示，2015 年，巴西圣保罗 IBOVERSPA 股指由 2014 年 12 月 31 日的50 007.41点下降至43 349.96，全年跌幅 13.31%；交易量也由 2.94 万亿股下降至 2.77 万股，全年下降 5.49%。国际货币基金组织统计的数据[②]显示，截至 2015 年 12 月，巴西对外证券投资总资产为 248.39 亿美元，较 2014 年 12 月的 282.41 亿美元下降了 12.05%。从投资目的地来看，巴西海外证券投资排名前十位的对象分别是美国、开曼群岛、西班牙、百慕大群岛、卢森堡、瑞士、比利时、维尔京群岛、巴哈马群岛、丹麦。在所有证券投资中，巴西持有的海外股票与投资基金资产为186.22亿美元，持有海外债券资产为 96.18 亿美元(见表1－13)。

① 加拿大银行的银行与金融统计数据。Bank of Canada，Banking and Financial Statistics，August 2016. http://www.bankofcanada.ca/wp－content/uploads/2016/08/bfs_august16.pdf.

② 国际货币基金组织，宏观经济与金融数据，证券投资调查。International Monetary Fund，IMF，Macroeconomic & Financial Data，Coordinated Porfolio Investment Survey(CPIS). http://data.imf.org/.以下英国、法国、德国、日本、韩国的统计数据来源同此。

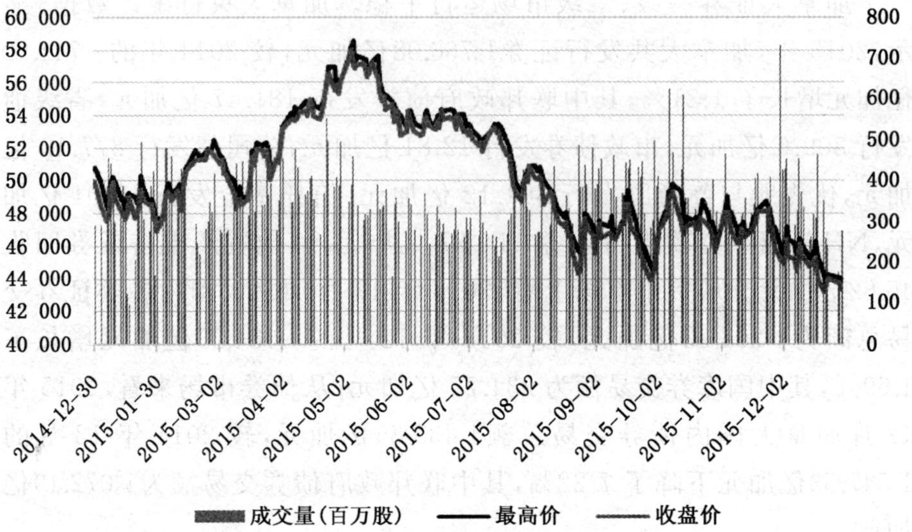

资料来源:同图1—1。

图1—22 2015年巴西圣保罗IBOVERSPA股指走势

表1—13 巴西海外证券投资目的地前十名

	2014年12月(百万美元)	百分比(%)	2015年12月(百万美元)	百分比(%)	增长率(%)
美国	12 743	45	11 962	48	−6.13%
开曼群岛	1 694	6	2 536	10	49.70%
西班牙	1 988	7	1 897	8	−4.58%
百慕大群岛	1 723	6	1 492	6	−13.41%
卢森堡	972	3	1 136	5	16.87%
瑞士	751	3	667	3	−11.19%
比利时	667	2	593	2	−11.09%
维尔京群岛	—	—	575	2	—
巴哈马群岛	—	—	561	2	—
丹麦	1 867	7	487	2	−73.92%
巴西总计	28 241	—	24 839	—	−12.05%

资料来源:国际货币基金组织证券投资调查数据,http://data.imf.org。

二、欧洲代表性资本市场

(一)欧元区资本市场

欧元汇率下跌10.28%,股市增长3.21%,“欧版”量化宽松政策开始实施。如图1—23所示,截至2015年12月31日,欧元兑美元汇率报收1.085 4,全年下跌10.28%,欧元汇率大跌与其经济增长迟缓、欧洲实施“QE”、美元强势等因素有关。2015年1月22日,欧洲央行行长德拉吉宣布推出量化宽松政策,2015年3月1日至2016年9月进行持续19个月的资产购买计划,每月采购600亿欧元资产,总购买额度为1.14万亿欧元。如图1—24所示,“QE”政策实施后,欧元区货币市场存款利率自2015年开始下降至负值,其中,隔夜利率为−0.11,3月期利率为−0.02,与此同时,日本3月期利率继续下跌至0.09,而美国加息后3月期存款利率上涨至0.32。如图1—25所示,欧洲50股指由2014年底的3 003.95点上涨至2015年12月31日的3 100.26点,全年最高增至3 591.47点,增幅达19.56%。

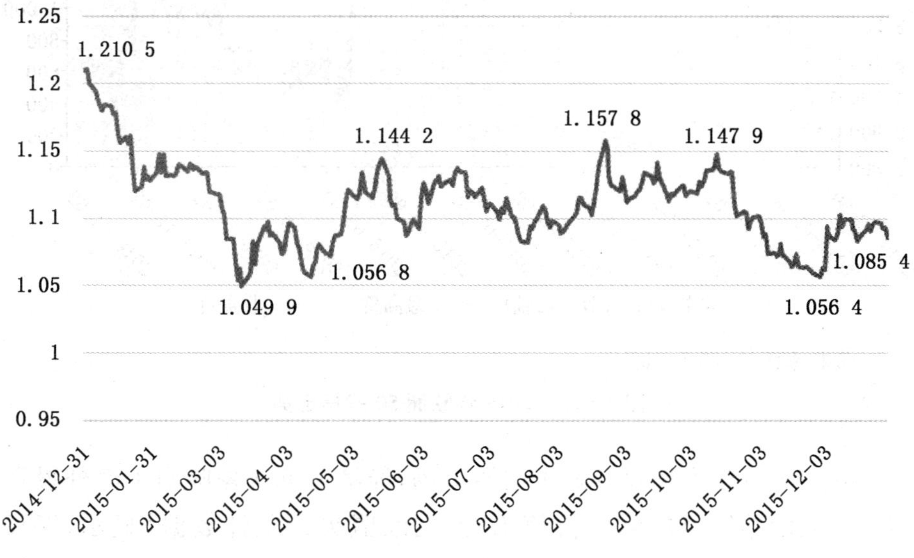

资料来源:同图1—1。

图1—23 2015年欧元兑美元汇率走势

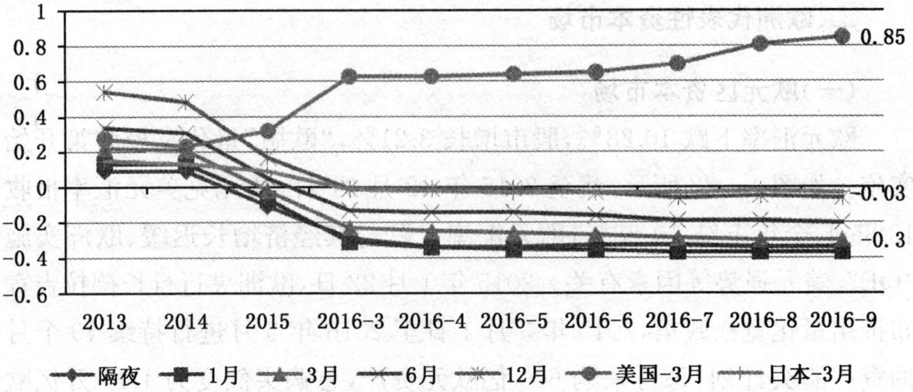

资料来源:欧盟央行统计数据库,http://sdw.ecb.europa.eu。

图 1—24 2013～2016 年欧元区各期限存款利率变动情况

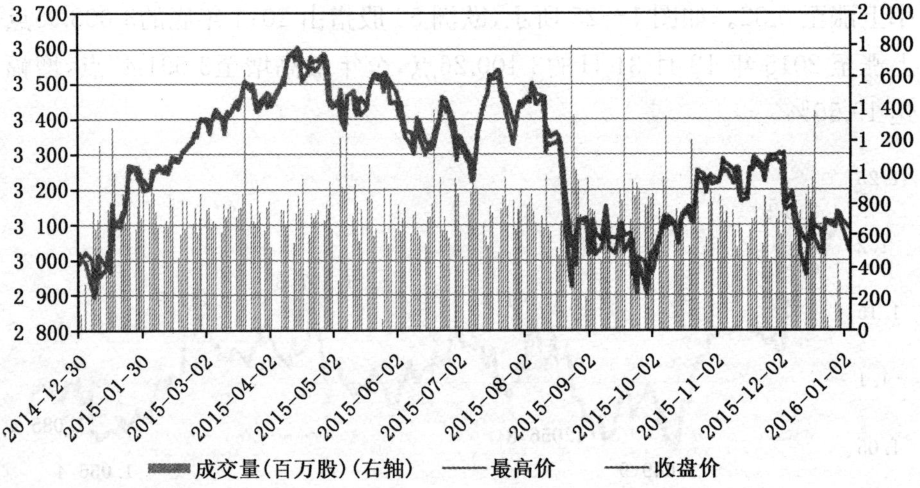

资料来源:同图 1—1。

图 1—25 2015 年欧洲 50 股指走势

欧元区股票市场发行好于债券市场,经济复苏迹象吸引了海外投资增加。从债券发行的名义价值来看,据欧盟央行统计数据①显示,2015 年欧元区债券发行的名义价值下降 0.5%。2015 年 8 月至 2016 年 7 月,

① 欧盟央行统计数据库,欧元区债券发行统计,名义价值。European Central Bank,Statistical Data Warehouse,Euro area securities issues statistics,Debt securities,by currency and original maturity,http://sdw.ecb.europa.eu/reports.do? node=1000002757.

欧元区共发行债券5 353亿欧元，赎回债券5 357亿欧元，其中短期债券、长期债券分别发行3 267亿欧元和2 086亿欧元，赎回分别为3 326亿欧元和2 031亿欧元。从股票发行价值来看，2015 年，欧元区全年股票发行增长 1.2%，其中 2015 年 8 月至 2016 年 7 月共发行 66 亿欧元。欧盟央行统计数据①显示，2015 年底欧元区金融账户总资产为 22.19 万亿欧元，总负债为 23.16 万亿欧元，净负债9 657亿欧元，其中直接投资资产为 9.75 万亿欧元，直接投资负债为 7.96 万亿欧元，证券投资资产为 7.18 万亿欧元，证券投资负债为 10.28 万亿欧元，金融衍生品净负债 283 亿欧元，其他投资资产 4.65 万亿欧元，其他投资负债 4.91 万亿欧元，储备资产 6 442亿欧元，欧元区成员国合计外债 12.96 万亿欧元。2015 年第四季度，欧元区金融账户资产增加1 066亿欧元，负债减少 640 亿欧元，净资产增加1 706亿欧元，其中直接投资净资产增加 393 亿欧元，证券投资净资产增加1 215亿欧元，金融衍生品投资增加 542 亿欧元，其他投资净负债 489 亿欧元。

(二)英国资本市场

英国股指缩水近 5%，英镑对美元贬值逾 5%，对外证券投资减少 3.55%。如图 1—26 所示，英镑兑美元汇率由年初的1.557 6下降至 1.473 4，英镑贬值 5.41%。如图 1—27 所示，2015 年，英国富时 100 股指由 2014 年 12 月 31 日的6 566.09点下降到6 242.32点，全年跌幅 4.93%。国际货币基金组织统计的数据显示，截至 2015 年 12 月，英国对外证券投资总资产为 3.78 万亿美元，较 2014 年 12 月的 3.92 万亿美元下降了 3.57%，总资产少于美国的 9.45 万亿美元与卢森堡的 3.81 万亿美元，排名世界第三。从投资目的地来看，法国海外证券投资排名前十位的对象分别是美国、法国、德国、爱尔兰、日本、荷兰、意大利、国际组织、卢森堡、澳大利亚(见表 1—14)。在所有证券投资中，英国持有的海外股票与投资基金资产为 1.75 万亿美元，排名世界第二；英国持有的海外债券资产为 2.17 万亿美元，排名世界第三。

---

① 欧盟央行统计数据库，经济公告第 2 章金融发展，货币市场利率。European Central Bank, Statistical Data Warehouse, Publications ECB publications, Economic Bullein, 2 Financial developments, http://sdw.ecb.europa.eu/servlet/desis? node=1000004817.

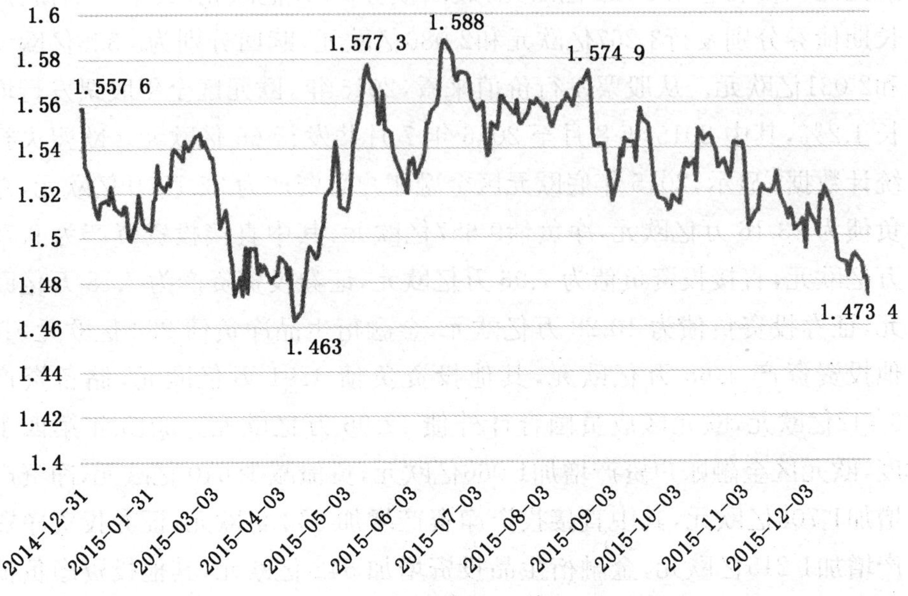

资料来源:同图 1—1。

图 1—26　2015 年英镑兑美元汇率走势

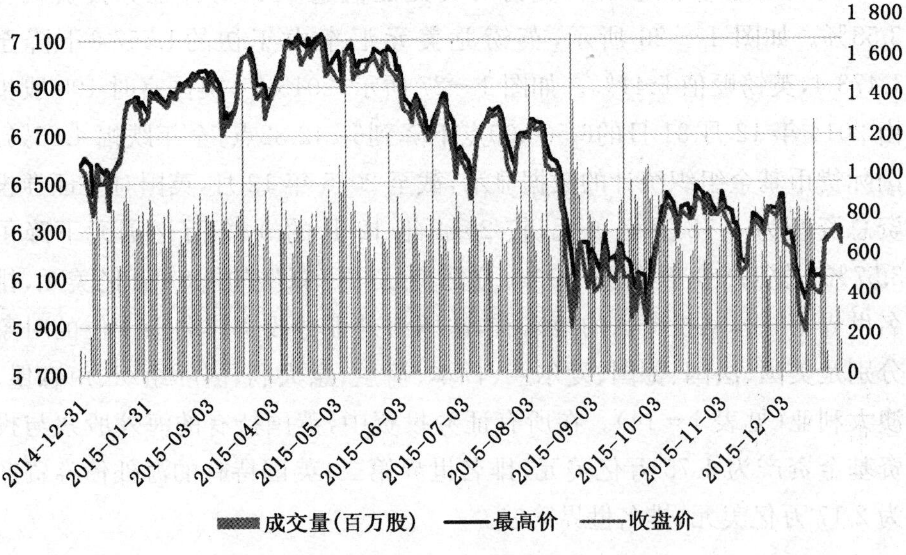

资料来源:同图 1—1。

图 1—27　2015 年英国富时 100 股指走势

表 1—14 英国海外证券投资主要目的地前十名

	2014 年 12 月（百万美元）	百分比（%）	2015 年 12 月（百万美元）	百分比（%）	增长率（%）
美国	970 743	25	968 186	26	—0.26
法国	303 481	8	302 137	8	—0.44
德国	312 411	25	288 405	8	—7.68
爱尔兰	237 105	6	222 822	6	—6.02
日本	212 824	5	213 004	6	0.08
荷兰	212 236	5	177 752	5	—16.25
意大利	137 661	4	131 576	3	—4.42
国际组织	121 439	3	128 226	3	5.59
卢森堡	114 018	3	110 424	3	—3.15
澳大利亚	91 316	2	85 608	2	—6.25
英国总计	3 917 640	—	3 778 730	—	—3.55

资料来源：同表 1—13。

（三）法国资本市场

法国股市全年增长 8.52%，交易量提高 19.90%，证券投资减少 8%。如图 1—28 所示，2015 年，法国 CAC40 股指由 2014 年 12 月 31 日的 4 272.75点增长到4 637.06点，全年涨幅 8.53%，交易量也由1.74万亿股增长到 2.08 万亿股，实现全年 19.9%的增长。根据国际货币基金组织统计的数据显示，截至 2015 年 12 月，法国对外证券投资总资产为 2.53 万亿美元，较 2014 年 12 月的 2.75 万亿美元下降了 7.97%，法国总资产全球排名世界第六。从投资目的地来看，法国海外证券投资排名前十位的对象分别是卢森堡、意大利、荷兰、美国、英国、德国、西班牙、爱尔兰、比利时、日本（见表 1—15）。在所有证券投资中，法国持有的海外股票与投资基金资产为 0.72 万亿美元，排名世界第九，法国持有海外债券资产为1.81 万亿美元，排名世界第六。

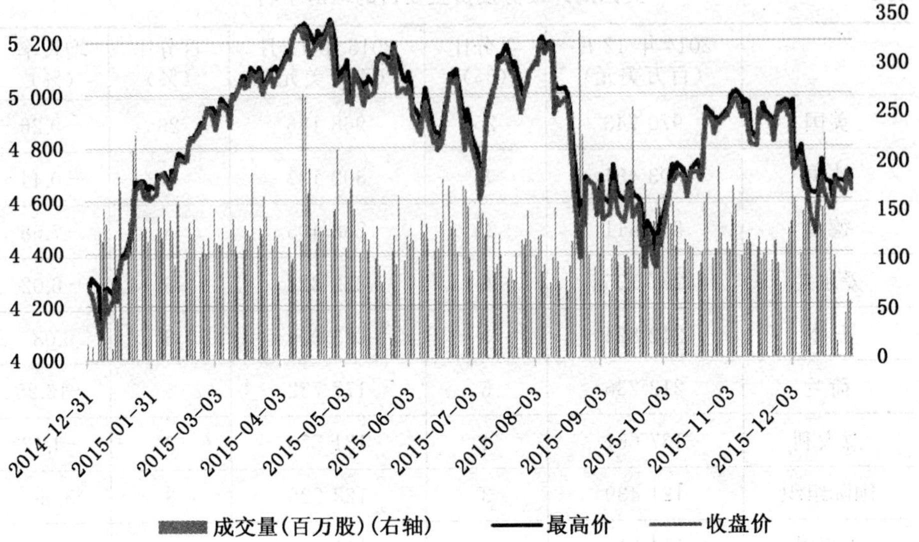

资料来源:同图 1—1。

图 1—28 2015 年法国 CAC40 股指走势

表 1—15 法国海外证券投资目的地前十名

	2014 年 12 月(百万美元)	百分比(%)	2015 年 12 月(百万美元)	百分比(%)	增长率(%)
卢森堡	285 692	9	314 328	12	10.02
意大利	312 694	11	263 595	10	—15.70
荷兰	321 826	12	259 375	10	—19.41
美国	256 233	9	245 894	10	—4.03
英国	254 987	9	239 845	9	—5 94
德国	241 284	9	231 018	9	—4.25
西班牙	229 264	8	193 606	8	—15.55
爱尔兰	118 854	4	114 467	5	—3.69
比利时	117 814	4	110 759	4	—5.99
日本	110 458	4	109 160	4	—1.18
法国总计	2 749 080	—	2 530 037	—	—7.97

资料来源:同表 1—13。

（四）德国资本市场

德国股市全年增长 9.56％，交易量增加 1.4％，海外证券投资全年减少 5.53％。如图 1—29 所示，德国 DAXI 指数由 2014 年 12 月 31 日的 9 805.55点增长到10 743.01点，全年增长 9.56％，交易量由 3.48 万亿股增长到 3.52 万亿股，增长 1.4％。国际货币基金组织统计的数据显示，截至 2015 年 12 月，德国对外证券投资总资产为 2.91 万亿美元，较 2014 年 12 月的 3.08 万亿美元下降了 5.53％，对外证券投资总资产全球排名第五位。从投资目的地来看，德国海外证券投资排名前十位的对象分别是卢森堡、法国、美国、荷兰、英国、意大利、西班牙、爱尔兰、国际组织、奥地利（见表 1—16）。在所有证券投资中，德国持有的海外股票与投资基金资产为 0.95 万亿美元，排名世界第五位；德国持有海外债券资产为1.95万亿美元，排名世界第五。

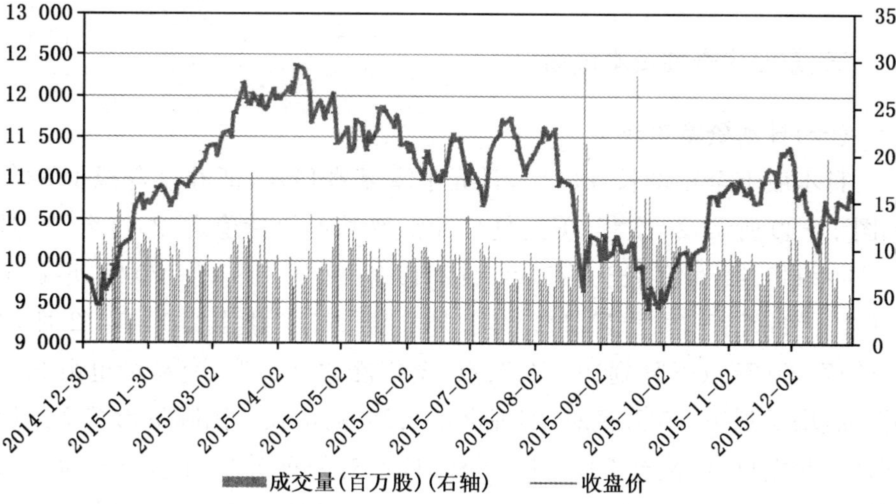

资料来源：同图 1—1。

图 1—29　2015 年德国 DAXI 股指走势

表 1—16　　德国海外证券投资目的地前十名

	2014 年 12 月（百万美元）	百分比（％）	2015 年 12 月（百万美元）	百分比（％）	增长率（％）
卢森堡	530.854	17	525 756	18	－0.96
法国	398.415	13	359 091	12	－9.87

续表

	2014年12月 (百万美元)	百分比 (%)	2015年12月 (百万美元)	百分比 (%)	增长率 (%)
美国	292.955	10	320 482	11	9.40
荷兰	260.465	8	228 784	8	－12.16
英国	215.383	7	198 978	7	－7.62
意大利	224.521	7	183 564	6	－18.24
西班牙	166.190	5	153 331	5	－7.74
爱尔兰	138.960	5	132 895	5	－4.36
国际组织	116.960	4	105 970	4	－9.40
奥地利	104.297	3	82 344	3	－21.05
德国总计	3 075 741	—	2 905 617	—	－5.53

资料来源:同表1－13。

三、东亚代表性资本市场

(一)日本资本市场

日本股市全年增长9.07%,日元汇率基本稳定,证券投资减少8%。如图1－30所示,2015年,美元兑日元汇率基本保持稳定,2014年12月31日为119.68,最高涨至125.58,到2015年12月31日为120.21,增长了0.44%。如图1－31所示,2015年日本日经225股指由2014年12月31日的17 450.77点下降到19 033.71点,全年涨幅9.07%,交易量也由9.83万亿股增长到10.05万亿股,实现全年2.2%的增长。国际货币基金组织统计的数据显示,截至2015年12月,日本对外证券投资总资产为3.51万亿美元,较2014年12月的3.40万亿美元增长了3.32%,规模全球排名世界第四。从投资目的地来看,日本海外证券投资对象排名前十位的分别是美国、开曼群岛、法国、英国、澳大利亚、德国、荷兰、卢森堡、国际组织、加拿大(见表1－17)。在所有证券投资中,日本持有的海外股票与投资基金资产为1.28万亿美元,排名世界第四;日本持有海外债券资产为2.24万亿美元,排名世界第二。

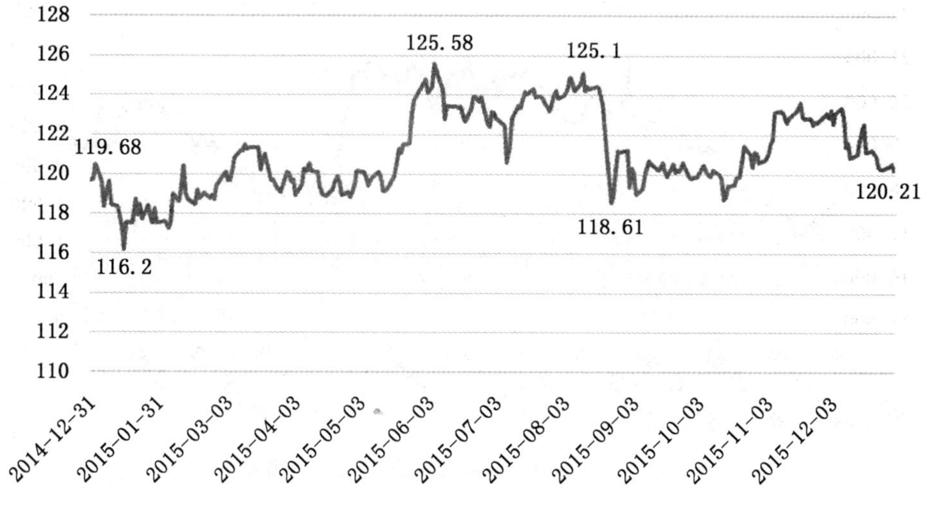

资料来源:同图 1—1。

图 1—30　2015 年美元兑日元汇率走势

表 1—17　　日本海外证券投资目的地前十名

	2014 年 12 月（百万美元）	百分比（%）	2015 年 12 月（百万美元）	百分比（%）	增长率（%）
美国	1 233 568	36	1 369 423	39	11.01
开曼群岛	524 657	15	617 647	18	17.72
法国	243 677	7	222 314	6	−8.77
英国	183 974	5	171 104	5	−7.00
澳大利亚	131 946	4	128 737	4	−2.43
德国	153 197	5	128 649	4	−16.02
荷兰	127 681	4	118 160	3	−7.46
卢森堡	108 869	3	100 324	3	−7.85
国际组织	—	—	80 090	2	—
加拿大	58 908	2	55 607	2	−5.60
日本总计	3 399 008	—	3 511 692	—	3.32

资料来源:同表 1—13。

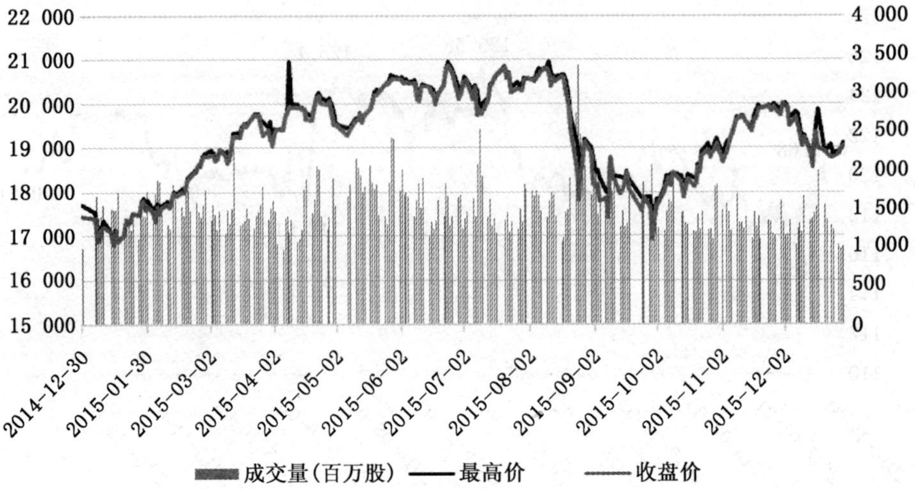

资料来源:同图 1—1。

图 1—31 2015 年日本日经 225 指数走势

(二)韩国资本市场

韩国股市全年增长 2.39%,交易量增长 18.73%,证券投资增长 16.19%。如图 1—32 所示,2015 年,韩国综合指数 KS11 股指由 2014 年 12 月 31 日的1 915.59上升到1 961.31,全年涨幅 2.39%,交易量也由 2.56 万亿股增长到 3.05 万亿股,实现全年 18.73%的增长。国际货币基金组织统计的数据显示,截至 2015 年 12 月,韩国对外证券投资总资产为2 358.72 亿美元,较 2014 年 12 月的2 030.14 亿美元增长了 16.19%。从投资目的地来看,韩国海外证券投资排名前十位的对象分别是美国、英国、中国大陆、卢森堡、日本、法国、中国香港、开曼群岛、澳大利亚、巴西(见表 1—18)。在所有证券投资中,韩国持有的海外股票与投资基金资产为1 525.23亿美元,持有海外债券资产为 833.49 亿美元。

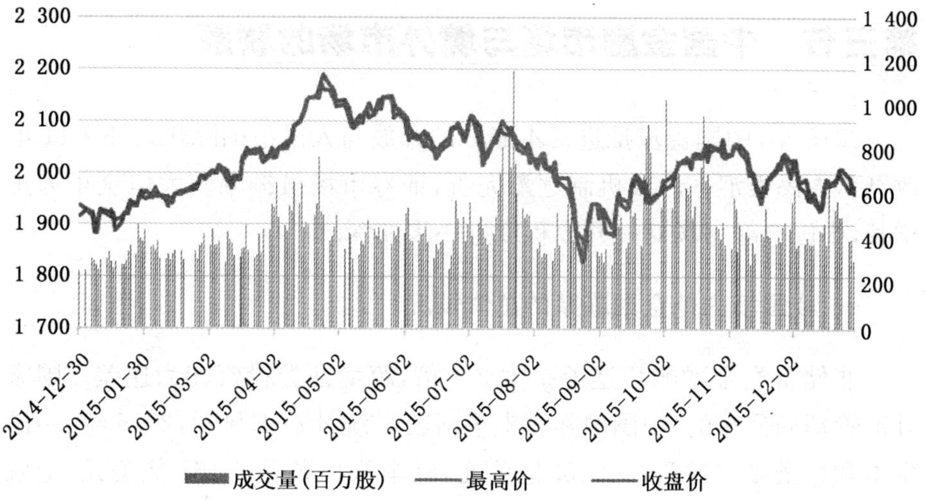

资料来源:同图1—1。

图1—32　2015年韩国综合指数KS11走势

表1—18　韩国海外证券投资目的地前十名

	2014年12月（百万美元）	百分比（%）	2015年12月（百万美元）	百分比（%）	增长率（%）
美国	82 666	41	98 555	42	19.22%
英国	14 641	7	16 509	7	12.76%
中国大陆	10 494	5	13 955	6	32.98%
卢森堡	10 411	5	11 825	5	13.58%
日本	9 953	5	11 665	5	17.20%
法国	9 264	5	10 593	4	14.35%
中国香港	—	—	7 796	3	—
开曼群岛	5 002	2	6 127	3	22.49%
澳大利亚	4 384	2	5 865	2	33.78%
巴西	7 676	4	5 184	2	−32.46%
韩国总计	203 014	—	235 872	—	16.19%

资料来源:同表1—13。

第三节 中国金融市场与境外市场的联系

2015年,中国稳步推进资本账户的开放与人民币国际化。"8·11汇改"后,人民币汇率形成机制逐渐完善,证券市场虽振幅较大但全年为正增长,中国金融市场对外开放程度进一步加深。

一、我国境内外金融联系的总体情况

非储备类金融账户逆差扩大8.4倍,跨境证券投资转为逆差。国家外汇管理局公布的《中国国际收支平衡表》[①]统计数据显示,2015年,中国资本和金融账户逆差1 423.59亿美元,资本账户顺差3.161亿美元,金融账户逆差1 426.75亿美元,其中非储蓄性质的金融账户逆差4 856.14亿美元,远高于2014年的514亿美元,储备资产由逆差转为顺差3 429.39亿美元[②]。直接投资顺差620.58亿美元,同比下降57%;证券投资由2014年的824亿美元顺差转为2015年的665亿美元逆差;金融衍生工具逆差20.871亿美元;跨境贷款、贸易信贷和资金存放等其他投资[③]逆差4 791亿美元,同比扩大72%。除直接投资有所减少外,证券、金融衍生品、其他投资逆差迅速增长,我国对外金融投资金额急速增加。

国际投资中金融资产与负债均有所下降,直接投资资产与负债持续增加。从国家外汇管理局公布的《中国国际投资头寸表》[④]来看,2015年,中国金融投资净头寸15 965亿美元,降低了0.39%。其中,对外金融资产为62 189亿美元,下降了3.41%;对外金融负债为46 225亿美元,下降了4.40%。2015年,直接投资金融资产与金融负债分别增长了27.95%和9.36%,达到11 293亿美元和28 423亿美元,中国金融市场仍然具有较大

---

① 国家外汇管理局《中国国际收支平衡表》,http://www.safe.gov.cn/wps/portal /sy/tjsj_whtjxl。

② 从2015年起,国家外汇管理局按照国际货币基金组织(IMF)最新修订的《国际收支和国际投资头寸手册》(第6版)(BMP6)编制和发布国际收支平衡表,其中将储备资产纳入金融账户统计,并在金融账户下增设"非储备性质的金融账户"。

③ 在《中国国际收支平衡表》中,其他投资项目的资产部分包括其他股权、货币和存款、贷款、保险和养老金、贸易信贷、其他6个子项目,负债部分包括其他股权、货币和存款、贷款、保险和养老金、贸易信贷、其他、特别提款权7个子项目。

④ 国家外汇管理局《中国国际收支头寸表》,http://www.safe.gov.cn/wps/portal/sy/tjsj_whtjxl。

投资潜力。同时，对外投资金额增速明显高于所引进的投资金额，金融企业“走出去”步伐加快。

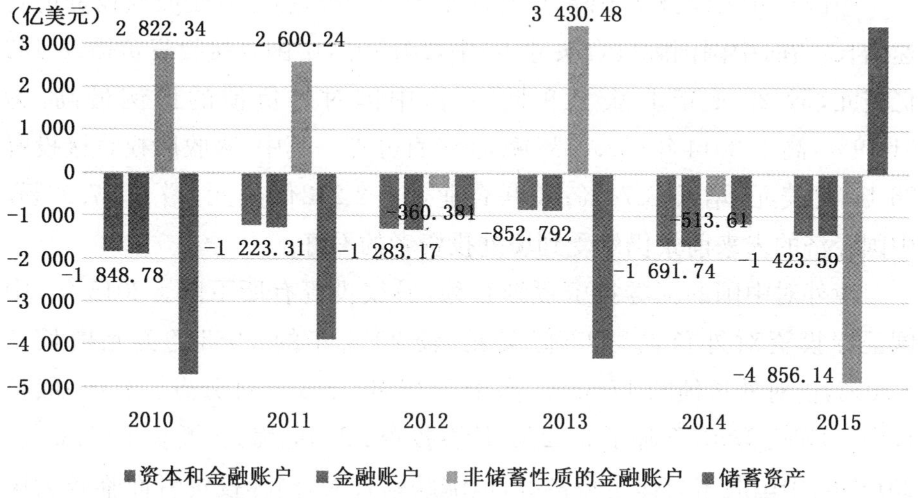

资料来源：根据国家外汇管理局公布的《中国国际收支平衡表》绘制，http://www.safe.gov.cn。

图 1－33　2010～2015 年中国国际收支平衡变动情况

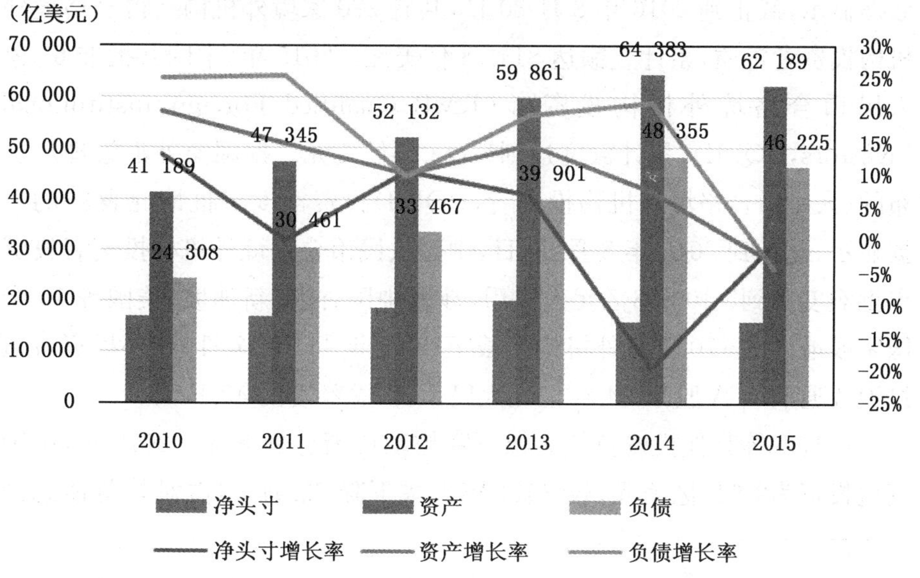

资料来源：根据国家外汇管理局《中国国际投资头寸表》绘制。

图 1－34　2010～2015 年中国国际投资头寸增长情况

二、境外资本参与中国金融市场情况

中国对外负债首次下降,境外对中国直接投资,尤其是股权投资仍高速增长。在《中国国际投资头寸表》中,2015 年,中国直接投资负债28 423亿美元,较 2014 年上涨了 9.36%,占中国对外负债的比例最高,为 61.49%,高于 2014 年(53.75%)7.74 个百分点。其中,吸收股权直接投资26 181亿美元,增长 8.74%;关联企业债务2 242亿美元,增长 17.08%。中国经济的未来前景仍然受到境外投资者的看好。

境外对中国的证券投资逐渐企稳,股权投资有所下降。2015 年,中国证券投资对外负债8 105亿美元,较 2014 年的7 962亿美元增长了 1.80%,占对外负债的 17.53%,高于 2014 年 1.06 个百分点。其中,股权投资5 906亿美元,下降了 9.32%;债券投资2 200亿美元,增长了51.83%。2015 年,中国股市总体走势良好,但涨跌幅较大,国际投资者面临较大风险。2015 年,中国共新批准 115 家合格境外机构投资者(Qualified Foreign Institutional Investors,QFII),累计额度达 141.75 亿美元。国家外汇管理局公布的《合格境外机构投资者(QFII)投资额度审批情况表》①的数据显示,截止到 2016 年 8 月 30 日,共有 270 家境外机构获得合格境外机构投资者资质,累计金额达 814.78 亿美元。2015 年,中国共批准 63 家人民币合格境外机构投资者(RMB Qualified Foreign Institutional Investors,RQFII),累计额度达到1 446.25亿美元。据国家外汇管理局公布的《人民币合格境外机构投资者(RQFII)投资额度审批情况表》②的数据显示,截止到 2016 年 8 月 30 日,中国人民币合格境外机构投资者投资审批额度达到5 103.38亿元人民币,涉及中国香港、新加坡、美国等 10 个国家或地区的 170 个境外机构。截至 2015 年 11 月 17 日,海外投资者通过沪股通购入 A 股1 294.66亿元人民币,占总额度的 43.15%。

存贷款等其他投资负债大幅下降拉动负债总额下降。2015 年,中国其他投资为9 643亿美元,较 2014 年大幅下降 33.04%,占对外负债总额

---

① 国家外汇管理局《合格境外机构投资者(QFII)投资额度审批情况表》,http://www.safe.gov.cn/。

② 国家外汇管理局《人民币合格境外机构投资者(RQFII)投资额度审批情况表》,http://www.safe.gov.cn/。

的 20.86%，远低于 2014 年的 29.78%。其中，货币和存款负债为3 267亿美元，下降 35.05%，贷款负债3 293亿美元，下降 42.43%；贸易信贷为2 721亿美元，下降 18.63%；特别提款权为 97 亿美元，下降 3.96%；其他项目 172 亿美元，下降 16.91%。保险和养老金境外投资首次放开，投资负债为 93 亿美元。

表 1－19　　中国人民币合格境外机构投资者(RQFII)投资审批额度

（截至 2016 年 8 月 30 日）

投资者注册地	机构数量（家）	累计获批额度（亿元人民币）
中国香港	79	2 700.00
新加坡	26	588.70
美国	15	301.00
法国	7	240.00
韩国	34	740.00
德国	2	65.43
澳大利亚	1	300.00
瑞士	1	50.00
加拿大	2	18.25
卢森堡	3	100.00
合计	170	5 103.38

资料来源：根据国家外汇管理局《人民币合格境外机构投资者(RQFII)投资额度审批情况表》编制。

三、中国资本参与境外金融市场的情况

中国国际投资的资产首次下降，对外直接投资高速增长。在《中国国际投资头寸表》中，2015 年，中国直接投资资产突破 1 万亿美元，达到11 293 亿美元，较 2014 年增长了 27.95%，占对外资产总额的 18.16%，高于 2014 年(13.71%)4.45 个百分点。其中，对外股权直接投资9 393亿美元，增长 26.80%；关联企业债务为1 901亿美元，增长 34.06%。中国金融企业“走出去”步伐加快，“一带一路”国家战略实施效果显著。

证券投资由顺差转为逆差，证券投资资产与上年基本持平。2015年，中国证券投资资产达到2 613亿美元，略低于2014年的2 625亿美元，下降了0.46%，占对外投资资产的4.20%，略高于2014年的4.08%。其中，股权投资资产为1 620亿美元，增长0.43%；债券投资资产为993亿美元，下降1.88%。2015年，国家外汇管理局共新批准44家合格境内机构投资者(Qualified Domestic Institutional Investors, QDII)，额度为66.7亿美元。国家外汇管理局公布的《合格境内机构投资者(QDII)投资额度审批情况表》显示，截止到2016年8月30日，中国共有132家投资者获得合格境外机构投资者资质，获批额度累计为899.93亿美元。其中：银行类30家，获批额度138.40亿美元；证券类48家，获批额度375.50亿美元；保险类40家，获批额度308.53亿美元；信托类14家，获批额度77.50亿美元。2015年，内地投资者通过港股通购入H股894亿元人民币，占总额度的35.76%(见表1—20)。

其他投资资产存量持续稳步增长，贷款存量上涨迅速。2015年，其他投资资产存量为14 185亿美元，较2014年增长了1.77%，占中国国际投资资产的22.81%，高于2014年的21.65%。其中，其他股权为1万亿美元；货币和存款资产存量为3 895亿美元，降低了12.53%；贷款资产存量为4 569亿美元，增长21.94%；贸易信贷资产存量为5 137亿美元，增长9.84%；保险和养老金资产为172亿美元；其他项目资产412亿美元，下降61.17%。

储备资产所占比例降至近年来最低值，民间部门所占比例继续上升。2015年，在中国对外金融资产中，储备资产额为34 061亿美元，较2014年降低了12.65%，占国际投资总资产的54.77%，低于2014年5.79个百分点，继续占据对外资产首位。其中，货币黄金为602亿美元，增长了50.12%；特别提款权为103亿美元，下降了1.90%；在国际货币组织的储存头寸为45亿美元，下降了21.05%；外汇储备为33 304亿美元，下降了13.34%；其他储备资产为7亿美元。

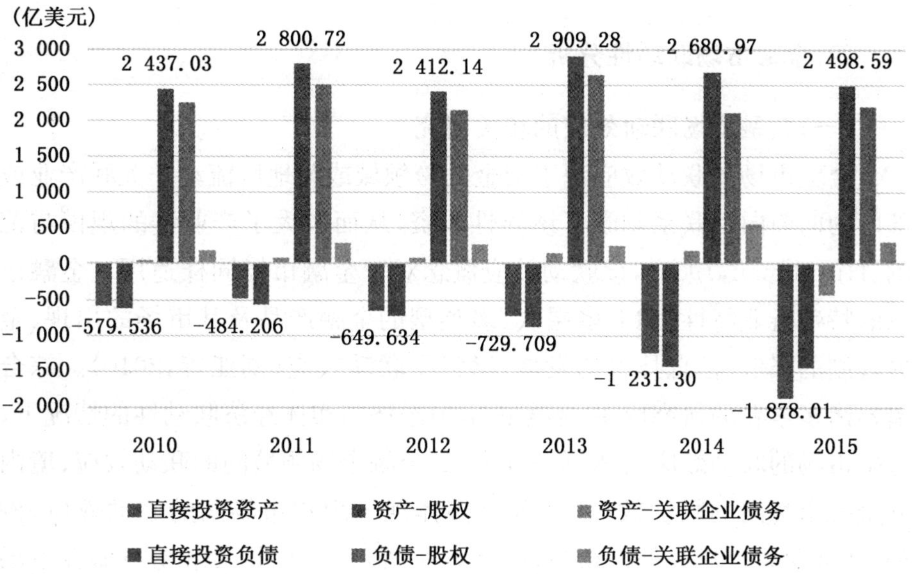

资料来源：同图 1—33。

图 1—35　2010～2015 年中国非储蓄类金融账户中直接投资项目变动

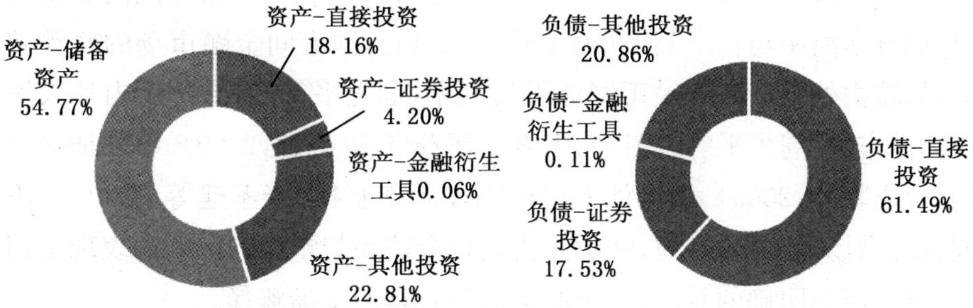

资料来源：同图 1—34。

图 1—36　2015 年国际投资头寸表中资产与负债结构

表 1—20　　中国合格境内机构投资者(QDII)投资审批额度

（截至 2016 年 8 月 30 日）

投资者类型	投资者数量(家)	获批额度(亿美元)
银行类	30	138.40
证券类	48	375.50
保险类	40	308.53
信托类	14	77.50
合计	132	899.93

资料来源：国家外汇管理局《合格境内机构投资者额度审批情况表》。

四、金融市场联动性分析

(一)金融市场联动效应的相关研究

金融市场的联动效应源于资金的跨领域或跨地区流动。关联产业或部门的向前向后联系刺激了诱导性投资,从而扩大了产业链的规模与范围(Hirschman,1985),该联动效应概念对于金融市场同样适用。金融市场的特殊行业特性,加上多层次、多类型的金融产品及其市场的出现、金融管制的降低、信息技术的发展,增强了联动效应(刘亚等,2010)。综合借鉴诸多学者的研究成果,不考虑虚拟经济与实体经济联动性的情况下,金融市场的联动效应大体可一分为二:金融市场领域间的联动效应、境内外金融市场间的联动效应[①]。前者多体现于现货市场间的联动效应,例如,亚洲股票市场与外汇市场间(丁建平等,2009)、股票市场与债券市场间(史永东等,2013)、股票市场与大宗商品市场间(杨胜刚等,2014)以及现货与衍生品市场间的联动效应,例如,资本市场与金融衍生品市场(周莹莹和刘传哲,2011)。后者大多集中于在岸市场与离岸市场间的联动效应,如日本离岸与在岸利率(冯永琦等,2014);国家间金融市场的联动效应,如境内外银行间人民币同业拆借利率(周先平等,2014)、境内外人民币债券市场(周先平等,2015)、中俄美证券市场(李巍,2009)、中外证券市场(曾志坚等,2009)、境内外人民币隔夜利率互换(于孝建等,2011)。不同金融市场的价格、指数、波动率受到资金流动与预期的影响而表现出同向、异向或不明确的状态,给予联动效应合理的市场解释。

(二)中国金融市场领域间联动性分析

金融市场各领域间联动效应较为明显,除大宗商品指数外,其他领域均有同向变动趋势。如图1-37与图1-38所示,除了代表大宗商品价格走势的Wind商品指数之外,股票市场的上证综指、基金市场的上证基金指数、债券市场的中证转债、MSCI中国A+H股指数、期货市场的沪深300期货IF1609指数、期权市场的50ETF指数均呈现同向波动,且均于2015年年初至3月中旬保持平稳状态,3月中旬至6月中旬之前保持

---

① 也包括境内外证券市场间的联动效应、境内外债券市场联动效应、境内外基金市场联动效应、境内外金融衍生品市场联动效应等金融市场领域间的联动性。

增长态势,6 月中旬至 8 月底呈现迅速下降的特点,9 月初至 2015 年年底一直保持平稳增长态势。2015 年,中国金融市场波动幅度较大,金融各领域较大程度上表现出同步发展态势,相互间具有较大的联动效应。

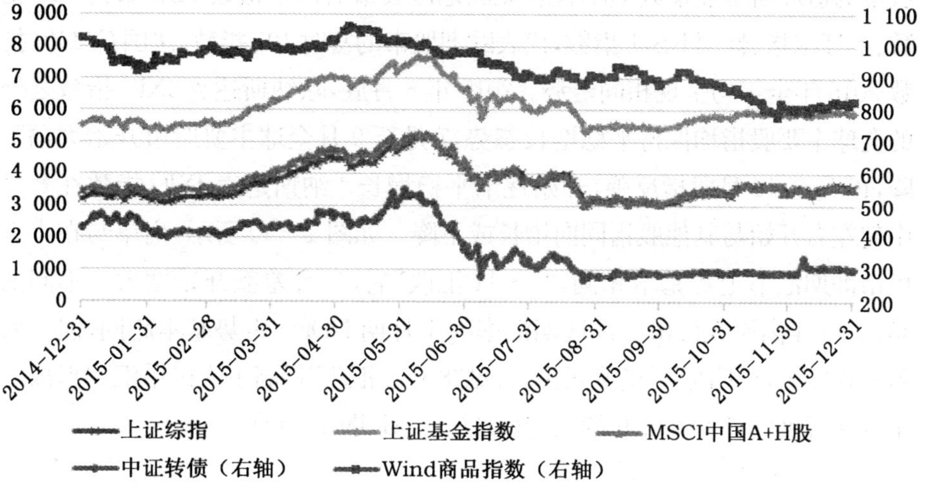

资料来源:根据 Wind 数据库上证综指、上证基金指数、MSCI 中国 A+H 股、中证转债、Wind 商品指数每日最高价绘制。

图 1—37　中国金融市场相关指数走势

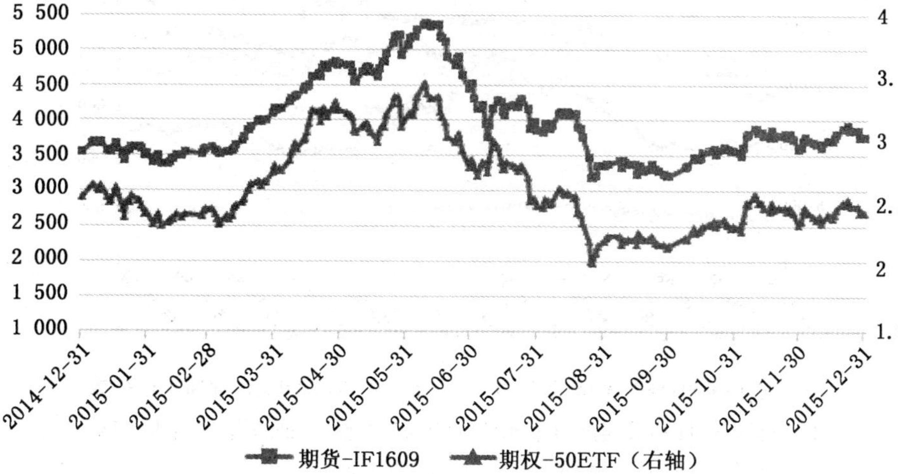

资料来源:根据 Wind 数据库沪深 300 期货 IF1609 指数、期权 50ETF 指数每日最高价绘制。

图 1—38　中国金融市场期货与期权相关指数走势

(三)境内外金融市场联动性分析

全球主要股市股指走势大多趋同,离岸与在岸汇率市场以及即期与远期市场同向波动。如图 1—39 所示,从全球主要股票市场来看,代表美洲地区股市的道琼斯工业指数 DJI,代表亚洲地区股市的恒生指数 HIS、日经 225 指数、上证综指、韩国 KS11 指数,代表欧洲股市的富时 100 指数、法国 CAC40 指数 2015 年全年均呈现相同走势。2015 年 6 月底,除纳斯达克 IXIC 指数之外的全球主要股指均保持平稳增长态势,7 月至 9 月全球主要股市开始大幅下降,10 月至 12 月股指反弹,开始逐渐平稳增长。纳斯达克 IXIC 指数在 8 月中旬左右开始与其他股指同向增长或下降。如图 1—40 所示,离岸与在岸人民币即期汇率走势基本相同,"8·11 汇改"后,二者差额开始增大。不同的是,2015 年离岸人民币 1 月远期汇率与 1 月期 NDF① 走势基本趋同,但二者差额在"8·11 汇改"后迅速减少,可见"8·11 汇改"提高了人民币汇率形成的市场化程度,有助于 NDF 的稳定(见图 1—41、图 1—42)。

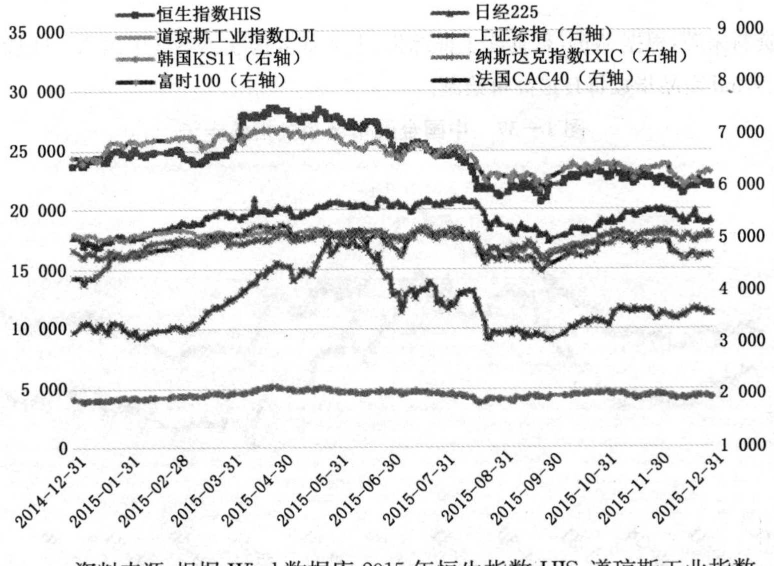

资料来源:根据 Wind 数据库 2015 年恒生指数 HIS、道琼斯工业指数 DJI、韩国 KS11 指数、富时 100 指数、日经 225 指数、上证综指、纳斯达克 IXIC 指数、法国 CAC40 指数的每日交易最高价绘制。

图 1—39 2015 年全球主要股市股指走势

---

① 无本金交割外汇交易,Non-deliverable Forwards,NDF。

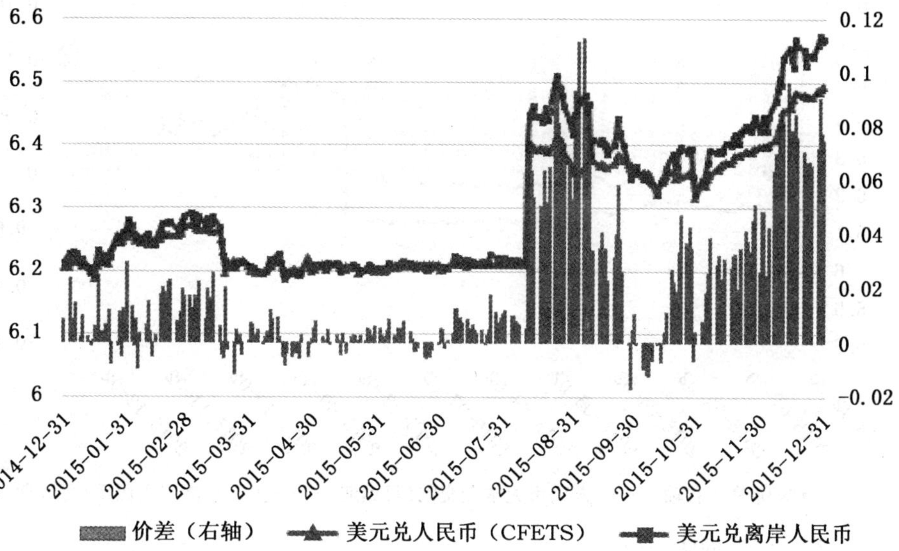

资料来源：同图 1—1。

图 1—40　2015 年在岸与离岸人民币即期汇率走势

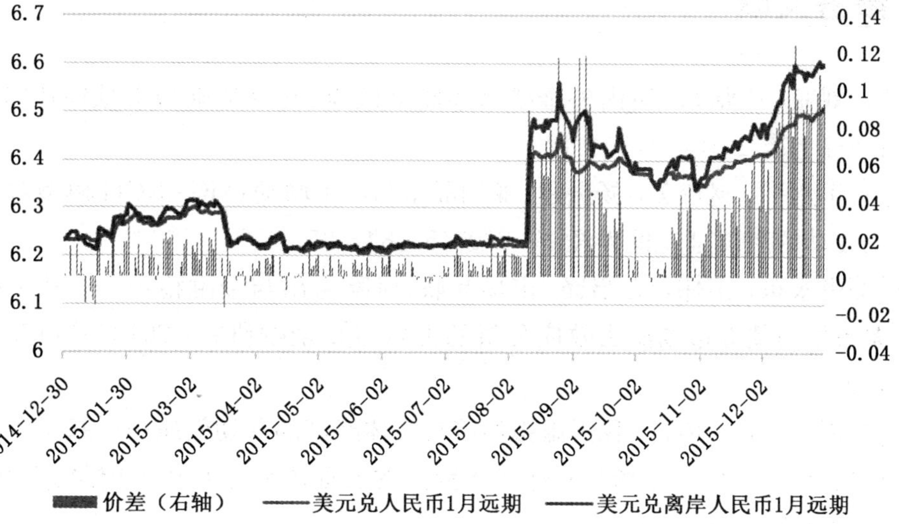

资料来源：同图 1—1。

图 1—41　2015 年在岸与离岸人民币 1 月远期汇率走势

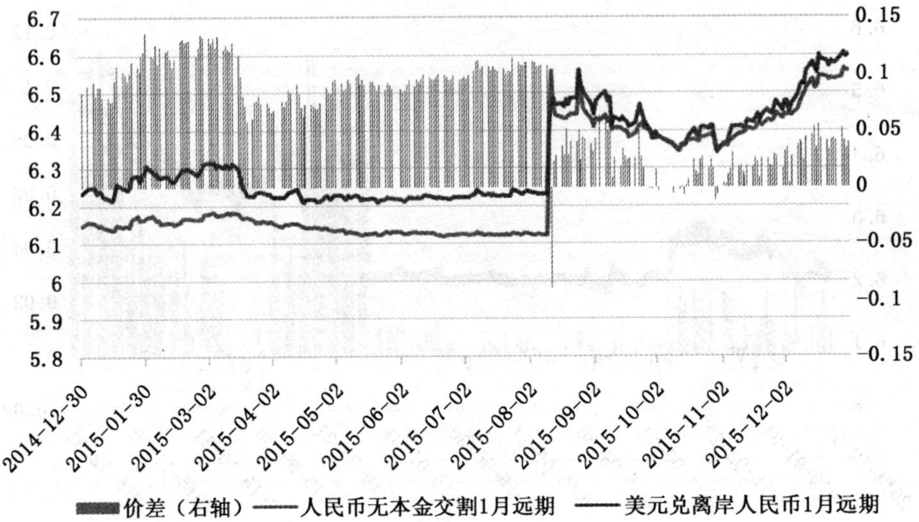

资料来源:同图 1－1。

图 1－42　2015 年离岸人民币 1 月远期汇率与 1 月期 NDF 走势

参考文献

[1]刘亚，张曙东. 境内外金融市场联动效应:理论基础与文献综述[J]. 科学决策，2010(8):65－77.

[2]丁剑平，赵亚英，杨振建. 亚洲股市与汇市联动:MGARCH 模型对多元波动的测试[J]. 世界经济，2009(5):83－95.

[3]史永东，丁伟，袁绍锋. 市场互联、风险溢出与金融稳定——基于股票市场与债券市场溢出效应分析的视角[J]. 金融研究，2013(3):170－180.

[4]周莹莹，刘传哲. 我国虚拟经济与实体经济的联动效应——基于资本市场、金融衍生品市场与实体经济数据的实证研究[J]. 山西财经大学学报，2011(5):10－19.

[5]冯永琦，梁蕴兮，裴祥宇. 日元离岸与在岸利率联动效应研究[J]. 现代日本经济，2014(1):28－35.

[6]周先平，李标，邹万鹏. 境内外银行间人民币同业拆借利率的联动关系研究[J]. 国际金融研究，2014(8):69－77.

[7]周先平，李敏，刘天云. 境内外人民币债券市场的联动关系及其影响因素分析[J]. 国际金融研究，2015(3)：44—53.
[8]李巍. 中国、俄罗斯与美国证券市场的联动效应——来自次贷危机爆发后三阶段的证据[J]. 世界经济研究，2009(1)：32—39.
[9]曾志坚，徐迪，谢赤. 金融危机影响下证券市场联动效应研究[J]. 管理评论，2009，21(2)：33—39.
[10]于孝建，菅映茜. 人民币隔夜利率互换境内外市场联动效应研究[J]. 上海经济研究，2011(10)：67—76.
[11]杨胜刚，成博. 股票市场与大宗商品市场互动特征比较研究[J]. 当代财经，2014(6)：57—66.
[12]万得(Wind)中国金融数据库[DB/OL].上海：万得(Wind)资讯金融终端，http://www.wind.com.cn. 2014—12—31：2015—12—31/2016—08—20.
[13]彭博终端. 新兴市场国家兑美元汇率最差即期回报(5%)，2014—12—31：2015—12—31.
[14]中国外汇交易中心—基准指标—人民币汇率指数—2015 年 12 月 11 日 CFETS 人民币汇率指数—人民币汇率指数算法说明.pdf. http://www.chinamoney.com.cn/fe/Info/16385666.2015—12—14/2016—08—20.
[15]国家外汇管理局网站—统计数据—统计数跨表查询—中国国际收支平衡表，http://www.safe.gov.cn/wps/portal/sy/tjsj_whtjxl.
[16]于鹏元资信评估有限公司网站，首页—鹏元研究—债券研究—月报《2015 年债券市场年度报告》，http://www.pyrating.cn/n/10017042.
[17]世界交易所联盟 World Federation of Exchanges. 2016 WFE Market Highlights. WFE 2016 [R/OL]. Paris：WFE Full Year Statistics Show 2015 global equity trading volumes rise 55% as volatility boosts activity. http://www.world-exchanges.org/home/index.php/research/wfe—research. 2015 Highlights.pdf/2015—08—20.
[18]国际清算组织，BIS. Statistics. Securities. Debt securities statistics. Country tables-detailed view of debt securities markets. C3 Debt securities issues and amounts outstanding, by residence and nationality of issuer [R/OL]. Switzerland Basel. Bank for International Settlements.

2016—06—06: Table C3. http://www.bis.org/statistics/c1.pdf. 2016—06—06/2016—08—20.

[19]美国期货业协会,Market Voice. The Magazine of the Global Futures, Options and Cleared Swaps Markets. 2015 Annual survey: Global Derivatives Volume Asia Takes the Lead. By Will Acworth, editor-in-chief of Market Voice. March 15, 2016. http://marketvoicemag.org/sites/default/files/pdf/March2016_TopStoryupd.pdf. 2016—03—15/2016—08—20.

[20]国际货币基金组织, International Monetary Fund, IMF. Macroeconomic & Financial Data, Coordinated Porfolio Investment Survey (CPIS). http://data.imf.org/? sk=B981B4E3-4E58-467E-9B90-9DE0C3367363&ss=1390030109571.2016—08—20.

附录

1. 2015 年美元兑瑞士法郎汇率走势

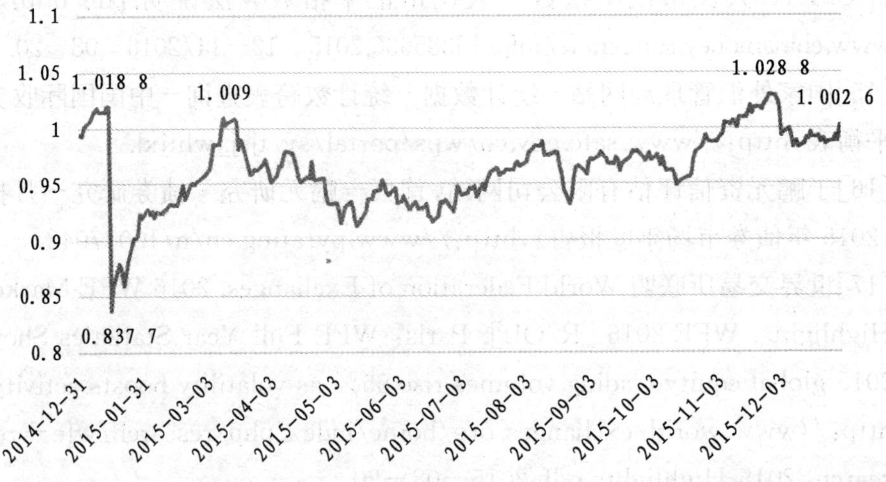

资料来源:根据 2015 年美元兑瑞士法郎汇率收盘价绘制。万得(Wind)中国金融数据库[DB/OL],上海:万得(Wind)资讯金融终端,http://www.wind.com.cn。

图 1 2015 年美元兑瑞士法郎汇率走势

2. BIS货币篮子人民币汇率指数中各货币权重

表1 BIS货币篮子人民币汇率指数中各货币权重

货币	权重	货币	权重	货币	权重
USD/CNY	0.178	CNY/ARS	0.004	CNY/MXN	0.023
EUR/CNY	0.187	CNY/BGN	0.001	CNY/NOK	0.004
JPY/CNY	0.141	CNY/BRL	0.014	CNY/PEN	0.003
HKD/CNY	0.008	CNY/CLP	0.009	CNY/PHP	0.007
GBP/CNY	0.029	CNY/COP	0.003	CNY/PLN	0.009
AUD/CNY	0.015	CNY/CZK	0.007	CNY/RON	0.002
NZD/CNY	0.002	CNY/DKK	0.004	CNY/SAR	0.01
SGD/CNY	0.027	CNY/DZD	0.001	CNY/SEK	0.008
CHF/CNY	0.014	CNY/HRK	0.001	CNY/TRY	0.008
CAD/CNY	0.021	CNY/HUF	0.004	CNY/TWD	0.056
CNY/MYR	0.022	CNY/IDR	0.013	CNY/VEF	0.002
CNY/RUB	0.018	CNY/ILS	0.004	CNY/ZAR	0.006
CNY/THB	0.021	CNY/INR	0.022		
CNY/AED	0.007	CNY/KRW	0.085		

资料来源：根据中国外汇交易中心网站中国货币网公布的BIS货币篮子人民币汇率指数各主要货币权重值绘制，http://www.chinamoney.com.cn。

3. SDR货币篮子人民币汇率指数中各货币权重

表2 SDR货币篮子人民币汇率指数中各货币权重

货币	权重	货币	权重
美元兑人民币USD/CNY	0.419	日元兑人民币JPY/CNY	0.094
欧元兑人民币EUR/CNY	0.374	英镑兑人民币GBP/CNY	0.113

资料来源：根据中国外汇交易中心网站中国货币网公布的SDR货币篮子人民币汇率指数各主要货币权重值绘制。

4. 2014年与2015年中国债券发行对比

据国家外汇管理局公布数据显示，2015年末，我国对外证券投资资产(不含储备资产)2 808亿美元。其中，股权类投资1 687亿美元，债券类投资1 121亿美元。投资前五位的国家(地区)是美国、中国香港、开曼群岛、英属维尔京群岛和英国，投资金额分别为1 111亿美元、585亿美元、167亿美元、127亿美元和125亿美元。

表 3 **2014 年与 2015 年中国债券发行对比**

	2015 年债券发行情况			2014 年债券发行情况			发行期数同比(%)	发行总量同比(%)
	发行期数(只)	发行金额(亿元)	金额比重(%)	发行期数(只)	发行金额(亿元)	金额比重(%)		
国债	99	21 216.20	9.16	78	17 745.01	14.56	26.92	19.56
地方债	1 035	38 350.62	16.56	43	4 000.00	3.28	2 306.98	858.77
央票	—	—	—	—	—	—	—	—
金融债	1 057	42 837.88	18.5	951	35 707.78	29.29	11.15	19.97
企业债	302	3 421.02	1.48	584	6 971.98	5.72	−48.29	−50.93
公司债	320	5 250.99	2.27	76	759	0.62	321.05	591.83
中票	924	12 759.46	5.51	720	9 780.70	8.02	28.33	30.46
短融	2 544	32 806.30	14.17	1 521	21 849.53	17.92	67.26	50.15
私募债	991	4 812.48	2.08	502	685.82	0.56	97.41	601.71
定向工具	1 118	8 852.95	3.82	1 204	10 230.66	8.39	−7.14	−13.47
资产支持证券	1 441	6 032.40	2.61	389	3 309.84	2.72	270.44	82.26
政府支持机构债	21	1 800.00	0.78	11	1 500.00	1.23	90.91	20
可转债	5	108	0.05	13	320.99	0.26	−61.54	−66.35
可交换债	22	183.03	0.08	5	59.76	0.05	340	206.28
同业存单	6 686	53 064.90	22.92	998	8 985.60	7.37	569.94	490.55
国际机构债	1	30	0.01	—	—	—	—	—
合计	16 566	231 526.22	100	7 095	121 906.66	100	133.49	89.92

资料来源:根据国家外汇管理局公布的 2015 年末《我国对外证券投资资产分国/地区数据》编制。

5. 2015 年中国信用债券发行情况

表 4 **2015 年中国信用债券发行情况**

债券品种	2014 年期数(期)	2015 年期数(期)	同比增长	2014 年规模(亿元)	2015 年规模(亿元)	同比增长
企业债券	595	302	−49.24%	8 471.98	3 421.02	−59.62%
公司债券	88	338	284.09%	990.00	5 853.99	491.31%
可转换债券	13	3	−76.92%	320.99	98.00	−69.47%
可交换债券	3	13	333.33%	55.60	152.03	173.44%
私募债券	350	510	45.71%	568.56	4 699.56	726.57%
中期票据	717	922	28.59%	9 772.70	12 759.46	30.56%
短期融资券	1 516	2 541	67.61%	21 717.53	32 758.30	50.84%
非政策性金融债券	243	362	48.97%	7 925.36	11.881.81	49.92%
证券公司短期融资证券	257	171	−33.46%	4 246.90	2 753.60	−35.16%
定向工具	1 203	1 118	−7.07%	9 866.35	8 430.45	−14.55%
汇总	4 985	6 280	25.98%	63 935.97	82 808.22	29.52%

资料来源:根据国家外汇管理局公布 2015 年末《我国对外证券投资资产分国/地区数据》编制。

6.2010～2015 年经常账户与资本账户及其子账户变动情况

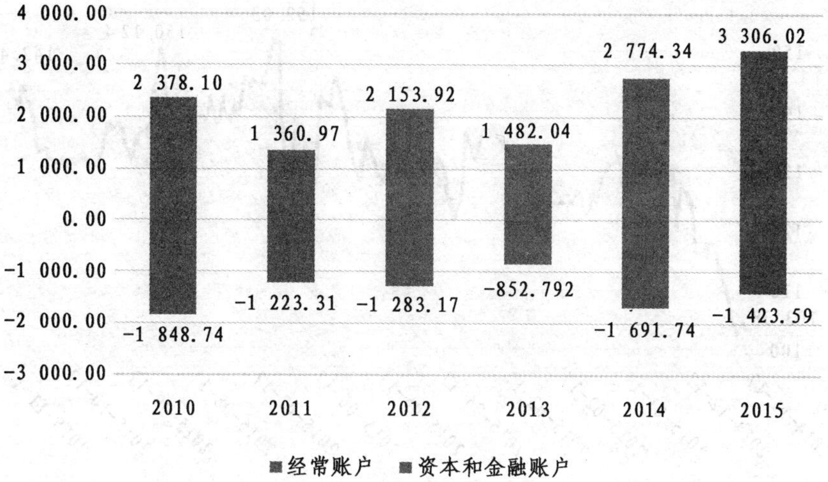

资料来源:国家外汇管理局《中国国际收支平衡表》。

图 2　2010～2015 年中国经常账户与资本和金融账户变动情况

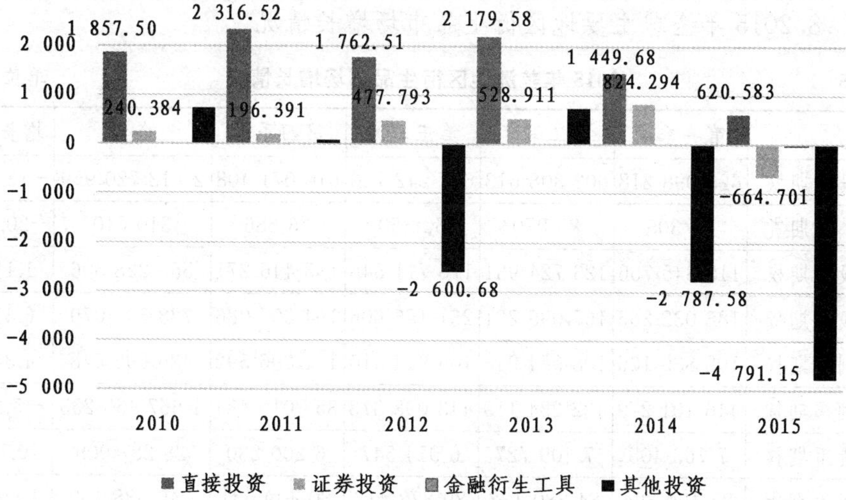

资料来源:国家外汇管理局《中国国际收支平衡表》。

图 3　2010～2015 年中国非储蓄类金融账户各项目变动情况

7. 沪港通一周年:恒生 AH 股溢价指数变动

沪港通于 2014 年 11 月 17 日开通。恒生 AH 股溢价指数升到

140.82,显示A股较H股溢价41%左右,远高于开通日的2.14%。

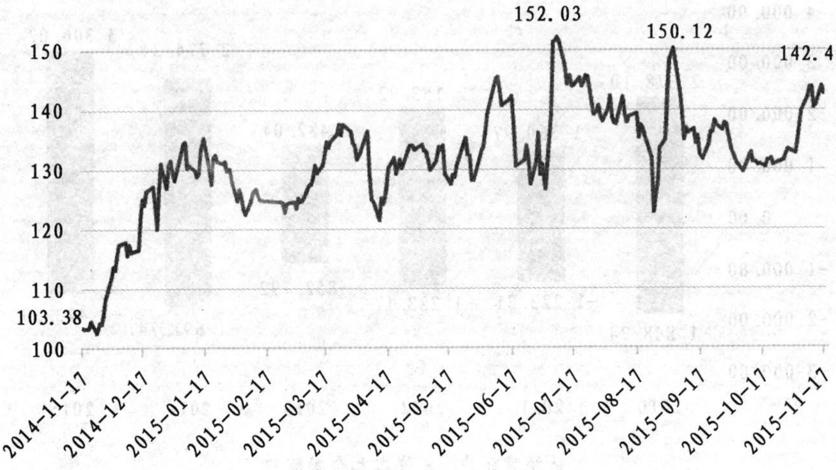

资料来源:该图根据Wind数据库2014年11月17日至2015年11月17日沪港AH股溢价指数收盘价绘制。

图4 沪港通一周年恒生AH股溢价指数走势

8.2015年全球主要地区衍生品市场增长情况

表5　2015年美洲地区衍生品市场增长情况　单位:笔

	第一季度	第二季度	第三季度	第四季度	全年	增长率
股票期权	623 098 218	602 308 613	677 242 720	610 071 408	2 512 720 959	−13.6%
个股期货	88 305	85 070	60 550	76 686	310 610	−20.2%
股指期权	119 345 756	123 724 931	176 711 548	135 446 271	555 228 506	1.1%
股指期货	186 032 266	167 095 221	231 156 606	194 307 986	788 592 079	6.4%
利率期权	108 889 106	108 984 940	106 924 910	101 896 592	426 695 548	4.3%
利率期货	446 101 279	422 234 119	443 098 373	356 019 484	1 667 453 255	−5.2%
货币期权	7 763 405	7 409 727	6 914 547	6 200 230	28 287 909	10.7%
货币期货	85 190 394	84 880 132	89 878 412	80 439 531	340 388 469	12.9%
商品期权	29 002 316	38 009 611	41.389 820	36 926 476	5 328 233	6.7%
商品期货	206 424 904	205 768 497	207 238 696	208 456 423	827 888 520	18.2%
债券交易额(百万美元)	77 823	69 665	72 861	60 009	280 360	−19.3%

资料来源:世界交易所联盟2016年度统计报告,http://www.world—exchanges.org。

表 6　**2015 年欧洲、中东、非洲地区衍生品市场增长情况**　单位：笔

	第一季度	第二季度	第三季度	第四季度	全年	增长率
股票期权	90 536 466	82 183 280	87 177 048	82 247 711	342 144 505	−1.8%
个股期货	130 201 904	186 703 528	112 071 215	115 786 489	544 763 136	−11.2%
股指期权	139 649 845	122 936 724	146 003 199	113 841 381	522 431 149	3.5%
股指期货	190 911 292	180 478 329	214 574 639	206 688 048	792 653 308	1.7%
利率期权	30 118 867	36 468 998	28 888 217	46 200 251	141 676 333	0.2%
利率期货	195 654 586	205 106 132	175 312 667	188 631 238	764 704 623	0.4%
货币期权	10 671 435	11 168 461	15 099 013	13 540 034	50 479 249	−25.8%
货币期货	175 672 885	212 245 192	329 229 140	300 870 042	1 018 017 259	37.2%
商品期权	11 039 664	6 876 135	6 749 035	8 057 014	37 721 848	−8.7%
商品期货	161 309 077	115 382 230	143 606 589	179 480 055	599 777 951	19.9%
债券交易额（百万美元）	264 833	228 080	164 383	NA	NA	NA

资料来源：世界交易所联盟 2016 年度统计报告，http://www.world-exchanges.org。

表 7　**2015 年亚太地区衍生品市场增长情况**　单位：笔

	第一季度	第二季度	第三季度	第四季度	全年	增长率
股票期权	76 597 704	79 026 797	77 154 118	54 047 991	286 826 610	−1.8%
个股期货	108 298 229	127 278 048	134 099 269	93 465 815	463 141 361	34.6%
股指期权	767 129 916	799 175 654	830 214 981	415 455 899	2 811 976 450	24.0%
股指期货	276 512 568	357 914 059	369 280 911	181 697 089	1 185 404 627	40.8%
利率期权	518 462	425 661	337 906	377 899	1 659 929	−43.9%
利率期货	49 920 630	53 229 872	48 201 775	49 192 785	200 545 062	23.87%
货币期权	113 853 918	90 249 421	93 929 594	73 666 605	371 699 538	156.0%
货币期货	178 393 998	173 435 917	191 362 501	125.908.312	669 100 728	23.8%
商品期权	29 982	40 384	51 936	34 351	156 653	54.1%
商品期货	692 397 438	785 144 635	918 548 377	872 740 129	3 268 866 578	18.2%
债券交易额（百万美元）	501 025	490 494	464 258	459 857	1 915 637	20.6%

资料来源：世界交易所联盟 2016 年度报告，http://www.world-exchanges.org。

第二章

汇率行为与汇率制度

第一节 全球主要货币的汇率走势

一、美元的汇率变动及走势

自布雷顿森林体系解体后，世界货币体系呈现多元化发展的趋势。但是，美元作为关键世界货币的地位仍然是无可取代的。美元不仅是诸多国家货币汇率重要的钉住货币，也是各国的主要储备货币，更是新兴市场国家储备货币的首要选择。美元的汇率水平是世界经济的重要风向标，美元汇率的变化牵动着各国汇率的变动与全球资本的流向。

图 2—1 显示了 1994～2015 年的美元实际汇率指数变动情况。从美元的变化趋势来看，美元指数于 1995 年到 2001 年间一直处于上升状态，于 2001～2002 年达到顶峰。2001 年，美国互联网泡沫破裂，经济进入衰退状态，美元汇率随之持续走低。随着 2007 年次债危机负面影响的不断

显现，美元汇率在2009年大幅下跌并在低位徘徊。2011年，美国经济出现复苏迹象，美元汇率缓慢上升。随着美国经济的全面复苏和市场有关美联储要加息的预期，2014年起美元开始迅速升值。从美元汇率发展走势来看，美元的强弱与美国经济基本面息息相关，良好的经济基本面是美元升值的基石。

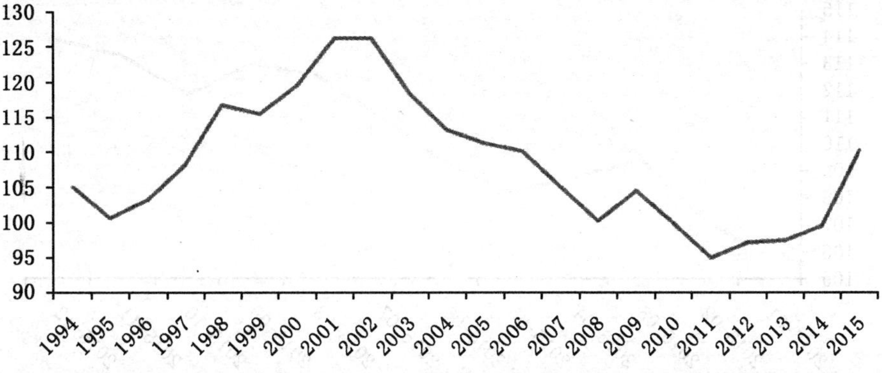

注：根据BIS数据整理、计算得到。年度汇率指数为其月度指数的平均值，2010为基年，相应汇率指数为100。图2—2至图2—8同。

图2—1 1994～2015年美元实际汇率变动趋势

2015年1～12月，美元实际汇率变动如图2—2所示。总体来看，美元汇率指数于2015年整体呈上升态势，由1月份的约106点上升至12月底的114点。其中，5～8月份上升幅度最大，其他月份有所缓和。美国经济的全面复苏尤其是相对其他主要经济体的更好表现是支持美元汇率走强的重要原因。2015年，美国实际GDP增长率为2.4，高于发达国家1.9的平均增长水平，发达国家中其增长速度仅次于西班牙。同期，发展中国家经济恢复艰难缓慢，平均实际GDP增长率只有4%[①]。

此外，鉴于美国经济开始逐步回暖，就业数据也趋于乐观，美联储从2014年开始逐步退出危机时期采取的量化宽松货币政策，并于2015年开始释放加息的信号。最终，美联储于2015年12月份如市场所预期，将联邦基金利率调高25个基点，将利率目标区间由0%～0.25%调整至0.25%～0.5%。这是美国自2006年以来的首次加息，正式宣告持续了将

① 数据源自IMF，WEO(2016)。

近七年的美元零利率政策结束及货币政策正常化的开始。有关美联储加息的预期及最终的加息举措导致了大量资金从经济疲软的新兴市场回流至美国。2015 年,美国资本净输入规模估计达到4 606.2亿美元,同比增长 18.25%,增速比上年增加 14.86%,占全球资本输入总额的 38%。资本回流至美国的这一趋势加快了美元升值的步伐。

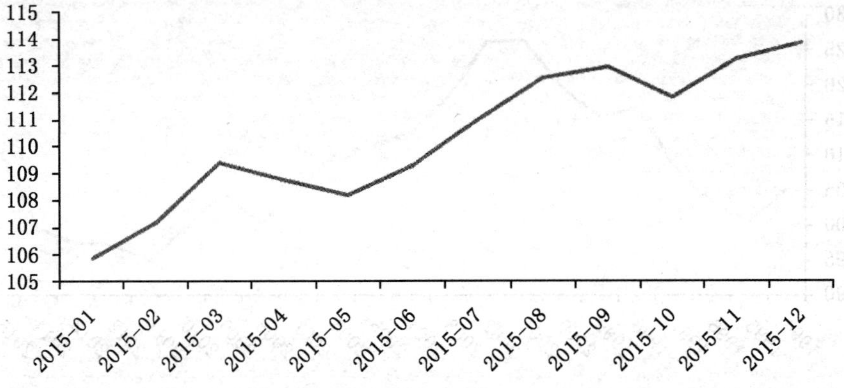

图 2—2　2015 年 1～12 月美元实际汇率变动趋势

二、欧元汇率变动及走势

从 1994～2015 年欧元汇率发展趋势来看,2015 年欧元汇率存在重大下挫,由 2014 年 102 点骤降至 2015 年的 95 点,几乎是近十年以来欧元的最低水平。欧元汇率连续下挫的主要原因在于 2015 年欧洲经济的低迷。2015 年欧元区的实际 GDP 增长率只有 1.6%。与美国经济自 2014 年以来的强劲复苏形成鲜明对比,欧洲经济截止到 2015 年仍然未能走出欧债危机的阴霾。除德国经济基本维持原有增长速度外,法国、意大利和西班牙等主要国家经济均下行严重,欧元区整体经济依然缺乏活力。

此外,欧元区的货币政策对欧元汇率造成了拖累。2014 年欧洲央行两次降息,并于 2015 年开始推行欧元区量化宽松的货币政策以应对可能存在的通缩风险。2015 年 1 月,欧洲央行宣布推出量化宽松货币政策,并通过资产购买的方式来实现,计划于 2015 年 3 月至 2016 年 9 月每月购买 600 亿欧元的成员国国债和机构债券。欧洲央行的量化宽松货币政策促使投资者形成欧元汇率下行的预期，导致欧元贬值。此外，2015 年，美国经济的强劲复苏和加息的预期也是导致欧元贬值的重要力量。2015 年，美元的持续加息预期及于 12 月份的实际加息行为带来了美元汇率的大幅攀升，这也部分导致了欧元区的资金流至美国，加剧了欧元的贬值。

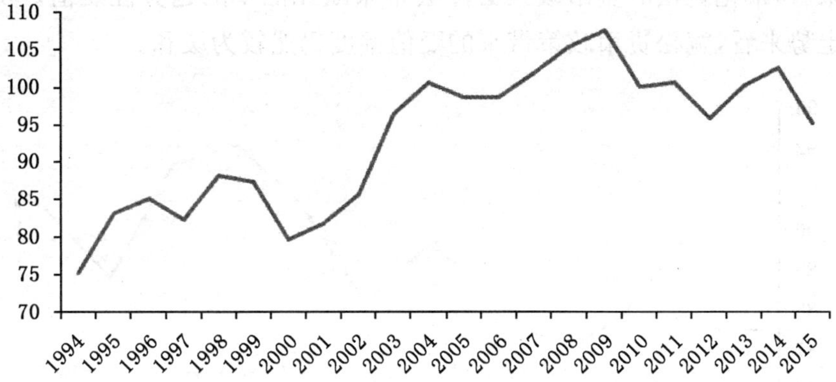

图 2—3　1994～2015 年欧元实际汇率变动趋势

2015 年 1～12 月，欧元实际汇率变动如图 2—4 所示。总体来看，欧元汇率指数于 2015 年震荡较大，呈现"过山车"式的波动。欧元实际汇率指数由 1 月份的约 91 点下降至 4 月份的 87 点，而后波动上行至 10 月份的 92 点再次出现了回调，最终收尾于 12 月份约 90 点的水平。2015 年 1～4 月欧元持续贬值的主要原因在于 2015 年初欧元区经济持续低迷，通货紧缩严重，市场情绪悲观。

为应对黯淡的经济现状，欧洲央行宣布于 2015 年 3 月至 2016 年 9 月每月购买 600 亿欧元的成员国国债和机构债券。具体实施方案为：资产购买比例依照各成员国在欧洲央行的出资比例分摊，购债的共担风险为 20%；所购资产主要为投资级，且每只债券的购买不得超过该债券发行规模的 25%，对于同一发行者，购买量不能超过该发行者债务规模的 33%。此外，此次量化宽松货币政策方案还特别声明了两点：当欧元区通胀回升到接近 2%时停止购债；如果通胀未能如期改善，将会延长购债期限。经过近一年的执行，该方案对经济的刺激效果并不明显。2016 年初，欧洲央行宣布将量化宽松措施的实施截止日期从 2016 年 9 月推迟到 2017 年 3 月，同时将每个月的债券购买额度提升 100 亿～300 亿欧元。

但此番决议却又让欧洲央行陷入了未来可能无债可买的境地,宽松政策进退两难,未来的实施效果不容乐观。

欧洲央行推出的量化宽松货币政策于2015年短期内提振了市场信心,推动了欧元汇率的暂时性的止跌回升。但是,这种效应是短期的。长期来看,量化宽松的货币政策必然会带来欧元汇率的趋势性贬值。从欧元走势来看,宽松货币政策带来的贬值幅度仍然较为缓和。

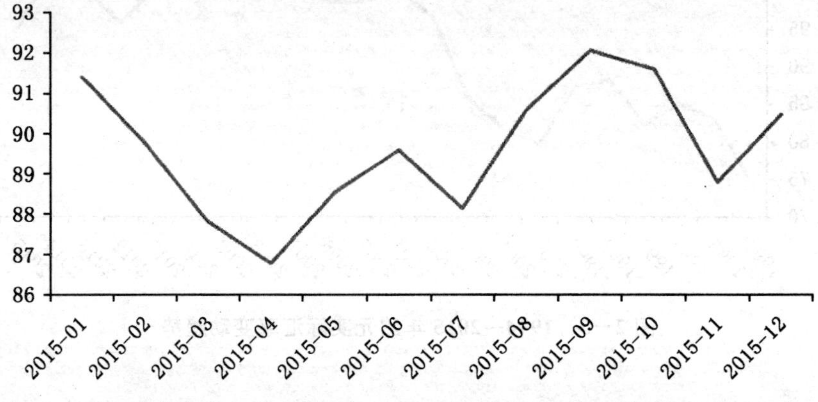

图2—4 2015年1～12月欧元实际汇率变动趋势

三、日元汇率变动及走势

如图2—5所示,2007～2008年美国次债问题引发全球性金融危机后至2012年,日元汇率持续升值,汇率指数于2012年达到107年以来的历史顶峰。此后,日元汇率进入快速、持续贬值的通道。截至2015年,日元汇率指数只有约76点。与欧元区类似,美国经济的复苏和美元的加息是导致日元贬值的重要外部因素。此外,另有多个因素的冲击导致日元此轮的持续贬值趋势:一方面,新兴市场需求疲软,经济增速放缓,这导致日本工业产出下滑、出口减少,尤其是对亚洲出口的减少。周边外部经济环境的变化给日本经济带来明显的负面冲击。另一方面,自2007至2012年期间,日元经历了一个持续升值的过程,日元升值幅度高达40%。因此,之前日元汇率一定程度上被高估,日元的此轮贬值有一部分是价值的回归。此外,2012年安倍政府上台之后,开始施行包括宽松货币政策在内的一系列刺激性政策,这直接导致了日元迅速进入贬值通道。当然,决定日元汇率长期走势的最终因素还是其自身的经济基本面。2015 年，日本实际 GDP 增长率仅为 0.5%，日本经济的持续疲软使得日元汇率难以在短时间出现反弹回升。

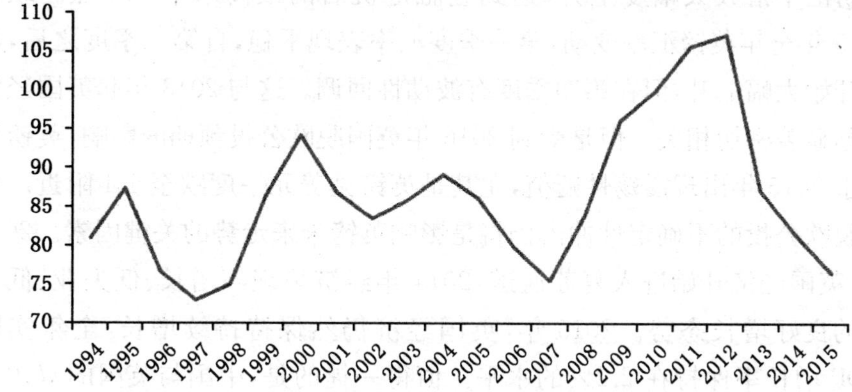

图 2—5 1994～2015 年日本实际汇率变动趋势

日本 2015 年 1～12 月汇率变动如图 2—6 所示。可以发现，2015 年日元实际汇率变动总体呈现 V 型趋势。日元实际汇率指数由 2015 年 1 月份的 70 点下降至 6 月份的约 68 点，然后再次波动上升至 12 月份的 71 点。日本经济于 2015 年第二季度出现负增长，表明量化宽松货币政策对经济复苏的刺激作用有限，这导致日元汇率在第二季度出现大幅下挫，第三季度日元有所升值，但年底又出现下行趋势。

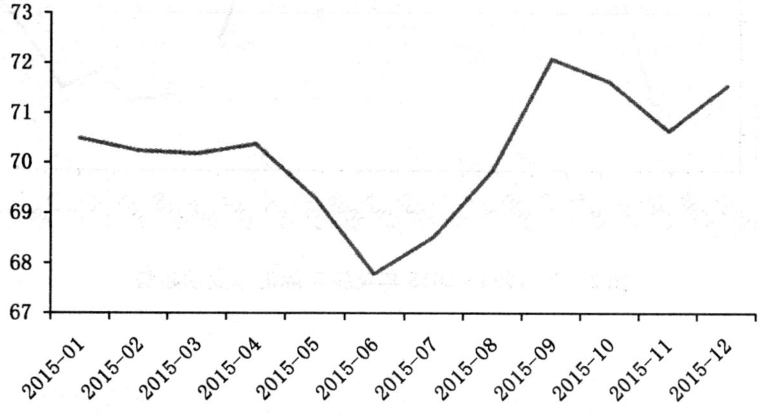

图 2—6 2015 年 1～12 月日元实际汇率变动趋势

四、英镑汇率变动及走势

图2—7显示,与欧元2015年汇率贬值态势形成鲜明对比,2015年英镑汇率指数大幅度上升,达到金融危机后的最高水平114点。纵观2015年全年英镑汇率变动,第一季度汇率表现平稳,自第二季度之后,汇率开始大幅上升,但在第四季度有波动性回调。这与2013年起英国经济复苏显著密切相关。但是受到2016年英国脱欧公投预期的影响,英镑汇率于2015年出现震荡性贬值,尤其是英镑兑美元一度跌至1.4附近。英国脱欧公投的不确定性冲击仍将是影响英镑未来走势的关键因素。2013年,英国经济开始进入复苏通道,2014年经济呈现高增长、低失业、低通胀的良好增长态势。2015年,英国经济仍然保持持续增长,全年实际GDP增长率保持在2.2%的水平。值得一提的是,中国与英国的双边贸易在2015年有了突破性进展,英国成为中国在欧洲的第二大贸易伙伴。英国经济发展及贸易的繁荣对于英镑汇率的提升起到了重要的促进作用。但是,英国经济呈现通货紧缩的局面也给英镑带来了一定的贬值压力。

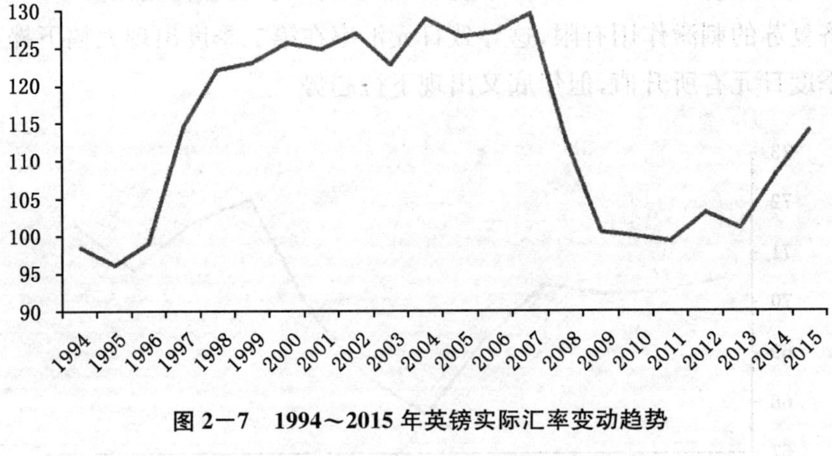

图2—7 1994~2015年英镑实际汇率变动趋势

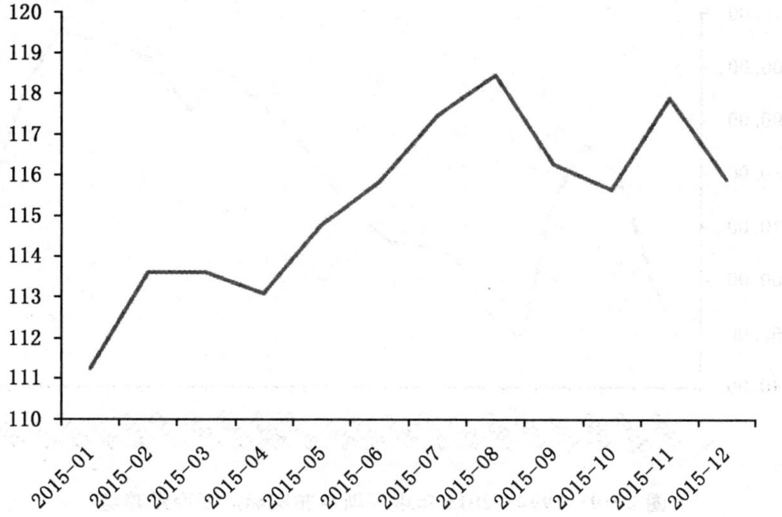

图 2—8　2015 年 1～12 月英镑实际汇率变动趋势

五、俄罗斯卢布的汇率变动及走势

图 2—9 显示了俄罗斯卢布在 1994～2015 年的变化趋势。自 1998 年俄罗斯金融危机后，俄罗斯卢布一直呈现出波动上行的趋势，并经受住了 2008～2009 年金融危机的考验。与之前长达十几年的持续升值形成鲜明对比的是，卢布于 2014 年经历了断崖式的下跌，由 2013 年的 106 点骤降至 2014 年的 96 点。

2014 年对俄罗斯来说可谓是转折性的一年。这一年国际市场石油需求低迷，下半年石油价格暴跌约 50%，沉重打击了占俄罗斯 GDP 半壁江山的石油产业。此外，该年发生的乌克兰事件使得俄罗斯遭到了西方国家的经济制裁。在很大程度上，这两个因素共同导致了俄罗斯 2014 年的经济低迷，国内生产总值(GDP)仅增长了 0.6%，也导致了卢布的大幅贬值。此外，2014 年美联储开始退出危机时期采用的量化宽松货币政策，该政策的外溢效应使得资本从俄罗斯等经济脆弱的新兴国家回流至美国。2014 年俄罗斯资本外流高达1 510亿美元，这加速了卢布的贬值步伐。总而言之，俄罗斯内外经济环境的交困是此次卢布危机发生的根本原因。

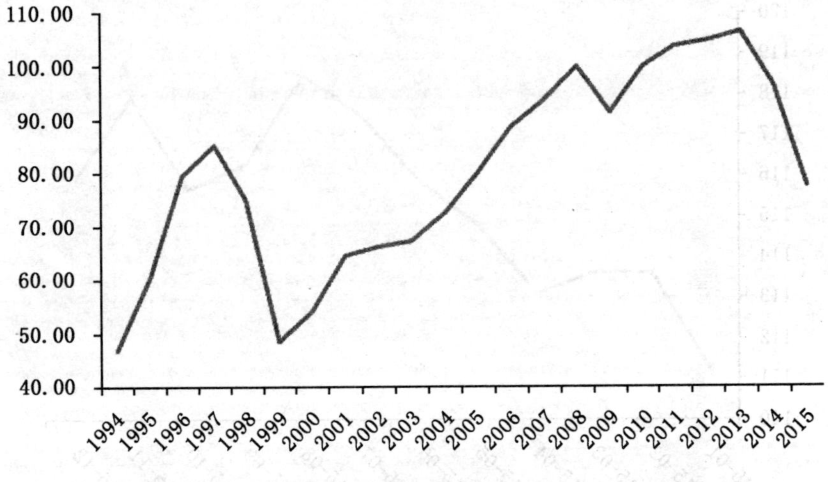

图 2—9　1994～2015 年俄罗斯卢布实际汇率变动趋势

2015 年,卢布延续了下跌的趋势,全年平均汇率指数进一步下降至 77 点。如图 2—10 所示,从 2015 年全年来看,2015 年前两个季度卢布继 2014 年暴跌之后开始有所回调,卢布汇率指数由 1 月份的 67 点上升至 5 月份的 92 点。随后,卢布开始重新步入波动下行的通道,至 12 月份收尾于 71 的低点。2015 年俄罗斯的经济继续了 2014 年的低迷趋势,并进一步陷入全面衰退,实际 GDP 增长率为—3.7%。2015 年,俄罗斯经济的持续衰退以及未来不乐观的经济前景是导致卢布继续贬值的重要原因。

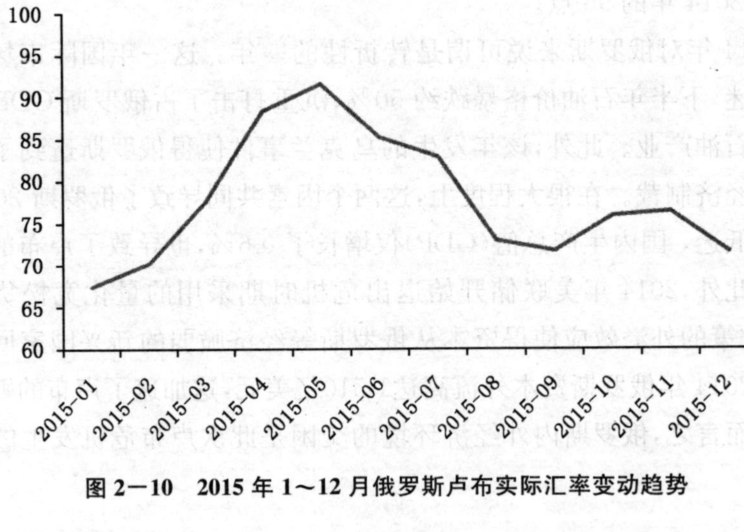

图 2—10　2015 年 1～12 月俄罗斯卢布实际汇率变动趋势

六、印度卢比的汇率变动及走势

从图 2—11 中 1994～2015 年印度卢比的发展趋势来看，卢比汇率指数总体呈现波动下行的趋势，由 1994 年的 138 点降至 2015 年约 77 点，贬值了近一半。近几年，印度卢比汇率指数在全球金融危机后的 2010～2014 年经历了一个较为剧烈的贬值过程，由 2010 年的 100 点下降至 2014 年的 75 点。2015 年略有回升，由上一年的 75 点上升至 78 点。2015 年，印度卢比汇率指数的月底数据如图 2—12 所示，结果表明，2015 年全年印度卢比表现较为平稳，有小幅度波动下降，由年初的 78 点波动下行至年尾的 77 点。

2015 年，印度 GDP 增长率为 7.6%，是新兴市场国家中经济增速最快的。2015 年，印度经济的较高速增长是支持印度卢比回升的重要原因。与俄罗斯、巴西、南非对大宗商品出口依赖不同，大宗商品的价格下跌对印度 2014 年的经济和汇率起到了利好的作用，有效地遏制了印度的通货膨胀态势，使其 CPI 维持在 5%以下，避免了可能的通货膨胀对经济造成的伤害。尽管相对于其他新兴国家，印度汇率表现可谓是“一枝独秀”，但是受美联储步入加息周期的负面冲击及国际需求仍然低迷的外部环境，印度卢比仍有贬值的压力。

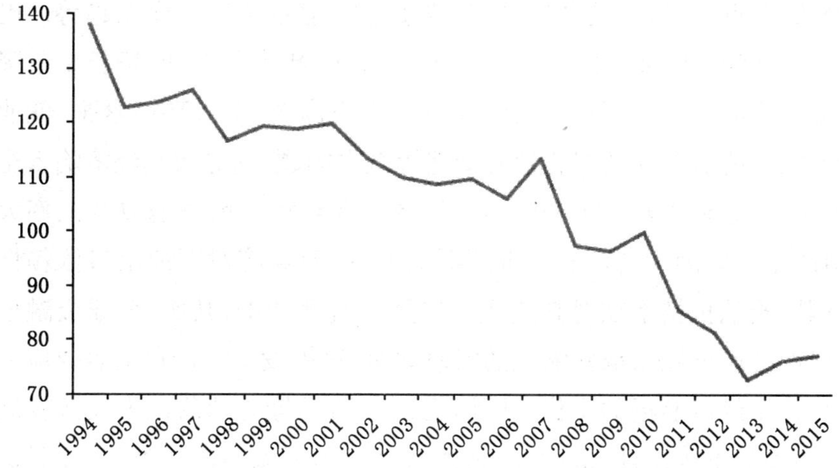

图 2—11　1994～2015 年印度卢比实际汇率变动趋势

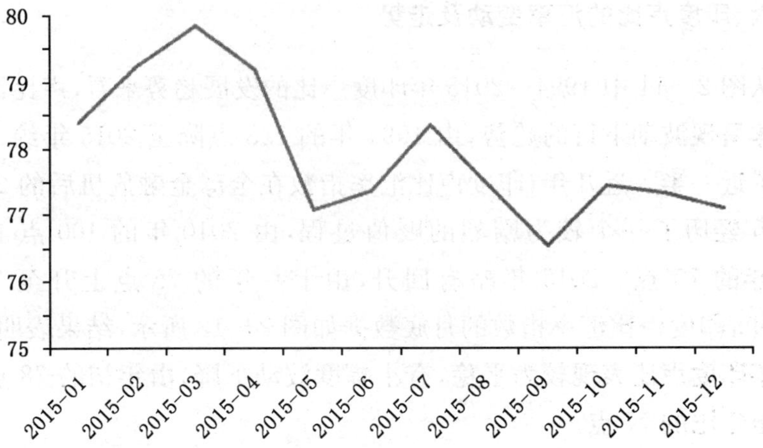

图 2—12 2015 年 1～12 月印度卢比实际汇率变动趋势

七、巴西雷亚尔的汇率变动及走势

如图 2—13 所示,巴西货币雷亚尔的汇率指数于 1994～2015 年期间总体呈现下跌—上升—下跌的变化趋势。近期来看,雷亚尔指数由 2011 年的 105 点持续下降至 2015 年 74 点,这与巴西近几年的经济发展放缓密切相关。2015 年全年,雷亚尔经历了大幅贬值,由年初的 87 点跌至 12 月份的 67 点,贬值幅度高达 23%,图 2—14 显示了这一变动趋势。巴西 2014 年的实际 GDP 增长率只有 0.1%, 2015 年实际 GDP 增长率下降至 —3.8%的水平。巴西经济面临通货膨胀率高企、金融环境紧张、就业市场严峻、产能过剩及消费者信心低迷等众多问题,这导致其经济陷入全面衰退中,也导致了其汇率的贬值。导致巴西经济空前衰退以及汇率大幅贬值的主要原因为:首先,与俄罗斯类似,巴西经济对石油出口依赖性很大,国际石油价格下跌对其造成了严重的负面冲击;其次,全球金融危机后,巴西开始试图采取紧缩性的财政政策,这引发了资产负债表效应的衰退,加快了经济衰退的步伐;此外,巴西政治局势的动荡也为经济发展增加了更多的不确定性;最后,同其他新兴市场国家的遭遇类似,美联储退出量化宽松政策和加息行为引发了资金从低迷的巴西回流至美国,加速了雷亚尔的贬值步伐。

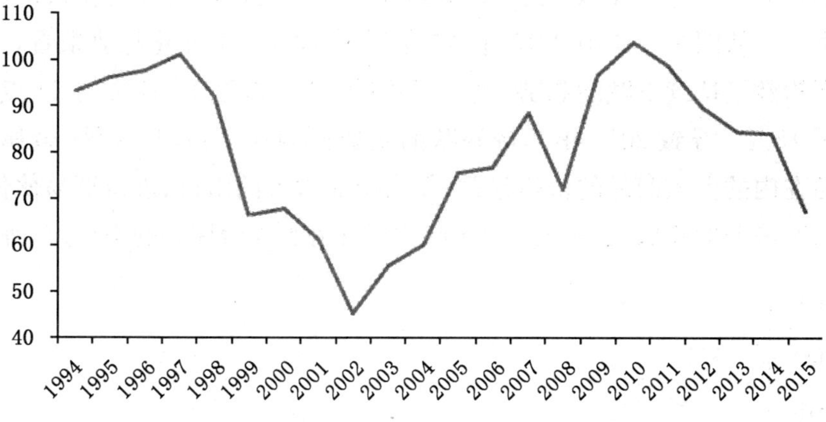

图 2—13　1994～2015 年巴西雷亚尔实际汇率变动趋势

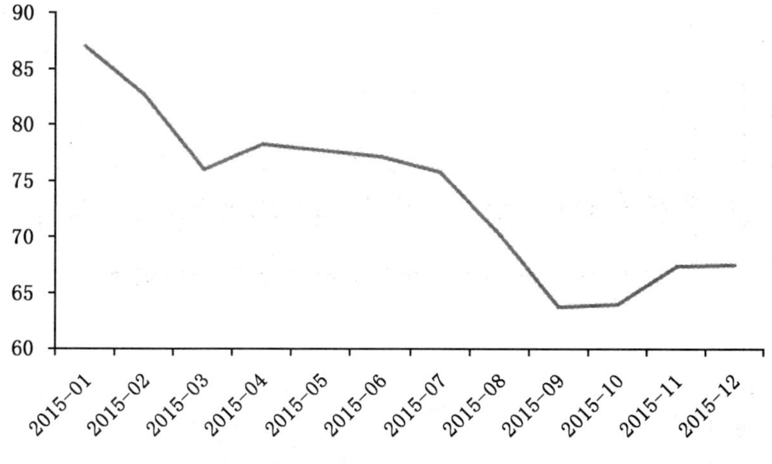

图 2—14　2015 年 1～12 月巴西雷亚尔实际汇率变动趋势

八、南非兰特的汇率变动及走势

图 2—15 显示了 1994～2015 年期间南非货币兰特汇率指数的变化趋势。2001 年之前，兰特汇率指数一直呈现下跌趋势，于 2002 年达到 74 的历史最低点。之后，兰特开始反弹回升，并于 2004 年达到 104 点的高峰值。受全球金融危机的影响，兰特汇率指数于 2008～2009 年暴跌至约 80 点水平。危机后，兰特汇率指数有所回升，但很快于 2011 年重新进入贬值通道，降至 2015 年的 75 点，这几乎与 2002 年历史最低水平持平。

其中,2015 年,兰特对美元贬值高达 33.7%,成为跌幅最大的新兴市场货币之一。从图 2-16 中 2015 年兰特汇率指数的月度变化趋势来看,兰特汇率指数呈持续下跌的趋势,由 1 月份的 78 点跌至 12 月份的 66 点,贬值了 15%。导致 2015 年兰特暴跌的主要原因在于:包括原油、金属、农产品在内的大宗商品的价格暴跌;作为南非最大的出口、进口贸易伙伴的中国经济的增速放缓;美元进入加息周期;南非政治局势的不稳定;等等。

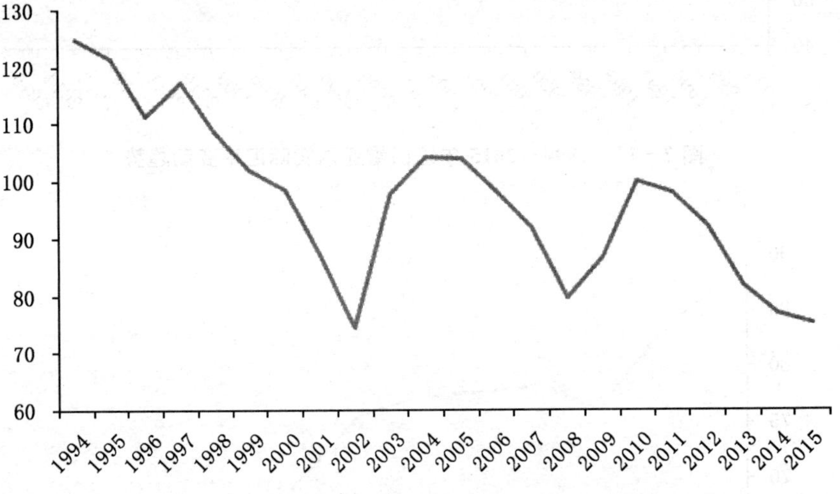

图 2-15 1994～2015 年南非兰特实际汇率变动趋势

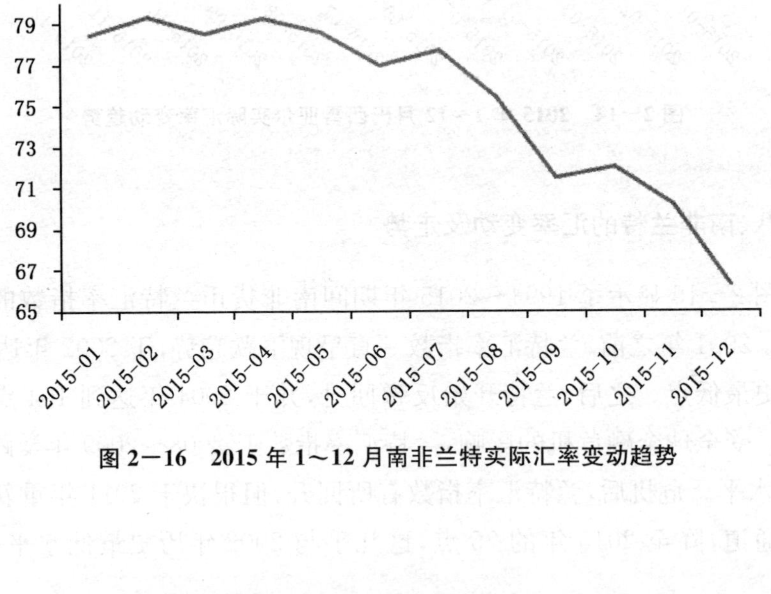

图 2-16 2015 年 1～12 月南非兰特实际汇率变动趋势

第二节　汇率制度的国际分布及变化趋势

一、汇率制度的界定及分类

汇率制度为一国货币当局对确定、维持、管理本国汇率变动的基本方式所作出的一系列安排或者规定。这包括有关货币比价的确定原则和方式、货币比价变动的界限与调整手段以及维持货币比价所采取的措施等。汇率制度决定了名义汇率可变化的程度、范围以及变化的方式，直接决定了一国经济与国外经济联系的方式，是开放宏观经济决策的重要方式（黄薇，2010）。

对汇率制度的合理界定与分类是对汇率制度进行研究的前提。总体而言，汇率制度可以粗略地划分为固定汇率制度、中间汇率制度、浮动汇率制度三大类。固定汇率制度，这里指的是严格意义上的固定汇率制度，是有完全信誉的汇率制度，该汇率制度能够保证汇率目标实现，即将汇率稳定在一个固定的水平和较小的波动区间。这种固定汇率制度下的汇率通常很稳定，为采用者的国际经济交往提供较大的便利。但这种严格的固定汇率制度也意味着，该国政府无法将汇率政策作为经济调节的手段，失去了宏观经济调节的一个工具。汇率制度的另一个极端是完全自由浮动汇率制度。这一制度的标志性特征在于：在该制度下，货币当局不对外汇市场进行干预。因此，该国货币相对任何外国货币的即期及远期汇率被放任在任何方向以任何程度自由波动，该波动由货币当局之外的其他所有外汇交易者对外汇的供求决定（靳玉英，2007）。实行浮动汇率制度的国家多为发达国家。实行该制度的国家要具备一个前提，即需具有较为成熟的金融市场和外汇市场，能够执行自由的货币政策。此外，浮动汇率制度还包括有管理的浮动汇率制度这一细分类型。在该汇率制度下，官方并不宣布汇率平价，但是货币当局或多或少会有意地管理汇率。

在实践中，大部分国家采取的汇率制度介于固定汇率制度和浮动汇率制度之间，这被称作中间汇率制度。这种汇率制度或者通过钉住一国或一篮子货币实现汇率的相对稳定，或者根据实际经济情况允许汇率在一定范围内进行调整。根据 Eichengreen（1994）提出的“两极汇率制度论”或“中空汇率制度理论”的观点,介于非常强硬承诺的固定汇率制度(包括货币局或货币联盟)与自由浮动汇率制度之间的汇率制度安排都界定为中间汇率制度,这包括各种形式的钉住汇率制度和管理浮动汇率制度。这一理论的追随者和拓展者 Obstfeld and Rogoff(1995)、De Grauwe(1997)等都认为,中间汇率制度应当被放弃,在浮动汇率和硬钉住的固定汇率制度之间,不存在一个舒适的中间地带,以特定汇率目标而斟酌处置的汇率政策规则是不可行的。最好的政策是要么采取浮动汇率制度,要么采取硬钉住的固定汇率制度。原因是21世纪以来,国际资本流动性日益增强,这使得政府对于汇率制度所作出的承诺是十分脆弱和缺乏信誉的。因此,软钉住的汇率制度缺乏可信性。

具体地,如表2—1所示,根据 IMF 2014 年最新的汇率制度分类标准[①],汇率制度可以粗略地划分为四类:硬钉住汇率制度、软钉住汇率制度、浮动汇率制度以及其他。其中,硬钉住包括货币局和无独立法定货币的汇率制度;软钉住包括传统钉住、水平区间钉住、稳定化安排、爬行钉住及类爬行钉住五类;浮动汇率制度包括有管理的浮动汇率制度和自由浮动汇率制度两类。此外,还有一些特殊的其他汇率制度安排。

表2—1　　　IMF 汇率制度分类标准

粗分类型	细分类型
硬钉住	无独立法定货币的汇率制度　货币局
软钉住	传统钉住　水平区间钉住　稳定化安排　爬行钉住　类爬行钉住
浮动汇率制度	有管理的浮动汇率制度　自由浮动汇率制度
其余类型	其他汇率制度

其中,IMF 对这些汇率制度的具体界定如下:无独立法定货币的汇率制度(exchange arrangements with no separate legal tender)是指一国不发行自己的货币,而是使用他国货币作为本国唯一法定货币,或者在一个货币联盟中,各成员国使用共同的法定货币。货币局制度(currency board arrangements)是指货币当局作出明确的、法律上的承诺,承诺以固定的汇率在本国(地区)货币与一指定外币间进行兑换,并且货币发行当

① 基于 IMF 2014 年 AEAER 报告,关于各细分汇率制度的具体定义方式也可以参见此报告。

局确保其这一法定义务的履行。传统的钉住汇率制度(conventional fixed peg arrangements)主要针对一国官方宣称的汇率制度而言,是指一国宣布将其货币以一固定的汇率钉住某一外国货币或外国货币篮子,通常这个被钉住的外国货币篮子是固定的。其法定汇率通常在约1%的狭窄区间内波动,或者其现货市场汇率至少在6个月内可以保持波动幅度在2%的区间内。

稳定化安排(stabilized arrangements)主要是指该国汇率的实际执行方式,界定方式为该国现货市场汇率至少可以在6个月内保持波动幅度小于2%,但并非该国对其他国家官方的法定承诺。与传统的钉住汇率制度类似,该汇率制度也是钉住某一外国货币或外国货币篮子。

爬行钉住的汇率制度(exchange rates within crawling pegs)是指一个国家官方承诺,其汇率制度是将其货币的汇率保持在围绕中心汇率的小幅波动范围内,但该中心汇率是不时进行调整的,调整可依据事先宣布的值或根据多指标即时测算。类爬行的汇率制度(crawl-like arrangement)要求该国的汇率至少6个月必须相对一个事实上的汇率趋势变动幅度在2%之内。水平区间的钉住(pegged exchange rate within horizontal bands)通常是一国法定的汇率制度安排,一国货币价值围绕固定的中心汇率波动至少在1%左右或者汇率的最大一最小值的价差超2%。这也包括欧洲汇率机制(ERM)下与欧元区联系国家的汇率制度安排。浮动汇率制度(floating)是指该国的汇率水平主要由市场决定,没有指定的或确定的汇率路径。当一个国家对汇率的干预仅限于意外情况或者是为了解决市场无序问题的时候,并且当局要提供信息或者数据证明这种干预的使用仅限于不超过三种情形,同时,干预的持续时间不超过2个工作日,这种汇率制度为自由浮动的汇率制度(free floating)。其他汇率制度安排(other managed arrangement)则是指那些无法划入上述汇率制度类型的汇率制度。

二、汇率制度的国际分布

20世纪90年代之前,关于各国汇率制度的选择情况,公认的是IMF每年发布的Annual Report on Exchange Rate Arrangements and Exchange Rate Restrictiona报告中的信息。但1997～1998年亚洲金融危机发生之

后,许多学者对 IMF 发布的各国汇率制度提出了质疑。主要原因在于,IMF 发布的有关各国的汇率制度信息是基于各个国家官方宣布的汇率制度,但现实中,各国汇率制度的实际运行并不一定遵照其官方宣布的汇率制度,这导致有些国家实际运行的汇率制度与官方汇率制度存在不一致的现象。一些学者旨在通过对各个实际执行的汇率制度予以识别,进而判断各国汇率制度,对各国汇率制度予以分类和归类。目前,关于各国汇率制度比较权威的分类标准还有 Reinhart and Rogoff 的分类、Frankel 的分类以及 Levy-Yeyati Sturzenegger 的分类等。东亚金融危机后,面对有关其对各国汇率制度判断和分类的微词,IMF 也通过自行识别来对各国汇率制度予以判断,进而分类与归类,不再一味遵照各国宣布的汇率制度。

根据 IMF 有关各国汇率制度的识别与分类,截至 2014 年底,实行硬钉住固定汇率制度的国家占比为 13.1%,实行软钉住汇率制度的国家占比为 43.5%,实行浮动汇率制度的国家占比为 34%。2008～2014 年间,各国汇率制度分类的总结如表 2－2 所示,该表也显示了 2007～2008 年金融危机后各国汇率制度变动的最新趋势。总体来看,此次金融危机后各国为了减少汇率波动对经济的冲击,倾向于加强对汇率的管制,钉住汇率制度的比例在危机后这七年随之显著上升,浮动汇率制度的比例相应显著下降。

具体而言,采取硬钉住固定汇率制度的国家比例在 2008～2014 年间略有上升,由 2008 年的 12.2%上升到 2014 年的 13.1%。在硬钉住固定汇率制度的两种类型中,无独立法定货币的汇率制度的比例有所上升,货币局汇率制度的比例略有所下降。采取软钉住的汇率制度国家比例有显著提高,由 2008 年的 39.9%上升到 43.5%。其中,变化最大的是类爬行钉住汇率制度,由 2008 年的 1.1%的比例上升至 2014 年的 7.9%。采取其他软钉住汇率制度的国家比例有细微调整,但变化幅度不大。采取浮动汇率制度的国家比例有较大下降,由 2008 年 39.9%下行至 2014 年的 34%。其中,采取有管理浮动汇率制度和自由浮动两种制度类型的国家比例均有明显下降,采取自由浮动汇率制度国家的比例下降更大。

表 2－2　　2008～2014 年期间世界汇率制度类型分布变化　　单位:%

汇率制度安排	2008 年	2009 年	2010 年	2011 年	2012 年	2013 年	2014 年
硬钉住	12.2	12.2	13.2	13.2	13.1	13.1	13.1

续表

汇率制度安排	2008年	2009年	2010年	2011年	2012年	2013年	2014年
无独立法定货币的汇率制度	5.3	5.3	6.3	6.8	6.8	6.8	6.8
货币局	6.9	6.9	6.9	6.3	6.3	6.3	6.3
软钉住	39.9	34.6	39.7	43.2	39.5	42.9	43.5
传统钉住	22.3	22.3	22.3	22.6	22.6	23.6	23.0
稳定化安排	12.8	6.9	12.7	12.1	8.4	9.9	11.0
爬行钉住	2.7	2.7	1.6	1.6	1.6	1.0	1.0
类爬行钉住	1.1	0.5	1.1	6.3	6.3	7.9	7.9
水平区间的钉住	1.1	2.1	1.1	0.5	0.5	0.5	0.5
浮动汇率制度	39.9	42.0	36.0	34.7	34.7	34.0	34.0
有管理的浮动汇率制度	20.2	24.5	20.1	18.9	18.4	18.3	18.8
自由浮动汇率制度	19.7	17.6	15.9	15.8	16.3	15.7	15.2
其余汇率制度安排	8.0	11.2	11.1	8.9	12.6	9.9	9.4

三、汇率制度转型分析

根据2014年IMF汇率制度分析报告，2014年汇率制度转型情况如下：

（一）硬钉住汇率制度国家转型分析

2014年实行硬钉住的两种汇率制度类型，包括无独立法定货币的汇率制度及货币局制度的国家均未发生改变。

（二）采取软钉住汇率制度国家汇率制度转型分析

对于软钉住汇率制度总体而言，很多新兴市场国家资本外流的压力导致这些国家自2008年起改变了汇率制度管理方式。少部分之前采取软钉住汇率制度的国家于2011年4月及2012年4月选择放弃这种汇率制度，但2013～2014年4月期间，采取该制度的国家数量又有所回升，达到了其在2008年的最高水平。

传统钉住：2014年，采用传统钉住汇率制度的国家有44个，相比上一年减少了1个。主要原因是拉脱维亚于2014年1月份加入了欧元区，从而由传统钉住的汇率制度转为采用法定自由浮动汇率制度。

稳定化安排:稳定化安排汇率制度的国家由19个增加到21个。2013～2014年期间涉及稳定化安排汇率制度变动的国家有12个。其中,斯里兰卡由之前的浮动汇率制度转型至稳定化安排。与之相反的是,格鲁吉亚由稳定化安排转型至浮动汇率制度。有6个国家转型至稳定化安排,包括埃及、哈萨克斯坦及新加坡,它们之前被界定为类爬行的汇率制度,这次被划分为稳定化安排;还有3个之前被划为其他管制的国家也转型至稳定化安排,分别是孟加拉国、文莱和巴布亚新几内亚。此外,还有一些国家由稳定化安排转向了其他不同的汇率制度:哥斯达黎加转型至其他汇率制度,老挝转型为类爬行汇率制度,柬埔寨转为其他类型汇率制度,乌克兰转型为浮动汇率制度。软钉住国家涉及的大幅度调整说明这些国家根据通货膨胀率的变化、资本流动压力及贸易新趋势等外部环境的变化主动调整其汇率制度的管理方式。

类爬行的汇率制度:采用类爬行汇率制度的国家总数量虽仍然是15个,却存在内部变化,5个国家转而采取了其他汇率制度类型,另有5个国家由其他类型转型至类爬行的汇率制度。类爬行汇率制度自2008年以来有所上升,这反映了对于单边汇率压力的调整增加。

水平区间的钉住汇率制度:目前,只有汤加事实上采取这种汇率制度安排。还有两个国家宣布其法定汇率制度为水平区间的钉住汇率制度,但实际操作上并非如此。马尔代夫实际执行的为稳定化安排,叙利亚事实上执行其他类型的汇率制度。

(三)浮动汇率制度国家转型分析

2014年,采用浮动汇率制度的国家个数构成总共36个,相对上一年增长了1个。但采用浮动汇率制度的国家构成发生了较大变化,具体涉及12个国家。其中,7个国家由其他汇率制度转型至浮动汇率制度,包括,格鲁吉亚及乌克兰之前为稳定化安排,印度尼西亚及塞舌尔之前为类爬行的汇率制度,马拉维及巴拉圭之前为其他汇率制度,以色列之前为浮动汇率制度。有6个国家由浮动汇率制度转至其他类型的汇率制度,具体是阿米尼亚、危地马拉、塞舌尔转型至类爬行的汇率制度,冈比亚和巴基斯坦转为其他类型的汇率制度,斯里兰卡重新被划分为稳定化的安排。

2014年采取自由浮动汇率制度的国家为29个,比2013年减少了1个。在这个类别里面,有3个国家汇率制度发生了改变。以色列和捷克分别转型至有管理的浮动汇率制度国家和其他汇率制度安排国家。之前采取传统钉住的拉脱维亚在其加入 EMU 后重新被划为了自由浮动汇率制度国家。

四、汇率制度转型与金融危机关系

(一)金融危机与汇率制度的关系

关于金融危机与汇率制度的关系,学术界对此问题讨论已久,观点众多,至今未形成定论。Husain et al.(2005)认为,浮动汇率制度的优点在于不容易导致货币危机,并且可以吸收不利冲击,并执行独立的货币政策;缺点在于短期汇率的频繁波动带来的成本。硬钉住汇率制度可以提供最为稳定和有信誉的货币政策,从而降低交易成本和利率,但中央银行却容易丧失独立性。因此,他们认为,一个国家越富有,金融发展程度越高,它会越受益于浮动汇率制度。但对于那些资本开放程度低的国家,钉住汇率制度更好,因为其有利于保持低通货膨胀和经济增长。Yagci(2001)认为,如果一个国家实行资本开放,软钉住汇率制度最容易受到冲击而被迫调整,这也是新兴国家实行的软钉住汇率制度在 20 世纪 90 年代出现多起崩溃的原因。基于此,很多学者提出,一国要么实行硬钉住汇率制度,要么实现浮动汇率制度。软钉住汇率制度更容易受到货币危机的冲击。

Bohl et al.(2016)检验了汇率制度与金融危机和经济活动的关系。他们发现,不同的汇率制度在不同类型的国家有着不同的实施效果。汇率制度的管理总体上有助于促进各国的经济增长。具体而言,钉住汇率制度对于新兴国家而言具有最好的实施效果,然而爬行钉住的汇率制度对于 G20 国家最优。然而,当经济下行的时候,汇率制度对经济增长的正向影响将被抵消。此外,几乎在所有金融危机中,钉住汇率制度对其经济增长都有着显著的负向影响。Ghosh et al.(2015)重新审视了汇率制度的"两极论"并提出了两个问题:要么硬钉住要么浮动的两极汇率制度真的比中间汇率制度更为安全吗?如何确定相对安全的浮动汇率制度和相对危险的中间汇率制度的分界线?基于 1980～2011 年期间 50 个新兴市场国家样本,其研究结论为:相对于浮动汇率制度,在较为缺乏弹性的中间汇率制度和缺乏弹性的硬钉住固定汇率制度下,宏观经济及金融的脆弱性更强。硬钉住固定制度不仅更容易导致银行危机及货币危机，并且更容易导致增长率的下滑，硬钉住汇率制度带来的安全感是虚幻的。这与之前两极论认为硬钉住汇率制度更好的结论有所不同。此外，他们还认为，尽管中间汇率制度更容易受到危机冲击，但是“有管理的浮动汇率制度”作为中间汇率制度的一种却比浮动汇率制度表现要好，更不容易引致危机。但是，有管理的浮动汇率制度却是一个模糊的概念，其与浮动汇率制度的界限并不明显。

(二)2007～2008年金融危机与汇率制度调整的关系

2007～2008年金融危机前后全球汇率制度分布的总体变化趋势呈现为：危机后，实行固定汇率制的国家并未有太大变动，实行软钉住汇率制度的国家比例在危机期间大幅度下降，实行自由浮动汇率制度国家比例相应大幅上升，反映了危机导致许多实行软钉住汇率制度的国家转而采取了自由浮动的汇率制度。然而，这一变化趋势是暂时性的，仅发生在2008～2009年危机发生期间，危机后，各种汇率制度比重开始趋向恢复至危机之前的水平。

具体而言，各汇率制度比重变化幅度最大的是自由浮动汇率制度。采取自由浮动汇率制度的国家在汇率制度分布中占比较高，2001年约为30%，2001～2007年期间其比例震荡下行至约20%的水平。2008～2009年金融危机发生期间，其比例骤升，2009年其占比高达40%，2010年降至约30%的水平。2009年诸多国家转至采用自由浮动汇率制度的原因可能在于，危机后许多国家迫于外部压力放弃了对汇率制度的管制，尤其是许多新兴国家放弃了与美元挂钩的汇率制度。这与20世纪90年代亚洲金融危机后泰国等国放弃钉住汇率制度转而实行浮动汇率制度的情形相似。2001～2007年期间，实行浮动汇率制度的国家在个别年份有所波动，但总体变化不大。2008年，金融危机蔓延至全球后，实行浮动汇率制度的国家有所下降，个别国家采取了旨在对汇率行为进行管理的汇率制度。但2009年之后，浮动汇率制度的比例又大致恢复到危机之前的水平。硬钉住固定汇率制度以及传统钉住汇率制度在危机前后未有显著变化。然而，实行稳定化安排的软钉住汇率制度的国家比例在危机后减少了一大半，随后该比例有所回升，但仍未恢复至危机前的水平。水平区间钉住汇率制度在危机后的比例也略有下降。

(三)金融危机恢复与汇率制度关系

学术界对于汇率制度与金融危机恢复的研究目前仍较少。最早的研究可以追溯到 Eichengreen and Sachs(1985),该文就 19 世纪 30 年代大萧条之后广受诟病的竞争性汇率贬值政策给出了不一样的解释。该文指出,一方面,这种贬值策略有利于最先实行这些政策的国家。另一方面,他们认为,并没有证据能够证明众多国家竞相贬值的政策是以邻为壑的;相反,危机后诸多国家不约而同的贬值政策促进了大萧条之后的经济恢复。

Tsangarides(2010)通过运用 50 个新兴市场国家的数据研究了汇率制度对全球金融危机后这类国家经济表现的作用,尤其体现在产出损失和增长弹性上。通过控制危机后的汇率制度转换,运用基于 IMF 汇率制度分类的两种钉住汇率制度界定[①],该文发现,在危机发生时期,在钉住型汇率制度与浮动型汇率制度下的新兴市场国家经济增长并没有显著不同。但在 2010～2011 年的经济恢复期间,钉住型的汇率制度表现更为糟糕,采取该制度的国家其经济恢复比采取浮动型汇率制度的国家要缓慢。此外,该文还发现,汇率制度在危机期间及危机后的经济恢复期间存在着非对称效应。

第三节　中国汇率行为和汇率制度走势

一、2015 年人民币汇率贬值分析

由图 2－17 可见,2014 年,人民币兑美元汇率中间价维持在 6.1～6.2,较为平稳,且该趋势延续至 2015 年 7 月。2015 年 7 月之后,人民币兑美元汇率开始大幅上升,人民币经历了空前的贬值。2015 年全年,人民币兑美元汇率中间价贬值 5.8%,这是自 2005 年人民币汇率改革以来贬值幅度最大的年份。多重因素的作用导致 2015 年人民币汇率贬值。实际上,自 2011 年 11 月央行降息以来,人民币兑美元中间价就存在与市

① 第一种是将 IMF 定义的硬钉住及传统钉住、水平区间的钉住及爬行钉住皆界定为钉住汇率制度,第二种替代性的界定是仅仅将硬钉住及传统钉住这两种类型界定为钉住汇率制度。

场价格严重脱离的情形，导致了套利行为泛滥。2015年人民币对美元贬值后，这种差价开始逐步收缩。因此，此次贬值某种程度上可以说是人民币中间价的一次估值修正。

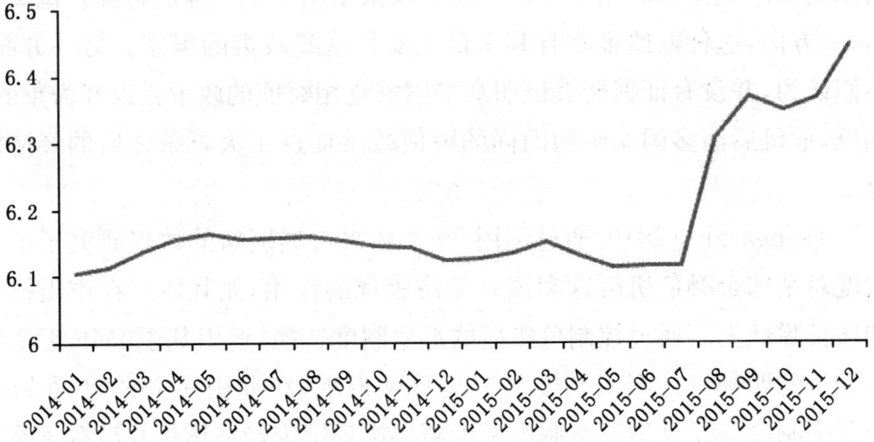

数据来源：中国外汇交易中心。

图2—17　2014～2015年人民币兑美元中间价(月)趋势

由图2—18可以看到，尽管人民币兑美元的汇率在2015年经历了大幅下跌，但人民币指数却呈现明显上升态势，这反映出人民币相对于一篮子货币仍然相对升值，在国际市场上保持着相对强势，多数的新兴市场国家和部分发达国家的货币则处于疲软之势。2015年人民币相对于澳元、加元、欧元、俄罗斯卢布的汇率中间价全年分别升值6.1%、12.7%、5.1%、24.9%①。

因此，总体而言，2015年人民币的贬值压力主要体现在人民币对美元上，人民币相对于一篮子货币的平均汇率指数于2015年仍然维持着上升趋势。造成这种局势的主要原因在于：2015年中国经济增速放缓，经济改革和经济转型存在较大的不确定性，同期美国经济开始出现全面恢复并开始执行加息政策。中美经济基本面的差距导致大量资金由中国流至美国，这导致人民币对美元存在较大的贬值压力，并最终导致了人民币对美元的大幅贬值。但人民币近几年主要是钉住美元的，最近十年来人

① 数据来自中国外汇交易中心。

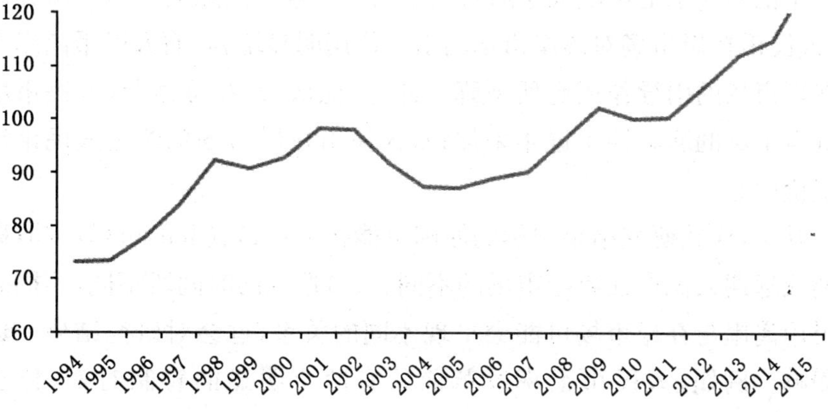

数据来源：中国外汇交易中心。

图 2—18 1994～2015 年人民币汇率指数变动

民币对美元有超过 20%～30%的升值，而美国相对其他主要货币又有较大升值，因此造成了人民币汇率指数仍持续升值。此外，近年来中国居民和企业资产全球配置需求的增加也对人民币贬值形成了一定的压力。

二、人民币离岸市场与在岸市场的互动

（一）人民币离岸市场与在岸市场的汇率关系分析

目前，学术界关于人民币在岸市场及离岸市场关系的研究较多，但是结论并不一致。贺晓博与张笑梅（2012）运用 VAR 模型，研究了香港人民币离岸即期市场、人民币在岸市场以及 NDF 之间的协动关系。研究发现，人民币在岸即期市场主要引导香港离岸即期市场，反之则不成立；人民币无本金交割远期市场（NDF）对香港和境内人民币价格存在着较强的影响，香港离岸人民币可交割远期价格对境内远期价格的影响开始显现。安佳（2013）运用格兰杰分析方法，对香港离岸市场及在岸即期市场还有人民币无本金交割远期外汇市场（NDF）的关系进行了检验，得出了离岸人民币无本金交割远期外汇市场引导香港离岸即期以及在岸即期，这一结论与贺晓博和张笑梅（2012）的研究一致。Cheung and Rime（2014）则认为，在岸与离岸即期人民币汇率之间的关系并不是固定不变的，而是具有动态时变性，这表现为两者之前由人民币在岸市场引导离岸市场向着相反方向转变。阙澄宇和马斌（2015）研究发现，离岸汇率波动

对在岸汇率波动的影响大于后者对前者的影响。但陈昊(2016)研究却表明,人民币在岸市场对离岸市场的引导作用明显增强,而人民币离岸市场对在岸市场的引导作用有所下降。此外,他认为,在总体上,人民币境内外资本市场的联动性于近年来加强,人民币在岸市场仍然是人民币汇率的定价中心。

其中,导致研究结果迥然的原因可能在于:(1)选取的市场不同,即为即期或远期人民币在离岸市场的不同。(2)选取的时间段不同,不同时间人民币离岸与在岸市场可能会呈现不同的关系,这会对研究结果造成一定影响。例如,人民币汇率改革前后有两个明显的管制时期,分别为2005年7月之前和2008年二季度到2009年,基于此期间数据的研究多表明人民币在岸市场对境外NDF市场起到主要引导作用。(3)所采用的研究方法有差异。目前,对人民币在岸、离岸市场关系的研究采用的模型主要有格兰杰因果检验、VAR模型、GARCH模型等,基于不同实证模型的结论可能也存在差异。

(二)2015年在岸、离岸人民币兑美元即期汇率变动趋势

图2—19显示了2015年人民币(CNY)与离岸(CNH)人民币即期汇率各自的变动趋势。总体来看,2015年CNY和CNH全年分别贬值了4.43%及5.36%。从图中变动趋势可以看出,2015年CNY和CNH走势及关系可以明显地划分为三个阶段。

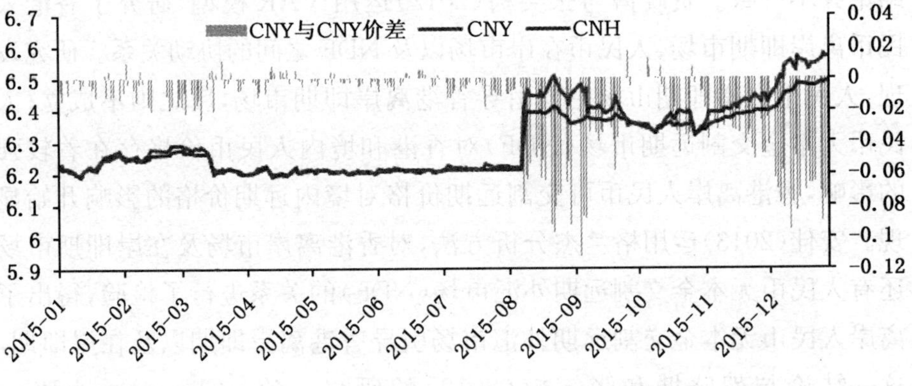

数据来源:Wind。

图2—19 2015人民币在岸市场(CNY)与离岸市场(CNH)汇率指数关系

第一阶段为2015年初至3月初。该阶段最重要的特征是CNY和

CHY都有显著的波动性贬值,CNH人民币兑美元汇率由月初的6.2攀升至3月份的6.29。CNH的波动率要明显高于CNY,两者之间存在小幅度的差价。从外部环境来看,美联储的加息预期使人民币汇率承压,导致了CNY和CNH双双贬值。从内部环境来看,2015年一季度中国经济同比增长7.0%,增速比上季度回落0.3个百分点。实体经济增速的回落也是导致人民币存在贬值压力的重要因素。

第二阶段为3月中旬至8月初。该阶段的最显著特征是CNH与CNY总体走势平稳,在6.2上下小幅波动。并且该阶段CNH与CNY的价差非常小。该阶段人民币兑美元汇率指数走势平稳的主要原因在于美联储3月份加息的预期落空,人民币贬值压力得到释放,人民币兑美元汇率企稳于6.2的水平。

第三阶段为8月中旬至12月底。与前两个阶段相对平稳的趋势截然不同的是,该阶段人民币兑美元汇率指数出现了大幅度贬值,并伴随着剧烈的波动。此外,CNH与CHY的价差也很大。造成这一变化的根本性原因在于,中国人民银行于8月11日实施的汇率改革,该项改革提高了人民币汇率的市场化程度,之前汇率贬值压力得以释放。“8·11汇改”的主要内容为央行放弃对人民币汇率中间价的管理,调整人民币兑美元汇率中间价报价机制,做市商参考上一日银行间外汇市场收盘汇率,并向中国外汇交易中心提供中间价报价。这一调整使得人民币兑美元汇率中间价机制进一步市场化,人民币兑美元开始实现双向波动,弹性明显增强,人民币兑美元的汇率更加真实地反映了当期外汇市场的供求关系,也终结了人民币过去十年对美元持续单边升值的局面。汇改也使得人民币由单一钉住美元转向钉住一篮子货币,减少了人民币汇率受美元变动的影响。

8月11日央行汇率改革宣布当日,人民币兑美元汇率暴跌,CNY较上一日收盘价一次性贬值约2%。CNH贬值幅度高达3%。在此之后,离岸市场人民币贬值预期强烈,CNH于8月底甚至突破6.5大关。人民币的强烈贬值预期迫使央行开始强势干预汇率指数,卖出美元买入人民币,最终使得CNY止跌并在较长一段时间内企稳在约6.4。8～9月份,人民币在岸一离岸市场的价差空前扩大,一度突破1 000点。随着市场预期IMF批准人民币纳入SDR货币篮子的利好消息,人民币于9～10月份开始保持较为坚挺和平稳的走势,甚至出现了CNY和CNH倒挂的情形。11月份,国际货币基金组织(IMF)11月30日宣布将人民币作为除英镑、欧元、日元和美元之外的第五种货币纳入特别提款权(SDR)货币篮子,人民币在SDR货币篮子中的权重为10.92%。随着IMF的公告发布和市场重燃美联储加息预期等因素持续发酵,市场对人民币高估的压力逐渐释放,CNH对美元年末最终收于6.57,较2014年贬值5.36%,CNY与CNH价差达到−759点。

三、人民币汇率发展趋势分析

一方面,从中美经济的对比来看,美国经济已于2015年开始实现全面复苏,并开始逐步实行加息的政策,但是2015年中国经济仍然较为疲软。截至2015年底,中国的投资、消费、出口等各项数据表现均较差,短期内经济下行的压力仍然较大,其间政府倾向于采取较为宽松的货币政策以支持经济。这些因素共同促使人民币相对美元总体上仍会继续呈贬值趋势。另一方面,将中国与其他新兴市场国家对比,尤其是其他金砖国家,可以发现,尽管中国经济增长速度放缓,但相对其他新兴市场国家仍然更为乐观。因此,人民币指数不可能出现大幅度贬值。并且,此次人民币贬值幅度也较大,较大程度上释放了之前累积的人民币高估压力。综合来看,人民币相对美元后续可能依然以小幅度贬值为趋势。

四、中国汇率制度分析及发展趋势

2005年7月21日,中国开始实行以市场供求为基础、参考一篮子货币进行调节、有管理的浮动汇率制度。2008年金融危机发生之后,为了避免人民币汇率剧烈波动可能造成的经济冲击,央行开始对人民币汇率的波动幅度进行收缩,人民币汇率历时近两年处于"有管理无浮动"的状态。直到2010年6月20日,央行宣布将进一步推动人民币汇率形成机制改革,增强人民币汇率的弹性。2012年4月16日,央行宣布将即期外汇市场人民币对美元交易价的浮动空间进一步扩大到1%。2014年3月17日,央行宣布银行间即期外汇市场人民币兑美元交易价可浮动空间由1%扩大到2%。2010~2014年间,汇率制度改革方向的重点在于逐步增强人民币汇率的双向浮动弹性,进一步发挥市场在人民币汇率形成中的作用,从而逐步形成人民币汇率市场化形成机制。

未来人民币汇率制度的走向将取决于经济发展形势。如果经济发展继续放缓,外汇市场动荡,人民币汇率市场化改革将会放缓;反之,央行会加大人民币汇率市场化的改革力度。

参考文献

[1]Aasim M. Husain, Ashoka Mody and Kenneth S. Rogoff,2004,"Exchange Rate Regime Durability and Performance in Developing Countries versus Advanced Economies",NBER Working Paper,No. 10673.

[2]Bohl, Martin T., Philip Michaelis and Pierre L. Siklos,2016,"Austerity and recovery: Exchange rate regime choice, economic growth, and financial crises",*Economic Modelling*,53:195—207.

[3]Charalambos Tsangarides,2010,"Crisis and Recovery: Role of the Exchange Rate Regime in Emerging Market Countries", IMF Working Paper.

[4]Cheung, Y.W. and Rime, D., 2014,"The Offshore Renminbi Exchange Rate: Microstructure and Links to the Onshore Market",*Journal of International Money and Finance*,49:170—189.

[5]De Grauwe, P., 1997,"Exchange Rate Arrangements between the Ins and the Outs",*EMU and the International Monetary System*,97—118.

[6]Eichengreen, B. and Sachs, J., 1985,"Exchange Rates and Economic Recovery in the 1930s", *The Journal of Economic History*, 45(4): 925—946.

[7]Eichengreen, B., Rose, A.K. and Wyplosz, C., 1994,"Speculative Attacks on Pegged Exchange Rates:An Empirical Exploration with Special Reference to the European Monetary System",*National Bureau of Economic Research*,No.w4898.

[8]Ghosh, Atish R., Jonathan D. Ostry, and Mahvash S. Qureshi, 2015,"Exchange Rate Management and Crisis Susceptibility: A Reas-

sessment",*IMF Economic Review*,63(1):238—276.

[9]Obstfeld, M. and Rogoff, K., 1995,"The Mirage of Fixed Exchange Rates",National Bureau of Economic Research,No. w5191.

[10]Yagci, F., 2001,"Choice of Exchange Rate Regimes for Developing Countries",World Bank—African Region Working Paper,Series 16.

[11]安佳,逄金玉,张议,王振山．外汇市场的关联性:基于人民币在岸和离岸即期与NDF远期的实证研究[J]. 中央财经大学学报,2013:36—64.

[12]陈昊,陈平,杨海生,李威. 离岸与在岸人民币利率定价权的实证分析——基于溢出指数及动态路径研究[J]. 国际金融研究,2016:86—96.

[13]贺晓博,张笑梅. 境内外人民币外汇市场价格引导关系的实证研究[J]. 国际金融研究,2012:59—66.

[14]黄薇、任若恩. 主流汇率制度分类方法及相关争议[J]. 国际金融研究。2010:83—94.

[15]阙澄宇,马斌. 人民币在岸与离岸市场汇率的非对称溢出效应——基于VAR-GJR-MGARCH-BEKK模型的经验证据[J]. 国际金融研究,2015:21—31.

[16]靳玉英. 国际金融[M]. 上海人民出版社,2007.

第三章

国际收支经常账户状态与调节

第一节 全球国际收支经常账户概况

一、全球国际收支经常账户的主要状况

依照开放经济下的国际收支经常账户的核算规则，每一年世界各个国家的经常账户余额之和为零。也就是说，全球各个国家经常账户的盈余总额与各国赤字总额相等。然而，这不代表全球范围内赤字国家的数量与盈余国家的数量是一样的。实际上，全球国际收支经常账户处于盈余状态的国家是少数，更多的国家经常账户处于赤字状态。本报告根据世界银行世界发展指数数据库(WDI)和国际货币基金组织世界经济展望数据库(IMF World Economic Outlook，2016)，选取186个国家来分析经常账户赤字国与盈余国在46年(1970～2015年)的世界分布状况。按照

世界银行 Atlas 方法[①],将各国按照收入水平分为以下四类:低收入国家、中低收入国家、中高收入国家和高收入国家。表 3－1 和表 3－2 描述了在过去 46 年中各组别国家的经常账户余额占 GDP 的比例的变化情况。

表 3－1　1970～2015 年全球各类国家经常账户余额占 GDP 的平均比例

年份	高收入国家	中高收入国家	中低收入国家	低收入国家	所有国家
1970	－1.18	－6.04			－2.50
1971	0.75	－7.03			－0.92
1972	0.98	－1.83			0.42
1973	1.22	－1.85			0.60
1974	2.84	－4.47	3.02	－3.67	0.50
1975	2.68	－4.31	－3.76	－5.16	－0.81
1976	1.62	－3.75	－3.94	－1.62	－1.19
1977	－0.51	－4.18	－3.82	－3.00	－2.63
1978	－0.70	－4.39	－6.31	－8.37	－4.13
1979	－0.91	－3.88	－4.45	－6.34	－3.38
1980	－0.68	－7.78	－6.75	－7.82	－5.13
1981	－1.29	－10.91	－11.09	－5.14	－6.98
1982	－3.68	－8.09	－9.84	－7.66	－7.10
1983	－2.60	－5.72	－7.48	－6.31	－5.28
1984	－0.87	－4.37	－4.40	－3.88	－3.22
1985	－0.94	－2.58	－6.21	－3.29	－3.15
1986	－2.16	－3.91	－4.98	－1.97	－3.37
1987	－3.23	－1.53	－3.55	－4.28	－2.96
1988	－1.52	－2.72	－4.51	－3.14	－2.87
1989	－1.99	－3.85	－4.08	－2.82	－3.18
1990	－0.41	－3.80	－2.98	－4.90	－2.68
1991	－9.53	－3.83	－2.98	－5.14	－5.61
1992	－1.76	－3.78	－5.86	－2.79	－3.51

---

① http://data.worldbank.org/about/country-classifications/world-bank-atlas-method.

续表

年份	高收入国家	中高收入国家	中低收入国家	低收入国家	所有国家
1993	−0.84	−4.77	−5.89	−3.14	−3.56
1994	0.33	−3.41	−4.90	−2.82	−2.50
1995	−2.02	−3.45	−6.94	−5.17	−4.07
1996	−4.28	−2.21	−6.99	−5.21	−4.54
1997	−1.96	−4.43	−6.77	−4.21	−4.21
1998	−2.66	−5.57	−6.73	−6.78	−5.02
1999	−1.70	−3.50	−5.46	−7.81	−3.82
2000	0.34	−1.88	−3.32	−5.80	−1.85
2001	0.39	−3.69	−3.98	−4.24	−2.33
2002	0.55	−3.59	−3.58	−3.97	−2.09
2003	1.63	−3.83	−2.81	−3.88	−1.57
2004	2.21	−3.56	−2.94	−6.65	−1.66
2005	2.34	−3.34	−2.96	−7.60	−1.91
2006	2.44	−1.00	−1.17	−7.22	−0.72
2007	1.05	−4.06	−0.93	−7.48	−1.98
2008	0.18	−6.95	−0.64	−9.70	−3.32
2009	1.31	−6.96	−1.95	−8.31	−3.09
2010	2.19	−5.36	−2.06	−9.61	−2.57
2011	3.20	−6.21	−2.93	−13.26	−3.10
2012	3.33	−4.24	−2.55	−12.17	−2.39
2013	3.80	−5.47	−2.80	−13.40	−2.63
2014	3.59	−4.32	−3.27	−18.16	−2.35
2015	1.03	−7.08	−4.92	−11.61	−4.65
所有年份	−0.16	−4.42	−4.30	−6.32	−2.94

数据来源：WDI 和 IMF World Economic Outlook(April，2016)，并经作者计算。

表 3−2　1970～2015 年全球各类国家经常账户余额占 GDP 的比例的中位数

年份	高收入国家	中高收入国家	中低收入国家	低收入国家	所有国家
1970	0.38	−6.86			−0.67

续表

年份	高收入国家	中高收入国家	中低收入国家	低收入国家	所有国家
1971	0.46	−7.53			−0.02
1972	0.21	−2.21			−0.41
1973	0.79	−0.91			−0.53
1974	−0.35	−4.02	3.02	−3.67	−2.84
1975	−0.38	−4.68	−4.26	−5.16	−2.90
1976	−1.13	−4.36	−2.68	−0.01	−2.59
1977	−1.86	−4.74	−2.82	−3.05	−2.87
1978	−1.32	−4.14	−4.82	−4.72	−2.97
1979	−0.70	−4.45	−4.24	−2.49	−3.45
1980	−2.32	−5.36	−6.24	−4.78	−3.93
1981	−2.85	−7.79	−9.93	−5.92	−6.57
1982	−2.80	−7.06	−7.47	−6.90	−5.75
1983	−2.11	−3.36	−7.12	−5.53	−3.62
1984	−1.25	−2.51	−2.70	−2.36	−2.40
1985	−0.90	−1.68	−5.13	−3.71	−2.13
1986	−0.10	−1.96	−1.99	−3.76	−1.99
1987	−1.91	−0.49	−1.93	−4.25	−1.93
1988	−1.26	−1.30	−3.41	−4.06	−2.36
1989	−1.57	−2.16	−3.56	−3.29	−2.63
1990	−1.16	−2.36	−3.00	−5.35	−2.46
1991	−1.69	−3.59	−2.83	−4.48	−2.74
1992	−1.90	−3.99	−3.31	−4.94	−3.16
1993	−0.86	−4.45	−4.62	−3.00	−3.27
1994	−0.25	−3.28	−4.64	−3.88	−2.12
1995	−0.35	−2.92	−3.90	−5.51	−2.35
1996	−1.81	−2.19	−4.70	−4.74	−3.19
1997	−2.73	−3.75	−5.76	−5.04	−3.65
1998	−1.97	−3.98	−4.65	−5.17	−4.05

续表

年份	高收入国家	中高收入国家	中低收入国家	低收入国家	所有国家
1999	−2.12	−2.44	−4.48	−5.92	−3.18
2000	−2.27	−3.39	−3.14	−4.45	−3.15
2001	−1.41	−3.81	−1.81	−3.67	−2.46
2002	0.74	−2.04	−1.65	−3.24	−1.83
2003	−0.72	−2.56	−0.92	−5.01	−1.58
2004	0.43	−2.81	−2.37	−4.83	−2.56
2005	1.16	−3.57	−2.72	−6.45	−2.64
2006	0.72	−2.47	−2.40	−6.77	−2.62
2007	0.22	−5.57	−5.75	−7.97	−5.04
2008	−0.94	−9.34	−7.10	−9.21	−5.71
2009	0.07	−4.92	−4.67	−7.00	−3.62
2010	1.35	−4.52	−4.26	−7.91	−3.41
2011	−0.41	−5.00	−6.95	−8.03	−3.08
2012	0.45	−3.61	−5.86	−7.65	−3.29
2013	1.51	−4.52	−4.66	−10.62	−3.39
2014	1.55	−4.86	−4.07	−11.86	−2.09
2015	0.52	−4.96	−3.98	−11.70	−3.81
所有年份	−0.71	−3.88	−4.04	−5.43	−2.89

数据来源：WDI 和 IMF World Economic Outlook(April,2016)，并经作者计算。

表 3—3　　1970～2015 年各类国家中盈余国的比重

年份	高收入国家	中高收入国家	中低收入国家	低收入国家	所有国家
1970	62.50%	0.00%			45.45%
1971	63.64%	0.00%			50.00%
1972	58.33%	0.00%			46.67%
1973	58.33%	0.00%			46.67%
1974	50.00%	0.00%	50.00%	0.00%	33.33%
1975	42.86%	10.00%	20.00%	0.00%	27.91%
1976	39.29%	14.29%	33.33%	50.00%	32.79%

续表

年份	高收入国家	中高收入国家	中低收入国家	低收入国家	所有国家
1977	37.93%	20.00%	30.43%	22.22%	29.63%
1978	40.00%	27.27%	12.00%	10.00%	25.29%
1979	26.67%	24.00%	33.33%	16.67%	26.37%
1980	26.47%	18.52%	19.23%	21.43%	21.78%
1981	32.35%	10.71%	3.70%	20.00%	17.31%
1982	29.41%	13.79%	3.45%	14.29%	16.04%
1983	26.47%	20.69%	10.34%	7.14%	17.92%
1984	38.24%	22.58%	26.67%	21.43%	28.44%
1985	35.29%	40.63%	10.00%	33.33%	29.73%
1986	50.00%	25.00%	20.69%	18.75%	30.63%
1987	20.00%	48.48%	20.69%	12.50%	27.43%
1988	28.57%	33.33%	13.79%	18.75%	24.78%
1989	33.33%	33.33%	13.79%	18.75%	26.32%
1990	37.84%	34.29%	17.24%	6.25%	27.35%
1991	23.68%	25.71%	20.00%	17.65%	22.50%
1992	28.95%	23.53%	23.33%	16.67%	24.17%
1993	47.50%	20.00%	15.63%	10.53%	26.19%
1994	47.62%	29.41%	20.59%	26.32%	32.56%
1995	38.30%	16.67%	17.14%	18.75%	24.63%
1996	39.58%	24.32%	19.44%	6.67%	26.47%
1997	29.79%	18.92%	10.53%	13.33%	19.71%
1998	29.79%	21.05%	21.05%	7.14%	22.63%
1999	40.82%	26.32%	21.62%	0.00%	27.54%
2000	40.00%	28.95%	22.22%	7.14%	28.99%
2001	43.14%	25.64%	32.43%	0.00%	31.43%
2002	50.94%	28.21%	31.58%	7.69%	35.66%
2003	47.17%	28.21%	44.74%	13.33%	37.93%
2004	52.83%	33.33%	35.00%	6.25%	37.84%

续表

年份	高收入国家	中高收入国家	中低收入国家	低收入国家	所有国家
2005	52.63%	30.43%	34.09%	8.70%	35.88%
2006	53.45%	37.78%	36.17%	8.70%	38.73%
2007	50.00%	34.04%	27.66%	8.70%	34.29%
2008	46.55%	25.53%	26.67%	8.33%	30.46%
2009	50.00%	19.15%	23.91%	8.33%	29.14%
2010	55.17%	23.40%	21.74%	4.17%	30.86%
2011	49.15%	27.66%	17.39%	8.70%	29.71%
2012	50.00%	23.40%	21.28%	8.70%	29.48%
2013	60.00%	21.74%	17.02%	5.00%	30.95%
2014	66.00%	19.44%	20.00%	8.33%	35.51%
2015	54.39%	12.50%	14.89%	7.14%	25.56%
所有年份	43.15%	22.22%	22.26%	12.57%	30.01%

数据来源：WDI 和 IMF World Economic Outlook(April,2016)，并经作者计算。

从表 3—1 和表 3—2 可以发现：第一，低收入国家、中低收入国家和中高收入国家的经常账户余额占 GDP 的比例的平均值和中位值在 46 年中几乎都是负值。对于高收入国家，这一比例的平均值和中位值在 20 世纪 70 年代的中后期和进入 21 世纪以来都为正值，这说明在这些阶段高收入国家的经常账户一直处于盈余水平。第二，观察不同组别的数据可以看出，收入水平与赤字程度有较明显的反向变动关系，其中低收入国家的赤字水平总体而言是四个组别中最高的，且在进入 21 世纪后赤字额度不断增大；而高收入国家的赤字水平是最低的，自 2000 年以后一直处于盈余状态且盈余水平不断提高，到 2006 年开始下降，在 2008 年达到谷底之后盈余水平不断提高。在 2015 年，中高收入国家和中低收入国家的赤字水平均有所提高，而低收入国家的赤字水平则有较大幅度的降低，高收入国家的盈余水平也有所降低。第三，将表 3—1 和表 3—2 进行比较可以发现，低收入国家、中低收入国家和中高收入国家在 46 年中的经常账户余额占 GDP 的比例都是平均值小于中位值，而高收入国家的这一比例是平均值大于中位值。这说明，前三类国家的高赤字国的赤字规模小于发达国家。

如前文所言,国际收支经常账户的核算规则表明世界上所有赤字国总额与盈余国总额相等,但并不代表赤字国与盈余国的数量是一样的。表3—3说明了四个组别的国家中国际收支经常账户处于盈余水平的国家的比重。通过观察可以发现,在每个组别中盈余国的数量均不相同。总体而言,处于盈余水平的国家明显比处于赤字水平的国家少。就不同组别而言,低收入国家、中低收入国家和中高收入国家中分别有12.57%,22.26%和22.22%的国家处于盈余状态,高收入国家中盈余国的比例达到43.15%,全球这一比例的总平均水平是30.01%,由此可以看出,全球国家中盈余国比例与国家收入水平大体表现为正向变动的关系。

二、全球国际收支经常账户运行评价

本部分通过将已有数据进行分类整理,对全球国际收支经常账户的高盈余和高赤字状态的持续性进行分析。此处将高盈余和高赤字分别分为A和B两类,如果一个国家处于高盈余A或B的状态至少持续4年,则称为持续性高盈余;同理,如果一个国家处于高赤字A或B的状态至少持续4年,则称为持续性高赤字。具体分类如表3—4所示,可见无论是高盈余还是高赤字,A类要比B类程度更高。

表3—4　高盈余和高赤字分类的说明

	A	B
高盈余	一个国家的经常账户盈余CAS占GDP比例某一年在本分组中排在前10%	一个国家的经常账户盈余CAS占GDP比例某一年在本分组中排在前20%
高赤字	一个国家的经常账户赤字CAD占GDP比例某一年在本分组中排在前10%	一个国家的经常账户赤字CAD占GDP比例某一年在本分组中排在前20%

表3—5描述的是各个组别的国家(地区)的经常账户处于高盈余A和高盈余B的具体情况。由表可知,处于持续性高盈余B状态的低收入国家(地区)有3个,中低收入国家(地区)有14个,中高收入国家(地区)有13个,高收入国家(地区)有15个,共计45个。处于持续性高盈余A状态的低收入国家(地区)有2个,中低收入国家(地区)有9个,中高收入国家(地区)有7个,高收入国家(地区)有11个,共计29个。考虑到一些

规模较小的国家(地区)可能出现 CAS/GDP 较大,而经常账户盈余的数额较小的现象,故又按照经常账户盈余的数值进行排名统计。

表 3—5　持续性高盈余 A 和 B:CAS/GDP 在所在组中至少连续 4 年排名前 10%和前 20%

	持续性高盈余:CAS/GDP 在所在组中至少连续 4 年排名							
	前 10%(高盈余 A)				前 20%(高盈余 B)			
	国家	代码	起止时间		国家	代码	起止时间	
低收入国家/地区	尼泊尔	NPL	2002	2009	乍得	TCD	1980	1984
			2011	2015	津巴布韦	ZWE	1986	1989
	冈比亚	GMB	1984	1992	利比里亚	LBR	1979	1982
			2008	2012				
中低收入国家/地区	吉布提	DJI	1991	2003	孟加拉国	BGD	1991	1994
	莱索托	LSO	1980	1984	玻利维亚	BOL	2004	2013
			2004	2008	科特迪瓦	CIV	2008	2011
	尼日利亚	NGA	2003	2009	阿拉伯埃及共和国	EGY	1990	1994
	巴布亚新几内亚	PNG	1993	1996	印度尼西亚	IDN	1998	2002
	东帝汶	TLS	2006	2015	莱索托	LSO	1989	1994
	越南	VNM	2012	2015	毛里塔尼亚	MRT	1995	1998
	萨摩亚	WSM	1985	1990	尼日利亚	NGA	1989	1992
	赞比亚	ZMB	2009	2012			2010	2014
					菲律宾	PHL	2009	2015
					巴布亚新几内亚	PNG	1998	2001
					所罗门群岛	SLB	1976	1979
					斯威士兰	SWZ	1986	1991
							2012	2015
					乌克兰	UKR	1999	2005
					萨摩亚	WSM	1994	1998
中高收入国家/地区	安哥拉	AGO	2010	2013	安哥拉	AGO	2005	2008
	阿塞拜疆	AZE	2007	2014	保加利亚	BGR	1980	1984
	博茨瓦纳	BWA	1985	1989	博茨瓦纳	BWA	2004	2007
			1991	2003	中国	CHN	1994	1999
	阿尔及利亚	DZA	2005	2008			2003	2010
							2012	2015

续表

	持续性高盈余:CAS/GDP 在所在组中至少连续 4 年排名							
	前 10%(高盈余 A)				前 20%(高盈余 B)			
	国家	代码	起止时间		国家	代码	起止时间	
中高收入国家/地区	加蓬	GAB	1978	1984	阿尔及利亚	DZA	2009	2013
			1994	1997	利比亚	LBY	1999	2002
			1999	2005	马尔代夫	MDV	1987	1990
	利比亚	LBY	2003	2010	马来西亚	MYS	2012	2015
	马来西亚	MYS	1998	2005	纳米比亚	NAM	1991	1998
			2008	2011			2002	2006
					巴拿马	PAN	1987	1990
					苏里南	SUR	2007	2012
					泰国	THA	1998	2003
					南非	ZAF	1977	1980
							1985	1989
高收入国家/地区	文莱达鲁萨兰国	BRN	2001	2014	特立尼达和多巴哥	TTO	1975	1978
	科威特	KWT	1975	1990	沙特阿拉伯	SAU	2010	2014
			1993	2015	百慕大	BMU	2006	2013
	特立尼达和多巴哥	TTO	2005	2008	挪威	NOR	1980	1985
							1990	1993
	沙特阿拉伯	SAU	1971	1977			1999	2015
			1979	1982	瑞士	CHE	1982	1989
			2004	2008			1991	1994
	新加坡	SGP	1988	1999			2001	2007
			2001	2007			2012	2015
			2009	2015	委内瑞拉玻利瓦尔共和国	VEN	1994	1997
	中国澳门特别行政区	MAC	2002	2005			2002	2006
			2007	2015	中国香港特别行政区	HKG	2007	2010
	瑞士	CHE	1995	2000	巴林	BHR	1980	1984
	卡塔尔	QAT	2011	2014	卢森堡	LUX	1999	2002
					俄罗斯联邦	RUS	1999	2003
					荷兰	NLD	1982	1987
							1991	1998
							2010	2015
					德国	DEU	1986	1989
					芬兰	FIN	1995	2002
					韩国	KOR	1986	1989
					马耳他	MLT	1975	1981

数据来源:WDI 和 IMF World Economic Outlook(April,2016),并经作者计算。

表 3—6 描述的是经常账户盈余数额的分组排名。在持续性高盈余 B 状态下，低收入国家（地区）有 1 个，中低收入国家（地区）有 13 个，中高收入国家（地区）有 11 个，高收入国家（地区）有 13 个，共计 38 个；在持续性高盈余 A 状态下，低收入国家（地区）有 4 个，中低收入国家（地区）有 10 个，中高收入国家（地区）有 10 个，高收入国家（地区）有 10 个，共计 34 个。

表 3—6　持续性高盈余 A 和 B：CAS 数额在所在组中至少连续 4 年排名前 10%和前 20%

	高盈余：CAS 数额在所在组中至少连续 4 年排名							
	前 10%（高盈余 A）				前 20%（高盈余 B）			
	国家	代码	起止时间		国家	代码	起止时间	
低收入国家/地区	冈比亚	GMB	1987	1990	乍得	TCD	1980	1984
			2008	2012				
	利比里亚	LBR	1979	1982				
	尼泊尔	NPL	2002	2009				
			2011	2015				
	津巴布韦	ZWE	1986	1989				
中低收入国家/地区	吉布提	DJI	1994	1997	孟加拉国	BGD	1991	1994
	阿拉伯埃及共和国	EGY	1990	1993			2006	2010
			2003	2006	玻利维亚	BOL	2005	2013
	印度尼西亚	IDN	1998	2003	科特迪瓦	CIV	2008	2011
	莱索托	LSO	1980	1983	印度	IND	1976	1979
	毛里塔尼亚	MRT	1995	1998			2001	2004
	尼日利亚	NGA	1989	1992	莱索托	LSO	1989	1994
			2004	2014	摩洛哥	MAR	2001	2006
	菲律宾	PHL	2004	2007	缅甸	MMR	2005	2010
			2009	2015	尼日利亚	NGA	1999	2003
	巴布亚新几内亚	PNG	1993	1996	巴布亚新几内亚	PNG	1998	2001
	东帝汶	TLS	2010	2013	斯威士兰	SWZ	1986	1991
	越南	VNM	2012	2015			2012	2015
					乌克兰	UKR	1999	2005
					萨摩亚	WSM	1985	1990
							1994	1998
					赞比亚	ZMB	2009	2012

续表

高盈余:CAS数额在所在组中至少连续4年排名								
	前10%(高盈余A)				前20%(高盈余B)			
	国家	代码	起止时间		国家	代码	起止时间	
中高收入国家/地区	阿塞拜疆	AZE	2009	2014	安哥拉	AGO	2004	2008
	巴西	BRA	2003	2006			2010	2013
	中国	CHN	1994	2015	保加利亚	BGR	1980	1984
	阿尔及利亚	DZA	2005	2008	博茨瓦纳	BWA	1991	1999
	加蓬	GAB	1994	1997	哥伦比亚	COL	1976	1979
	利比亚	LBY	1977	1980	阿尔及利亚	DZA	2009	2013
			2004	2010	加蓬	GAB	1978	1984
	马来西亚	MYS	1998	2015			1999	2005
	罗马尼亚	ROU	1982	1986	哈萨克斯坦	KAZ	2010	2014
	泰国	THA	1998	2003	利比亚	LBY	1999	2003
	南非	ZAF	1985	1993	马来西亚	MYS	1976	1979
					纳米比亚	NAM	1991	1998
					南非	ZAF	·1977	1980
高收入国家/地区	科威特	KWT	1976	1981	中国香港特别行政区	HKG	2006	2009
			1983	1987	科威特	KWT	1993	1997
	俄罗斯联邦	RUS	1999	2012			2005	2014
	沙特阿拉伯	SAU	1974	1977	卡塔尔	QAT	2011	2014
			1979	1982	新加坡	SGP	1988	1999
			2004	2008			2001	2015
			2010	2014	委内瑞拉玻利瓦尔共和国	VEN	2005	2008
	瑞士	CHE	1984	2007				
	德国	DEU	1984	1990	瑞士	CHE	2009	2015
			2002	2015	德国	DEU	1973	1978
	法国	FRA	1995	1999	丹麦	DNK	1991	1994
	英国	GBR	1980	1983	法国	FRA	2000	2003
	意大利	ITA	1993	1998	韩国	KOR	1986	1989
	日本	JPN	1996	2011			2012	2015
	荷兰	NLD	1982	1986	荷兰	NLD	2003	2008
			1988	1997	挪威	NOR	1989	1997
			2009	2015			1999	2015
					瑞典	SWE	1997	2011

数据来源:WDI和IMF World Economic Outlook(April,2016),并经作者计算。

表3—7描述的是各个组别的国家和地区的经常账户处于高赤字A和高赤字B的具体情况。由表可知，在持续性高赤字B状态下，低收入国家(地区)6个，中低收入国家(地区)10个，中高收入国家(地区)8个，高收入国家(地区)13个，共计37个；在持续性高赤字A状态下，低收入国家(地区)3个，中低收入国家(地区)10个，中高收入国家(地区)9个，高收入国家(地区)10个，共计32个。考虑到一些规模较小的国家(地区)可能出现CAD/GDP较大，而经常账户赤字的绝对值较小的现象，故又按照经常账户赤字的绝对值进行排名统计。

表3—7　持续性高赤字A和B:CAD/GDP在所在组中至少连续4年排名前10%和前20%

	持续性高赤字:CAD/GDP在所在组中至少连续4年排名							
	前10%(高赤字A)				前20%(高赤字B)			
	国家	代码	起止时间		国家	代码	起止时间	
低收入国家/地区	坦桑尼亚	TZA	1989	1995	马拉维	MWI	1977	1981
	科摩罗	COM	1984	1987			1991	1994
	利比里亚	LBR	2004	2011			2002	2005
					马达加斯加	MDG	2004	2009
					塞拉利昂	SLE	2009	2012
					冈比亚	GMB	1978	1981
					利比里亚	LBR	2012	2015
					莫桑比克	MOZ	2009	2015
中低收入国家/地区	不丹	BTN	2010	2015	亚美尼亚	ARM	1995	2001
	刚果(布)	COG	1993	1996	佛得角	CPV	2009	2012
	圭亚那	GUY	1979	1985	格鲁吉亚	GEO	2005	2009
			1992	1995	圭亚那	GUY	2011	2014
	吉尔吉斯斯坦	KGZ	2012	2015	老挝	LAO	1987	1990
	莱索托	LSO	1995	1999	毛里塔尼亚	MRT	1975	1988
	毛里塔尼亚	MRT	2012	2015	尼加拉瓜	NIC	1980	1983
	尼加拉瓜	NIC	1984	1994			1995	2001
			2002	2005	巴布亚新几内亚	PNG	1981	1984
	约旦河西岸和加沙	PSE	1995	2001	所罗门群岛	SLB	1988	1991
			2003	2006	斯威士兰	SWZ	1982	1985
			2009	2012				
	圣多美和普林西比	STP	2001	2014				
	赞比亚	ZMB	2000	2003				

续表

	持续性高赤字:CAD/GDP在所在组中至少连续4年排名							
	前10%(高赤字A)				前20%(高赤字B)			
	国家	代码	起止时间		国家	代码	起止时间	
中高收入国家/地区	阿塞拜疆	AZE	1995	1998	波斯尼亚和黑塞哥维那	BIH	1999	2005
	伯利兹	BLZ	2000	2003	多米尼克	DMA	1998	2010
	多米尼克	DMA	1989	1992	格林纳达	GRD	1986	1989
			1994	1997	圣卢西亚	LCA	1979	1982
	格林纳达	GRD	1990	1993			1989	1994
			1995	2003			1996	2008
			2005	2013	黑山	MNE	2011	2015
	黎巴嫩	LBN	2012	2015	巴拉圭	PRY	1984	1987
	马尔代夫	MDV	1980	1984	汤加	TON	2008	2011
	黑山	MNE	2007	2010	圣文森特和格林纳丁斯	VCT	1987	2001
	蒙古	MNG	1981	1990				
			2011	2014				
	圣文森特和格林纳丁斯	VCT	2004	2013				
高收入国家/地区	沙特阿拉伯	SAU	1983	1987	新加坡	SGP	1977	1981
			1991	1994	巴林	BHR	1991	1994
	新加坡	SGP	1972	1976	智利	CHL	1978	1982
	塞浦路斯	CYP	1977	1980	以色列	ISR	1970	1976
	塞舌尔	SYC	1996	1999	塞浦路斯	CYP	1982	1985
			2007	2015			2007	2010
	圣基茨和尼维斯	KNA	1987	1991			2012	2015
			1993	2013	匈牙利	HUN	1999	2004
	巴哈马	BHS	2006	2015	巴巴多斯	BRB	1999	2005
	冰岛	ISL	2005	2008			2008	2013
	拉脱维亚	LVA	2004	2007	立陶宛	LTU	1995	1999
	安提瓜和巴布达	ATG	1979	1982	葡萄牙	PRT	1999	2011
			1985	1990	希腊	GRC	2000	2003
			2001	2013			2006	2011
	赤道几内亚	GNQ	1987	1992	塞舌尔	SYC	1978	1989
					爱沙尼亚	EST	2002	2007
					巴哈马	BHS	1995	1998
							2000	2003

数据来源:WDI和IMF World Economic Outlook(April,2016),并经作者计算。

表 3—8 为经常账户赤字绝对值的分组排名。在持续性高赤字 B 状态下，低收入国家（地区）7 个，中低收入国家（地区）13 个，中高收入国家（地区）9 个，高收入国家（地区）18 个，共计 47 个；在更加严格的持续性高赤字 A 状态下，低收入国家（地区）2 个，中低收入国家（地区）8 个，中高收入国家（地区）8 个，高收入国家（地区）9 个，共计 27 个。

表 3—8　持续性高赤字 A 和 B：CAD 绝对值在所在组中至少连续 4 年排名前 10%和前 20%

	高赤字：CAD 绝对值在所在组中至少连续 4 年排名							
	前 10%				前 20%			
	国家	代码	起止时间		国家	代码	起止时间	
低收入国家/地区	莫桑比克	MOZ	2011	2015	阿富汗	AFG	1984	1987
	坦桑尼亚	TZA	1978	1985			2010	2013
			1987	2001	埃塞俄比亚	ETH	2004	2009
			2004	2011	马达加斯加	MDG	1983	1986
							2002	2009
					莫桑比克	MOZ	2005	2010
					尼泊尔	NPL	1988	1991
							1993	1997
					坦桑尼亚	TZA	2012	2015
					乌干达	UGA	1995	2002
中低收入国家/地区	危地马拉	GTM	2000	2006	阿拉伯埃及共和国	EGY	2009	2015
	印度尼西亚	IDN	1982	1988	格鲁吉亚	GEO	2005	2008
			1990	1997	加纳	GHA	2005	2015
			2012	2015	印度	IND	1980	1983
	印度	IND	1984	1992	肯尼亚	KEN	2009	2015
			1995	2000	摩洛哥	MAR	1981	1985
			2005	2015	尼加拉瓜	NIC	1985	1988
	摩洛哥	MAR	1975	1980			1999	2005
			2008	2013	巴基斯坦	PAK	1976	1980
	巴基斯坦	PAK	1991	1996			1984	1990
			2005	2009	菲律宾	PHL	1977	1984
	苏丹	SDN	2002	2007			1989	1997
	乌克兰	UKR	2010	2013	约旦河西岸和加沙	PSE	1999	2006
	越南	VNM	2007	2010	苏丹	SDN	2012	2015
					乌克兰	UKR	2006	2009
					赞比亚	ZMB	2000	2003

	高赤字:CAD 绝对值在所在组中至少连续 4 年排名							
	前 10%				前 20%			
	国家	代码	起止时间		国家	代码	起止时间	
中高收入国家/地区	巴西	BRA	1975	1983	保加利亚	BGR	2003	2008
			1995	2002	哥伦比亚	COL	1982	1985
			2008	2015			1993	1998
	哥伦比亚	COL	2010	2015			2006	2009
	墨西哥	MEX	1979	1982	黎巴嫩	LBN	2012	2015
			1988	1994	蒙古	MNG	1985	1989
			1997	2009	马来西亚	MYS	1981	1985
			2011	2015	秘鲁	PER	1990	2003
	马来西亚	MYS	1994	1997	泰国	THA	1977	1981
	罗马尼亚	ROU	2001	2011	土耳其	TUR	1976	1980
	泰国	THA	1989	1996			1983	1987
	土耳其	TUR	2003	2015	南非	ZAF	2010	2015
	南非	ZAF	2004	2009				
高收入国家/地区	沙特阿拉伯	SAU	1983	1988	阿根廷	ARG	1993	2001
	澳大利亚	AUS	1994	2000	沙特阿拉伯	SAU	1991	1995
			2002	2015	澳大利亚	AUS	1989	1993
	加拿大	CAN	1975	1981	加拿大	CAN	1971	1974
			1985	1990			1991	1995
			2009	2015	智利	CHL	2012	2015
	德国	DEU	1991	2000	捷克共和国	CZE	2001	2004
	西班牙	ESP	1999	2011	西班牙	ESP	1980	1983
	英国	GBR	1987	1990			1989	1994
			1999	2015	法国	FRA	2007	2015
	意大利	ITA	2003	2011	英国	GBR	1991	1996
	韩国	KOR	1979	1983	希腊	GRC	1999	2014
	美国	USA	1982	1990	匈牙利	HUN	2002	2008
			1992	2015	爱尔兰	IRL	2005	2009
					意大利	ITA	1988	1992
					韩国	KOR	1994	1997
					挪威	NOR	1975	1978
					新西兰	NZL	2004	2008
							2012	2015
					波兰	POL	1976	1979
							1997	2014
					葡萄牙	PRT	1996	2012

数据来源:WDI 和 IMF World Economic Outlook(April,2016),并经作者计算。

观察表 3－5 和表 3－6 可以发现，首先，根据经常账户盈余 CAS 占 GDP 比例值或经常账户盈余的数值进行排名，在持续性高盈余 A 状态或 B 状态下，一国（地区）经常账户连续高盈余状态通常仅持续 4～6 年。连续 10 年及以上的国家（地区）仅有 17 个，连续 15 年及以上的国家（地区）有 10 个，其中对全球经济影响较大的国家（定义为人口多于 500 万，GDP 多于1 000亿美元）有瑞士（27 年）、中国（22 年）、荷兰（19 年）、日本（18 年）、马来西亚（18 年）、新加坡（15 年）、德国（14 年）、俄罗斯（14 年）共 8 个国家。这说明，在全球范围内经常账户高盈余状态不是一个持续和普遍存在的现象。其次，组别的收入水平与组内经常账户处于持续性高盈余状态的国家（地区）的数目大体上呈正相关关系，收入水平越高，处于持续性高盈余状态的国家（地区）数目越大。最后，全球主要的石油输出国及以石油为主要出口品的国家，经常账户普遍处于连续高盈余状态且持续时间较长，如科威特（16 年）、尼日利亚（16 年）、瑞典（15 年）、俄罗斯（14 年）、利比亚（14 年）、沙特（12 年）等国。

根据表 3－7 和表 3－8 可以看出，首先，按照经常账户赤字 CAD 占 GDP 比例值或经常账户赤字的绝对值进行排名，一国（地区）处于持续性高赤字 A 状态或 B 状态的时间普遍为 4～7 年。连续 10 年及以上的国家约有 25 个，连续 15 年及以上的国家（地区）有 12 个，其中对全球经济影响较大的国家有澳大利亚（27 年）、美国（24 年）、印度（21 年）、墨西哥（20 年）、波兰（18 年）、英国（17 年）、葡萄牙（17 年）、希腊（16 年）共 8 个国家。与持续性高盈余现象类似，在全球范围内经常账户持续性高赤字状态也不是一个持续和普遍存在的现象。其次，持续性高赤字国家（地区）的数目与组别的收入水平总体上呈正相关关系，该特点尤其在持续性高赤字超过 10 年及以上时尤为突出。

三、全球国际收支经常账户调节与逆转

进入 20 世纪 80 年代以来，全球国际收支经常账户失衡的程度不断扩大。观察图 3－1 可知，美国在这一时期的经常账户出现赤字，这与应对通货膨胀和提高利率的措施有关，高利率吸引了大量资金进而提升了国内汇率，1980 年至 1985 年初，美元汇率提高到之前的 1.6 倍，从而增强了经常账户赤字的程度。中东和北非地区的国家在 1980 年左右持续出

现较大盈余之后又有较大幅度的回落，原因是当时处于世界第二石油出口国的伊朗政局发生变化，引发了第二次石油危机，又爆发了两伊战争，导致石油产量和出口量大幅下降，石油价格暴涨，这也引起了西方主要工业国家的经济衰退，而在1990年发生的第三次石油危机也对该地区国家的经常账户造成了冲击。

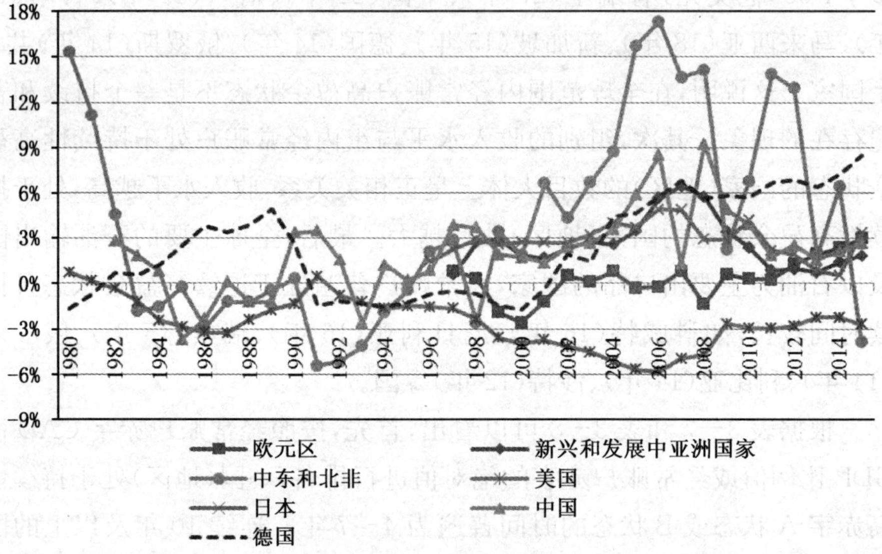

数据来源：WDI和IMF World Economic Outlook(April,2016)。

图3—1　全球主要经济体经常账户余额占GDP的比例

如果把经济体的经常账户余额占GDP的比例大于3%作为经常账户失衡的判断，那么世界各主要经济体在进入21世纪以来均先后出现了较为明显的失衡问题。美国自1999年(—3.59%)起，中东和北非地区国家自2001年(6.62%)起，日本自2003年(3.24%)起，中国和德国自2004年(分别是3.55%、4.46%)，新兴和发展中亚洲国家自2005年(3.49%)起都出现了经常账户失衡。这个时期欧元区经常账户在总体上表现基本平衡，但在其内部出现了较大的失衡问题。如图3—2所示，葡萄牙、西班牙和希腊在2013年以前经常账户均呈现出比较明显的持续性赤字状态，而荷兰与德国在进入21世纪之后一直处于经常账户盈余状态。以2006年数据为例，在欧元区的部分主要国家根据失衡程度从小到大依次为意大利(—2.46%)、爱尔兰(—3.39%)、德国(—5.70%)、荷兰(—7.87%)、西班牙(－9.00%)、葡萄牙(－10.65%)和希腊(－10.82%)。这种持续性的经常账户赤字状态以及不断增大的财政赤字成为促使欧洲债务危机爆发的原因之一。

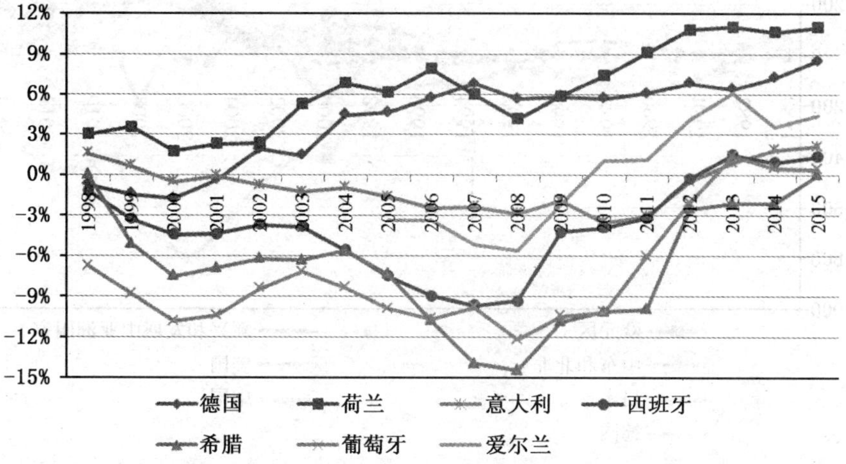

数据来源：WDI 和 IMF World Economic Outlook(April,2016)。

图 3－2　欧元区部分国家经常账户余额占 GDP 的比例

从全球主要经济体经常账户盈余或赤字的规模来看，德国、日本、新兴和发展中亚洲地区国家以及中东和北非地区国家是主要的盈余国。在2008 年欧元区的经常账户赤字为1 928.18亿美元，但德国的经常账户盈余达到2 108.93亿美元；日本的经常账户盈余为1 421.16亿美元，新兴和发展中亚洲国家的经常账户盈余高达4 245.13亿美元，其中，中国的盈余额为4 205.69亿美元，达到了 99%的比例；中东和北非地区的国家经常账户盈余额高达3 479.1亿美元。美国与欧元区是主要的赤字国，而美国的赤字程度要远大于欧元区的国家，在 2008 年，美国经常账户赤字高达6 907.89亿美元，约为欧元区的 3.6 倍。

由图 3－1 和图 3－3 可知，全球经常账户失衡状态在 2006 年到 2008 年间达到了峰值。在 2006 年，美国的经常账户赤字达到了最大值，2007 年日本和德国的经常账户盈余达到了峰值，2008 年欧元区、新兴和发展中亚洲(包括中国)以及中东和北非地区国家的经常账户失衡达到峰值。在 2000 年至 2010 年期间中国存在低消费和高储蓄现象，即国内储蓄和消费结构的不均衡是使得经常账户盈余额不断提高的原因之一。随着

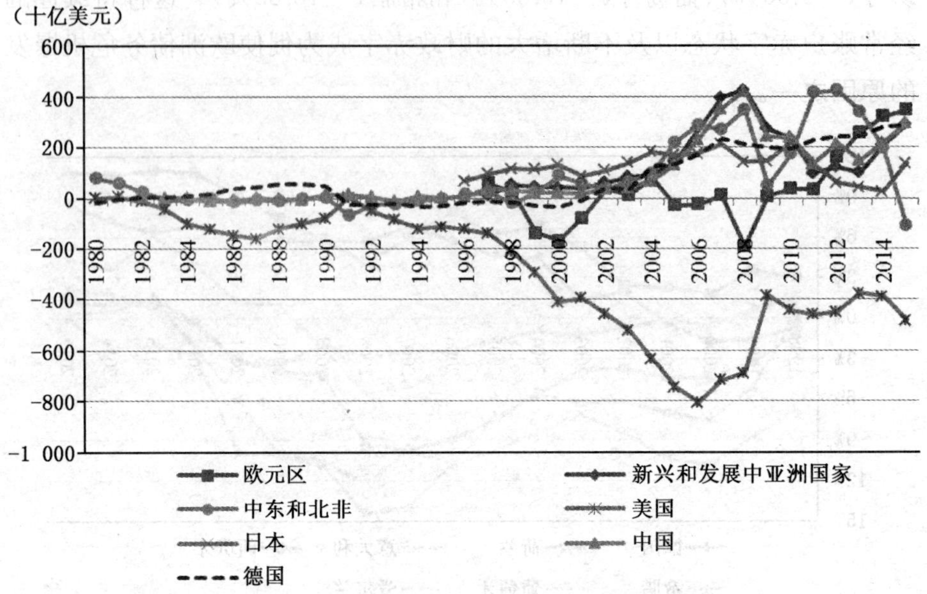

数据来源:WDI 和 IMF World Economic Outlook(April,2016)

图 3—3 全球主要经济体经常账户余额

2008 年波及全球的金融危机的爆发,世界经济增速较上年下降了 2 个百分点,到 2009 年降为—0.6%,由此导致的全球需求紧缩使得经常账户的失衡状态有了明显的转变。在 2009 年,中东和北非地区国家、欧元区国家、美国和日本的经常账户占 GDP 的比例均在 3%以下,中国和德国的这一比例值均有所下降,分别为 4.88%和 5.81%。

2014 年至 2015 年,世界经济处于国际金融危机后的深度调整和修复期。IMF 于 2016 年 1 月份预测,世界贸易在 2015 年增长 2.6%,比 2014 年下降了 0.8%。全球进口需求增长乏力,国家市场大宗商品特别是原油价格下降幅度较大,与 2014 年相比,2015 年能源价格暴跌45.1%,非能源价格下跌 15.1%,二者均连续 4 年下跌。根据资料数据显示,在 2015 年全球每天石油供给超出需求 130 万~150 万,要使石油市场恢复平衡,需要在需求提高的同时减慢供应的增长。观察图 3—3 可知,受此影响中东和北非地区国家的经常账户盈余额从 2012 年开始持续下降,至 2015 年已经处于赤字状态,德国的经常账户盈余受欧洲中央银行的宽松货币政策影响而走高。

第二节　主要经济体国际收支形势

一、美国国际收支状况

美国长期以来都是全球国际收支经常账户赤字规模最大的国家，自20世纪80年代起美国经常账户赤字大致可分为四个阶段：第一阶段是1982～1987年，经常账户赤字占GDP比例急剧扩大为3.3%；第二阶段是1988～1991年，经常账户赤字不断减少，到1991年表现为较低的盈余；第三阶段是1992～2006年，经常账户赤字急剧增大到8 067.26亿美元，占GDP比例为5.82%，此阶段美国向着消费型社会迅速发展，国内储蓄缺口加大，并且全球储蓄结构失衡等导致了巨额的经常账户赤字；第四阶段是2007年至今，经常账户赤字有所降低。其中，在2009年下降明显，经常账户赤字水平降为3 840.23亿美元，较上一年下降约44.4%。到2015年经常账户赤字额为4 840.78亿美元，比2014年增长了约24.3%，占GDP比例维持在3%左右。图3－4显示了1990年至2015年美国经常账户余额及其占GDP的比例和结构变化情况。

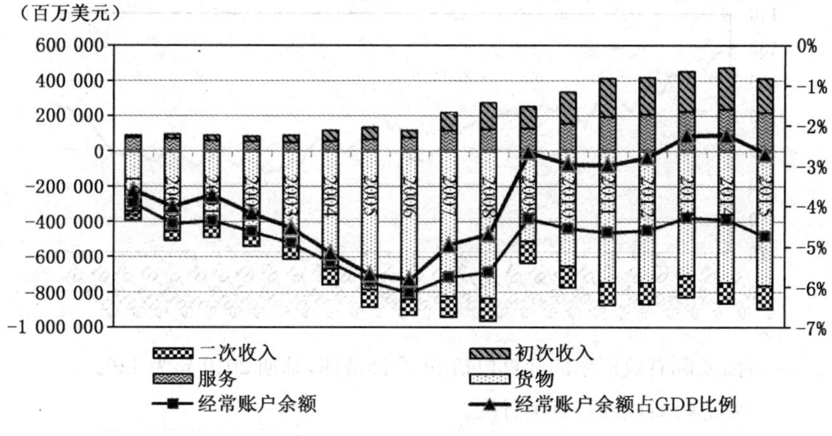

数据来源：美国商务部经济分析局官网。

图3－4　1999～2015年美国经常账户余额及其占GDP比例和结构

由图3－4可以看出，进入21世纪后，美国经常账户赤字水平不断提高。其中，货物贸易赤字水平增长较快，从1999年的3 370.68亿美元上升到 2006 年的8 372.89亿美元，增长了 2.5 倍，其中货物出口增长了约 1.5 倍，货物进口增长了约 1.8 倍；受金融危机影响，2009 年的货物贸易赤字水平下降较为明显，较上一年下降了不到 4 个百分点，在 2015 年，货物贸易较 2014 年增长了 2.4%。美国的服务贸易一直呈现盈余状态，并且有很大程度的增长，从 2000 年的 742.66 亿美元增长到 2015 年的2 195.51 亿美元，增长了约 3 倍，但在 2015 年服务贸易有所下降，较上一年下降了约 5.8%。美国的初次收入[①]也一直处于盈余状态且整体呈现上升趋势，由 1999 年的 119.33 亿美元增长到 2014 年的2 379.84亿美元，扩大了约 20 倍，但在 2015 年下降为1 913.23亿美元，下降幅度为 19.6%。美国的二次收入一直处于赤字水平，同样也有一定程度的增长，1999 年为488.46 亿美元，到 2015 年增长了 2.8 倍，达到1 356.45亿美元，其中，2015 年较 2014 年上升了 13.8%。

自 20 世纪 70 年代美国发生持续性经常账户赤字以来，其中最重要的组成部分是在贸易方面出现较大的赤字，一直占经常账户赤字规模的 90%以上，货物进口额远大于出口额，并且传统出口品的国际竞争力不足。而汇率变动会直接影响到出口品的价格，对于国际贸易具有重要的作用，因此直接影响经常账户余额。

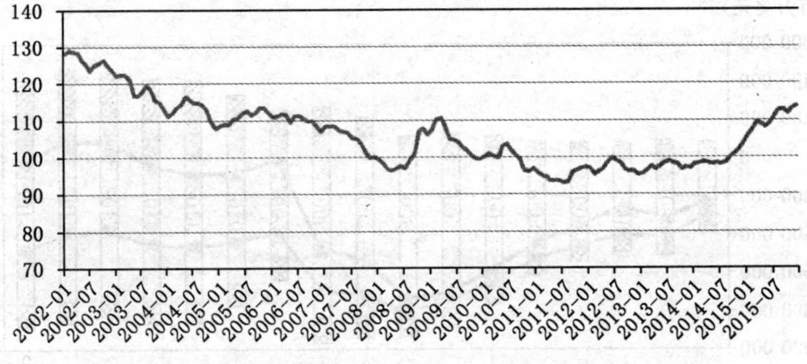

注：实际有效汇率的计算包括 61 个经济体，基期 2010 年为 100。

数据来源：国际清算银行网。

图 3—5　美国实际有效汇率指数的变动

① 根据 IMF《国际收支和国际投资头寸手册》(第六版)，经常账户细分为货物和服务账户、初次收入账户、二次收入账户。其中，初次收入包括雇员报酬、投资收益和其他初次收入；二次收入包括政府和私人转移。

图 3－5 显示了美国 2002～2015 年实际有效汇率指数的变动情况。美国经常账户持续的赤字状态意味着美元实际有效汇率被高估，由图 3－5可以看出，从 2002 年初至 2008 年初美元的实际有效汇率降低了约 24.5％，说明美元在这期间的总体走势有利于改善经常账户的赤字状态。从 2008 年中至 2009 年中全球金融危机爆发期间，美元的实际有效汇率提高了约 14％，从 2013 年初至 2015 年末实际有效汇率提高了约 19％，这意味着在这段时期美国实际有效汇率的变动并不利于经常账户赤字的改善，反而加剧了赤字的程度。其原因是美债的避风港效应使得美元实际有效汇率不降反升。

从宏观经济层面来看，经常账户赤字的根源是储蓄不足，当国内储蓄率小于投资率时，因存在资金缺口，需要从国外引入资金来弥补，进而形成经常账户的赤字状态。图 3－6 显示了美国 1999～2015 年储蓄率和投资率的变化情况。

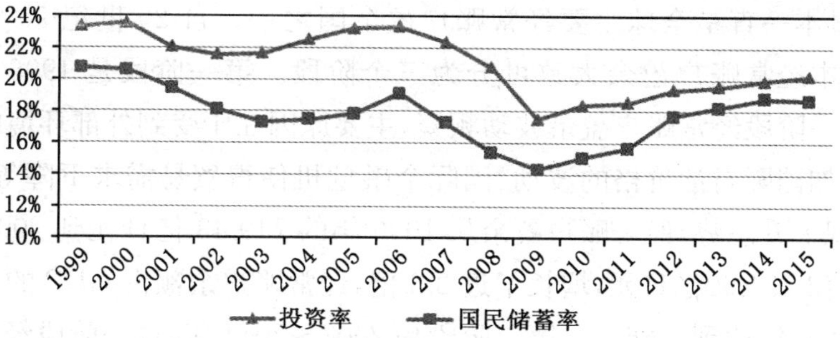

注：储蓄率和投资率分别是储蓄和投资与 GDP 的比例。

数据来源：IMF World Economic Outlook(April，2016)。

图 3－6　1999～2015 年美国储蓄率和投资率的变化趋势

美国的国民储蓄率在 21 世纪初有较明显的下降趋势，主要原因有：首先，随着金融全球化的发展，美国的金融市场在全球化的进程中发挥了重要的枢纽作用，大量的国外资金流入国内，使得国民流动性约束大大降低，减弱了家庭储蓄的动力。其次，在 20 世纪末美国股票和房价上涨迅速，提高了国民对于永久性收入的预期值，因此加强了国民的消费意愿。

美国国民储蓄率低，而政府财政赤字却较大。图 3－7 描述了美国 1999～2015 年财政赤字占 GDP 比例的变化趋势。在 2009 年，美国财政赤字已达到18 960亿美元,占GDP的比例达到了13.15%,美国需要在国际金融市场上大量借款为其国内的消费和投资提供资金。

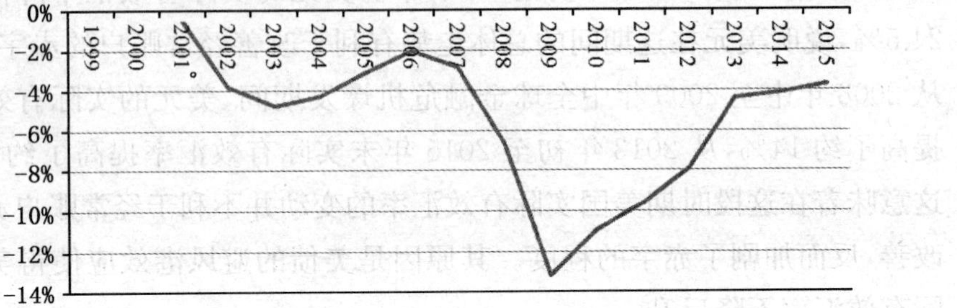

图3-7　1999～2015年美国财政赤字占GDP比例的变化趋势

二、日本国际收支经常账户状况

(一)日本国际收支经常账户的总体情况

日本一直是全球主要经常账户盈余国之一。自20世纪90年代以来,日本经常账户盈余大致可分为三个阶段。第一阶段是1996～2007年,这一阶段经常账户盈余波动频繁,主要原因在于受到外部环境的影响较大,如国际石油价格的波动、国际金融危机使得贸易需求下降等,但总体呈现上升态势,经常账户盈余从1996年的749.43亿日元到2007年达到峰值2 494.90亿日元,增长了近3.3倍,经常账户余额占GDP的比例增长了3.4%,达到4.86%。第二阶段是2007～2014年,这一阶段经常账户盈余水平除在2010年时有一定程度的上升之外,在总体上表现出下降趋势,到2014年,经常账户盈余下降为388.05亿日元,与2007年相比盈余额下降了84.4%,占GDP比例下降了4个百分点。第三阶段是2014年至今,经常账户盈余大幅增长,到2015年盈余额上升为1 641.27亿日元,占GDP的比例由0.52%增长到3.33%。图3-8显示了1996年至2015年日本经常账户余额及其占GDP比例和结构的变化情况。

由图3-8可以看出,从20世纪90年代后期到21世纪初,日本经常账户盈余水平总体有较大幅度的提高。在其内部结构上,货物贸易波动较大。其货物贸易余额从1996年的903.46亿日元上升到1998年的1 607.82亿日元,至2001年下降为884.69亿日元,下降幅度为45%,到2007年货物贸易余额增长到1 418.73亿日元。与2001年相比,2007年日

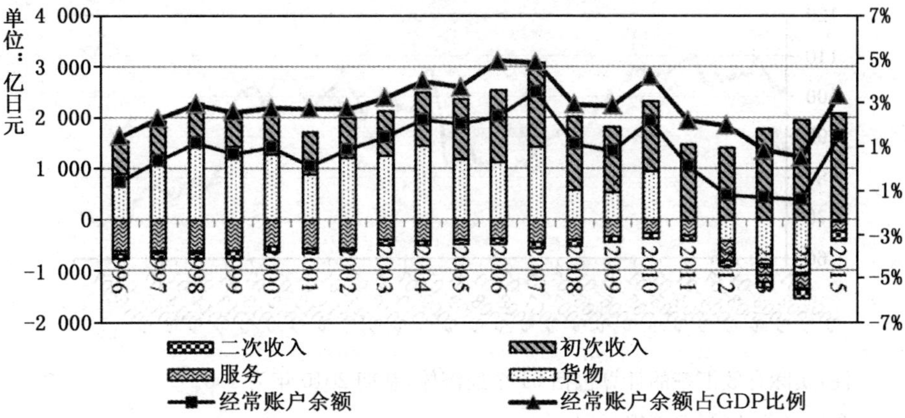

数据来源：日本财务省官网。

图 3－8　1999～2015 年日本经常账户余额及其占 GDP 比例和结构

本货物出口额增长了约 73.8%，达到8 002.36亿日元，货物进口额增长了约 77%，达到6 583.64亿日元。受金融危机影响，到 2009 年货物贸易余额下降幅度较大，降为 538.76 亿日元，货物出口和进口较上年分别减少了 34%和 36%。从 2010 年到 2014 年，货物贸易由盈余状态变为赤字状态，并在 2014 年达到了赤字峰值1 046.53亿日元。在 2014 年到 2015 年期间，货物贸易的赤字水平大幅下降为 62.88 亿日元。日本的服务贸易一直处于赤字状态，且波动不大，基本保持温和的下降趋势，从 1996 年的 671.72 亿日元下降到 2015 年的 167.84 亿日元。日本的初次收入一直处于盈余状态，2003～2007 年和 2012～2015 年是增长较明显的两个时期。其中，2003 年到 2007 年的上升幅度达到了 90.8%，2012～2015 年的上升幅度为 47.6%。日本的二次收入一直处于较低程度的赤字状态，2014 年达到赤字峰值 199.45 亿日元，在 2015 年下降了 3 个百分点。

（二）日元实际有效汇率与经常账户状态

从实际有效汇率的角度分析，持续性的经常账户盈余意味着本币实际有效汇率被低估，应通过提高实际有效汇率来调整盈余水平。图 3－9 描述了 2002～2015 年间日本实际有效汇率指数的变动情况。

由图 3－9 可以看出，日本实际有效汇率在 2002～2007 年和 2012～2015 年整体处于下降趋势。其中，从 2002 年到 2007 年下降了 18.8%，从 2012 年到 2015 年下降了 31.7%。这意味着，日元在这段时间内在贬值，

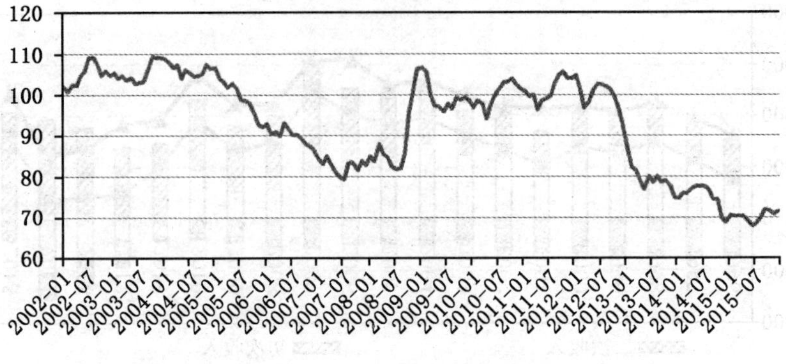

注:实际有效汇率的计算包括 61 个经济体,基期 2010 年为 100。

数据来源:国际清算银行网。

图 3—9 日本实际有效汇率指数的变动

不利于经常账户盈余状态的改变,反而加剧了盈余。在金融危机之前,日元的贬值与当时盛行的套利交易有一定关系。在 2008 年全球金融危机爆发期间,日元的实际有效汇率上升了 19.3%,这一阶段日元的实际有效汇率走势有利于改善经常账户的盈余状态,而这与日元套利交易的大规模平仓有关。

(三)经常账户盈余与储蓄

从宏观经济层面来看,经常账户盈余的原因是储蓄过剩,当国内储蓄率大于投资率时,由于国内储蓄不能充分利用,因此通过经常账户盈余输出资金。图 3—10 显示了日本 1999～2015 年储蓄率和投资率的变化情况。

由图 3—10 可以看出,日本的国民储蓄率在 21 世纪初期下降明显,在 2003～2007 年间温和回升,原因主要有:首先,20 世纪末东南亚金融危机使得日本企业出现较大规模的重组,因此国民收入下降较多;其次,在 21 世纪初企业重组的不断发展,使得收入由劳动者向股东转移,引起国民储蓄的减少和企业储蓄的增加,企业储蓄的增加抵消了国民储蓄的减少,企业储蓄的增加也在一定程度上说明投资机会的匮乏。

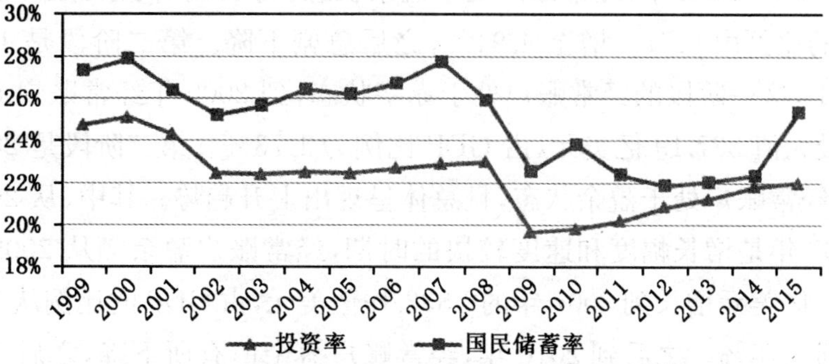

注：储蓄率和投资率分别是储蓄和投资与 GDP 的比例。

数据来源：IMF World Economic Outlook(April,2016)。

图 3—10　1999～2015 年日本储蓄率和投资率的变化趋势

一国的储蓄由个人储蓄和政府储蓄两部分组成，在个人储蓄变化不大时，政府的财政情况对于贸易就会有影响。图 3－11 描述了日本在 1999～2015 年财政赤字占 GDP 比例的变化趋势。观察图 3－11 可知，日本的财政赤字占 GDP 的比例比较高，2002 年这一比例为 7.71%，到 2007 年下降为 2.09%的正常水平，然而之后又急剧增加，到 2009 年达到了 10.39%。财政情况的恶化挤压了政府财政扩张政策的选择空间。

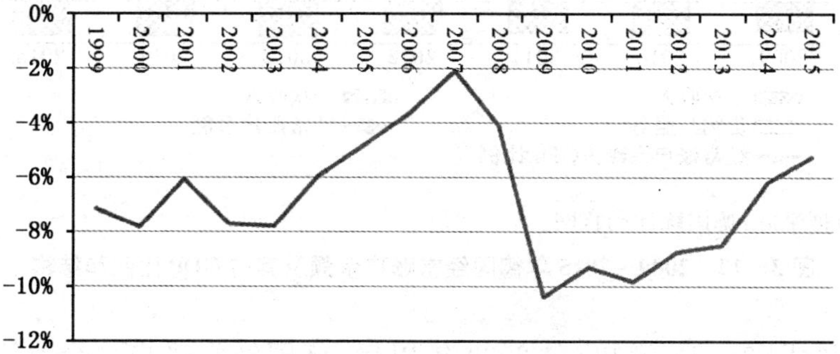

数据来源：IMF World Economic Outlook(April,2016)。

图 3—11　1999～2015 年日本财政赤字占 GDP 比例的变化趋势

三、德国国际收支经常账户状况

自 20 世纪 80 年代起，德国经常账户状态可分为三个阶段。第一阶段是 1982～1991 年，经常账户处于盈余状态，到 1989 年经常账户盈余占 GDP 的比例由 0.71%增至 4.94%，之后急剧下降。第二阶段是 1992～2001 年，这一阶段的经常账户处于赤字状态，到 2000 年经常账户赤字额达到最大值 337.19 亿美元，占 GDP 比例为 1.73%。第三阶段是 2002 年至今，经常账户处于盈余状态，且总体呈现出上升趋势。其中，从 2002 年到 2007 年是增长幅度和速度较快的时期，经常账户盈余额从 2002 年的 398.03 亿美元增长到 2007 年的2 332.19亿美元，占 GDP 的比例从 1.91%上升到 6.78%。之后到 2010 年，经常账户盈余值有所下降，之后又逐渐上升，到 2015 年增长到2 851.96亿美元，占 GDP 比例为 8.49%。图3－12 显示的是 2009～2015 年德国经常账户余额及其占 GDP 的比例和结构变化情况。

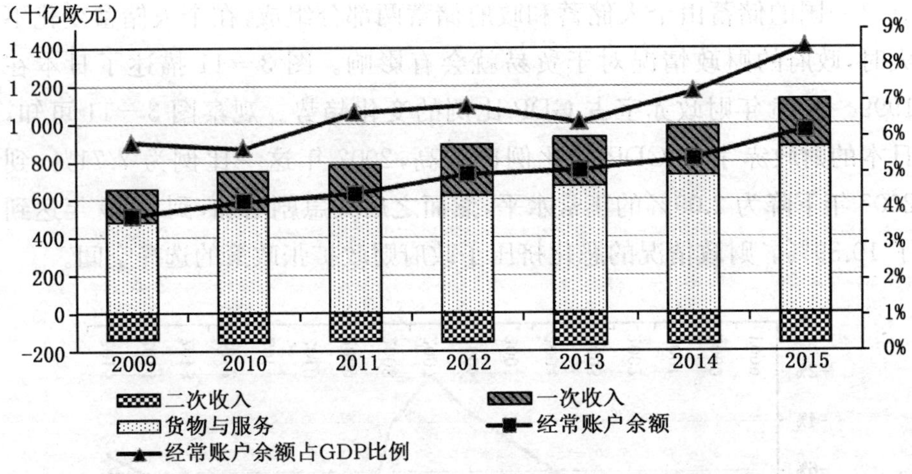

数据来源：德国统计局官网。

图 3－12 2009～2015 年德国经常账户余额及其占 GDP 比例和结构

观察图 3－12 可知，在 2009 年以后，德国经常账户盈余水平虽在 2010 年和 2013 年有小幅下降，但在总体上表现为上升态势。其中，货物和服务贸易一直占经常账户盈余额的 90%左右，且在这一阶段稳步增长，由 2009 年的4 796.5亿欧元上涨到 2015 年的8 776.2亿欧元，增长了 0.83倍，其中 2014 年至 2015 年期间增长了 21.47%。德国的初次收入在这段时期内一直处于盈余状态。2015 年初次收入的盈余额为2 508.4亿欧元，较 2014 年降低了 3%，较 2009 年增长了约 45%。德国的二次收入在2009～2015年期间一直处于赤字状态，表现也比较稳定。2009年的二次收入赤字额为1 381.2亿欧元，到2015年上升至1 637.1亿欧元，增长幅度为18.5%，但较2014年下降了1.4%。

从实际有效汇率的角度来分析，经常账户盈余意味着德国实际有效汇率被低估，经常账户赤字意味着德国实际有效汇率被高估，应通过调节实际有效汇率来调整盈余或赤字水平。图3－13描述了2002～2015年德国实际有效汇率指数的变动情况。

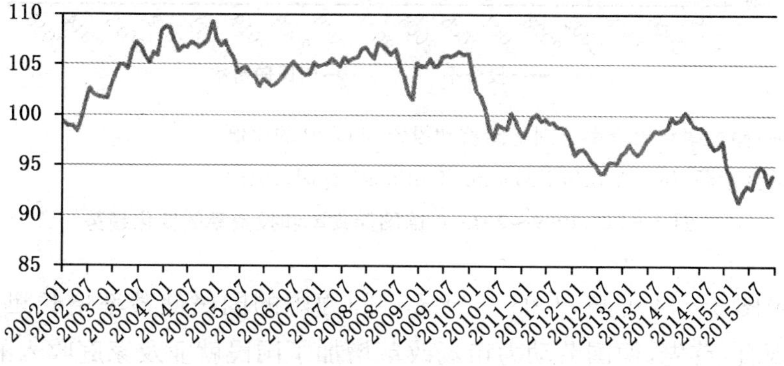

注：实际有效汇率的计算包括61个经济体，基期2010年为100。

数据来源：国际清算银行网。

图3－13 德国实际有效汇率指数的变动

由图3－13可知，从2002年初至2004年末，德国实际有效汇率总体表现为上升趋势，意味着使用欧元的德国相对经过贸易权重加权的其贸易伙伴的货币总体是升值的，幅度为10%。从2004年初到2008年末间，实际有效汇率下降了6.6%，而此时德国经常账户处于盈余状态，实际有效汇率的贬值不利于经常账户盈余状态的改善，并且加剧了失衡程度。从2008年至2012年8月金融危机期间，德国的实际有效汇率降低了10.4%，说明在该期间内，德国实际有效汇率的走势仍不利于经常账户的平衡调节。原因在于德国的货币是欧元，同时也是欧元区国家统一的货币，虽然德国存在经常账户顺差，但欧元区在整体上基本平衡，因此，这就使得德国通过调节汇率来改善失衡的途径受到了约束和限制。

从宏观经济层面来看，德国经常账户盈余的原因是储蓄过剩，当国内储蓄率大于投资率时，因为存在国内储蓄不能充分利用的现象，因此可通过经常账户盈余来输出资金。图 3－14 显示了德国 1999～2015 年储蓄率和投资率的变化情况。

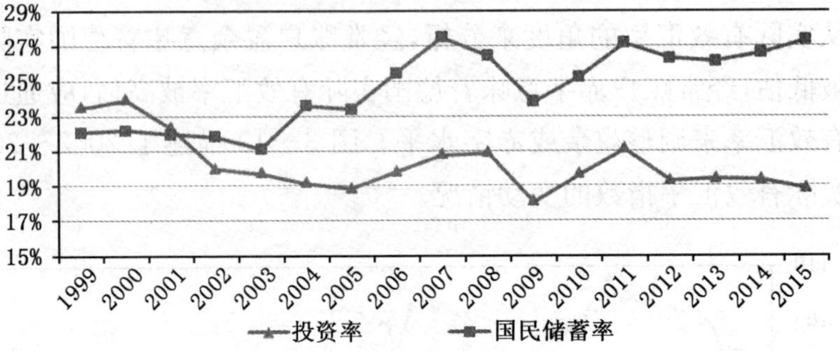

注：储蓄率和投资率分别是储蓄和投资与 GDP 的比例。

数据来源：IMF World Economic Outlook(April，2016)。

图 3－14　1999～2015 年德国储蓄率和投资率的变化趋势

由图 3－14 可知，2003～2007 年间德国的国民储蓄率增长迅速，主要原因有：首先，德国劳动力市场改革增加了国民就业及家庭收入的不稳定性，增加了国民的预防性储蓄动机；其次，德国 2005 年起实施的养老金制度改革刺激了家庭储蓄的动力；最后，在这段时间内股票市场和房价的不景气使得国民储蓄率上升。

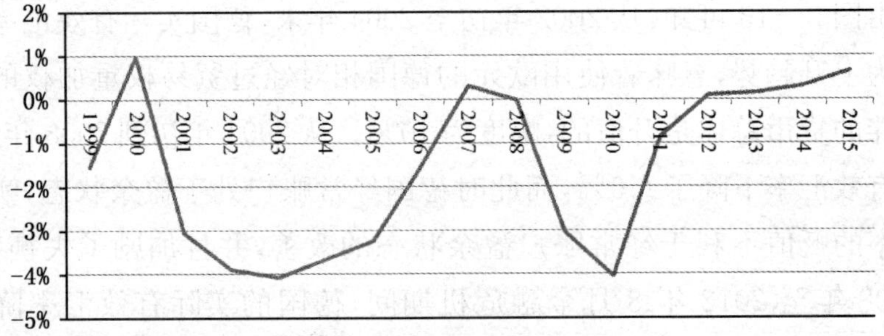

数据来源：IMF World Economic Outlook(April，2016)。

图 3－15　1999～2015 年德国财政赤字占 GDP 比例的变化趋势

图 3－15 描述的是德国 1999～2015 年财政赤字占 GDP 比例的变化情况。由图可知，在 2003 年和 2010 年德国财政赤字分别达到了峰值，占 GDP 比例约为 4%。在 2003 年至 2007 年间，财政赤字占 GDP 比例逐年

减少，2007 年已处于财政盈余状态，这一期间经常账户已由上一阶段的赤字状态转为盈余状态，并且增长幅度和速度均较快，在一定程度上支持了财政赤字的减少有利于一国经常账户的平衡。

四、新兴市场经常账户状况

(一)巴西国际收支经常账户状况

自 20 世纪 90 年代中期以来，巴西经常账户状态可分为三个阶段：第一阶段是 1995～2002 年，经常账户处于赤字状态，其中，1998 年经常账户赤字额达到 338.92 亿美元，占 GDP 的比例为 3.92%，之后赤字状态不断改善，到 2002 年赤字额减少到 80.97 亿美元，比例降为 1.50%；第二阶段是 2003～2007 年，在此期间经常账户的状态由赤字转为盈余，且呈现出先升后降的趋势，在 2005 年盈余额达到 135.47 亿美元，占 GDP 比例为 1.57%；第三阶段是 2008 年至今，经常账户由上一阶段的盈余状态变为赤字状态，且赤字幅度不断扩大，在 2014 年赤字额达到1 041.81亿美元，占 GDP 的比例上升为 4.29%，但在 2015 年赤字状态有较大程度的改善。国际市场对于资源型产品需求疲软现象以及大宗商品的价格变化等对巴西的贸易具有较大的影响。图 3－16 表明了 1995～2015 年巴西经常账户余额及其占 GDP 的比例和结构变化情况。

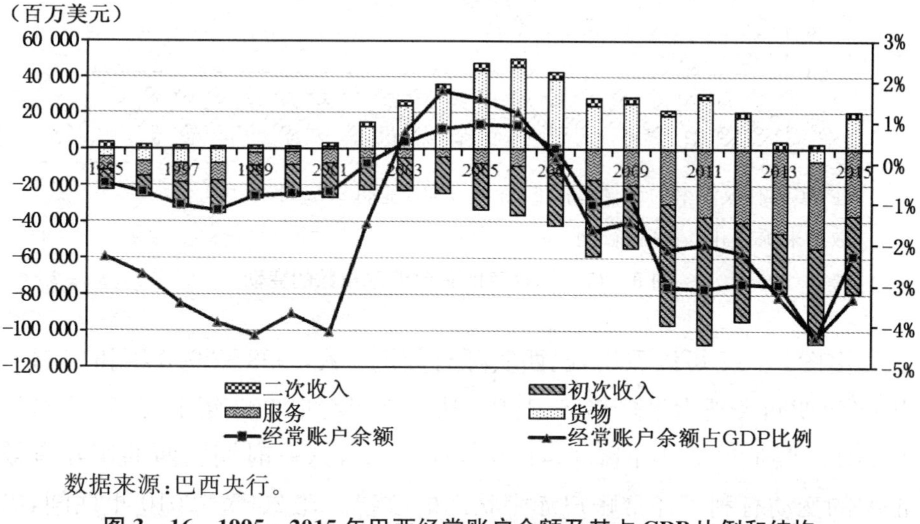

数据来源：巴西央行。

图 3－16　1995～2015 年巴西经常账户余额及其占 GDP 比例和结构

由图3—16可以看出,从20世纪90年代中期到21世纪初,巴西经常账户赤字水平总体上表现为先升后降,在保持一段时期的盈余后又进入不断上升的赤字状态。其中,货物贸易在进入21世纪以来表现为盈余状态,但波动幅度较大,2006年货物贸易额上升为451.19亿美元,达到了盈余水平的峰值,但在2013年下降为3.89亿美元,波动幅度达到99%,在2014年转为66.29亿美元的赤字。受金融危机的影响,2009年巴西的货物进出口额分别下降了26.31%和22.57%。巴西的服务贸易一直处于赤字状态,并在2005年后增长迅速,到2014年达到481.07亿美元。初次收入也一直处于赤字状态且整体呈现上升趋势,由1995年的107.47亿美元到2014年增长为521.70亿美元,扩大了约5倍,但在2015年下降为423.57亿美元,下降幅度为18.8%。巴西的二次收入一直处于盈余状态,但占比始终较低,2015年和2014年基本持平,为27.24亿美元。

从实际有效汇率的角度分析,经常账户赤字意味着巴西实际有效汇率被高估,经常账户盈余意味着巴西实际有效汇率被低估。图3—17描述了1995~2015年巴西实际有效汇率指数的变动情况。

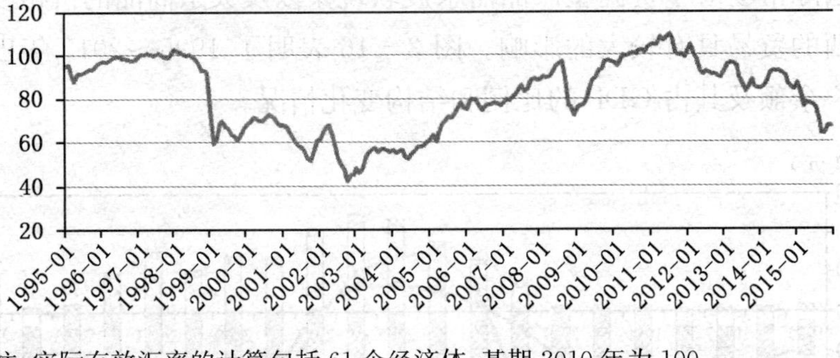

注:实际有效汇率的计算包括61个经济体,基期2010年为100。

数据来源:国际清算银行网。

图3—17 巴西实际有效汇率指数的变动

由图3—17可以看出,巴西实际有效汇率在1998~2003年和2011~2015年期间表现为下降趋势,其中,从1998年到2003年下降了53.3%,从2011年到2015年下降了41.9%,这意味着这一时期巴西的实际有效汇率的变动有利于经常账户赤字状态的改善。在2005~2010年期间,巴西的实际有效汇率上升了70.2%,2007年以后巴西的经常账户处于赤字状态，说明实际有效汇率的走势不利于改善经常账户的赤字状态，这与外资大量流入有关。

从宏观经济层面来看，巴西经常账户赤字的原因是储蓄不足，当国内储蓄率小于投资率时，因为存在资金缺口，所以引入外来资金，形成经常账户赤字状态。图 3—18 显示了巴西 1995～2015 年储蓄率和投资率的变化情况。

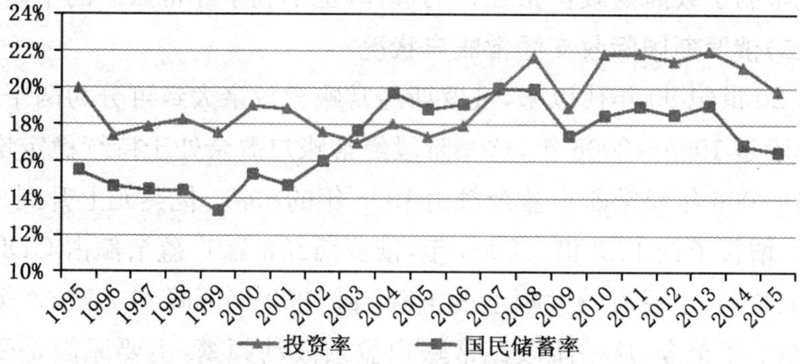

注：储蓄率和投资率分别是储蓄和投资与 GDP 的比例。

数据来源：IMF World Economic Outlook(April，2016)。

图 3—18　1995～2015 年巴西储蓄率和投资率的变化趋势

巴西的国民储蓄率在进入 21 世纪后有较明显的上升趋势，一方面是由于巴西政府为了鼓励存款推广了个人储蓄投资政策，使得国民储蓄意愿增加，在一定程度上增加了居民由于通胀和物价飞涨而丧失的储蓄信心；另一方面是这一时期巴西经济的增长使得国民的收入增加。

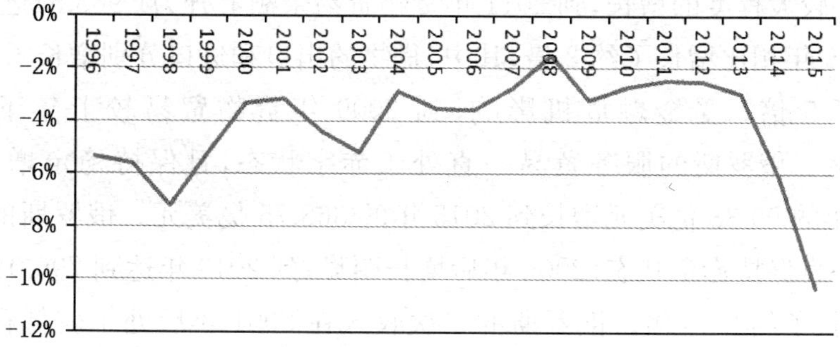

数据来源：IMF World Economic Outlook(April，2016)。

图 3—19　1996～2015 年巴西财政赤字占 GDP 比例的变化趋势

图3—19描述的是巴西1996～2015年财政赤字占GDP比例的变化情况。由图可知,在1998年至2003年间巴西财政赤字占GDP比例均超过了5%。在2004年至2008年间,财政赤字占GDP比例减少,这一期间巴西经常账户处于盈余状态,在一定程度上支持了财政赤字的减少有利于一国经常账户的平衡。从2014年开始,巴西财政赤字急剧增长,到2015年已高达10.3%,主要是日常支出增加和税收减少所致,财政情况的恶化限制了政府财政扩张政策的选择,也不利于经常账户的平衡。

(二)俄罗斯国际收支经常账户状况

自20世纪90年代以来,俄罗斯经常账户盈余大致可分为两个阶段:第一阶段是1995～2006年,这一阶段经常账户盈余处于持续稳定增长的阶段,到2006年经常账户盈余额由1995年的69.63亿美元上升到923.16亿美元,增长了约12.3倍。2000年,俄罗斯经常账户盈余额占GDP比例达到17.47%,之后有较大幅度的下降,到2003年下降到7.7%。第二阶段是2007年至今,这一阶段经常账户盈余波动频繁,主要原因是受到外部环境的影响较大,比如石油价格的波动等,其中2013年俄罗斯经常账户盈余额降为334.28亿美元,占GDP比例降为1.67%。之后逐渐回升,到2015年经常账户盈余额增长了一倍多,占GDP比例增长了3个百分点。图3—20显示了1995年至2015年间俄罗斯经常账户余额及其占GDP的比例和结构变化情况。

由图3—20可以看出,1995年以来,俄罗斯的经常账户主要表现为盈余状态。其中,货物贸易对经常账户的影响巨大,并在进入21世纪后实现了较大程度的增长,到2011年货物贸易余额上升为1 968.54亿美元,与1999年相比增长了约2倍,其中,货物的出口和进口分别增长了约6.4倍和7.5倍。受金融危机影响,到2009年货物贸易较上年下降了36.25%。俄罗斯的服务贸易一直处于赤字状态,且保持稳定增长,从1995年的96.38亿美元增长到2015年的368.75亿美元。俄罗斯的初次收入一直保持赤字状态,2005年后增长明显,到2013年达到796.04亿美元,增长了约22.6倍。俄罗斯的二次收入在2001年后处于较低程度的赤字状态,2013年达到赤字峰值92.74亿美元,到2015年下降了31.23%。

从实际有效汇率的角度来分析,经常账户持续性的盈余意味着本币

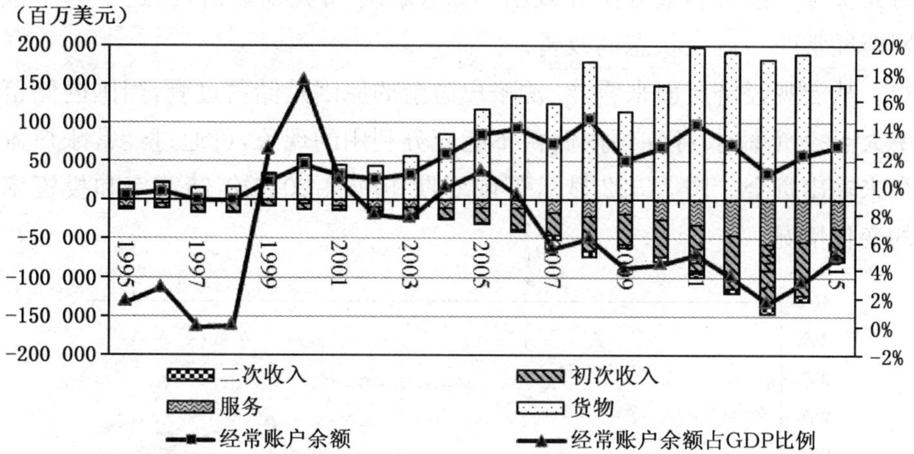

数据来源：IMF Data Balance of Payments Statistics（BOP）。

图 3—20 1995～2015 年俄罗斯经常账户余额及其占 GDP 比例和结构

实际有效汇率被低估，应通过提高实际有效汇率来调整盈余水平。图 3—21描述了 1995～2015 年间俄罗斯实际有效汇率指数的变动情况。

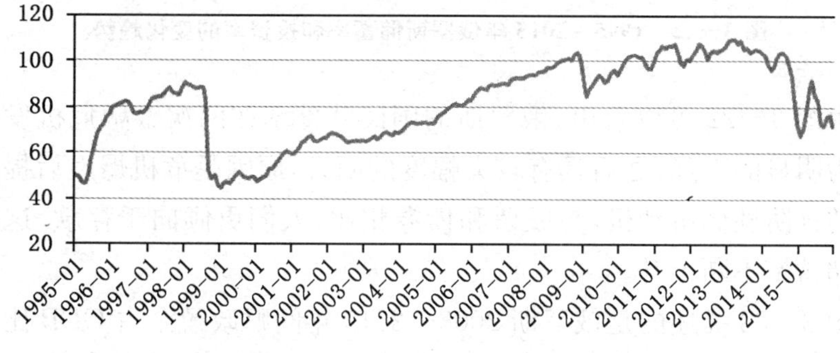

注：实际有效汇率的计算包括 61 个经济体，基期 2010 年为 100。

数据来源：国际清算银行网。

图 3—21 俄罗斯实际有效汇率指数的变动

图 3—21 显示出俄罗斯的实际有效汇率在 1999～2013 年间整体呈现出上升趋势，幅度达到 1.33 倍，这意味着俄罗斯的实际有效汇率在这段时间的变动有利于其经常账户盈余状态的改善。1998 年，俄罗斯的汇率下降迅速，是由于金融危机和政权更迭的影响。2014 年，俄罗斯的有效实际汇率下降了 29.6％，原因是国际油价的下降以及美国和欧盟国家

对其实施的经济制裁等国际政治因素使得卢布大幅贬值，而这不利于俄罗斯经常账户盈余状态的改善。

从宏观经济层面来看，经常账户盈余的原因是储蓄过剩，当国内储蓄率大于投资率时，存在国内储蓄不能充分利用的现象，可通过经常账户盈余来输出资金。图 3－22 显示了俄罗斯 1995～2015 年储蓄率和投资率的变化情况。

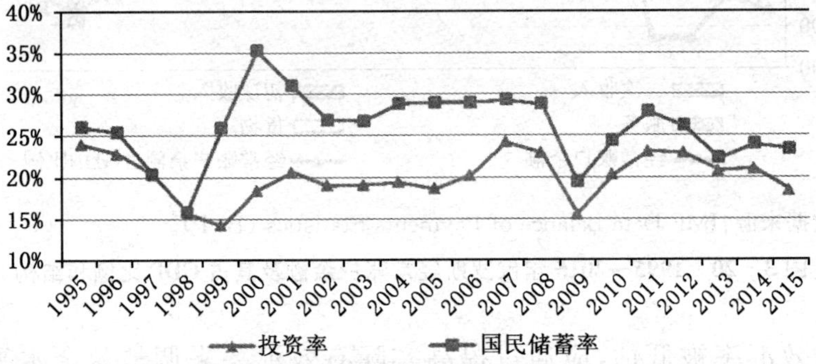

注：储蓄率和投资率分别是储蓄和投资与 GDP 的比例。

数据来源：IMF World Economic Outlook(April，2016)。

图 3－22 1995～2015 年俄罗斯储蓄率和投资率的变化趋势

由图 3－22 可以看出，俄罗斯的国民储蓄率在两次金融危机发生时有较为明显的下降，之后具有较大幅度的回升，原因是危机爆发后提高了国民的预防性储蓄动机，与股票和债券相比，人们更倾向于存款，这使得国民储蓄率不断上升。

图 3－23 描述的是俄罗斯 2003～2015 年间财政盈余占 GDP 比例的变化情况。由图可知，在 2005 年和 2011 年俄罗斯财政盈余分别达到了峰值，占 GDP 比例分别约为 3.12％和 7.84％。2011 年后，俄罗斯财政盈余占 GDP 比例逐年减少，在 2014 年已处于财政赤字状态，这一期间俄罗斯经常账户始终处于盈余状态且波动频繁，在一定程度上表明财政赤字的减少有利于一国经常账户的平衡。

(三)印度国际收支经常账户状况

自 20 世纪 90 年代中期以来，印度经常账户状态可分为三个阶段：第一阶段是 1995～2000 年，经常账户处于赤字状态，虽有波动但是幅度不大；第二阶段是 2001～2004 年，在此期间经常账户的状态由赤字转为盈

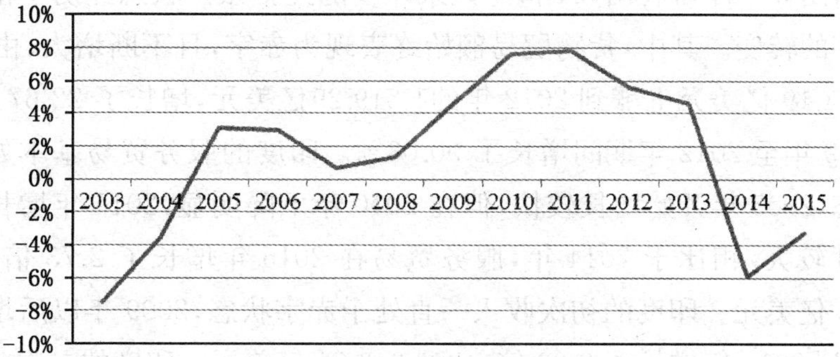

数据来源：IMF World Economic Outlook(April,2016)。

图 3—23　2003～2015 年俄罗斯财政盈余占 GDP 比例的变化趋势

余，且呈现出先升后降的趋势，在 2003 年盈余额达到 87.73 亿美元，占 GDP 的比例为 1.42%；第三阶段是 2005 年至今，经常账户由上一阶段的盈余状态变为赤字状态，且赤字幅度波动较大，在 2012 年赤字额达到峰值 914.71 亿美元，占 GDP 的比例上升为 4.99%，之后赤字状态有较大程度的改善，到 2014 年赤字额降为 274.52 亿美元，占 GDP 的比例为 1.34%，全球油价的下降对印度的贸易具有较大的影响。图 3—24 显示了 1995 年至 2015 年间印度经常账户余额及其占 GDP 的比例和结构变化情况。

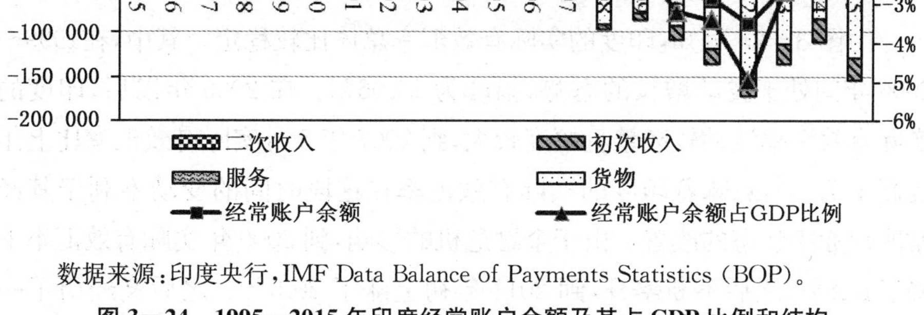

数据来源：印度央行，IMF Data Balance of Payments Statistics (BOP)。

图 3—24　1995～2015 年印度经常账户余额及其占 GDP 比例和结构

由图3－24可看出,21世纪以来印度的经常账户状态经历了由盈余到赤字的转变。其中,货物贸易额始终表现为赤字,且不断增大,由2001年的64.19亿美元上涨到2012年的1 519.29亿美元,增长了22.67倍,其中2009年至2012年期间增长了90.03%。印度的服务贸易基本处于盈余状态,2005年开始增长较快,但在2010年下降明显,2015年增长迅速且幅度较大,相比于2014年,服务贸易在2015年增长了2.73倍,达到696.76亿美元。印度的初次收入一直处于赤字状态,2009年以后增长较明显,到2015年增长了2.23倍,达到243.75亿美元。印度的二次收入一直处于盈余状态,2014年达到盈余峰值656.03亿美元,在2015年下降了4.5个百分点。从实际有效汇率的角度来分析,经常账户盈余意味着印度实际有效汇率被低估,经常账户赤字意味着印度实际有效汇率被高估,应通过调节实际有效汇率来调整盈余或赤字水平。图3－25描述了1995～2015年印度实际有效汇率指数的变动情况。

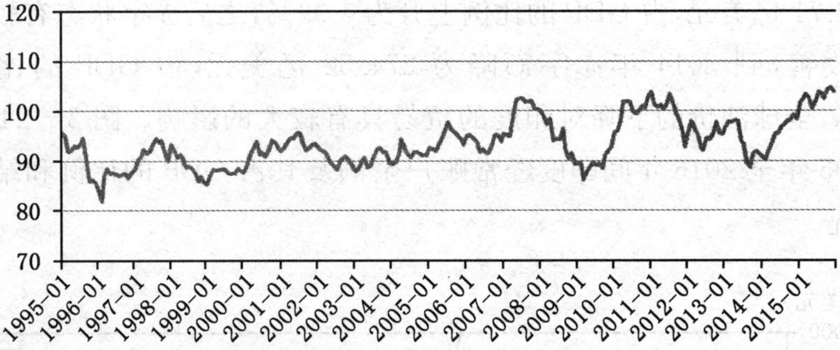

注:实际有效汇率的计算包括61个经济体,基期2010年为100。

数据来源:国际清算银行网。

图3－25 印度实际有效汇率指数的变动

由图3－25可知,印度的实际有效汇率总体比较稳定。其中,在1999～2006年间处于波动增长的态势,幅度为10.06%。在2006年以后,印度的实际有效汇率波动较频繁且幅度较大,到2007年5月实际有效汇率比上年提高了7.3%,意味着印度的实际有效汇率在这段时间的变动不利于其经常账户赤字状态的改善。由于金融危机的影响,到2009年实际有效汇率下降了15.8%,之后不断攀升,到2011年初上涨了20.5%。之后又经历了一段时期的下降,到2014年下降幅度为12.7%,意味着印度的实际有效汇率在这段时间的变动有利于其经常账户赤字状态的改善。

从宏观经济层面来看，经常账户赤字的根源是储蓄不足，当国内储蓄率小于投资率时，因存在资金缺口，需要从国外引入资金来弥补，进而形成经常账户的赤字状态。图3－26显示了印度1995～2015年储蓄率和投资率的变化情况。

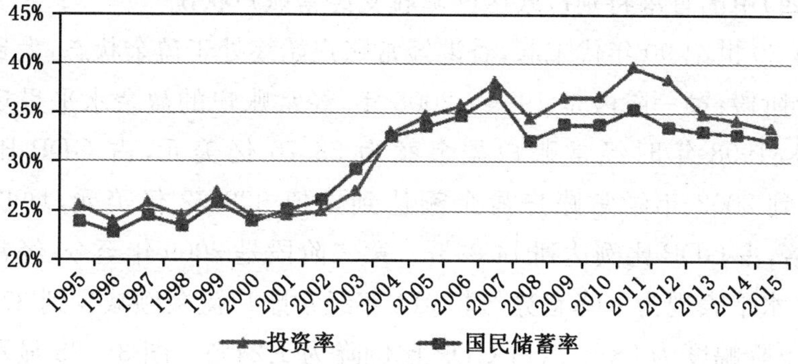

注：储蓄率和投资率分别是储蓄和投资与GDP的比例。

数据来源：IMF World Economic Outlook(April,2016)。

图3－26 1995～2015年印度储蓄率和投资率的变化趋势

进入21世纪后，印度的国民储蓄率在整体上具有非常明显的提升，主要原因在于印度保持着较快的经济增长，虽然在金融危机时期储蓄率有一定程度的下跌，但高储蓄率使其拥有更强的应对风险的能力，有利于经济的复苏。

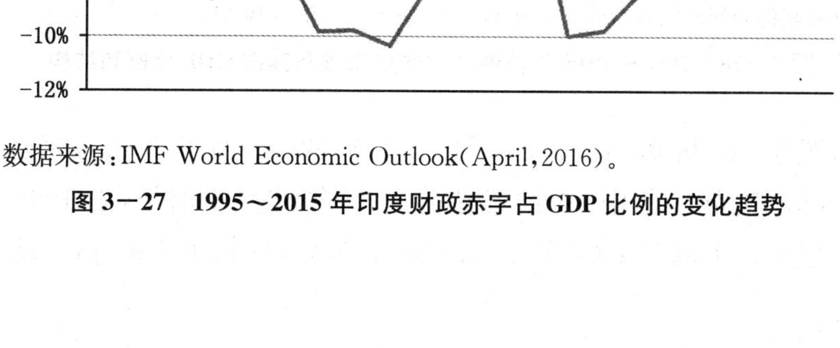

数据来源：IMF World Economic Outlook(April,2016)。

图3－27 1995～2015年印度财政赤字占GDP比例的变化趋势

图 3—27 描述了印度 1995～2015 年财政赤字占 GDP 比例的变化趋势。观察图可知，印度的财政赤字占 GDP 比例较高，2003 年达到 10.33%，到 2007 年下降为 4.41%的水平，仍高于正常水平，之后又急剧上涨为 2008 年的 9.96%。财政的恶化限制了政府财政扩张政策的选择空间。

(四)中国香港特别行政区国际收支经常账户状况

自 20 世纪 90 年代末起，香港经常账户始终处于盈余状态，大致可分为两个阶段：第一阶段是 1998～2008 年，经常账户的盈余水平呈现出上升趋势，1998 年时经常账户盈余额为 28.70 亿美元，占 GDP 比例为 1.7%，到 2008 年经常账户盈余额达到峰值 328.72 亿美元，增长了约 10.46倍，占 GDP 比例达到 14.99%。第二阶段是 2009 年至今，经常账户的盈余水平表现为下降态势，到 2014 年经常账户盈余额减少到 37.88 亿美元，下降幅度为 88.5%，占 GDP 比例降为 1.24%。图 3—28 显示的是 1998 年至 2015 年间香港经常账户余额及其占 GDP 的比例和结构变化情况。

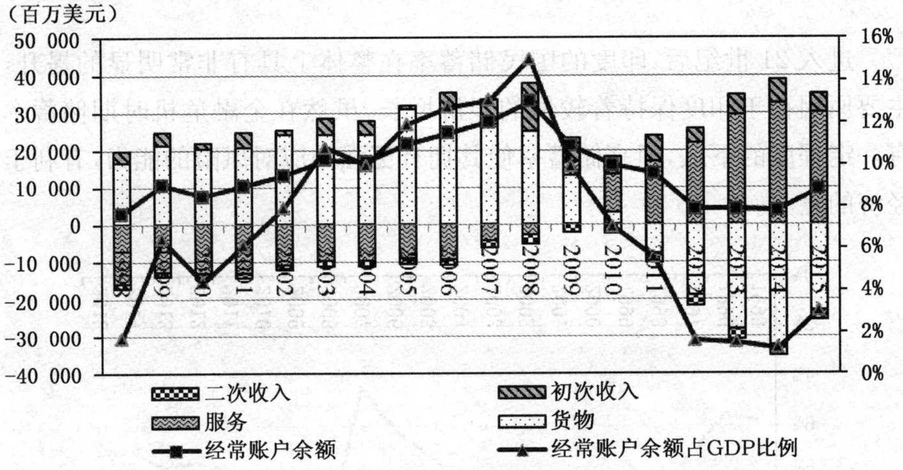

数据来源：IMF Data Balance of Payments Statistics (BOP)。

图 3—28　1998～2015 年香港经常账户余额及其占 GDP 比例和结构

由图 3—28 可知，从 1998 年开始，香港的经常账户盈余水平经历了先升后降的态势。其中，货物贸易在 2006 年前稳步增长，由 1998 年的 165.16 亿美元上涨到 2005 年的 310.68 亿美元，增长了 1.88 倍。从 2006

年开始，货物贸易盈余额逐年下降，在 2011 年转为赤字，到 2014 年赤字额达到 323.71 亿美元，2015 年下降了 29.5%。香港的服务贸易呈现出先赤字后盈余、先降后升的情形。2008 年之前一直处于逐年减少的赤字水平，2009 年开始转为盈余状态，到 2015 年服务贸易额上升为 300.49 亿美元。香港的初次收入一直处于盈余状态，在 2008 年达到峰值 129.1 亿美元。香港的二次收入一直处于赤字状态，且逐年扩大，到 2015 年达到 26.93亿美元。

从实际有效汇率的角度来分析，持续的经常账户盈余意味着实际有效汇率被低估，应通过提高实际有效汇率来调整盈余水平。图 3—29 描述了 1998～2015 年香港实际有效汇率指数的变动情况。

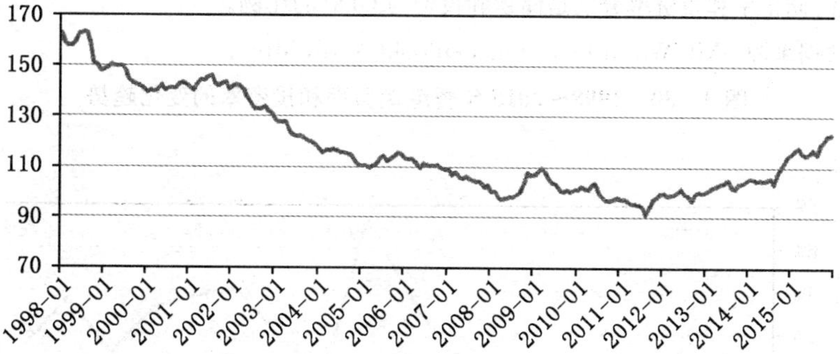

注：实际有效汇率的计算包括 61 个经济体，基期 2010 年为 100。

数据来源：国际清算银行网。

图 3—29　香港实际有效汇率指数的变动

由图 3—29 可知，1998～2015 年间香港实际有效汇率呈现出先降后升的趋势。其中，从 1998 年到 2012 年下降了 38.5%，这意味着香港的实际有效汇率在这段时间里的变动不利于经常账户盈余状态的改善，反而加剧了盈余的程度。到 2015 年香港的实际有效汇率上升了 22.9%，说明这一阶段的实际有效汇率走势有利于改善经常账户的盈余状态。

从宏观经济层面来看，经常账户盈余的原因是储蓄过剩，当储蓄率大于投资率时，因为存在储蓄不能充分利用的现象，因此可通过经常账户盈余来输出资金。图 3—30 显示了香港 1998～2015 年储蓄率和投资率的变化情况。

由图 3—30 可知，香港的储蓄率在进入 21 世纪后整体呈现出先升后降的趋势,储蓄率的整体水平较高,且始终高于投资率,原因有多个方面,包括居民的预防性动机、消费习惯、人口结构变化等因素。

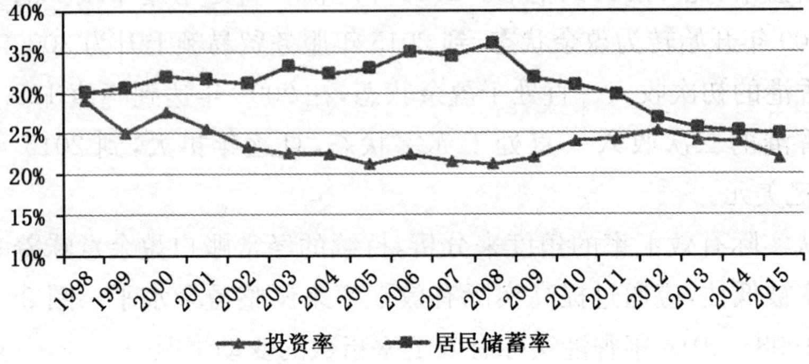

注:储蓄率和投资率分别是储蓄和投资与 GDP 的比例。

数据来源:IMF World Economic Outlook(April,2016)。

图 3—30 1998~2015 年香港储蓄率和投资率的变化趋势

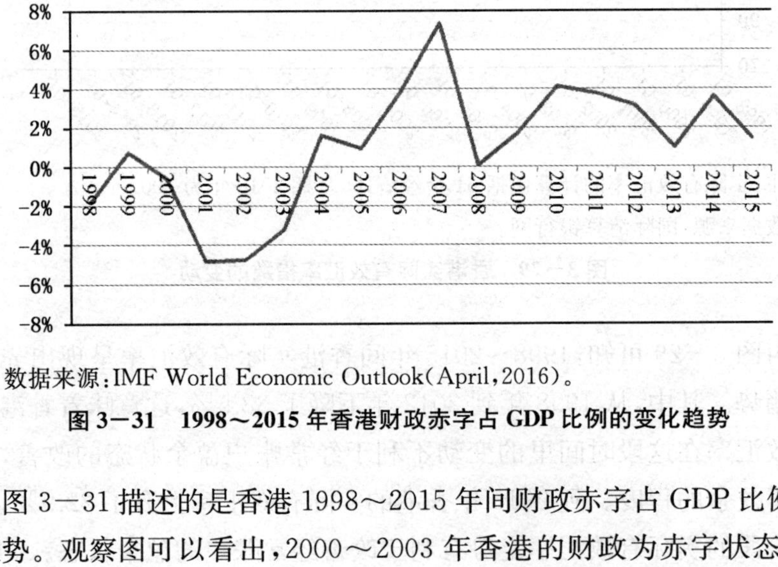

数据来源:IMF World Economic Outlook(April,2016)。

图 3—31 1998~2015 年香港财政赤字占 GDP 比例的变化趋势

图 3—31 描述的是香港 1998~2015 年间财政赤字占 GDP 比例的变化趋势。观察图可以看出,2000~2003 年香港的财政为赤字状态,2004 年以后表现为财政盈余。其中,在 2007 年占 GDP 比例达到峰值 7.34%,之后出现了比较大的波动。根据香港经常账户状态的变化可知,财政支出的增加拉动了经济更快发展,对国外的需求也更多,从而在一定程度上影响经常账户盈余额减少。

(五)中国台湾国际收支经常账户状况

自20世纪90年代中期以来,台湾地区经常账户始终处于盈余状态,根据其变化情况可大致分为三个阶段:第一阶段是1995~2003年,经常账户盈余水平平稳增长,1995年经常账户盈余额为54.74亿美元,占GDP的比例为1.96%,到2003年盈余额增长了4倍,占GDP的比例达到9.58%。第二阶段是2004~2009年,在此期间经常账户盈余水平波动增长,其中受金融危机影响在2008年下降明显,2009年盈余额达到406.50亿美元,占GDP的比例达到10.95%。第三阶段是2010年至今,经常账户盈余快速增长,由2010年的368.43亿美元增长到2015年的757.88亿美元,占GDP的比例达到14.55%。图3—32显示的是1995年至2015年台湾经常账户余额及其占GDP的比例和结构变化情况。

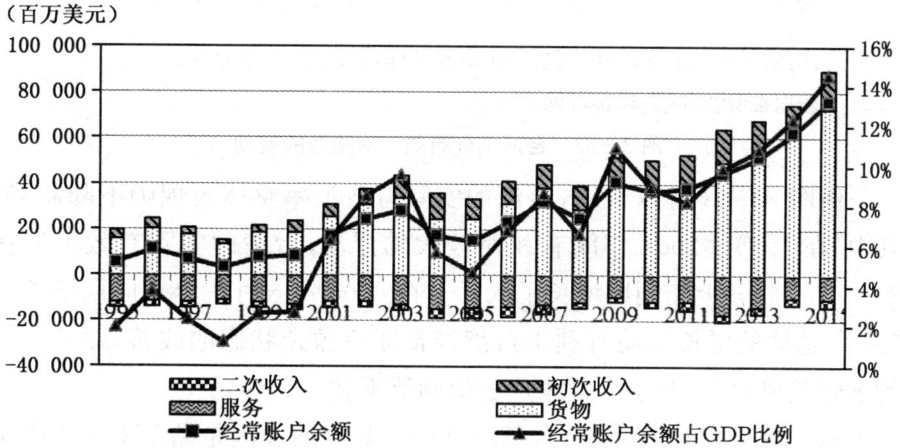

数据来源:台湾"央行"。

图3—32　1995~2015年台湾经常账户余额及其占GDP比例和结构

由图3—32可知,1995年至今台湾经常账户盈余水平整体上表现为上升趋势。其中,货物贸易所占比例较大,变化趋势与经常账户基本一致,20年间货物贸易盈余额由最初的157.12亿美元上升到728.35亿美元,增长了3.6倍。台湾的服务贸易额一直处于赤字状态,2014年服务赤字额为100.14亿美元,到2015年下降了4个百分点。台湾的初次收入在这段时期内一直是盈余状态,进入21世纪后增长明显,2015年初次收入为167.37亿美元,与1999年相比增长了5倍。台湾的二次收入始终处于赤字状态，且变化较小，2015 年二次收入为 33.77 亿美元，比 1995 年上升了 15.97%。

从实际有效汇率的角度来分析，经常账户盈余意味着台湾实际有效汇率被低估，应通过调节实际有效汇率来调整盈余水平。图 3－33 描述了 1995～2015 年台湾实际有效汇率指数的变动情况。

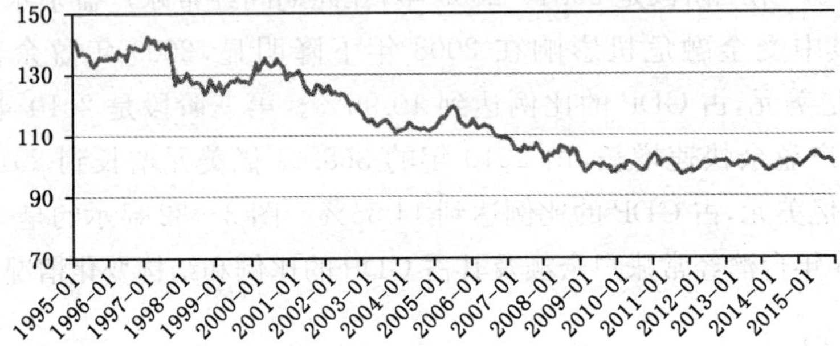

注：实际有效汇率的计算包括 61 个经济体，基期 2010 年为 100。

数据来源：国际清算银行网。

图 3－33　台湾实际有效汇率指数的变动

由图 3－33 可以看出，台湾的实际有效汇率整体表现为下降趋势。其中，在 1995～2001 年间有相对较大的浮动，台湾的实际有效汇率在 2000 年 5 月较上年同期增长了 7.1%，在 2005 年 6 月比上年同期增长了 5.9%，这样的增长波动有利于台湾经常账户盈余状态的改善，而从总体的下降趋势而言，对于经常账户平衡调节不利。

从宏观经济层面来看，台湾经常账户盈余的原因是储蓄率大于投资率，储蓄不能充分利用，需要通过经常账户盈余来输出资金。图 3－34 显示了台湾 1995～2015 年储蓄率和投资率的变化情况。

由图 3－34 可知，台湾的储蓄率在进入 21 世纪后表现为波动增长的趋势，且整体水平较高。其中，在 2008 年时有一定程度的下降，之后又回升，主要是因为金融危机提高了居民的预防性储蓄。

图 3－35 描述的是台湾 1995～2015 年财政赤字占 GDP 比例的变化情况。由图可知，台湾财政赤字占 GDP 比例波动较大，在 1997 年、2001 年和 2009 年达到赤字峰值，最高为 1997 年的 7.46%，到 1999 年又恢复正常水平。根据经常账户的状态可知，财政赤字的增加在一定程度上不利于经常账户的平衡。

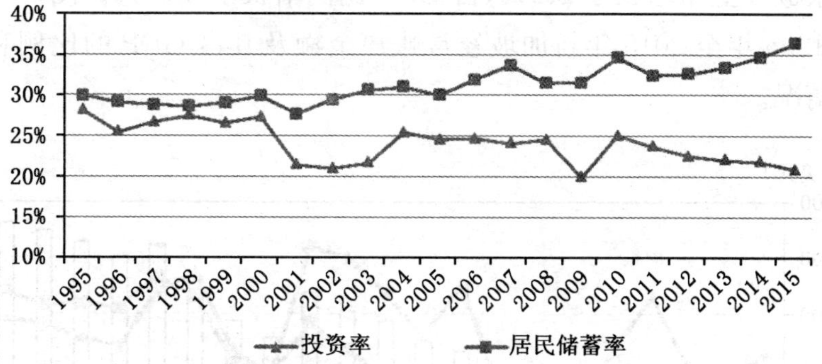

注:储蓄率和投资率分别是储蓄和投资与 GDP 的比例。

数据来源:IMF World Economic Outlook(April,2016)。

图 3－34　1995～2015 年台湾储蓄率和投资率的变化趋势

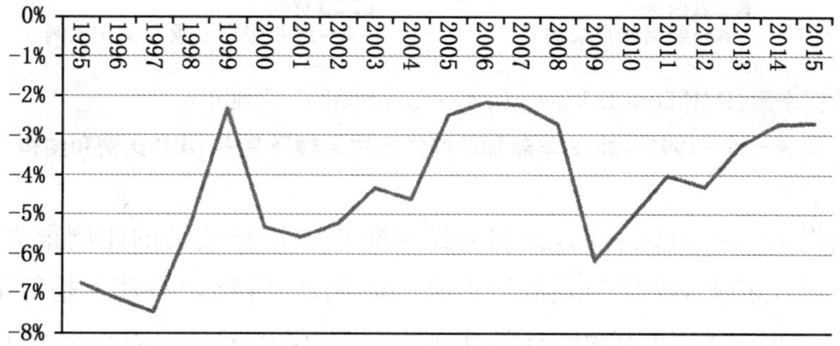

数据来源:IMF World Economic Outlook(April,2016)。

图 3－35　1995～2015 年台湾财政赤字占 GDP 比例的变化趋势

(六)新加坡国际收支经常账户状况

自 20 世纪 90 年代以来,新加坡经常账户始终处于盈余状态,根据其变化大致可分为三个阶段:第一阶段是 1995～2007 年,这一阶段经常账户盈余具有稳定增长的趋势,经常账户盈余额由 1995 年的 144.45 亿美元上升到 2007 年的 469.82 亿美元,增长了 2.25 倍,盈余额占 GDP 比例达到 25.97%。第二阶段是 2008～2012 年,这一阶段经常账户盈余处于波动增长阶段,受金融危机的影响,新加坡经常账户盈余额在 2008 年下降明显,到 2012 年波动增长到 523.47 亿美元,占 GDP 比例为 17.17%。第三阶段是 2013 年至今,这一阶段经常账户盈余表现平稳,其中,2015

年盈余额较上年增长了8.2%,占GDP比例增长了0.57%。图3—36显示了1995年至2015年新加坡经常账户余额及其占GDP的比例和结构变化情况。

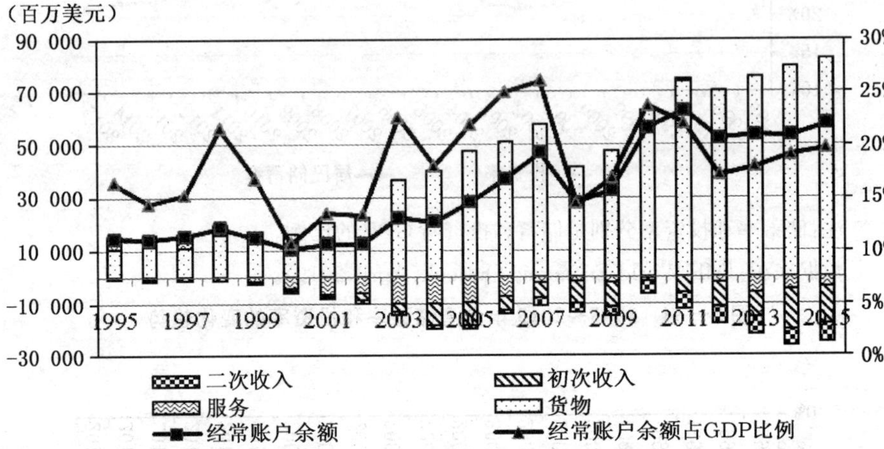

数据来源:IMF Data Balance of Payments Statistics (BOP)。

图3—36 1995～2015年新加坡经常账户余额及其占GDP比例和结构

由图3—36可以看出,新加坡经常账户中货物贸易的比例很大,且始终处于盈余状态,除受金融危机影响的时期外,货物贸易基本是稳定增长的态势。在2015年货物贸易额达到825.24亿美元,与1995年相比增长了约4.5倍。新加坡服务贸易在1999年之前处于盈余状态,之后一直保持赤字水平,在2004年达到峰值101.81亿美元。新加坡初次收入在21世纪前处于盈余状态,之后一直处于赤字水平,在2014年达到峰值151.32亿美元。新加坡二次收入一直处于赤字水平,在2015年达到峰值69.43亿美元。

从实际有效汇率的角度来分析,经常账户盈余意味着本币实际有效汇率被低估,应通过提高实际有效汇率来调整盈余水平。图3—37描述了1995～2015年新加坡实际有效汇率指数的变动情况。

图3—37显示出新加坡实际有效汇率在1995～2015年呈现出先降后增的趋势。其中从1995年到2006年处于下降阶段,这意味着实际有效汇率在这段时间的变动不利于新加坡经常账户盈余状态的改善,并且增加了失衡程度。从2007年至2015年处于上升阶段,这意味着这一时

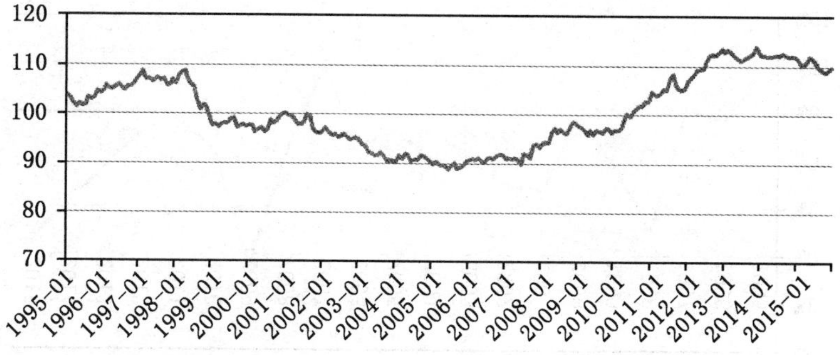

注：实际有效汇率的计算包括 61 个经济体，基期 2010 年为 100。

数据来源：国际清算银行网。

图 3—37　新加坡实际有效汇率指数的变动

期新加坡的实际有效汇率的变动有利于经常账户盈余状态的改善。

从宏观经济层面来看，经常账户盈余的原因是储蓄过剩，不能充分利用，可通过经常账户盈余来输出资金。图 3—38 显示了新加坡 1995～2015 年储蓄率和投资率的变化情况。

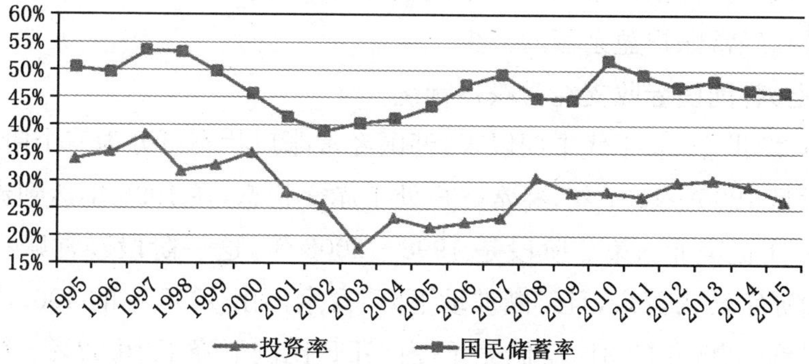

注：储蓄率和投资率分别是储蓄和投资与 GDP 的比例。

数据来源：IMF World Economic Outlook(April,2016)。

图 3—38　1995～2015 年新加坡储蓄率和投资率的变化趋势

由图 3—38 可以看出，新加坡的国民储蓄率从 1997 年的 53.44%开始逐渐下降，到 2002 年降至 38.81%，之后储蓄率逐年上升，直到经历金融危机时有所下降，之后一直保持在 45%。新加坡出现高储蓄率的原因包括国内的储蓄业务发达，便于吸收存款，以及社会保障体系、政策因素等。

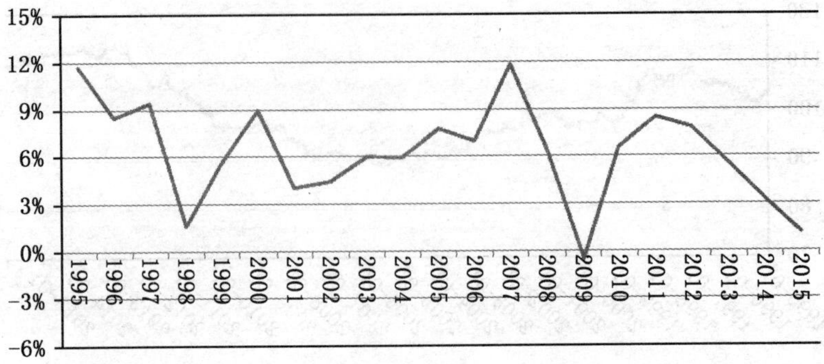

数据来源:IMF World Economic Outlook(April,2016)。

图 3—39　1995～2015 年新加坡财政盈余占 GDP 比例的变化趋势

图 3—39 描述的是 1995～2015 年新加坡财政盈余占 GDP 比例的变化趋势。由图可知,新加坡在经常账户和财政方面实现了双盈余。在 2000 年、2007 年和 2011 年,新加坡的财政盈余达到峰值,占 GDP 比例分别约为 8.93%、11.84%和 8.50%。2011 年后,新加坡财政盈余占 GDP 比例逐年减少。根据经常账户状态的变化可知,财政支出的增加在一定程度上导致经常账户盈余额的减少。

(七)韩国国际收支经常账户状况

自 20 世纪 90 年代中期以来,韩国经常账户状态可分为三个阶段:第一阶段是 1995～1997 年,经常账户处于赤字状态,在 1996 年达到赤字峰值 238.31 亿美元。第二阶段是 1998～2008 年,这一阶段经常账户的状态已由赤字转为盈余,且不断波动下降,盈余额由 1998 年的 400.57 亿美元下降到 2008 年的 31.90 亿美元,占 GDP 比例下降了 10.32%。第三阶段是 2009～2015 年,经常账户盈余处于波动增长阶段,到 2015 年经常账户盈余额增至1 058.71亿美元,比 2009 年增长了 2.15 倍,占 GDP 比例达到 7.69%。图 3—40 显示了 1995 年至 2015 年韩国经常账户余额及其占 GDP 的比例和结构变化情况。

由图 3—40 可以看出,韩国的经常账户主要表现为盈余状态。其中,货物贸易对经常账户的影响最大,且不断波动增长,到 2015 年韩国货物贸易额达到1 202.90亿美元,比 2001 年增长了 11.23 倍。韩国的服务贸易基本处于赤字状态且不断波动,到 2015 年达到 157.08 亿美元。韩国

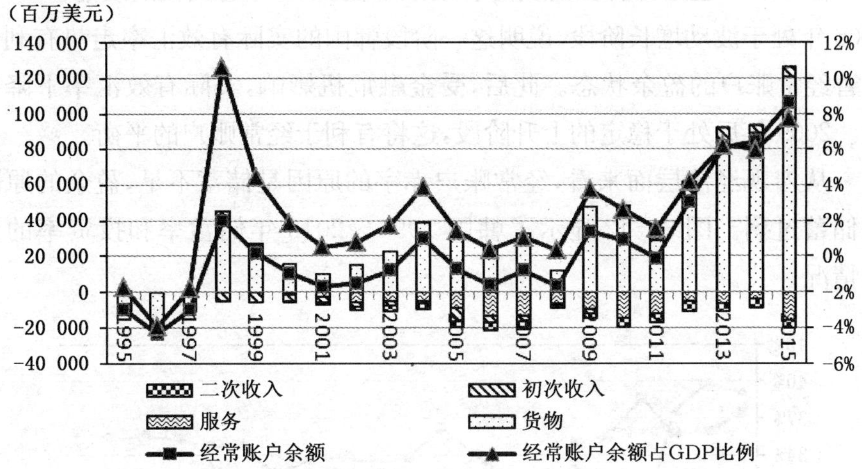

数据来源：IMF Data Balance of Payments Statistics(BOP)。

图 3－40　1995～2015 年韩国经常账户余额及其占 GDP 比例和结构

初次收入在 2010 年前一直处于赤字状态，2010 年开始转为盈余水平，并在 2012 年达到峰值 121.17 亿美元。韩国二次收入在 2000 年以前处于盈余状态，并在 1998 年达到峰值 28.19 亿美元，2000 年以后一直处于赤字水平，除金融危机影响时期外，基本保持稳定增长，到 2015 年达到 46.13亿美元。

从实际有效汇率的角度来分析，经常账户盈余意味着本币实际有效汇率被低估，可通过提高实际有效汇率来调整盈余水平。图 3－41 描述了 1995～2015 年韩国实际有效汇率指数的变动情况。

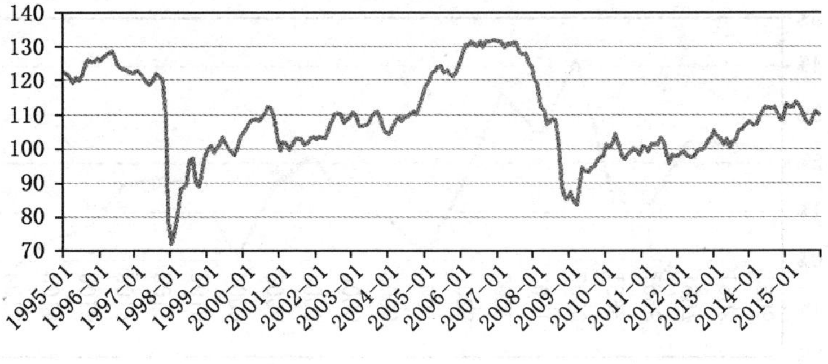

注：实际有效汇率的计算包括 61 个经济体，基期 2010 年为 100。

数据来源：国际清算银行网。

图 3－41　韩国实际有效汇率指数的变动

图 3—41 显示出韩国的实际有效汇率在 1998 年有大幅的跌落,1999~2006 年处于波动增长阶段,说明这一阶段韩国的实际有效汇率走势有利于改善经常账户的盈余状态。此后,受金融危机影响,实际有效汇率下降明显。2009 年后处于稳定的上升阶段,这将有利于经常账户的平衡。

从宏观经济层面来看,经常账户赤字的原因是储蓄不足,盈余的原因是储蓄过剩。图 3—42 显示了韩国 1995~2015 年储蓄率和投资率的变化情况。

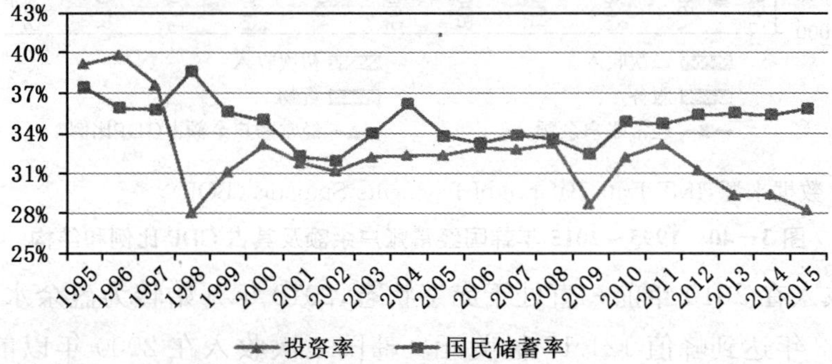

注:储蓄率和投资率分别是储蓄和投资与 GDP 的比例。

数据来源:IMF World Economic Outlook(April,2016)。

图 3—42 1995~2015 年韩国储蓄率和投资率的变化趋势

由图 3—42 可知,在 1997 年以前韩国储蓄率低于投资率,之后储蓄率均高于投资率。从整体来看,进入 21 世纪后韩国的国民储蓄率有所下降,原因包括储蓄利率低、信用卡的普遍使用等削减了居民的储蓄动力。

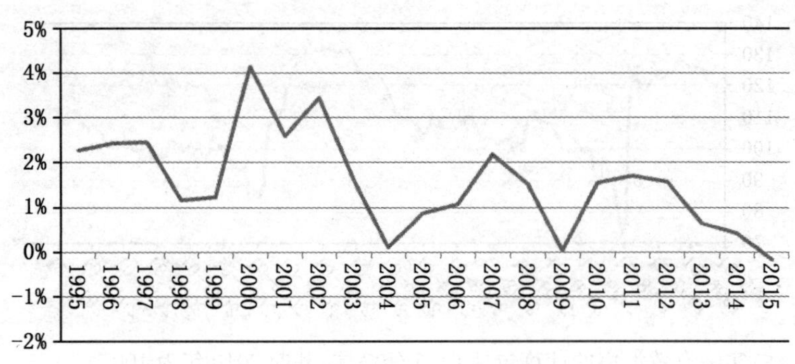

数据来源:IMF World Economic Outlook(April,2016)。

图 3—43 1995~2015 年韩国财政盈余占 GDP 比例的变化趋势

图3—43描述的是韩国1995～2015年财政盈余占GDP比例的变化情况。由图可以看出，韩国的财政状况基本处于盈余状态，实现了在经常账户和财政方面的双盈余状态。其中在2000年和2002年财政盈余占GDP比例分别达到4.14%和3.45%，其他时期均维持在3%以下的正常水平，并在2011年以后财政盈余占GDP比例呈现出不断下降的趋势。根据这段时期韩国经常账户盈余水平变化的情况可知，财政盈余的减少不利于经常账户盈余状态的改善。

参考文献

[1]Eichengreen，Barry，and Gisela Rua. Exchange Rates and Global Rebalancing[EB/OL]. https://papers. ssrn. com/sol3/papers. cfm? abstract_id=1808644,2011—04—19/2016—04—25.

[2]Hüfner F，Koske I. Explaining Household Saving Rates in G7 Countries[J/OL]. OECD Economics Department Working Papers，No.754，OECD Publishing，Paris.http://www.oecd—ilibrary.org/economics/explaining-household-saving-rates-in-g7-countries_5kmjv81n9phc-en,2010—03—04/2016—4—30.

[3]IMF. Balance of Payments and International Investment Position Compilation Guide[EB/OL]. http://www. imf. org/external/pubs/ft/bop/2007/bop6comp.htm,2015—12/2016—4—20.

[4]Iwaisako T.，Okada K. "Understanding the Decline in Japan's Saving Rate in the New Millennium",*Japan and the World Economy*，2012，24(3)：163—173.

[5]World Bank.World Bank Country and Lending Groups[EB/OL].http://data.worldbank.org/about/country-classifications/world-bank-atlas-method,2016—4—20.

[6]李天国. 全球经济放缓背景下金砖国家经济脆弱性研究[J]. 国际经济合作,2015,3:48—53.

[7]徐孝明. 第二次石油危机的动因及其影响新探[J]. 首都师范大学学报(社会科学版),2009,4:18—23.

[8]中华人共和国统计局. 世界经济增长乏力,外部环境更趋复杂——2015 年世界经济回顾及 2016 年展望[EB/OL]. http://www.stats.gov.cn/tjsj/sjjd/201603/t20160307_1327685.html,2016—03—07/2016—4—25.

第四章

国际收支金融账户状态与国际资本流动

第一节　国际资本流动概况

一、国际资本流动的历史与现状

（一）总体趋势

根据国际货币基金组织（IMF）对全球资本流动的定义，全球资本净输出等于国际收支经常账户顺差的国家的经常账户盈余之和；全球资本净输入等于经常账户逆差的国家的经常账户赤字之和。理论上，全球资本净输出应等于全球资本净输入，但现实中，由于统计误差和遗漏，二者往往不相等。因此，作者选取二者绝对值的平均数作为全球资本流动额。

如图 4－1 所示，2006 年以来，全球资本流动的波动较大。2008 年金融危机前，全球资本流动规模以年均 8.7％的增速不断扩大，此后全球资本流动总体呈现出放缓的趋势。其间出现了两次负增长。一次发生在 2009 年，这是受2008年金融危机的影响。2009年全球资本流动规模为11 039.6亿美元,全球资本净流动跌幅高达34.3%,创下近十几年来增长率的新低。2010年随着全球经济出现复苏,全球资本流动也随之有所恢复。2010年全球资本流动总规模上升至13 256.5亿美元,增幅为20.1%。第二次全球资本流动负增长出现在2013年。原因是,欧洲主权债务危机后,世界经济复苏基础仍不稳固,众多不确定因素(比如,美国财政悬崖问题、塞浦路斯危机等)影响投资者信心。2013年较2012年同期减少1 067.3亿美元,同比下降7.4%,出现20世纪90年代以来第三次全球国际资本规模负增长。2013年以后全球资本流动呈总体放缓的状态,2015年全球资本流动总规模为13 804.8亿美元,在2014年零增长的基础上,增加3.3%。

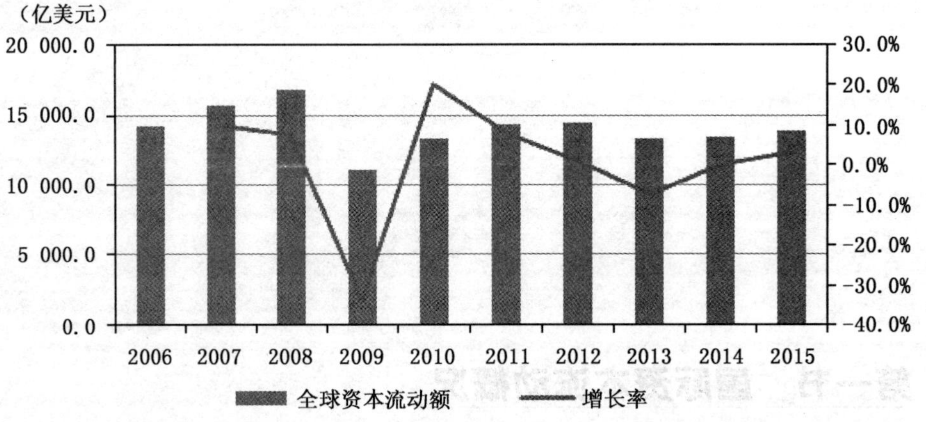

资料来源:作者根据国际货币基金组织(IMF)的《世界经济展望》数据库计算和编制。

图4—1 2006~2015年全球资本流动额变化

(二)地区趋势

如图4—2—a所示,从发达国家整体来看,除2009年受金融危机影响出现小规模净输入外,2013年之前一直处于净输出状态,2013年以后转为净输入状态,且之后呈逐年上升的趋势。2015年资本净输入额为6 432.0亿美元,较2014年同期增加1 864.0亿美元,同比上升40.8%。如图4—2—b所示,从新兴市场和发展中经济体来看,2014年以前一直处于净输入状态,2014年以后转为净输出状态。2015年资本净输出额较2014年增加约2.7倍,达1 821.0亿美元。此外,从国际资本流动的构成看,总体而言,发达经济体在直接投资上呈现净流入,在证券投资和其他投资上属于净流出；而新兴市场和发展中经济体在其他投资上属于净流入，在直接投资和证券投资上属于净流出。

具体而言，在直接投资方面，2008 年至今，除 2013 年出现少量负值外，发达经济体的直接投资净额均为正值，说明危机后，发达经济体一直是直接投资净流入地区。但净流入总体上呈下降趋势，2015 年发达经济体直接投资净流入1 185.0亿美元，较 2014 年减少2 244.0亿美元，同比下降 67.3%。2008 年至今，新兴市场和发展中经济体的直接投资净额均为负，危机后一直处于直接投资净流出状态，2011 年流出额出现高峰，达到5 344.0亿美元。此后则呈逐年下降的趋势，2015 年新兴市场和发展中经济体的直接投资流出3 446.0亿美元，较 2014 年减少1 121.0亿美元，同比下降 24.5%。

在证券投资方面，发达经济体的证券投资净流出总体上呈下降趋势，且在 2015 年首次出现 2008 年金融危机以来的净流入状态。2015 年发达经济体的证券投资净流入3 530.0亿美元。新兴市场和发展中经济体的证券投资除 2008 年和 2015 年为证券投资净流入外，其余年份均呈现证券投资净流出状态。2015 年新兴市场和发展中经济体证券投资净额为2 035.0亿美元，国际私人资本大量流向新兴经济体反映了其在全球经济中的分量上升以及近年来其经济的强劲表现。

其他投资方面，发达经济体的其他投资净额波动较大，出现了两次转折。2010 年出现了 2008 年以来的首次净流出转为净流入，之后又恢复到净流出状态；2013 年出现净流出转为净流入的第二次转折，但此后净流入呈逐年下降的趋势。2015 年发达经济体的其他投资净额大幅下降为 7.0 亿美元，较 2014 年减少1 647.0亿美元，同比下降 99.6%。发达经济体其他投资净流入的大幅下降，与其他投资主要组成部分的外债变化密切相关。据国际清算银行(BIS)统计，2015 年第四季度，金融机构在发达经济体的国际债券发行疲软，净发行额为−780.0 亿美元。新兴市场和发展中经济体的其他投资除 2009 年和 2010 年为净流出外，其余年份均为净流入，且其他投资净额在 2009 年以后总体上呈上升趋势。2015 年新兴市场和发展中经济体的其他投资净流出达到危机后的最高值5 148.0亿美元，较 2014 年增加 991.0 亿美元，同比上升 23.8%。据国际清算银行统计，2015 年第四季度，新兴市场和发展中经济体的净债券发行额保持相对稳定，为160.0亿美元，但国际银行对新兴市场和发展中经济体的跨境贷款减少了1 410.0亿美元，同比降幅达6.0%。因此，新兴市场和发展中经济体的国际银行信贷收缩导致的负债下降是其他投资净流出同比上升的主要原因。

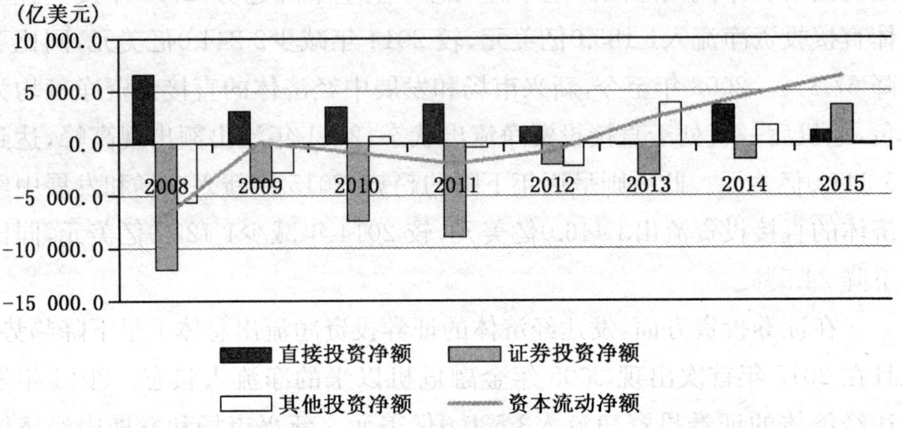

a. 发达经济体

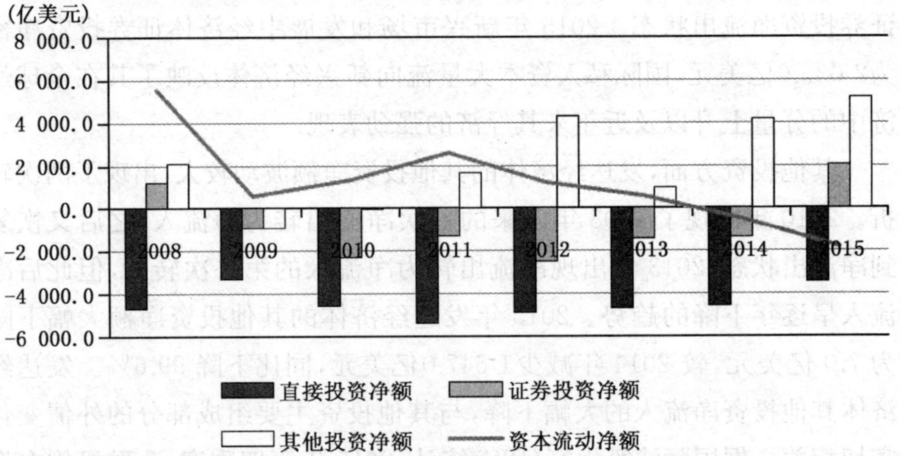

b. 新兴市场和发展中经济体

资料来源：作者根据国际货币基金组织(IMF)的《世界经济展望》数据库编制。

图4-2　2008～2015年国际资本流动的构成

随着金融全球化的加深，跨境资本流动迅速增加，其中以股权证券投资和直接投资构成的双边股权资本流动尤其引人注目。据国际货币基金组织统计，发达经济体之间的双边股权资本流动在全球股权资本流动中居主导地位，占比超过50%。表4—1为2015年主要发达国家间双边股权资本流动。

如表4—1所示，对外投资额从高到低依次为美国、英国、卢森堡、日本、德国、爱尔兰、法国、荷兰。美国的对外股权资本投资额高达到41 193.7亿美元，且其最大的投资目的国是英国，股权投资额高达13 359.0亿美元，占其对外股权投资的32.4%。在其余国家中，除德国和法国外，其最大的投资目的国均为美国。其中，英国的对外股权投资额达到23 827.8亿美元，对美股权投资额高达10 233.3亿美元，占其对外股权投资的42.9%；卢森堡的对外股权投资额达到23 228.9亿美元，对美股权投资额高达9 076.6亿美元，占其对外股权投资的39.1%；日本的对外股权投资额为21 000.1亿美元，对美股权投资额高达12 828.2亿美元，占其对外股权投资的61.1%；爱尔兰的对外股权投资额为16 374.2亿美元，对美股权投资额为6 428.5亿美元，占其对外股权投资的39.3%；荷兰的对外股权投资额为11 868.6亿美元，对美股权投资额为4 181.9亿美元，占其对外股权投资的35.2%。德国和法国的最大投资目的国则为卢森堡，对其投资额分别为5 323.7亿美元和3 008.5亿美元，投资占比分别为29.3%和19.2%。

表4—1　　2015年主要发达国家间双边股权资本流动　　单位：亿美元

	投资来源国							
投资目的国	美国	英国	卢森堡	日本	德国	法国	爱尔兰	荷兰
美国		10 233.3	9 076.6	12 828.2	3 061.4	2 619.1	6 428.5	4 181.9
英国	13 359.0		3 169.6	1 834.4	2 132.5	2 663.0	4 255.7	1 153.4
法国	4 966.1	3 033.0	3 611.0	2 207.6	3 703.5		1 651.7	1 881.0
卢森堡	1 454.2	1 159.4		1 146.3	5 323.7	3 008.5	931.9	976.5
德国	4 079.5	2 872.4	3 196.5	1 289.3		2 449.9	1 154.9	2 354.5
荷兰	4 588.2	1 987.2	1 668.9	1 170.3	2 372.9	2 718.6	1 090.7	
日本	8 012.3	2 204.9	1 058.3		239.5	1 009.6	860.8	431.3
爱尔兰	4 734.4	2 337.7	1 448.0	524.1	1 356.2	1 190.4		890.1
合计	41 193.7	23 827.8	23 228.9	21 000.1	18 189.6	15 659.1	16 374.2	11 868.6

资料来源：作者根据国际货币基金组织（IMF）的《协调组合投资调查》（Coordinated Portfolio Investment Survey，CPIS）数据库整理而得。

二、主要国家资本流动

如图4—3和表4—2所示，在发达经济体中，美国持续保持资本净流出状态，但从2011年起资本净流出呈逐年下降趋势。2015年资本净流出为2 092.0亿美元，较2014年净流出减少304.0亿美元，同比下降12.7%。随着美国经济复苏，企业估值上升，基于危机冲击后企业低估值的直接投资动因弱化，直接投资由2014年的净流入2 254.0亿美元转为净流出648.0亿美元。由于劳动力市场指标继续改善，就业增长强劲，劳动力参与率回升，失业率继续下降，2015年证券投资流出较2014年减少900.0亿美元，达770.0亿美元，同比下降53.9%；其他投资净流出较2014年减少2 044.0亿美元，达357.0亿美元，同比下降85.1%。

欧元区除德国之外的国家总体资本净流动波动较大。2012年出现21世纪以来的第一次净流入状态，2015年资本净流入2 396.0亿美元，较2014年净流入减少1 637.0亿美元，同比下降40.6%。由于欧元区经济的复苏，国内需求的加强抵消了外部需求的减弱，欧元区2015年直接投资流入364.0亿美元，证券投资流入2 990.0亿美元，较2014年增加2 022.0亿美元，上升2.1倍。但受到欧洲中央银行(ECB)的长期再融资到期偿还的影响，欧元区其他投资从2014年的净流入1 833.0亿美元变为净流出1 505.0亿美元。

德国和日本将延续资本净流入状态。据国际货币基金组织统计，2015年德国GDP增速为1.5%，同比下降0.1%。2015年德国资本净流入2 852.0亿美元，较2014年减少381.0亿美元，小幅下降11.8%。其中，直接投资净流入为208.0亿美元，同比下降81.1%；证券投资净流入为1 484.0亿美元，同比下降11.8%；其他投资净流入787.0亿美元，较2014年增加729.0亿美元，上升12.6倍。2015年，日本经济有所好转，GDP从2014年的零增长提高到0.5%，该年度资本净流入1 747.0亿美元，较2014年增加1 236.0亿美元，增长2.4倍。其中，直接投资净流入为1 326.0亿美元，同比增长19.6%；证券投资净流入为1 312.0亿美元，上升1.3倍；其他投资净流出1 119.0亿美元，较2014年流出额增加537.0亿美元，同比上升92.3%。

受全球经济增长放缓、股票市场动荡以及油价持续低迷的影响，法国和英国一直保持少量资本净流出状态。2015 年法国资本净流出 103.0 亿美元，相对 2014 年净流出减少 41.0 亿美元，同比下降 28.5%。其中，直接投资净流入为 105.0 亿美元，同比下降 62.1%；证券投资由 2014 年的净流出 98.0 亿美元转为 2015 年的净流入 296.0 亿美元；其他投资净流出 703.0 亿美元，较 2014 年，流出额增加 687.0 亿美元，上升 42.9 倍。2015 年英国资本净流出1 240.0亿美元，相对 2014 年净流出减少 422.0 亿美元，同比下降 25.4%。其中，直接投资净流出为 769.0 亿美元，较 2014 年流出减少 574.0 亿美元，同比下降 42.7%；证券投资由 2014 年的净流出 1 889.0亿美元转为 2015 年的净流入 142.0 亿美元；其他投资由 2014 年的净流入1 695.0亿美元转为 2015 年的净流出 544.0 亿美元。

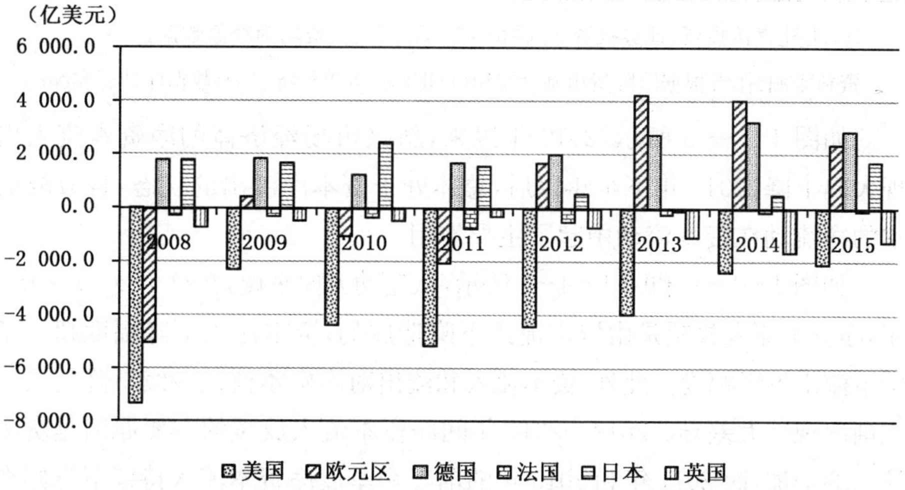

资料来源：作者根据国际货币基金组织（IMF）的《世界经济展望》数据库编制。

图 4—3　2006～2015 年发达经济体的经济体资本净流动情况

表 4—2　**全球主要经济体资本净流动**　单位：亿美元

	2014 年						2015 年					
	资本流动净额	直接投资	证券投资	金融衍生产品	其他投资	储备变化	资本流动净额	直接投资	证券投资	金融衍生产品	其他投资	储备变化
发达经济体	4 568.0	3 629.0	−1 539.0	−528.0	1 654.0	1 353.0	6 432.0	1 185.0	3 530.0	−132.0	7.0	1 828.0
美国	−2 396.0	2 254.0	−1 670.0	−544.0	−2 401.0	−36.0	−2 092.0	−648.0	−770.0	−254.0	−357.0	−63.0
欧元区	4 033.0	619.0	968.0	555.0	1 833.0	58.0	2 396.0	364.0	2 990.0	429.0	−1 505.0	119.0
德国	3 233.0	1 103.0	1 683.0	423.0	58.0	−33.0	2 852.0	208.0	1 484.0	373.0	787.0	0.0

续表

	2014 年						2015 年					
	资本流动净额	直接投资	证券投资	金融衍生产品	其他投资	储备变化	资本流动净额	直接投资	证券投资	金融衍生产品	其他投资	储备变化
法国	−144.0	277.0	−98.0	−318.0	−16.0	10.0	−103.0	105.0	296.0	120.0	−703.0	80.0
日本	511.0	1 109.0	−429.0	329.0	−582.0	85.0	1 747.0	1 326.0	1 312.0	178.0	−1 119.0	51.0
英国	−1 662.0	−1 343.0	−1 889.0	−243.0	1 695.0	117.0	−1 240.0	−769.0	142.0	−163.0	−544.0	94.0
新兴市场和发展中经济体	−498.0	−4 567.0	−1 381.0	/	4 157.0	1 268.0	−1 821.0	−3 446.0	2 035.0	/	5 148.0	−5 589.0
独联体	−60.0	198.0	234.0	/	690.0	−1 183.0	585.0	19.0	69.0	/	827.0	−326.0
亚洲	572.0	−2 688.0	−1 254.0	−54.0	2 546.0	1 966.0	1 470.0	−1 387.0	1 592.0	−8.0	4 545.0	−3 276.0
欧洲	−402.0	−305.0	−192.0	3.0	87.0	−1.0	−55.0	−296.0	232.0	0.0	72.0	−53.0
拉丁美洲和加勒比	−1 856	−1 409.0	−1 169.0	/	308.0	379.0	−2 120.0	−1 319.0	−682.0	/	156.0	−335.0
中东、北非、阿富汗和巴基斯坦	1 965.0	−103.0	1 128.0	/	752.0	188.0	−933.0	−161.0	901.0	/	−204.0	−1 468.0
撒哈拉以南非洲	−717.0	−261.0	−128.0	/	−226.0	−80.0	−767.0	−302.0	−76.0	/	−248.0	−132.0

注:上述直接投资、证券投资、金融衍生产品、其他投资均为净值数据。

资料来源:作者根据国际货币基金组织(IMF)的《世界经济展望》数据库计算和编制。

如图 4—4—a 所示,2010 年以来,新兴市场经济体的净资本流入出现大幅下降,2013 年下半年以后,总体处于资本净流出的状态,且股权资本的净流动在资本流动中起了主导作用。

如图 4—4—b 和图 4—4—c 所示,从流动方向来说,在整个 2010～2015 年,净资本流入放缓是由资本流入下降造成的,资本流入下降幅度超过了资本流出下降幅度。此外,资本流入和流出对净资本流入持续下降的贡献逐渐出现巨大差异。2012～2014 年间净资本流入放缓的主要原因是资本流出的增加,而 2011 年和 2015 年的前三个季度净资本流入持续下降则在于资本流入的下降。其主要原因是,新兴市场和发达经济体实际 GDP 增长率差异缩小,新兴市场增长前景减弱。20 世纪 90 年代后期以来,新兴市场经济体融入全球金融市场的程度大大提高,货币错配(特别是在公共部门借款方面)问题减弱。对新兴市场的居民而言,现在的资本管制比 20 世纪 80、90 年代更宽松,经济快速增长带来了财富的大量积累,特别是 2008～2009 年全球金融危机之前新兴市场经历了数年的高增长,在此背景下,新兴市场居民寻求多样化的国际投资,从而导致资本外流。

根据国际收支恒等式,外汇储备变动等于非储备净资本流入和经常账户差额之和。如图 4—4—d 所示,虽然储备积累速度下降超过净资本流入放缓，但 2014～2015 年新兴市场经常账户差额上升，抵消了部分非储备净资本流入放缓。原因在于：首先，灵活的汇率抑制了全球性因素以及某些新兴市场自身增长前景放缓的不利影响，有助于这些经济体缓解资本流动放缓的情况。在新兴市场经济体资本供应出现较大规模的下降趋势时，采用灵活汇率制度的国家通常会较快出现货币贬值。一国国内资产价格下降后，货币贬值通常会吸引资本流入。因此，汇率的灵活能降低全球性因素对资本流入的影响。其次，新兴市场公共债务水平低、资本管制更严格且外汇储备更多，能起到缓冲的作用，因此资本流动的波动幅度也较小。

如图 4－4－b 和图 4－4－c 所示，资本流入放缓还存在巨大的地区差异。欧洲新兴经济体资本流入放缓状况更显著且更持久，拉美国家和亚洲新兴市场国家资本流入放缓主要集中在 2014～2015 年。据国际货币基金组织统计，2015 年拉美国家 GDP 出现负增长，为－0.1％，较 2014 年下降 1.4％。直接投资净流出达1 319.0亿美元，较 2014 年流出减少 90.0亿美元，同比下降 6.4％；证券投资净流出 682.0 亿美元，较 2014 年流出减少 487.0 亿美元，同比下降 41.7％；其他投资净流入为 156.0 亿美元，较 2014 年减少 152.0 亿美元，同比下降 49.4％。

2015 年亚洲新兴经济体 GDP 增速为 6.6％，同比下降 0.2％。虽然受到外需低迷和内生增长动力减弱的影响，但其积极调整经济结构、扩大内需，所以相对于其他地区，经济仍增长强劲。据国际货币基金组织统计，2015 年亚洲新兴经济体的直接投资净流出额为1 387.0亿美元，较 2014 年流出同比下降 48.4％，净流出减少1 301.0亿美元。其中，中国 2015 年经济增长率达 6.9 ％，虽然低于危机前的增速，但较该地区的平均增速而言，仍对直接投资有较高的吸引力。据统计，2015 年流入中国的直接投资增长 6.0％，达到1 360.0亿美元。2015 年，印度经济成为亮点，其 GDP 增速达 7.3％，且在保持经济高增速的同时，印度政府大力改革，先后推出“印度制造”、“数字印度”、“技能印度”等计划，并致力于改善营商环境、放宽市场准入限制、加快基础设施建设，从而促使印度 2015 年的直接投资净流入达 400.0 亿美元，同比增长29.0％。在证券投资和其他投资方面，受 2015 年亚洲新兴经济体经济增长强劲的影响，证券投资由 2014 年净流出1 254亿美元转为净流入1 592.0亿美元；其他投资净流入额为4 545.0亿美元，较 2014 年增加1 999.0亿美元，同比增长 78.5%。

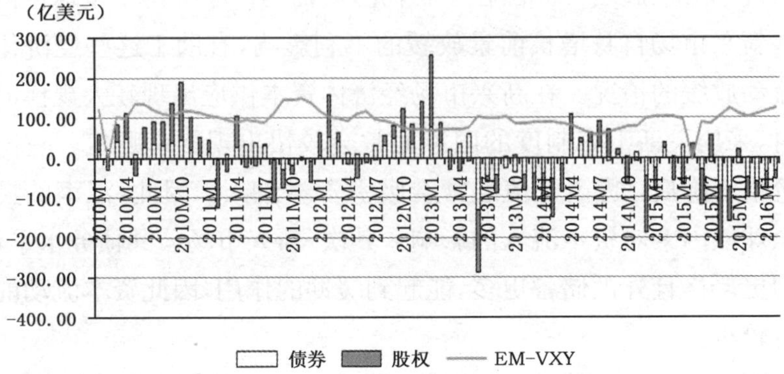

a.资本流动净额

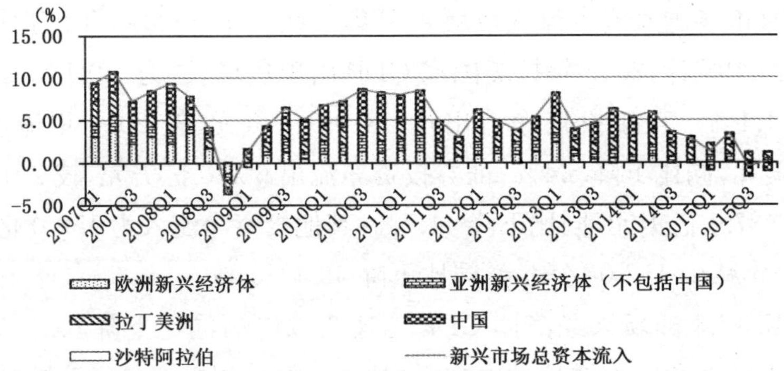

b.资本流入占 GDP 比重

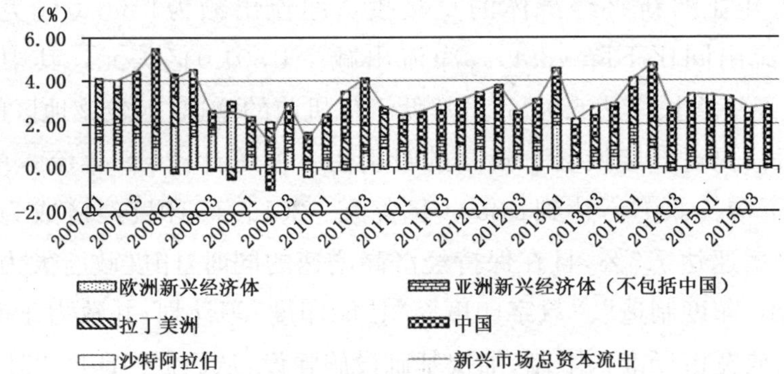

c.资本流出占 GDP 比重(不包括储备变化)

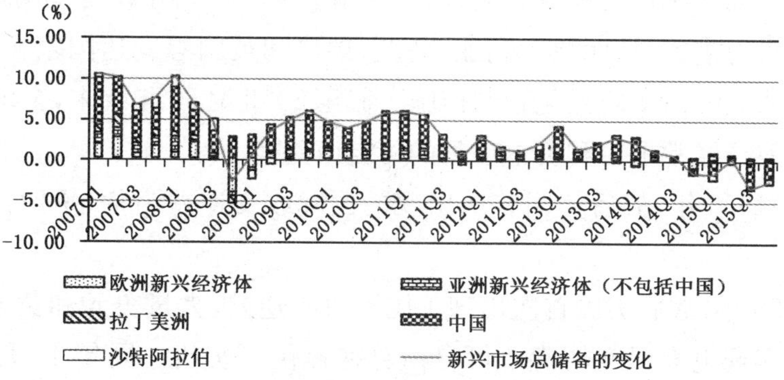

d.储备变化占 GDP 比重

注：此处的亚洲新兴经济体（不包括中国）包含印度、印度尼西亚、马来西亚、菲律宾和泰国；欧洲新兴经济体包含波兰、罗马尼亚、俄罗斯和土耳其；拉丁美洲包含巴西、智利、墨西哥、哥伦比亚和秘鲁。EM－VXY 为摩根大通新兴市场波动性指数。

资料来源：作者根据国际货币基金组织（IMF）的《世界经济展望》数据库计算和编制。

图 4—4　新兴市场经济体的资本流动状况

第二节　主要经济体的资本管制与开放

一、全球资本管制与开放状况

（一）全球资本管制状况的历史回顾

一国政府要维持汇率的稳定和货币政策的独立性，往往对资本的流动进行一定的管制。第二次世界大战结束以来，全球资本管制经历了以下几个阶段：

（1）战后初期，全球绝大多数国家均对资本流动进行了严格的控制。

1944 年，凯恩斯在布雷顿森林会议上指出，在“新的国际金融框架”中必须对资本流动进行严格的控制。国际货币基金组织在《国际货币基金协定》第六条第三款规定：“会员国对国际资本转移得采取必要的管制，但这种管制，除第七条第三节（b）款及第十四条第二节规定者外，不得限制日常交易的支付或者不适当地阻滞清偿债务的资金转移。”面对战争的毁灭性破坏和物资的极度匮乏，汇兑管制成为改善国际收支、增加国际储备等的有力措施，从而澳大利亚、芬兰、瑞典和英国等发达国家在第二次世界大战后纷纷实施汇兑管制措施。截至20世纪50年代末，全球只有4个国家实行经常项目和资本项目的可自由兑换。

(2)1958年，战后美国首次出现的国际收支逆差为货币可自由兑换提供了契机。

1958年，战后美国首次出现了国际收支逆差，大量美元和黄金外流，从而为实现更大程度的货币可自由兑换提供了契机。同年12月，14个欧洲国家和15个非欧洲国家宣布实行非居民的货币可自由兑换。其中，1958年，德国于欧洲国家中率先取消资本流出管制但仍然保持严格的资本流入限制。1961年2月15日，另有10个国际货币基金成员国开始实行国际货币基金组织关于经常项目可自由兑换的要求。此后，各国逐步出现资本管制的松动迹象。

(3)20世纪70年代以来，形成了放松资本管制的潮流。

随着绝大多数的工业国实行经常项目的可自由兑换，国际资本流动得到了迅速发展，全球资本市场一体化进程加快，从而推动了包括发展中国家在内的更多国家对资本与金融账户管制的进一步放松。其中，1979年6月起，英国放开资本管制，4个月后就完成了资本自由化改革，全面实行资本项目开放。随后，日本于1980年，德国于1981年、澳大利亚于1983年也纷纷完成了资本自由化改革。此外，从1975到1990年间，每5年为一个间隔，既不对某些资本交易或无形交易实行不同汇率，也不对资本交易的支付实行限制的国家依次为23、28和30个，其中发展中国家依次为20、22、和21个①。

(4)1997年，国际货币基金组织在香港的年会上，确定了其推动各国实行资本与金融账户自由兑换的目标。

虽然20世纪70年代以来，形成了放松资本管制的潮流，但绝大部分工业国家都是在20世纪80年代末90年代初才最后取消资本管制的。其中，80年代取消资本管制的国家有联邦德国、荷兰、丹麦、法国、瑞典；90年代取消资本管制的国家有意大利、比利时、卢森堡、奥地利、芬兰、西

---

① 马西森.资本账户自由化[M].北京：中国金融出版社，1995：42.

班牙、葡萄牙、希腊、爱尔兰、冰岛等。这一时期，拉美、亚洲、中东和欧洲等地区的发展中国家也开始了资本项目可兑换的起步。

（二）全球资本管制的现状

从表4—3的国际货币基金组织有关资本项目交易的框架可见，对涉及资本跨国流动的交易是否允许其可自由兑换上，在2014年国际货币基金组织的188个成员中，有170个成员对商业银行和其他信贷机构有限制条款，占全体成员的90.4%；分别有151个成员对资本市场证券交易和直接投资实行了限制，占全体成员的80.3%；对房地产交易和机构投资者实行限制的国家分别达到144个和143个，分别占全体成员的76.6%和76.1%；分别有127个成员对货币市场工具和共同投资证券交易实行限制，占全体成员的67.6%；对金融信贷和衍生及其他交易工具交易实行限制的国家分别为115个和101个，分别占全体成员的60.2%和53.7%；而对其他资本项目各交易进行管制的国家均低于50%。总体来看，各成员国对资本项目交易的管制主要集中在商业银行和其他信贷机构、资本市场证券、直接投资、房地产交易、机构投资者、货币市场工具、共同投资证券、金融信贷和衍生及其他交易工具上，这说明自2008年次贷危机以后，各国开始更加关注由商业银行和其他信贷机构、房地产交易、机构投资者、金融信贷和衍生及其他交易所带来的风险，各国的资本管制基本不再局限于传统的金融项目交易上，而是对于新兴的极易引起市场动荡的商业银行和其他信贷机构、机构投资者、金融衍生品交易开始实施相关管制。

表4—3　　IMF有关资本项目管制的框架(2014)

对资本项目实行管制的国家/地区总数		188	
子项目	管制国家数	子项目	管制国家数
1.资本市场证券	151	7.担保、保证和金融支持工具	78
2.货币市场工具	127	8.直接投资	151
3.共同投资证券	127	9.直接投资清盘	42
4.衍生及其他交易工具	101	10.房地产交易	144
5.商业信贷	85	11.个人资本交易	94
6.金融信贷	115	12.对商业银行和其他信贷机构的限制	170

续表

子项目	管制国家数	子项目	管制国家数
13.对机构投资者的限制	143		

资料来源:国际货币基金组(IMF)汇兑安排与汇兑限制年报2014[R/OL].华盛顿:国际货币基金组织,2014—10—09:77—88. http://www.imf.org/external/pubs/nft/2014/areaers/ar2014.pdf,2014—10—09/2016—08—02.

二、发达国家的资本管制与开放

(一)发达国家资本管制的历史回顾

(1)第一次世界大战期间,发达国家出现了现代意义上的资本管制。发达国家出现的第一次现代意义上的资本管制主要以配合贸易管制的汇兑管制形式为主。第一次世界大战期间,西方发达国家先后停止使用金本位制,实行信用纸币制度,同时为了稳定税基、防止本国资本外逃、减缓汇率的剧烈波动、集中外汇资源支持战争,所有参战国先后取消了买卖外汇的自由,且禁止黄金输出,以限制资本外逃。

(2)第一次世界大战后,发达国家取消资本管制。第一次世界大战后,西方发达国家进入了相对稳定时期,战后重建和经济发展成为重心,它们先后建立起金块本位制和金汇兑本位制,逐渐消除一战期间所实行的资本管制。

(3)大萧条时期(1929~1933年),发达国家恢复资本管制。1929~1933年资本主义经济危机爆发,几乎所有西方国家都陷入了国际收支危机,金本位制全面崩溃,于是重新实行纸币制度。为了争夺市场、防止资本外逃,世界各国纷纷采取资本管制政策。

(4)第二次世界大战期间到20世纪50年代末,发达国家加强资本管制。第二次世界大战以后,面对战争的毁灭性破坏和物资的极度匮乏,汇兑管制措施再次成为了增加国际储备、改善国际收支的有力措施。当时西方主要国家的货币政策有两个目标:充分就业和在布雷顿森林体系下实现国际货币秩序稳定。实行低利率政策以促进充分就业,而汇兑管制则用以减轻低利率政策给汇率带来的贬值压力,保持各国国际储备水平。

(5)20世纪50年代末60年代初,发达国家取消对经常项目的汇兑管制。20世纪50年代末60年代初，为支持和鼓励对外贸易发展，发达国家先后取消了对经常项目的汇兑管制。1958年，欧洲共同体（European Communities）的成立为欧洲资本自由流动创造了条件。

（6）20世纪80年代，发达国家大大放松了资本管制。20世纪80年代，随着金融经济全球化，世界主要发达国家为加强本国金融体系竞争，提高金融效率，通过持有国际金融市场证券来降低和分散投资风险，于是大大放松了资本管制。

（7）20世纪90年代，发达国家取消资本管制。随着国际资本流动自由化的进程，20世纪90年代，发达国家原则上取消资本管制，但出于国家安全考虑，在某些资本项目上仍有一些限制，不过并不足以影响发达国家资本账户开放的结论。

（二）主要发达国家资本管制状况

考虑到美国是最主要的储备货币国家，第二次世界大战后基本未实行资本管制，因而选取英国、日本、法国、德国为代表来分析主要发达国家的资本管制历程。

1. 英国

1947～1979年，英国为维持汇率稳定和官方外汇储备，按照《外汇管制法案》中的规定，实行了严格的资本管制，以限制国际资本流动。采取的资本管制措施主要包括：①对出国旅行实行换汇额度限制。②对海外证券投资实行限制。英国于1947年建立了“投资货币市场”，使购买外国证券所需要的外汇可以通过在此市场上出售已有的外国证券来获得。③对海外直接投资实行限制。要求投资企业必须自己寻找国外的融资渠道，或者通过“投资货币市场”来获得外汇资源。④对向非居民贷款、居民持有外汇存款进行限制。

随着伦敦国际金融中心地位的增强，英国于1979年彻底取消各项资本管制。从此，英国成为全球资本账户最开放的国家之一。但受次贷危机以及欧债危机的影响，英国开始更加关注资本市场、货币市场和房地产市场的国际交易风险。如表4－4所示，2014年底，英国在13项资本项目交易上，有7项存在某些限制，且集中在证券市场和房地产市场。

2. 日本

第二次世界大战后，为推动经济的发展和稳定金融市场，日本对国际资本流动的管制大致可以分为三个阶段：

(1)第一阶段(1949～1964年)：资本全面管制时期。这一时期，日本对进口进行严格管制。1949年，日本颁布的《外汇及对外贸易管理法》规定“除随同先进技术进口的机器设备和必要的原材料外，凡属整机和制成品进口的，均对其进行严格的限制”。限制外国货物进口的措施主要是外汇配额和进口数量配额。此外，对于外汇的引进和使用，日本政府也进行了严格的限制。外汇交易须通过国家指定的外汇银行办理，企业和个人不能互相进行外汇交易。1950年，日本颁布的《外资法》规定“外国对本国的直接投资和证券投资须经大藏大臣批准，且引进的直接投资须直接或间接有助于本国国际收支改善和重要产业的发展”。1950～1964年，全球其他国家对日本的直接投资总额仅2.3亿美元，且并未涉足日本的重要战略产业和新兴产业。

(2)第二阶段(1964～1980年)：资本项目管制但直接投资流入自由化。这一时期，日本实行了渐进式自由化的资本管制政策。1964年，日本实现了经常项目的可兑换，且取消了外汇预算制度，并改进口管理为进口分配，从而经常项目的贸易和非贸易交易外汇兑换开始自由化。在资本与金融项目上，1964年日本加入经合组织(OECD)后，于1967年起，逐步放开直接投资领域和投资比重限制，最终于1973年达到经合组织规定的放松直接投资方面的要求，但仍存在对直接投资限额方面的规定。

(3)第三阶段(1980年至今)：资本流动自由化时期。1980年，日本出台新的外汇法，该法体现了放松和管制并存的特点。一方面对直接投资和证券投资的限制放宽，具体包括：①日本居民可以以市场利率开设外汇账户，并直接投资于外国证券市场；②非居民可自由进入日本证券市场交易，且允许符合条件的外国企业在日本发行证券；③进一步放开外国对日本的直接投资，对外商直接投资仅实行申报制。另一方面，对以下几类资本流动进行了限制：①容易造成国际收支困难的长短期资本；②影响汇率市场稳定的投机性资本；③容易造成金融市场动荡的资本交易。此后，日本实现了原则上的无资本管制，但由于受到80年代中后期来自美国的压力，日本在资本市场证券和直接投资交易上仍然存在限制措施。如表4－4所示，2014年底，日本在13项资本项目交易上，仅有 2 项存在某些限制。

3. 法国

第二次世界大战造成了法国严重的外汇短缺，为缓解货币贬值压力，战后初期法国采取了严格的汇兑管制。随着战后经济的复苏，法国在 1958 年进行了旨在恢复市场信心的货币体制改革，重新恢复经常项目可兑换。20 世纪 60 年代，由于经常项目改善以及官方储备增加等经济条件的好转，法国开始逐步取消资本管制，到 1966 年底，资本项目交易包括短期交易基本实现自由化。但 1968 年，受法国内乱的影响，法国的金融系统遭到毁灭性打击，为了稳定投资者的市场信心，阻止恐慌性资本外流，法国政府启动了欧共体的应急保障措施条款(成员国在发生国际收支危机时可以采取资本管制等保护性措施)，于 1969 年恢复商业性汇率和金融性汇率并存的双重汇率制度。20 世纪 70 年代初美元危机出现，为稳定法郎汇率，法国实行了相应的资本管制措施。其中，为避免法郎对美元升值，法国采取了限制资本流入的措施，包括对非居民新增法郎存款施以 100%的低息储备要求。为抑制法郎对联邦德国马克贬值，法国同时实行了对资本流出的管制。1973 年石油危机爆发，外汇市场动荡，以及之前宽松的货币政策和扩张性财政政策的实施，使法国政府在 70～80 年代一直采取资本流出管制。1986 年，法国取消了应急保障性措施；1989 年，法国最终取消了资本管制。从此至今，法国属于资本项目开放的国家，但在相应的资本项目交易上仍然存在一些限制。如表 4－4 所示，2014 年底，法国在 13 项资本项目交易上，有 6 项存在某些限制。

4. 德国

布雷顿森林体系解体之前，由于经济高速增长、物价稳定、低失业率以及保持外部经济平衡为目标的货币政策的实施，联邦德国经济进入良性循环，因此较少实行资本管制。1967 年开始，由于大量投机资本流入加大了马克升值的压力，联邦德国为维持汇率稳定，于 1970～1974 年间，政府实施了对资本流入的管制，具体管制措施包括：①1970 年，中央银行提高了法定准备金率；②1971 年起，限制超过50 000马克的非居民存款的利息支付；③1972 年规定，超过 200 万马克的非居民新增贷款，贷款额的 40%必须无息存放于中央银行，1972 年 7 月 1 日，这一比例提高到 50%，此项规定于 1974 年 8 月 1 日废止；④1972 年起，严格限制非居民购买本国的固定利率证券,此项规定于1974年1月30日废止;⑤1973年起,严格限制本国居民向外借债,严格限制非居民购买本国的股票和共同基金,这些规定于1974年1月30日废止。1981年,联邦德国开始成为资本账户开放的国家。与其他发达国家类似,德国在某些资本项目交易上仍然存在一些限制。如表4—4所示,2014年底,德国在13项资本项目交易上,有9项存在某些限制。

表4—4 部分发达国家管制状况

管制项目	英国	日本	法国	德国
资本市场证券	√	√	√	√
货币市场工具	√		√	√
共同投资证券	√		√	√
衍生及其他交易工具				√
商业信贷				
金融信贷				√
担保、保证和金融支持工具				
直接投资	√	√	√	√
直接投资清盘				
房地产交易	√			√
个人资本交易				
对商业银行和其他信贷机构的限制	√		√	√
对机构投资者的限制	√		√	√

资料来源:国际货币基金组织(IMF)汇兑安排与汇兑限制年报2014[R/OL].华盛顿:国际货币基金组织,2014—10—09:77—88. http://www.imf.org/external/pubs/nft/2014/areaers/ar2014.pdf,2014—10—09/2016—08—02.

上述主要发达国家在资本管制与开放的过程中有两个共同点:①主要发达国家在战后至20世纪80年代采取的资本管制措施都是为应对投机性资本流动,维护汇率稳定和货币政策的独立性。②20世纪90年代,主要发达国家的资本管制原则上被废止,但出于国家或产业安全考虑,在某些资本项目交易上仍然存在某方面的限制。

三、新兴市场与发展中经济体资本管制与开放

(一)新兴市场与发展中经济体资本管制的历史回顾

(1)20 世纪 50～70 年代,发展中国家实施资本管制。这一时期,内向型发展模式和政府干预主义的经济主张备受发展中国家青睐。在许多发展中国家工业化过程中,价格管制、信贷配给、外汇管制、高水平关税和各种形式的贸易管制发挥着重要作用。与此同时,为减少国际资本流动对国内经济的不利影响,许多发展中国家采取了资本和外汇管制,具体包括对资本流动的数量进行限制、实行双重或多重汇率制度、征收对外金融交易的直接或间接税等。

(2)20 世纪 70～80 年代,发展中国家开始实施包括放松资本管制在内的金融自由化措施。随着金融创新、金融自由化和经济全球化的深入,一些发展中国家加入了由发达国家主导的金融自由化浪潮,不同程度地进行了资本账户自由化改革。其中,智利等拉美国家在较短的时间里实施了放开资本账户的自由化改革,却没有达到预期的效果,反而导致了国际支付危机的出现。危机后,这些国家对放松资本账户更为审慎,一方面减少直接投资流入的限制,另一方面则严格管制证券投资等短期资本的流入。相比之下,到 20 世纪 80 年代后期,多数亚洲国家和地区才开始实施放松资本管制的自由化改革。

(3)20 世纪 90 年代以来,发展中国家资本账户开放的进程加快。据国际货币基金组织统计,到 1994 年底,有 11 个发展中国家完成了资本账户自由化,而到 1997 年底,实现资本账户自由化的发展中国家增加到 30 个。但受东南亚金融危机的影响,1998 年以来,发展中国家对资本账户开放的态度有所转变,资本管制也有所加强。东南亚金融危机持续时间之长、蔓延范围之广令人始料不及,于是发展中国家开始意识到为了金融体系的健康发展,必须加强对资本流动的审慎监管,有序地推进资本项目开放。

(二)主要新兴市场与发展中经济体资本管制状况

考虑到新兴市场高速发展进程的相似性以及更好地为中国资本项目开放提供经验,因而选取了与中国同为金砖国家的巴西、俄罗斯和印度,以及资本管制最具争议的马来西亚(由于 1998 年金融危机前,作为亚洲

资本项目开放程度最高的马来西亚,成功把资本管制作为危机管理的工具),并分别对这些代表性国家的资本项目开放历程进行了分析。

1. 巴西

巴西的资本项目管制可以追溯到20世纪30年代,当时的法律规定“严格管制一切外汇收支或外汇汇兑,禁止银行经营外币存款业务,出口所得须强制结汇,进口或偿债付汇须经审批”。

20世纪60年代,巴西开始放松对资本项目的管制,规定经过总统批准并在货币当局登记,外国直接投资者可以在巴西进行直接投资,同时分别针对资本流动和贸易汇兑,建立了两个外汇市场。这一时期,外资流入很少,且主要集中在直接投资和外国贷款上。

20世纪80年代末,巴西开始真正放开资本项目货币可兑换。20世纪80年代初,巴西面临着巨额的外债和超高的通货膨胀,开始进入巴西经济“迷失的十年”。1982年8月,巴西负债率达到52.7%,偿债率达97%,至此债务危机到达顶峰。1980～1994年,巴西年平均通货膨胀率达到725%,而GDP平均增长率仅为2.4%。为摆脱危机,20世纪80年代末,巴西在国际货币基金组织的建议下开始实施包括放开资本管制在内的金融自由化措施。巴西资本项目可兑换的具体进程如下:

(1)起步阶段(1987～1991年)。

巴西资本项目开放的最大特点在于其开放顺序是从证券投资开始的。1987年,巴西开始允许外国投资者进入其证券市场,这一举措成为巴西资本项目开放的起步。1988年,巴西对60年代建立的两个外汇市场进行了合并。1990年,巴西开始准许某些国内金融机构发行海外商业票据。同年,开始放开对居民自然人在1万美元以内和对非金融企业100万美元以内的资产转移限制。

(2)全面推行阶段(1991年至今)。

1991年,巴西在继续放开证券投资限制的同时,也开始放松对直接投资和国际信贷的管制,巴西开始进入全面推行资本项目开放的阶段。1991年3月,外国投资者被允许全面进入巴西国内证券市场,且免征各种税费。在直接投资方面,允许外商投资者参与国有企业私有化改革。1991年3月,开始准许非居民参与巴西的“国家私有化计划”。在对外信贷上,同年9月开始允许农业部对外信贷融资。1999年11月30日,巴西成为国际货币基金组织的第八条款国①，实现了经常项目可兑换，从而加速了资本项目可兑换的进程。从此至今，巴西属于资本项目开放的国家，但在相应的资本项目交易上仍然存在一些限制。如表 4－5 所示，2014 年底，巴西在 13 项资本项目交易上，有 9 项存在某些限制。

综上所述，巴西资本项目开放采取的是一种相对快速的渐进模式，虽然在推进过程中遭遇 1993～1996 年资本流入危机和 1999 年的货币危机，但及时采取了交易税、汇率弹性等价格手段来稳定市场，资本项目开放进程并未停滞。

2. 俄罗斯

俄罗斯资本项目放开最大的挑战在于缺乏稳定的政治经济环境。一方面，俄罗斯于 1991 年实行“休克疗法”后，国内面临更加严重的通货膨胀、供给短缺、财政赤字以及外汇储备下降、汇率剧烈波动和经济增长率下降等。另一方面，政治体系也处于极度不稳定的状态，政策缺乏连续性和权威性。显然，在这种条件下，实施货币可兑换具有很大的风险。其资本项目可兑换的具体进程如下：

(1)起步阶段(1991～1996 年)。

早在苏联时期就已经出现了资本项目开放的起步。1987 年 1 月 13 日，苏联开始放开直接投资领域的管制，允许其他国家在苏联境内新办合资企业。1987 年 5 月 12 日，苏联首家合资企业正式成立。苏联解体后，1991 年 7 月 4 日，俄罗斯出台的《俄罗斯联邦外国投资法》，成为引进外商直接投资的法律依据。该法允许外商在俄建立独资或合资企业，但投资额超过 1 亿卢布，则须经部长委员会批准。但受俄罗斯动荡的政治经济环境的影响，该法的很多条款并未得到真正落实。

(2)全面推行阶段(1996 年至今)。

1996 年 6 月，俄罗斯在继续放开直接投资管制的同时，也开始放松对证券投资和国际信贷的管制，进入全面推行资本项目开放的阶段。具体而言，在直接投资上，2001 年 6 月起，放开1 000万美元以内的对外直接投资，无需审批和许可，但信贷机构的对外直接投资除外。在证券投资上，1996 年起，允许非居民通过“特定账户”直接参与短期国债和联邦债券交易。在

① 第八条款国是指实现了经常账户下货币自由兑换的国家。

对外信贷上,1998 年起,允许居民与非居民之间自由借贷,且经中央银行许可的商业银行可为本国居民的借贷活动提供担保,但借贷超过 180 天的须经中央银行授权。2006 年 7 月 1 日,俄罗斯宣布卢布实现了资本项目可兑换,但在相应的资本项目交易上仍然存在一些限制。如表 4—5 所示,2014 年底,俄罗斯在 13 项资本项目交易上,有 5 项存在某些限制。

综上所述,2006 年 7 月 1 日之前,俄罗斯基本处于资本项目管制状态。而在资本项目管制的情况下,俄罗斯却发生了严重的资本外逃,并最终引发 1998 年的金融危机。原因在于,俄罗斯长期以来的政局不稳和经济下滑,在缺乏稳定条件下的货币兑换为资本外逃提供了条件。就在 1998 年金融危机后,经过短短 7 年,俄罗斯宣布开放资本账户,而这次的开放并没有引起资本外逃等严重的负面影响。

3. 印度

20 世纪 50 年代,"以国家管控为主的混合经济体制"制约了印度经济发展。即使之后的"新经济"改革带来一定程度的经济增长,但仍存在高通货膨胀、高失业率、财政赤字扩大等问题。此外,印度政府因过度依赖国内外信贷来维持贸易的发展,而导致了国际支付危机。为摆脱国际支付困难,20 世纪 80 年代末,印度在国际货币基金组织的建议下开始实施包括放开资本管制在内的金融自由化政策。印度资本项目可兑换的具体进程如下:

(1)起步阶段(1973～1992 年)。

1973 年 9 月,印度出台了《外汇管制法》,允许外国在印度进行直接投资,这标志着印度资本项目开放的起步。但该法依然在外商投资领域、投资方式和投资比例上存在较多限制。该阶段资本项目管制的放松局限在外商直接投资领域。

(2)扩展阶段(1992～1994 年)。

1992 年 9 月,印度建立了"外国投资促进委员会",允许外国投资者进入印度的证券市场,印度资本项目开放开始进入扩展阶段。同年起,经财政部批准的印度企业,可通过全球存托凭证(GDR)、美国存托凭证(ADR)和外币可转换债券(FCCB)等形式进入国际证券市场融资,但在数量和资金用途上有限制。这一阶段资本项目管制的放松主要表现在证券投资领域。

(3)全面推行阶段(1994 年至今)。

1994 年 8 月，印度实现了经常项目可兑换，并在继续放松直接投资管制的基础上，逐步放开对外贸易信贷的管制，进入全面推进资本项目开放的阶段。2006 年 3 月，印度中央银行组建“放宽资本项目工作委员会”，并制定了实现卢比资本项目可兑换路线图和时间表，加快了资本项目开放的进程。

印度资本项目开放具有以下特点：①起步较早，是按直接投资—证券投资—对外信贷的路径逐步推进的。②印度对对外信贷的管制始终很严格，但对直接投资和证券投资的管制在 2008 年金融危机后也逐渐增强。如表 4—5 所示，2014 年底，印度在 13 项资本项目交易上均存在某些限制。③以税收的方法提高短期资金的流动成本，从而避免了投机性资金的聚散。④放开资本管制的进程较为合理。印度放松资本管制政策的变化非常频繁，但每次调整的幅度并不大，保证了资本项目开放政策的连续性、可预见性和可控性。

4. 马来西亚

(1)东南亚金融危机前的资本管制。

危机前，马来西亚资本项目的开放程度比较高，但也不排除对资本流入采取短暂的资本管制。1957 年独立后的马来西亚政府致力于快速工业化，对外资持开放态度，当时其资本账户的开放程度高于日本、韩国、印度尼西亚等亚洲国家。1968 年，马来西亚接受国际货币基金组织的第八条款后，进一步放松了外汇交易管制。1973 年，林吉特开始自由浮动。1986～1990 年，马来西亚资本项目自由化程度加深，开始解除对金融系统的管制。1987 年，马来西亚允许成立外资证券经纪机构；1988 年 7 月，外国投资者在本国证券经纪公司可以持有的股份从 30％上调至 49％。1990 年在纳闽建立了离岸金融中心，方便在纳闽注册的公司自由输入输出资金。1992 年马来西亚建立新的证券委员会(SC)，极力推进吉隆坡股票交易所(KLSE)的建设。

20 世纪 90 年代，马来西亚的经济基本面良好，加上实行高利率政策，从而吸引了大量国际资本流入。短期资本的流入导致流动性的大量积累和货币的快速扩张。马来西亚政府意识到当时市场的不稳定性，于是采取了资本管制措施，包括：①扩大作为银行机构用以计算法定准备金和流动性准备金基础的合格负债范围；②对银行机构的非贸易外债进行限制；③对非居民的短期货币工具销售进行限制；④要求商业银行将外国金融机构的林吉特存入马来西亚国家银行的无息账户；⑤商业银行不允许承做与贸易无关的掉期和作为买方进行直接远期交易。这些管制措施取得了较好的效果，市场很快做出了调整，缓和了货币扩张和通胀压力。1994年，这些管制措施被逐步放宽。

(2)东南亚金融危机后的资本管制。

东南亚金融危机发生之初，马来西亚国内通胀率较低，外债期限结构合理，经济基本面良好。为此，马来西亚政府最初对这场危机并未引起足够重视，仅采取以缩小经常项目赤字为目标的经济政策以及限制银行承做非居民的与贸易无关的掉期交易。但由于金融恐慌造成的"羊群效应"，前期大量流入马来西亚的资本外逃，给马来西亚的股市和汇市造成巨大冲击，至1998年8月底，股市下跌70%，林吉特贬值40%。马来西亚国家银行于1998年9月1日果断采取了外汇管制措施，将林吉特和美元固定在3.8∶1的水平上。同时实施广泛的资本管制，堵塞了所有合法地将林吉特向离岸市场转移的渠道。具体资本管制措施为：①冻结马来西亚公司在新加坡集中限价交易系统(CLOB)的一切股票交易；②规定非居民持有马来西亚证券所获收益一年后才可汇出；③限制居民超过1万林吉特以上的海外投资；④禁止居民与非居民进行林吉特衍生工具交易；⑤禁止使用林吉特进行国际贸易结算；⑥禁止马来西亚金融机构向非居民提供信贷；⑦宣布林吉特离岸账户无效，但允许在海外从事证券投资的本国居民在12个月内将资金撤回。

马来西亚采取的外汇管制措施，不仅包括资本项目还部分涉及经常项目。但这种管制主要针对短期资本，目的在于抑制热钱的投机行为，对其他正常资本流动的影响较小。当形势好转后，为了缓解资本管制的冲击，马来西亚于1999年2月开始调整管制措施，逐步放松对资本流动的限制。如表4—5所示，2014年底，马来西亚在13项资本项目交易上，有12项存在某些限制。

表4—5 部分发展中国家管制状况

管制项目	巴西	俄罗斯	印度	马来西亚
资本市场证券	√	√	√	√

续表

管制项目	巴西	俄罗斯	印度	马来西亚
货币市场工具	√	√	√	√
共同投资证券	√	√	√	√
衍生及其他交易工具	√		√	√
商业信贷			√	√
金融信贷	√		√	√
担保、保证和金融支持工具			√	√
直接投资	√	√	√	√
直接投资清盘			√	
房地产交易	√		√	√
个人资本交易			√	√
对商业银行和其他信贷机构的限制	√	√	√	√
对机构投资者的限制	√		√	√

资料来源：国际货币基金组织(IMF)汇兑安排与汇兑限制年报 2014[R/OL].华盛顿：国际货币基金组织，2014—10—09:77—88. http://www.imf.org/external/pubs/nft/2014/areaers/ar2014.pdf，2014—10—09/2016—08—02.

第三节 中国的国际资本流动与资本账户开放

一、中国国际资本流动的基本态势与特点

表 4—6 1991～2015 年国际收支平衡表(简表) 单位：亿美元

年份	经常账户	资本与金融账户	净误差与遗漏	储备资产	年份	经常账户	资本与金融账户	净误差与遗漏	储备资产
1991	132.7	45.8	−67.6	−110.9	1996	72.4	399.7	−155.5	−316.6
1992	64.0	−2.5	−82.5	21.0	1997	369.6	210.6	−222.5	−357.2
1993	−119.0	234.7	−98.0	−17.7	1998	314.7	−63.2	−187.2	−64.3
1994	76.6	326.4	−97.8	−305.3	1999	211.1	51.8	−177.9	−85.1
1995	16.2	386.8	−178.3	−224.6	2000	204.3	19.2	−118.9	−105.5

续表

年份	经常账户	资本与金融账户	净误差与遗漏	储备资产	年份	经常账户	资本与金融账户	净误差与遗漏	储备资产
2001	174.1	347.8	−48.6	−473.3	2009	2 432.6	1 984.7	−413.8	−4 003.4
2002	354.2	322.9	77.9	−755.1	2010	2 378.1	2 868.6	−529.4	−4717.4
2003	430.5	548.7	82.2	−1 061.5	2011	1 361.0	2 654.7	−137.7	−3 878.0
2004	689.4	1 081.5	129.7	−1 900.6	2012	2 153.9	−317.7	−870.7	−965.5
2005	1 323.8	953.5	229.2	−2 506.5	2013	1 482.0	3 461.0	−629.2	−4 313.8
2006	2 318.4	493.1	36.3	−2 847.8	2014	2 774.3	−513.9	−1 082.6	−1 177.8
2007	3 531.8	942.3	132.9	−4 607.0	2015	3 306.0	−4 853.0	−1 882.4	3 429.4
2008	4 205.7	401.3	188.4	−4 795.4					

注:此处资本与金融项目按国际通行口径,不含储备资产。

资料来源:根据国家外汇管理局网站公布的历年《国际收支平衡表》编制。

如表4—6所示,进入20世纪90年代以来,除1992年、1998年、2012年、2014年和2015年出现的资本与金融项目逆差以及1993年由于国际投资急剧增加导致的经常项目逆差外,经常项目和资本与金融项目一直呈现双顺差格局。如图4—5所示,从“资本与金融项目”的构成看,到2015年,直接投资累计净流入20 386.3亿美元,证券投资累计净流入1 642.9亿美元,其他投资累计净流出10 379.4亿美元。显然,外商直接投资的资金流入是我国90年代以来资本流入的主要形式。

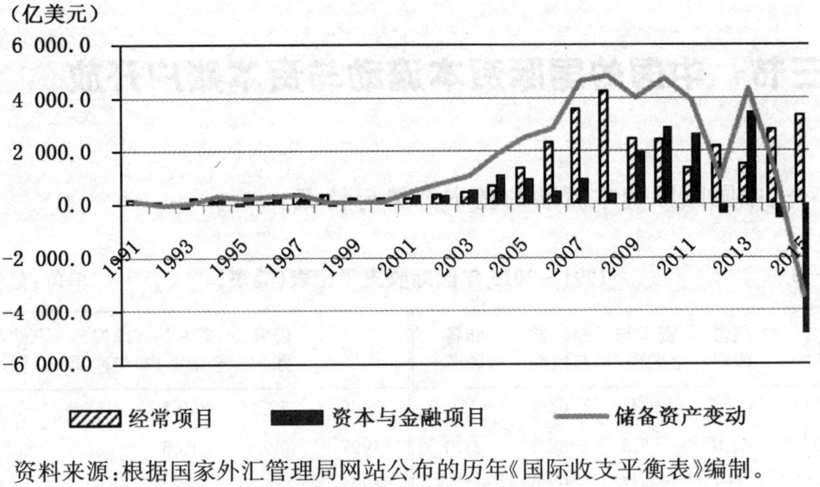

资料来源:根据国家外汇管理局网站公布的历年《国际收支平衡表》编制。

图4—5 经常项目、资本与金融项目及外汇储备变动

如图 4—5 所示，在 1991～2000 年间，我国资本流入较为平稳。1991 年资本净流入 45.8 亿美元，此后经历 1992 年资本净流出 5.2 亿美元，1993 年资本流入逐年增加，1996 年达到 399.7 亿美元的高峰。1997 年资本净流入开始下降，1998 年资本表现为净流出，这主要是亚洲金融危机的冲击所致。

2000～2015 年间，资本流入波动较大。2000～2004 年，资本流入总体呈上升趋势，2004 年资本与金融项目顺差首次突破千亿美元，达到1 081.5亿美元，占当年 GDP 的 5.7%。2004～2015 年，我国资本流动波动加剧。先是经历了 2004～2006 年资本与金融项目顺差的大幅下降，后出现 2007 年该项目的大幅上升以及 2008 年该项目的大幅下降，接着出现 2009～2010 连续两年该项目的大幅上升，2010 年资本与金融项目顺差高达2 868.6亿美元，2011～2015 年是我国资本流动最剧烈的阶段。2012 年出现自 1999 年以来的首次资本与金融项目逆差，但随后的 2013 年，中国资本与金融项目实现了 25 年来的最大顺差，顺差达3 461.0亿美元；2014 年资本与金融项目再现逆差，且呈现出逆差扩大的趋势，2015 年逆差达到历史最高值4 853.0亿美元，从长期以来的基本“双顺差”转变为“一顺一逆”的状态。

表 4—7　　2015 年中国资本与金融项目简表(含储备资产)　　单位：亿美元

	2015 年	贷方	借方
2. 资本与金融项目	−1 423.6		
2.1 资本项目	3.1	5.1	−2.0
	2015 年	资产	负债
2.2 金融项目	−1 426.7	−490.7	−936.0
2.2.1 非储备性质的金融项目	−4 856.1		
2.2.1.1 直接投资	620.6	−1 878.0	2 498.6
2.2.1.2 证券投资	−664.7	−732.1	67.4
2.2.1.3 金融衍生工具	−20.9	−34.2	13.3
2.2.1.4 其他投资	−4 791.1	−1 275.7	−3 515.4
2.2.2 储备资产	3 429.4		

资料来源：根据国家外汇管理局网站公布的 2015 年《国际收支平衡表》编制。

如表 4—7 所示，2015 年，我国资本与金融项目逆差1 423.6亿美元

(含储备资产)。其中,资本项目顺差3.1亿美元,非储备性质的金融项目逆差4 856.1亿美元,储备资产减少3 429.4亿美元,资本净流出加剧。按照国际通行口径的跨境资金流动的测度标准(不含储备资产变动),2015年,我国国际资本流动呈现以下特点:

(1)如表4－6所示,较2014年,资本与金融项目(不含储备资产)逆差扩大,资本与金融项目净流出加剧。2015年资本与金融项目逆差(不含储备资产)为4 853.0亿美元,而2014年可比口径为逆差513.9亿美元,逆差扩大4 339.1亿美元。

(2)直接投资净流入大幅下降。如图4－6所示,2015年,直接投资净流入从2014年的1 449.7亿美元降为2015年的620.6亿美元,较上年下降57.2%。一方面,中国对外直接投资继续扩大,对外直接投资净流出从2014年的1 231.3亿美元增加到2015年的1 878.0亿美元,同比增加52.5%,说明境内企业看好境外投资前景,投资步伐加快。这与“走出去”战略尤其是伴随“一带一路”战略的推进有关,也与国内产业结构调整所带来的过剩产能转移压力有关。另一方面,外国在华直接投资净流入2 498.6亿美元,虽较上年下降6.8%,但总的来看,境外投资者仍看好我国的长期投资前景,在华直接投资净流入规模仍然较大。

(3)2008年金融危机后,首次出现证券投资净流出。如图4－6所示,2015年,证券投资差额从2014年的824.3亿美元降为2015年的－664.7亿美元,从证券投资净流入开始转向净流出。其中,2015年证券投资资产为－732.1亿美元,相比2014年,资金流出增加623.9亿美元;2015年证券投资负债为67.4亿美元,较2014年,资金流入减少865.1亿美元。这说明,2015年中国境内投资者大量增持国外证券资产,而外国投资者则陆续减持在中国持有的二级市场股票和债券。

(4)21世纪以来,储备资产出现首次下降。据统计,2015年末,我国外汇储备余额3.3万亿美元,较上年末减少5 127.0亿美元,下降13.0%。其中,因国际收支交易形成的外汇储备下降3 429.4亿美元,因汇率、资产价格变动等非交易因素形成的外汇储备账面价值下降1 698.0亿美元。中国开始由以往储备资产大幅增加形成的资本流出转变为由其他民间部门的对外净资产大幅增加而形成的资本流出。

(5)“藏汇于民”是我国资本与金融项目逆差的主要形式。如表4－7

所示，2015 年，国际收支交易引起的储备资产下降3 429.4亿美元，非储备性质的金融项目为资本净流出4 856.1亿美元。也就是说，一方面，储备资产在下降；另一方面，民间部门的对外净资产在增加。如图 4—6 所示，我国对外资产共增加3 920.1亿美元，其中“走出去”等对外直接投资增加1 878.0亿美元，港股通和合格境内机构投资者(QDII)等形式的对外证券投资增加 732.1 亿美元，国外存款、对外贷款和贸易信贷等其他投资增加1 275.8亿美元。对外负债共下降 936.1 亿美元，其中，对我国直接投资流入2 498.6亿美元，证券投资流入 67.4 亿美元，而对外贷款和贸易信贷等其他投资流入减少3 515.4亿美元。可以看出，负债下降主要是由非居民存款下降以及偿还以往年度的贸易融资等原因造成的。所以，境内银行和企业等主动增持对外资产，并偿还以往的对外融资，而非外资撤离，是我国资本流出扩大、外汇储备少增的主要原因。

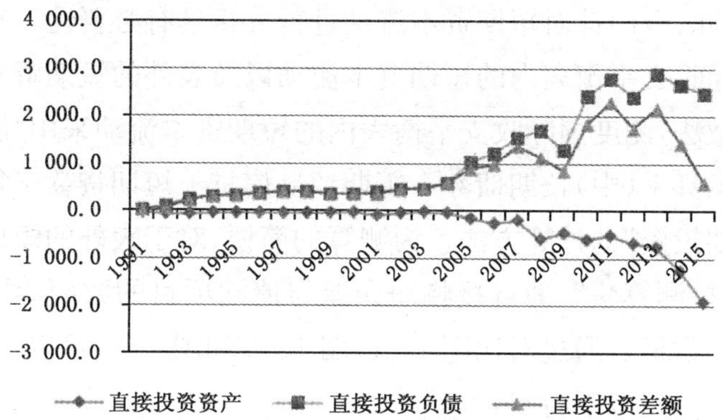

a. 金融项目——直接投资

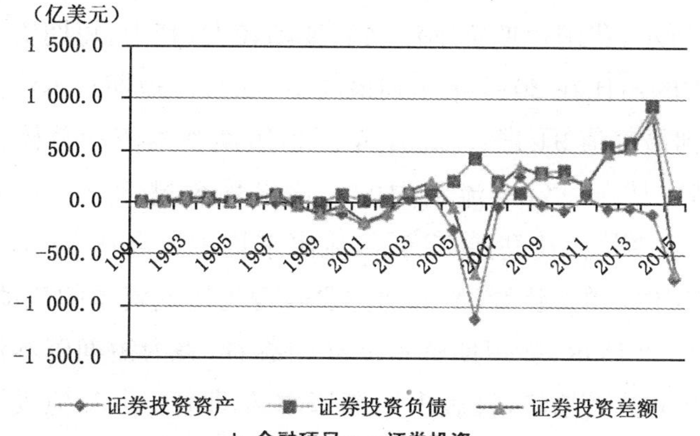

b. 金融项目——证券投资

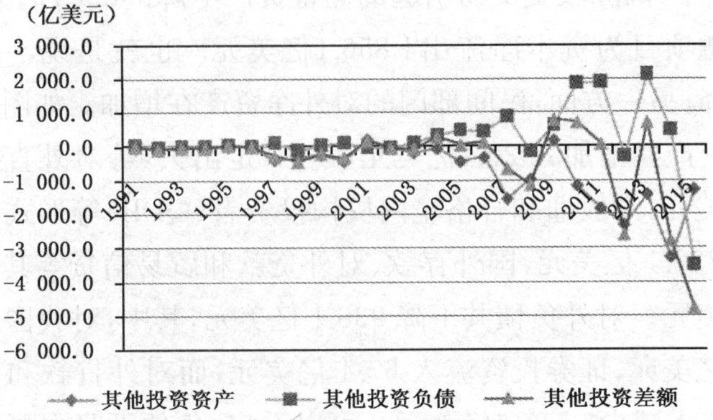

c. 金融项目——其他投资

资料来源:根据国家外汇管理局网站公布的历年《国际收支平衡表》编制。

图 4－6　1991～2015 年中国国际资本流动的构成

短期资本流动占比越高,资本流动的不稳定性就越大,所带来的风险也越大,因此,专门针对短期资本流动进行分析具有必要性。短期资本流动包括国际收支平衡表内的短期资本流动以及表外的短期资本流动。根据通行的做法,测度国际收支平衡表内的短期资本流动采用"股本证券＋货币市场工具＋(中)长期债券＋短期贸易信贷＋短期贷款＋货币和存款＋其他短期投资"的计算方法。为测算的简便,对于表外的短期资本流动则采用"直接测算法",即直接将净误差与遗漏项目的数额等同于表外短期资本流动数额。通过对比图 4－7、图 4－8 和图 4－9 可以看出,我国短期资本流动呈现以下特点:

(1)短期资本流动的波动较大,2005 年之后资本流动以短期为主。如图 4－7 所示,我国短期资本流动的波动较大,其中,短期资本流入在总资本流入中的占比在 2006 年达到最高值 83.1%,短期资本流出占比则在 2007 年达到最高值 94.1%。2001 年以后短期资本流动总体上呈现快速增长的态势,其在总资本流动中的占比平均超过 50%,尤其是 2005～2014 年,流入平均占比高达 77.6%,流出平均占比高达 86.2%。这说明,我国 2005 年以后的国际资本流动主要表现为短期资本的流动。

如图 4－8 所示,就短期资本流动构成看,表内短期资本流入和流出规模总体上呈扩大趋势,且表内短期资本流动主要由其他投资资本流动主导,证券资本占比较少。

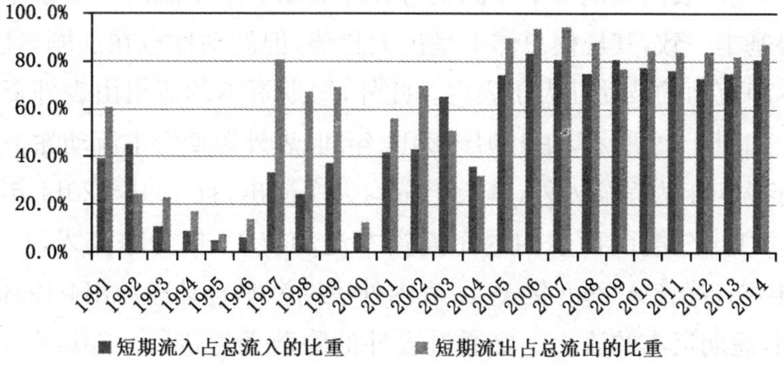

资料来源：根据国家外汇管理局网站公布的历年《国际收支平衡表》编制。

图 4—7　1991～2015 年中国表内短期资本流动占比

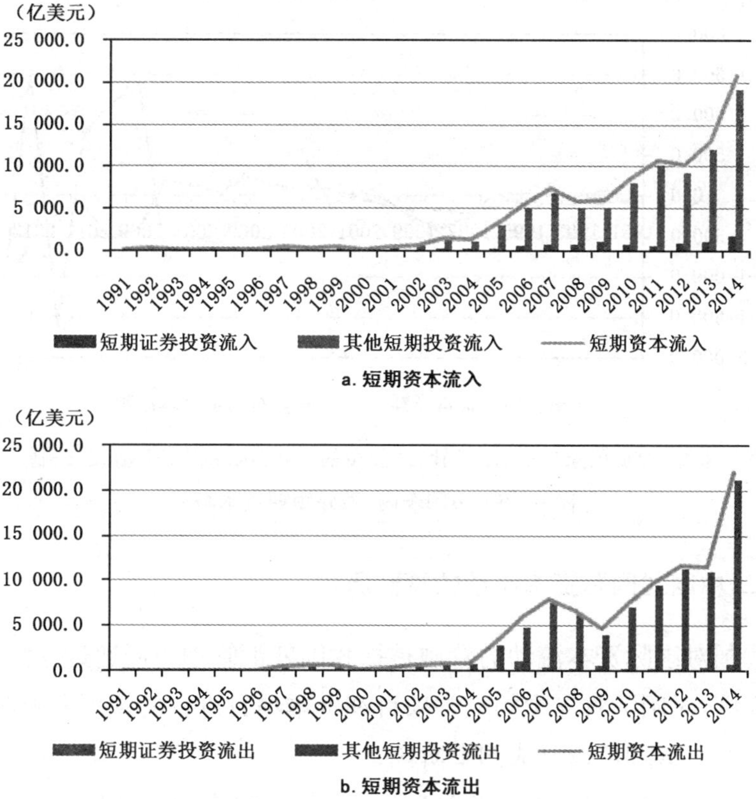

资料来源：根据国家外汇管理局网站公布的历年《国际收支平衡表》计算和编制。

图 4—8　中国表内短期资本流动构成

(2)我国表内短期资本净流动与表外短期资本净流动在多数年份的变动趋势基本一致,其规模总体上呈扩大趋势,但波动性也在加剧,且表外短期资本净流动的波动性大于表内。此外,短期资本的流出由表外资本流出引起。如图4—9所示,在1991~2014年间,表外短期资本流动除了2002~2008年这7年为净流入外,其余年份均为净流出,且1991~2014年累计净流出4 221.6亿美元;而表内的短期资本流动有11年为净流入,且1991~2014年累计净流入29.6亿美元;表内外短期资本合计净流出4 192亿美元。这说明,短期资本的流出主要通过表外的隐蔽渠道进行。2014年,表内短期资本流出1 234亿美元,表外短期资本流出1 082.6亿美元,说明随着我国对资本流动管制的放松,国际资本更容易通过正常渠道流出。

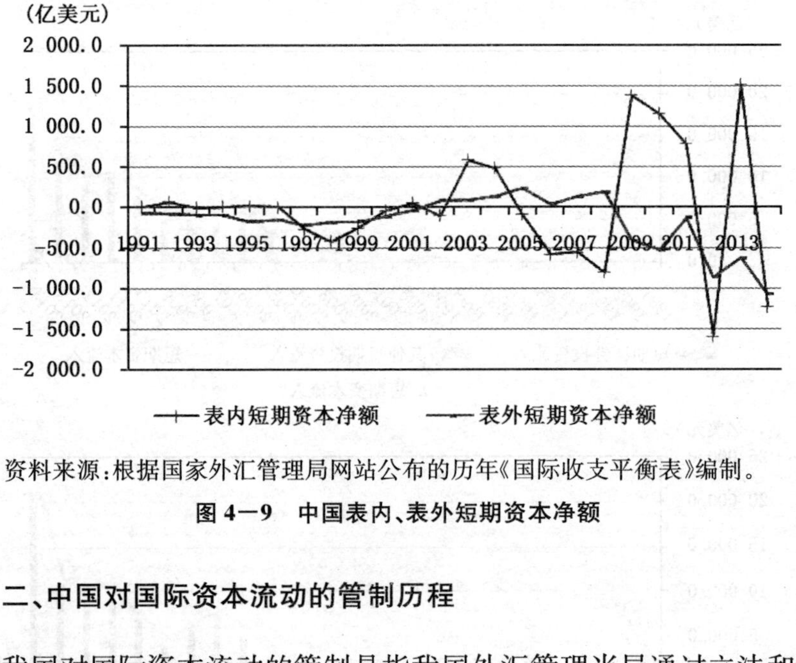

资料来源:根据国家外汇管理局网站公布的历年《国际收支平衡表》编制。

图4—9 中国表内、表外短期资本净额

二、中国对国际资本流动的管制历程

我国对国际资本流动的管制是指我国外汇管理当局通过立法和设立市场规则,对国际收支中的经常项目和资本项目进行的管理和限制行为。我国的外汇管理可以分成四个阶段:

(1)第一阶段(1978~1993年),实行外汇留成制度,建立官方汇率与市场调剂汇率并存的双重汇率制度。

1979年8月,我国出台了《出口商品外汇留成试行办法》,开始实行贸易和非贸易外汇留成管理,以扩大出口,支持地方生产建设。1980年10月起,允许办理了留成外汇的企业或部门把多余的外汇转让给缺汇企业或部门使用。1988年3月,开始建立外汇调剂市场,同时央行制定了"外汇调剂用汇指导序列"对调剂外汇的用途进行引导,从而形成了人民币官方汇率和市场调剂汇率这一双重汇率制度。之后,在外汇业务领域中引入竞争机制,允许一些商业银行和非银行金融机构开办外汇业务,从而形成了多种金融机构参与外汇业务的格局。1980年12月,我国颁布了《中华人民共和国外汇管理暂行条例》。总之,在这一阶段,人民币仍是完全不可兑换,所有用汇都必须通过行政审批,存在人民币官方汇率和市场调剂汇率的双重汇率。

(2)第二阶段(1994～2000年),实行强制结售汇制度,实行以市场供求为基础的、单一的、有管理的浮动汇率制度,实现了经常项目完全可兑换,但对资本项目进行严格的管制。

1994年,我国实行外汇管理体制改革,内容包括:①对企业外汇收入实行强制结汇,但对年进口总额和注册资本达到一定规模、财务状况良好的中资企业以及外商投资企业可以开立外汇账户,实行限额结汇。②对人民币官方汇率与市场调剂汇率进行并轨,实行以市场供求为基础的、单一的、有管理的浮动汇率制度,并成立中国外汇交易中心。③取消经常项目的大部分汇兑限制。

1996年,我国进一步加大外汇体制改革力度,于同年12月1日实现了人民币经常项目的完全可兑换。1997～2000年这段时期,是改革后的外汇管理体制不断调整完善的阶段。1997年10月开始,逐步从强制结售汇过渡到部分强制结售汇;建立审慎管理措施和监管体系,保持金融机构的健康运行等。此后,受亚洲金融危机的影响,人民币面临贬值压力,我国对资本流出入相机实行了"宽进严出"的政策,在坚持改革开放和人民币经常项目可兑换的前提下,实施某些临时性的购付汇限制,减少了资本的外逃,维护了汇率稳定和正常的外汇收支秩序。

(3)第三阶段(2001～2005年),推行外汇管理体制改革,逐步放松资本项目管制。

2005年,为了配合"入世"过渡期结束后的各项宏观经济政策的改革,我国外汇管理也进一步完善。2005年7月21日,中国人民银行宣布我国进行汇率机制改革,实行以市场供求为基础、参考一篮子货币进行调节、有管理的浮动汇率制度。同时,调整人民币兑美元的比价,从8.27∶1

调整为8.11∶1,人民币对美元一次性升值2%;保留了自1994年开始的银行间即期外汇市场人民币兑美元交易价3‰的日浮动幅度,但今后将根据市场发育状况和经济金融形势,适时调整汇率浮动区间。这一制度改革既代表着市场因素在今后的汇率形成中将起到越来越重要的作用,又意味着人民币汇率开始具有根据市场供求和国际主要货币之间汇率变化进行双向浮动的能力。

这一时期,资本项目上也开始逐步放松。2001年以后,我国进一步允许外资参股或购买国有公司、企业的国有股权,鼓励外国公司、企业和其他经济组织或个人来中国从事创业投资,进一步允许外国投资者协议购买境内非外商投资企业的股东股权,使该境内公司变更设立为外商投资企业。在证券投资方面,2001年2月为了适应我国宏观经济形势发展的新状况,B股市场向境内持有外汇账户的居民个人开放。

(4)第四阶段(2006~2015年),继续推进外汇管理体制改革,颁布新版外汇管理条例,取消强制结售汇制度,实行外汇收支均衡管理,加强对跨境资本流入的监管,有序推进资本项目可兑换。

由于我国外汇储备增长过快,又放宽了资本流入,加之2005年汇改以来人民币的持续升值,导致了国际资本大量流入。因此,在新形势下亟须对外汇管理制度进行改革。2008年8月,我国颁布并实施了新版的《中华人民共和国外汇管理条例》,修改后的条例共54条,修改的内容主要包括:①取消强制结售汇;②从"宽进严出"的国际收支管理转变为"流入流出均衡管理";③增加国际收支应急保障制度;④加强国家外汇管理局对流入资金用途的监管。

在资本项目管制上,有序推进资本项目开放。直接投资方面,2009年7月外汇管理局发布《境内机构境外直接投资外汇管理规定》,取消了境外投资外汇资金来源审核,实行事后登记制度;建立了全口径境外直接投资外汇管理体系,境内机构可以使用自有外汇资金、符合规定的国内外汇贷款、人民币购汇或实物、无形资产、留存境外利润等多种资金来源进行境外直接投资。证券投资方面,2006年4月,金融监管部门推出了合格境内机构投资者(QDII)制度,2007年,我国颁布《合格境内机构投资者境外证券投资管理试行办法》,全面启动了QDII。2011年12月,我国推出了人民币合格境外机构投资者(QFII)业务,允许符合条件的基金公司、证券公司香港子公司作为试点机构，将境外人民币资金投资于国内证券市场。在其他投资方面，2009 年外汇管理局允许符合条件的境内企业在一定限额内使用自有外汇或人民币购汇对其境外投资企业进行境外放款。

三、资本项目开放与汇率制度、货币政策的关系

次贷危机爆发后，全世界开始对资本流动和 20 世纪 70 年代以来的资本项目开放过程进行反思，连一向积极推进资本项目开放的国际货币基金组织也指出，“对部分已经实施适当宏观经济政策的新兴市场国家而言，可以实施审慎的资本管制措施以应对大规模资本流动”。这说明，在资本项目开放的趋势下，新兴市场和发展中经济体的资本项目开放更加注重开放过程的合理性，以及如何增加开放的收益和降低开放的风险。

我国十八大报告中提出“稳步推进利率和汇率市场化改革，逐步实现人民币资本项目可兑换”。这一提议既强调了资本项目开放的渐进性，又指出了利率和汇率市场化改革与资本项目开放的先后顺序。同时，我国的众多学者也指出，当前并非中国加快资本项目开放的“战略机遇期”，为保证宏观经济和金融市场的稳定，中国政府仍应审慎、渐进、可控、有序地开放资本项目，且对于资本项目的开放只需阐明其大致方向，根据国内外形势的变化，在风险可控的情况下灵活地把握开放的节奏，而无须给出具体的时间表。按照资本账户“先经常后资本、先流入后流出、先直接后间接、先机构后个人”的渐进开放次序，我国已走过了前期风险较小的阶段。2015 年，人民币已经实现了资本项目部分可兑换。在国际货币基金组织划分的七大类 40 个资本交易子项目中，中国官方评估有 85％的交易项目已经实现了不同程度的可兑换。周小川在出席 2015 中国发展高层论坛时表示，目前中国正在通过三方面工作推进人民币资本项目可兑换：一是推动境内境外的个人投资更加便利化，放开 QDII 和 QFII。二是推进资本市场更加开放。未来无论是债券还是股票的发行者，将有更大自由度，可以选择境外投资者在境内发行或境内投资者在境外发行，选择的币种是可兑换货币或人民币。三是根据人民币变成自由使用货币的要求审视《外汇管理条例》，并对它进行修改。因此，当前关注的不是要不要开放的问题，而是未来如何更好地推进资本项目开放的问题。

为资本项目开放创造有利环境,有序推动资本项目开放必须处理好两大关系:资本项目开放与汇率制度的关系以及资本项目开放与货币政策的关系。

(一)资本项目开放与汇率制度的关系

资本项目开放的本质是一国货币当局保证货币持有者的货币兑换权,货币持有者能够按照愿意接受的外汇价格买入或卖出一国货币。市场化的汇率更能真实反映外汇市场供求,起到调节国际收支、引导外汇资源优化配置的作用。根据亚洲新兴市场国家资本项目开放的经验,汇率制度市场化是资本项目开放的前提和基础,也是推进资本项目开放的重要步骤。

亚洲各国都在20世纪80年代后从固定汇率制度过渡到管理浮动汇率制度,但出于汇率波动会冲击出口和国内实体经济的担心,这种管理浮动仍以管理为主,各国都频繁地干预汇率。1998年金融危机前,东南亚国家允许国际资本以商业贷款等形式流入,政府同时兼具维持汇率稳定的义务,从而助长了投机资本对该地区汇率的冲击,最终导致东南亚金融危机。1998年之后,亚洲各国先后恢复了管理浮动汇率制度,放弃了目标汇率,市场开始在汇率形成中发挥基础作用,汇率的波动性增强。虽然当前各国货币政策独立性未明显提高,但通过其他手段,比如,增加外汇储备、采取宏观审慎监管以及加强区域货币合作等,各国都较好地应对了2008年次贷危机所造成的冲击。

与这些国家相比,我国的汇率制度仍旧是管理强于浮动。为应对资本项目开放第一阶段带来的汇率压力,2010年6月19日,中国人民银行再次启动人民币汇率市场化形成机制改革,参考一篮子货币进行调节,人民币兑美元汇率弹性不断增强。5年多来,中国人民银行采取了扩大人民币兑美元日均波动幅度、取消金融机构对客户外汇买卖价格管制、完善人民币兑美元报价机制等一系列措施,让市场供求因素逐步在人民币汇率形成机制中发挥主导作用。目前,人民币兑美元汇率的双向波动趋势进一步增强。在为配合资本项目开放的第二阶段,我国应实现人民币的基本自由浮动,但不排除为应对突发事件造成的短期异常波动进行一次性干预。同时,积极融入国际金融市场,有效防范资本项目开放中的金融风险。

(二)资本项目开放与货币政策的关系

根据亚洲新兴市场国家资本项目开放的经验,各国在资本项目开放之前都完成了利率市场化改革,且均采取渐进的方式。利率市场化能保证资本项目开放,货币政策的目标又能通过资本项目开放后的利率传导机制来实现。截止到 2015 年 10 月 24 日,人民币存贷款利率已完全放开,金融机构可以根据市场供求变化对各类金融产品进行自主定价,利率市场化改革基本完成,但并未全面完成,因为央行通过再贴现率和公开市场操作等货币政策工具调控市场利率的传导机制还需进一步完善。此外,我国货币政策工具比较简单,货币中介目标有待改进。因此,我国必须继续完善货币政策的指导思想,积极优化货币政策手段,完善各类货币政策工具,包括:数量调控工具,如准备金制度;价格调控工具,如利率;微调控工具,如公开市场操作、再贴现;指导性调控,如信贷政策和窗口指导;等等。灵活运用货币政策工具组合,提高政策有效性,以便应对资本项目开放新形势的挑战。另外,可参考亚洲新兴市场国家的经验,建立通货膨胀目标制。通过逐步将以货币供应量为目标的货币政策转变为通货膨胀目标制,进而来保证资本项目开放后货币政策的有效实施。

作为一个经济快速发展的大国,保持货币政策的独立性是我国的必然选择。但随着金融一体化的加深,即使采取浮动汇率制度,也无法实现一国货币政策的完全独立,因此,采取包括资本项目管制在内的多种措施,保持货币政策较为独立,显得尤为重要。次贷危机后,美国极度宽松的货币政策出现了严重的外溢效应,极大程度地影响了其他国家政策的选择空间和有效性,这表明,以美元为核心的国际货币体系,由于美元的发行不受限制,已经不能适应各国的经济利益,应积极推进新的国际货币体系的建设。新的国际货币体系应由核心货币、货币政策制定和国际资本流动三方面组成。在货币选择方面,可以建立以美元、欧元和人民币为核心的新的货币体系;在国际货币政策方面,则应对主要国际货币发行国的货币政策予以约束,如人民银行在制定货币政策的时候,需要与美联储和欧洲央行进行一定程度的协调;在国际资本流动方面,应建立起跨国界的金融安全网络,加强对包括对冲基金、离岸金融中心等国际游资的监管,限制短期投机资本过于频繁地流动。

参考文献

[1]国际货币基金组织(IMF).世界经济展望[R/OL]. 华盛顿:国际货币基金组织,2016—04—12:63—97,168—196.http://www.imf.org/external/chinese/pubs/ft/weo/2016/01/pdf/textc. pdf, 2016 — 04 — 12/2016—08—02.

[2]国际货币基金组(IMF)汇兑安排与汇兑限制年报 2014[R/OL].华盛顿:国际货币基金组织,2014—10—09:77—88.http://www.imf.org/external/pubs/nft/2014/areaers/ar2014.pdf, 2014—10—09/2016—08—02.

[3]国家外汇管理局. 国家外汇管理局年报(2015)[R/OL]. 北京:国家外汇管理局,http://www.safe.gov.cn/wps/wcm/connect/444e1a004cbec6ac948abd208dd2212f/国家外汇管理局年报(2015). pdf? MOD = AJPERES&CACHEID=444e1a004cbec6ac948abd208dd2212f,2016—05—13/2016—08—02.

[4]国家外汇管理局. 2015 年中国国际收支报告[R/OL].北京:国家外汇管理局,http://www.safe.gov.cn/wps/wcm/connect/08ce62004c3ae96d975c97c30181affd/2015 年中国国际收支报告. pdf? MOD = AJPERES&CACHEID = 08ce62004c3ae96d975c97c30181affd, 2016 — 03—31/2016—08—02.

[5]国家外汇管理局. 2014 年中国跨境资金流动监测报告[R/OL].北京:国家外汇管理局,http://www.safe.gov.cn/wps/wcm/connect/04235f00474f8f01bb86bbeee2a1794d/2014 年中国跨境资金流动监测报告. pdf? MOD= AJPERES&CACHEID = 04235f00474f8f01bb86bbeee2a1794d, 2015—02—15/2016—08—02.

[6]黄继炜. 人民币资本项目开放:亚洲的经验与中国的路径[M]. 北京:经济科学出版社, 2014.

[7]马西森. 资本账户自由化[M]. 北京:中国金融出版社, 1995.

[8]斯琴图雅. 金砖四国资本项目货币可兑换研究[M]. 北京:中国经济出版社, 2012.

[9]翁东玲. 国际资本流动与中国资本账户开放[M]. 北京：中国经济出版社，2010.
[10]肖凤娟. 资本管制政策研究：兼论中国的资本管制政策[M]. 北京：经济科学出版社，2011.
[11]祝国平. 国际资本流动的机制与影响[M]. 北京：经济科学出版社，2011.

第五章

国际金融压力与危机

20世纪70年代布雷顿森林体系解体以后，发达国家的金融经济得到快速的发展。金融发展滞后对实体经济的阻碍作用不断显现，随着金融抑制和金融深化理论的提出，发展中国家纷纷开始重视金融经济的发展。20世纪90年代以来，经济全球化步伐加快，其中金融全球化是重要组成部分。进入21世纪以来，结构性问题成为发达国家和发展中国家的共性问题。伴随旨在刺激实体经济繁荣的持续货币宽松，金融经济得到前所未有的繁荣，乃至泡沫时现。金融危机的多发性成为20世纪末至今世界经济的主要特征之一。如何对金融风险进行有效测度和监控，以规避金融危机，如何在金融危机后有效应对，以降低危机的损害，加快经济的复苏，这是现代宏观经济管理的主要任务之一。

第一节　金融压力的衡量

要防范金融危机，有效的监管是前提。金融压力是衡量金融风险的常用工具。

一、金融压力的定义及其度量方法

各国金融体系往往存在区别，通常金融压力指数会涵盖主要的金融市场状态。针对新兴市场和发达国家，本报告选取代表主要金融市场的指标构建金融压力指数，通过对金融压力指数状态的分析和比较，测度一国的金融风险状态。具体包括以下四个子指标：

(一)银行部门——银行部门β值

根据标准的资本资产定价模型(CAPM)β值，定义为：

$$\beta=\frac{\mathrm{Cov}(r_{i,t}^{B},r_{i,t}^{M})}{\sigma_{i,M}^{2}}$$

这个指数提供了相对权益收益波动率的静态度量，即银行部门股指总收益与市场总体指数收益间的相关性。$r_{i,t}^{B}$和$r_{i,t}^{M}$分别代表当年银行部门股价指数和市场总体股价指数。如果$\beta>1$，则银行股收益波动大于市场总体股指收益波动，也意味着银行部门相对风险较大。因为此处关注和考察的是银行部门风险，所以，只有在当收益为负时，该β值才被记录为非零值，以关注对银行部门的负面冲击。因此，β值越大，则银行部门压力越大。在压力大的阶段，该指标反映了银行股价相对于市场股价发生大的下降。为了更好地记录银行部门相关的金融压力，计算中大于1且银行股收益率低于当期市场收益率的值保留原值，否则记录为0。

(二)股票(证券)市场——股票市场收益率和波动性

证券市场压力用股票市场收益率和波动性两个指标度量。

1. 股票市场收益(stock market returns)

股市危机通常用股票价格大幅度下跌来识别。该指标下降意味着更大的预期损失，更高的风险，或者关于公司未来预期利润的不确定性增加。月度收益率由股价指数月度平均数据计算得来，为当月和上月股价指数(自然对数)的差乘以-1。经过符号转换后，股价大的下跌意味着证券市场压力增加，并带来指数的上升。

2. 股票市场波动性(stock market volatility)

股市波动性，即其时间变动特征，由GARCH(1,1)模型求得。月度真实收益,自回归过程滞后12阶。

$$\sigma_t = w + \phi_1 \varepsilon_{t-1}^2 + \phi_2 \sigma_{t-1}^2$$

这里 σ^2 表示方差,ε 表示回归误差项,回归由以下方程给出:

$$y_t = \alpha_{i,t} + \beta y_{t-1} + \varepsilon_{i,t}$$

这里 y_t 和 y_{t-1} 分别表示当期和上一期的股票收益。

(三)外汇市场——外汇市场压力指数(EMPI)

在货币危机中,除了汇率大幅波动的情况,还往往存在货币当局干预外汇市场的行为(比如提高利率或动用储备),从而使得一国币值在遭受投机冲击时并不必然作出大幅调整。此时,尽管汇率没有发生变化,但汇率本身承受着贬值的压力,当压力达到一定程度时往往会以货币危机的形式释放。这里以汇率和外汇储备变化的加权平均来综合定义外汇市场压力指数。

$$EMPI_{i,t} = \frac{\Delta e_{i,t} - \mu_{i,t}}{\sigma_{i,\Delta e}} - \frac{\Delta RES - \mu_{i,\Delta RES}}{\sigma_{i,\Delta RES}}$$

其中,Δe 和 ΔRES 分别表示名义汇率(本币兑美元)和外汇储备(总储备减去黄金)的月度变动百分比。μ 和 σ 分别表示这两个指标序列的均值和标准差。

因此,金融市场压力指数表示为:

$$FSI = \beta + Stockreturns + Stockvolatility + EMPI$$

所有指标为月度数据,总体股票价格数据、汇率和储备数据来自IMF的《国际金融统计》(*International Financial Statistics*),银行股价数据来自 Datastream。

二、金融压力的特征表现分析

在金融市场压力指数分析中,将17个发达国家样本分为四组:(1)美国和加拿大;(2)日本和澳大利亚;(3)英国;(4)其他欧洲国家,包括奥地利、比利时、丹麦、芬兰、法国、德国、意大利、荷兰、挪威、西班牙、瑞典和瑞士。将17个新兴市场国家样本分为四组:(1)新兴亚洲国家,包括中国(大陆)、印度、印度尼西亚、马来西亚、菲律宾、泰国和韩国;(2)新兴拉美国家,包括阿根廷、巴西、智利和墨西哥;(3)新兴欧洲国家,包括捷克、波兰;(4)其他新兴国家,包括以色列、俄罗斯、南非和土耳其。

从图 5—1 至图 5—3 中可以看出，在发达国家与新兴市场之间，以及两类国家内部各自的市场之间的金融市场压力指数具有很强的同步性。随着金融全球化和金融市场一体化的加深，发达和新兴市场国家通过贸易和金融渠道越来越紧密地联系在一起。图 5—1 分别显示了发达国家和新兴市场国家金融市场压力的变动趋势，从图中清楚可见 20 世纪 80 年代的拉美债务危机，90 年代的亚洲金融危机和拉美金融危机，美国次贷危机及紧随其后的欧债危机等一些重大的金融危机事件。显然，当一些重大的、共同的外来冲击出现引起全球市场情绪变动时，投资者行为可能受到羊群效应的影响，金融市场压力甚至是金融危机的发生都体现出跨国传染的性质。

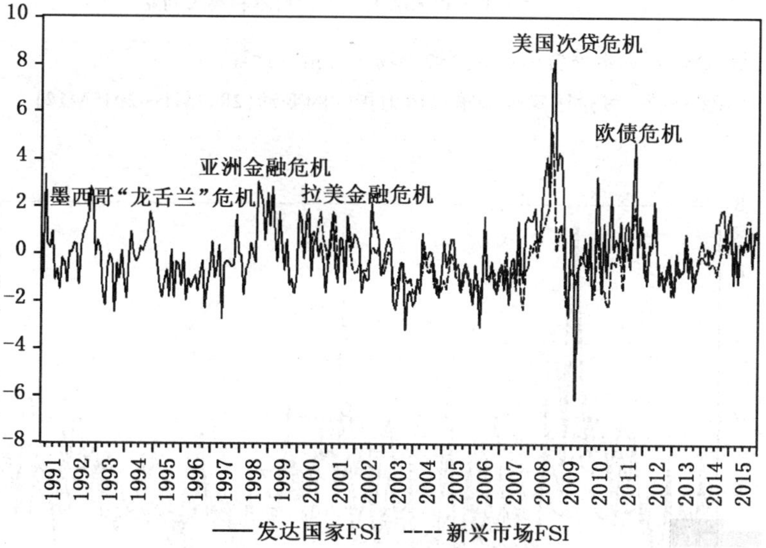

数据来源：根据本报告构建的金融市场压力指数计算。

图 5—1　金融市场压力变动趋势：发达国家和新兴市场的比较

如表 5—1 所示，在 2007 年到 2015 年的 9 年中，除了日本和澳大利亚金融市场相对较为平稳外，发达国家明显经历了比发展中国家更大的金融市场压力。

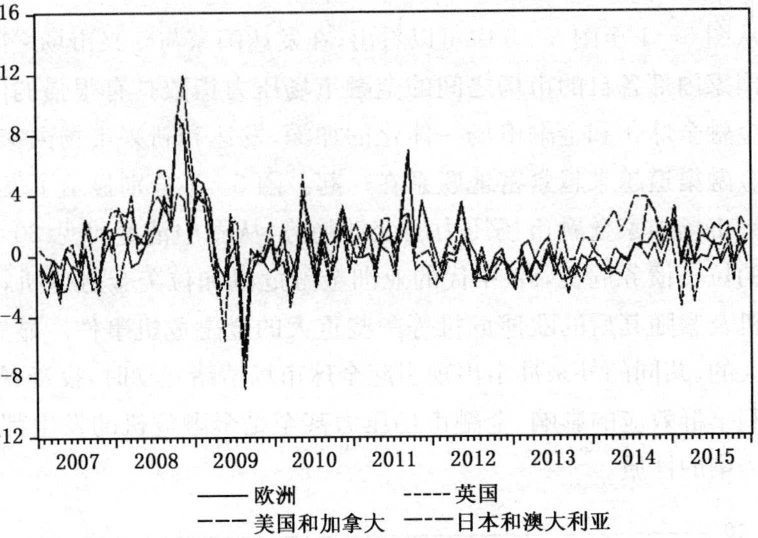

数据来源:根据本报告构建的金融市场压力指数计算。

图 5—2 发达国家金融市场压力指数的变动(2007M1～2015M12)

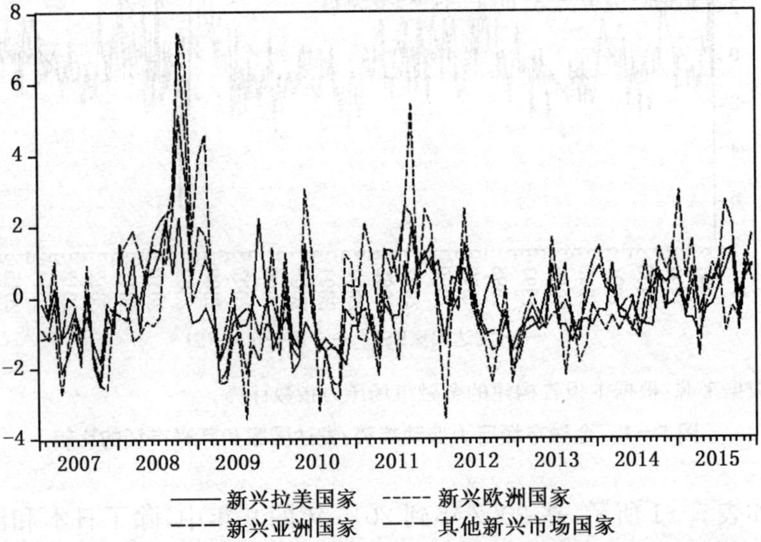

数据来源:根据本报告构建的金融市场压力指数计算。

图 5—3 新兴市场国家金融市场压力指数变动(2007M1～2015M12)

表 5－1　主要金融市场压力指数的描述性统计

（2007 年 1 月～2015 年 12 月）

		均值	中位数	最大值	最小值	标准差
发达国家	欧洲	0.44	0.08	9.26	－6.72	2.10
	英国	0.76	0.49	8.76	－6.96	2.63
	美国和加拿大	0.36	－0.13	11.90	－8.86	2.40
	日本和澳大利亚	0.40	0.22	4.13	－2.15	1.39
新兴市场	新兴亚洲	－0.19	－0.31	5.12	－2.87	1.27
	新兴欧洲	－0.09	－0.45	7.46	－3.45	1.90
	新兴拉美	－0.28	－0.48	2.22	－1.91	0.89
	其他新兴市场	0.07	－0.01	7.27	－2.51	1.48

数据来源：根据本报告构建的金融市场压力指数计算。

三、2015 年全球金融市场压力表现

2015 年，在美联储加息预期、大宗商品价格下跌和人民币“8·11 汇改”等背景下，全球金融市场的系统性风险压力增大。相对而言，发达国家金融市场相对稳定，股票、外汇市场大的波动主要是来自外部冲击带来的溢出效应。

新兴市场的金融市场压力则进一步增加，全球金融风险继续向该类市场国家，特别是新兴拉美和亚洲国家转移。一方面，新兴经济体深陷经济结构性“瓶颈”，承受国内社会、政治风险所带来的内部压力，经济增速放缓；另一方面，美联储加息带来美元持续走强，外部金融条件收紧、地缘政治冲突，特别是全球大宗商品价格下跌都构成强烈的外部冲击。新兴市场国家和地区的货币出现汇率集体性贬值和外汇储备大规模下降。根据路透数据，15 个最大的新兴经济体的央行储备较之上年底减少5 141亿美元。股票市场波动加剧，股市、债市遭受大规模撤资。根据美银美林数据，2015 年新兴市场股票基金的撤资约 700 亿美元，债券基金撤资约 240 亿美元。国际清算银行 2015 年 9 月的报告认为，中国、巴西和土耳其的信贷增长可能预示着银行危机。信贷占总产出比重是衡量私人部门信贷相对其长期趋势偏离程度的常用指标，而过快的信贷增长是银行系统压力上升的预警指标。国际清算银行认为，历史数据显示，一国的该指标达

到10%临界值就有三分之二的可能性经历"银行严重经营压力"(serious banking strains)。截至2015年9月，中国的该指标达到25.4%，同期土耳其为16.6%，巴西为15.7%；印度尼西亚、新加坡和泰国的银行压力也较大，该指标也均超过10%。因此，新兴市场在资金外流的背景下，存在潜在的信贷危机风险。而且，新兴市场外债总额在2015年底达到8.2万亿美元，十年间增长了近三倍。部分外债规模巨大的国家，主权债务风险上升。例如，乌克兰、匈牙利和克罗地亚的外债占GDP比重都超过了100%，其中乌克兰继2014年阿根廷违约之后也发生了主权债务违约。

第二节　全球主要经济体金融危机、金融动荡事件

一、全球金融危机或金融动荡发生的统计性特征

(一)2011年前危机的时间分布统计

从1970年至2011年的42年间，共发生货币危机218次，系统性银行危机147次，主权债务危机和重组68次。其中，在2007～2011年间，货币危机发生了8次，系统性银行危机发生了25次，主权债务危机发生了4次。三类危机发生频率的时间分布如表5－2所示。

表5－2　　货币危机、银行危机和债务危机发生频率的时间分布　　单位：%

		1970～2011	1970～1979	1980～1984	1985～1989	1990～1994	1995～1999	2000～2006	2007～2011
货币危机	次数	218	25	41	33	59	34	18	8
	频率	3.151	1.52	4.97	4.00	7.15	4.12	1.56	0.97
系统性银行危机	次数	147	4	19	20	43	30	5	25
	频率	2.12	0.24	2.30	2.42	5.21	3.64	0.43	3.03
主权债务危机	次数	68	7	32	10	3	4	8	4
	频率	0.98	0.42	3.88	1.21	0.36	0.48	0.69	0.48

注：危机发生频率为危机发生次数除以相应时间段或样本国家范围内国家数和年份数之积。

资料来源：根据附录中三种危机识别结果整理、计算得来。2012年初发生的希腊债务危机也包括在内。

从上面危机发生频率的时间分布可以看出，货币危机、银行危机和主权债务危机的发生次数和频率在不同时间段内有明显的差别。在绝大多数时间区间内，货币危机都比银行危机发生得更为频繁，尤其在2000年以前，货币危机表现出高发的特征。相对来说，主权债务危机发生频率最低，但20世纪80年代发生主权债务危机42次，其中有多达32次发生在1985年前。20世纪80年代以前，银行危机发生频率较低，而随着金融自由化加快，从80年代和90年代开始，银行危机发生频率显著升高，尤其90年代该类危机爆发次数最多、频率最高。从趋势上看，2000年以后，上述三种危机都得到了遏制，发生频率大幅度下降。但2007年美国次贷危机之后，银行危机爆发频率大大升高，达到3.03%，且远高于其他两类危机。

(二)三种危机发生的国家(地区)分布统计

受到发展阶段和经济结构等差异的影响，不同类型国家的危机发生也呈现出不同的特点，如表5—3所示。

表5—3　发达国家和新兴市场国家(地区)三种危机发生频率的分布　单位：%

			1970～2011	1970～1979	1980～1984	1985～1989	1990～1994	1995～1999	2000～2006	2007～2011
货币危机	1	次数	16	2	7	1	3	0	1	2
		频率	0.23	0.12	0.85	0.12	0.36	0.00	0.09	0.24
	2	次数	51	12	11	6	6	11	4	1
		频率	0.74	0.73	1.33	0.73	0.73	1.33	0.35	0.12
	3	次数	151	11	23	26	50	23	13	5
		频率	2.18	0.67	2.79	3.15	6.06	2.79	1.13	0.61
系统性银行危机	1	次数	24	1	2	1	3	1	0	16
		频率	0.35	0.06	0.24	0.12	0.36	0.12	0.00	1.94
	2	次数	37	2	10	1	8	10	3	3
		频率	0.53	0.12	1.21	0.12	0.97	1.21	0.26	0.36
	3	次数	86	1	8	18	32	19	2	6
		频率	1.24	0.06	0.97	2.18	3.88	2.30	0.17	0.73
主权债务危机	1	次数	1.00	0.00	0.00	0.00	0.00	0.00	0.00	1.00
		频率	0.01	0.00	0.00	0.00	0.00	0.00	0.00	0.12
	2	次数	18.00	2.00	10.00	1.00	0.00	3.00	2.00	0.00
		频率	0.26	0.12	1.21	0.12	0.00	0.36	0.17	0.00
	3	次数	49.00	5.00	22.00	9.00	3.00	1.00	6.00	3.00
		频率	0.71	0.30	2.67	1.09	0.36	0.12	0.52	0.36

注：其中1,2,3分别代表“发达国家”、“新兴市场国家”和“其他国家”三种类型，由本报告根据附录金融危机发生年份计算得到。

由表5—3可以看出,货币危机和银行危机的发生频率在不同类型国家呈现出差异性:无论是货币危机还是银行危机,其在新兴市场国家的爆发频率都是最高的,其他国家类型次之,而发达国家发生各种危机的频率都明显低于前两类国家。主权债务危机则主要出现在其他发展中国家,集中在20世纪80年代发生。2000年后主权债务危机发生的次数和频率又有所上升。这一特征在整个考察时间区间和绝大多数子时间区间内都很明显。但值得注意的是,在2007～2011年间,危机发生的频率特点与以往不同,发达国家的货币危机、银行危机的发生频率都明显高于其他两类国家,甚至还出现了唯一的一次主权债务危机(2012年的希腊危机)。发达国家的银行危机发生频率分别是新兴市场和其他国家的5倍和2倍以上。这一定程度上说明,在2007～2008年,在美国次贷危机所引发的全球金融动荡中,受到直接影响且金融系统压力较大的国家主要分布在发达国家地区。

由此可见,金融危机在全球范围内频繁发生。其中有一些危机规模尤其巨大,带来严重的金融市场动荡、损害实体经济、造成财政损失,并产生了重大和深远影响。比如,1929年西方国家的大萧条、1973年石油危机、1982年拉美主权债务危机、1987年股市崩溃(“黑色星期一”)、20世纪80年代的美国储蓄贷款危机、1990～2000年日本“失去的十年”、1994～1995年拉美国家发生的“龙舌兰危机”、1998年卢布危机、1997～1998年亚洲(东亚)金融危机、1999～2000年美国互联网泡沫、2007～2008年美国次贷危机和2009年后的欧债危机等。

受美国次贷危机的影响,随后全球范围内又爆发了影响广泛的一系列金融危机——欧洲债务危机,包括希腊、爱尔兰、葡萄牙、西班牙、塞浦路斯等国家先后爆发危机;冰岛、希腊、迪拜爆发债务危机;越南、阿根廷、印度发生货币危机;等等。2012年后,以中国、马来西亚、巴西和俄罗斯为代表的新兴市场发生了多起金融危机或大的金融动荡,有的危机还同时涉及股市、汇市和债市等多个市场;伊朗、伊拉克等为代表的发展中国家,及希腊、英国、澳大利亚等在内的发达国家也经受了金融系统压力的考验(较为特殊的是2015年美属波多黎各因财政、债务危机引发的经济、金融动荡)。2015年,随着美元大幅升值,大宗商品价格持续低迷,全球金融市场动荡,大宗商品出口国、外资依赖度高与美元负债较高国家的货币贬值加剧，如加元、澳元、巴西雷亚尔、南非兰特、智利比索、马来西亚林吉特等。例如，自 2014 年以来，新兴经济体和能源出口国的货币就出现大量贬值的情况，2015 年，新兴市场货币几乎全部遭到重创，除了港币外，其他 24 个新兴市场的货币兑美元的汇率都有所下跌。

二、2015 年典型的金融危机分析

(一)俄罗斯金融危机(2014 年 12 月至今)

1. 危机表现

俄罗斯历史上共经历了三次重大的金融危机。第一次发生在1998～1999 年亚洲金融危机期间，被称为“卢布危机”。俄罗斯卢布大幅贬值，政府宣布以卢布为本位的债务将被重组，债务违约；受到由美债危机引发的全球金融危机影响，俄罗斯第二次金融危机发生在 2008～2009 年，随着大规模资本撤离，出现股市大跌、流动性和信心危机。

俄罗斯最近一次金融危机在 2014 年 12 月发生并持续至今。2014 年 3 月、4 月和 7 月，俄罗斯因为军事干预乌克兰而受到了以美国为首的西方国家展开的三轮经济制裁。在危机中，俄罗斯的金融市场受到重创。2015 年 1 月，标准普尔把俄罗斯主权信用评级由 BBB－降为 BB＋，并将其评级展望定为负面，一个月后，穆迪也将俄罗斯主权信用评级由 Baa3 下调至 Ba1，评级展望维持为负面。事实上，俄罗斯在 2005 年才被三大国际评级机构纳入评级系统，而在之后的 2008～2009 年危机中其评级未被调降。此次降级是俄罗斯主权债券十年来首次沦为垃圾债。俄罗斯金融市场压力出现明显大幅波动，达到 2008 年危机之后的峰值，如图 5－4 所示。

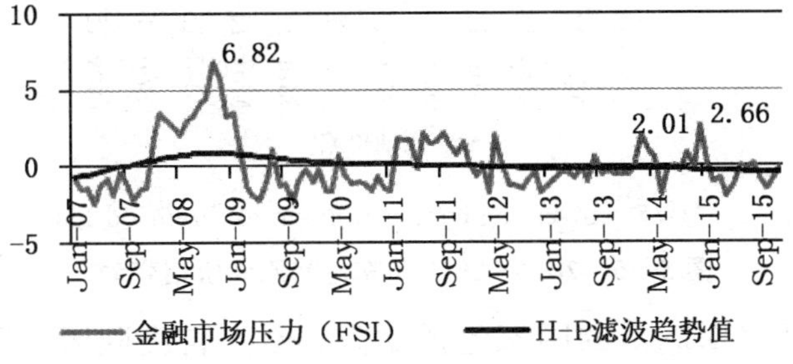

数据来源：根据本报告构建的金融市场压力指数计算。

图 5－4　俄罗斯金融市场压力变动(2007 年 1 月～2015 年 12 月)

2. 危机主要原因

俄罗斯此次发生金融危机有其内部和外部原因。

从内部来看,俄罗斯在2015年采取向浮动汇率制度过渡,预算得到一定改善,政府也采取了一系列旨在稳定和发展经济的措施,这使得其经济在2015年下滑变缓,但经济的结构性调整仍滞后。该国经济高度依赖能源生产和出口,国有企业效率低下,在一些部门,国有企业的劳动生产率只有该部门平均水平的30%。根据OECD数据,俄罗斯大国企造成市场集中度高达47%,竞争政策效果差,过度的官僚主义打击了投资者的信心,这些都是此次金融危机的内部原因,也是根源问题。

从外部来看,此次危机的主要原因是石油价格持续走跌和西方国家的制裁。俄罗斯经济在2012年开始出现下滑,即便当时油价高于每桶100美元,俄罗斯的经济增长在新兴市场中也是最慢的。2014年,其GDP增长率仅为0.6%。如图5—5所示,布伦特原油价格在2014年4月为每桶112.36美元,从年中开始,油价开始持续大跌,到2015年1月已跌至每桶53美元,同比降幅为55%,年均油价比2014年下降了50%,这在过去五十年中只出现过两次:1986年(OPEC实行原油产量配额制时期)和2009年(国际金融危机期间)。俄罗斯高度依赖包括石油和天然气在内的能源出口(占出口50%左右和大约一半的联邦预算),受到油价下跌的巨大影响。

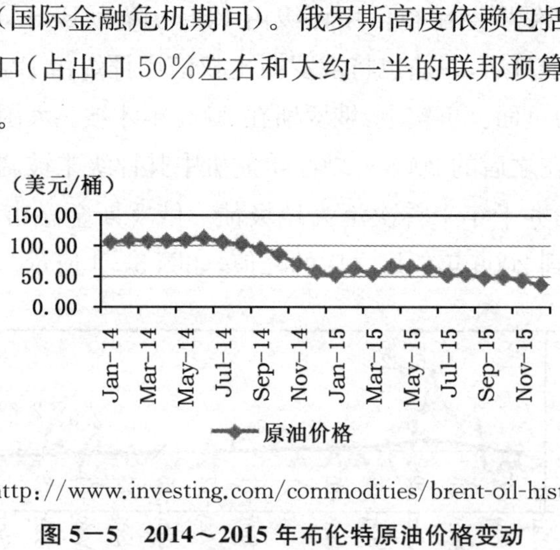

数据来源:http://www.investing.com/commodities/brent-oil-historical-data。

图5—5 2014~2015年布伦特原油价格变动

参与对俄罗斯制裁的国家包括欧盟和欧洲自由联盟(EFTA)国家、美国、加拿大、澳大利亚、新西兰和日本。主要的制裁手段包括:冻结与俄罗斯领导层接近的个人和公司资产;严格限制俄罗斯主要银行和能源、军工部门企业进入欧盟和美国金融市场;与国防和能源部门相关的技术和设备禁止出口到俄罗斯等。另外,石油产业技术和专家被控制,而且西方金融机构大幅度减少了对俄贷款。为此,俄罗斯企业和银行被迫偿还借款而非进行展期。作为报复措施,俄罗斯在 2014 年 8 月开始禁止从西方国家进口农产品和加工食品。虽然欧盟仍然是俄罗斯的主要贸易伙伴,但与欧盟国家的贸易比重从 2014 年的 48.1%下降到 44.8%。

制裁对俄罗斯经济造成了结构性的破坏。欧盟委员会在 2014 年 10 月的一份研究中估计,制裁将造成 2014 年和 2015 年俄罗斯 GDP 增长分别下降 0.6 和 1.1 个百分点,也造成欧盟真实 GDP 下降 0.3%。IMF 的分析结果则是,制裁和反制裁将直接带来俄罗斯实际 GDP 下降1～1.5个百分点。在制裁前,俄罗斯的 GDP 增长在 2013 年仅为 1.6%,比其他新兴经济体,如印度和中国,慢很多。2014 年 11 月,俄罗斯财政部长估计油价下跌和经济制裁一年带来损失为1 300亿～1 400亿美元,约合 GDP 的 7%。

3. 政府的主要应对措施

针对制裁,俄罗斯主要采取了三项措施加以应对。

一是实行自由浮动的汇率制度,汇率风险仍然较高。

制裁、资本外逃、油价下跌等对卢布汇率影响严重。俄罗斯卢布与国际原油价格紧密相关,之前一直实行的双外汇篮子"汇率走廊"制度缺乏浮动性,经常项目逆差严重。2014 年,为应对油价下跌和制裁引发的卢布贬值,俄罗斯央行大量动用储备干预外汇市场。俄罗斯银行在 2014 年连续大量投入国际储备以支撑卢布,却并没有收到好的效果,如图 5—6 所示。

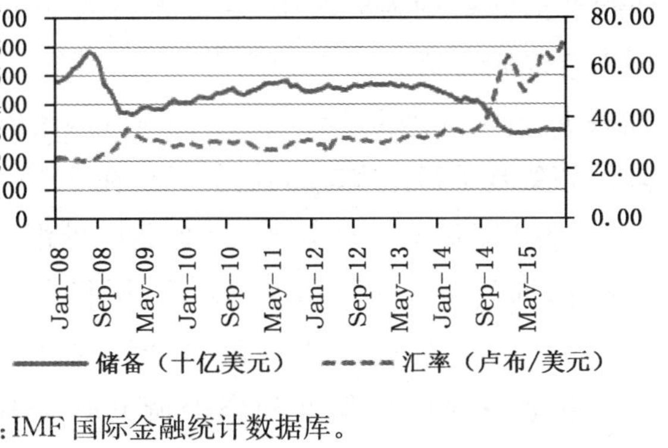

数据来源:IMF 国际金融统计数据库。

图 5—6　2008～2015 年俄罗斯外汇储备和汇率变动趋势

因此,在2014年11月11日,俄罗斯央行决定放弃对卢布的自动干预机制,结束卢布与美元、欧元汇率联系的双外汇篮子“汇率走廊”制度的外汇干预政策,作为其向通货膨胀目标制度过渡的一部分。这一决定的目标是保证经济能够更快地适应外部条件的变化,对抗负面冲击。之前三年,俄罗斯央行已经逐年减少外汇净购买,2015年又进一步减少了对外汇市场的干预,其净外汇购买量在2015年1月至12月间只有7.8亿美元。

放弃对汇市的过度干预能够使卢布币值在浮动汇率制度下更加准确反映其市场价值。到2015年底,卢布较上年同期的美元和欧元分别贬值了37.4%和27.2%,2015年全年美元兑卢布汇率达到73.6,欧元兑卢布最高汇率达到83.6。但同时,该政策也加剧了卢布的波动性。2015年,卢布兑美元的月间波动率超过10%,虽然比2014年的16.6%有所下降,但仍是2008年月间波动率的3倍。由于汇率波动增加了外汇市场上追逐风险的投机行为,除银行外的企业部门和个人在信贷机构的外汇存款从2014年的15.4%上升到18.3%,卢布存款从5.4%增长到7.7%。

由于油价下跌引发汇率贬值,俄罗斯进口下降35%,超过出口下降幅度31%,经常账户盈余占GDP的比重从2014年的3.1%上升到2015年的约5%。但是,2014年和2015年总的盈余却被私人部门资本外流所抵消,由2014年的1 530亿美元下降到2015年的570亿美元。2014年12月19日,当局动用了157亿美元的储备资产来遏制卢布贬值,这是自2009年1月以来动用储备资金规模最大的一次。2014年12月,俄罗斯持有的除黄金外的外汇储备约为3 270亿美元,较上年同期下降了28%,为2009年8月以来首次储备资产低于4 000亿美元。随着进口商品、服务的下降,以及外债减少,加上浮动汇率制度节约了储备,储备资产的变动趋于稳定,到年中外汇储备基本稳定在3 200亿美元。在2015年,俄罗斯的外汇储备减少了5.9%(约199亿美元),主要用于银行的外汇回购债券协议。

二是连续性加息,抑制通货膨胀和资本外流,通胀水平趋于稳定。

2014年,俄央行先后6次上调基准利率,核心政策利率累计上调1 150个基点,12月更是一次性将基准利率上调650个基点,利率高达17%。但由于卢布贬值和部分来自欧盟食品进口禁运带来的食品价格上升,俄罗斯的通货膨胀率从2014年1月的6.1%飙升到2015年3月的

16.9%，全年平均15.6%，远高于2014年7.8%的水平。可见，上调利率的该措施并未有效地维持汇率和对抗通胀，加上政府更为关注银行部门和经济增长问题，2015年1至6月俄罗斯利率连续下调至11.5%，并于8月起一直稳定在11.0%的水平。同时，政府也为遏制通胀制定了目标，即到2018年将通胀率降低至4%，如图5—7所示。

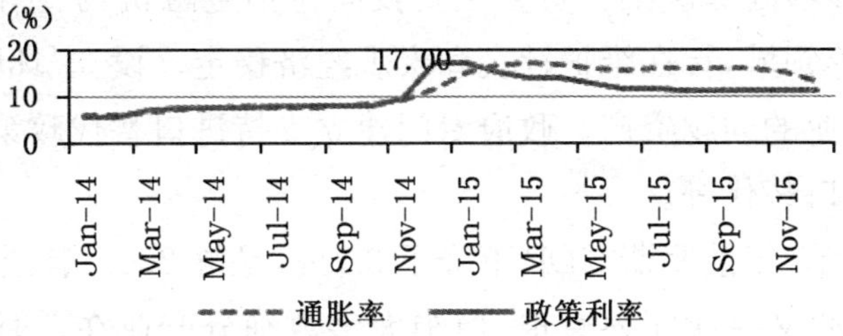

资料来源：IMF国际金融统计数据库。

图5—7　2014～2015年俄罗斯政策利率和通货膨胀率

中央银行紧缩的货币政策减少了资本外逃，大多数的资本外流缘于俄罗斯借款人对于外债的偿付，如表5—4所示。

表5—4　俄罗斯2014年和2015年资本外流情况　单位：十亿美元

指　标	2014年	2015年
来自非政府部门的净资本外流	－153.0	－56.9
对非居民负债（"＋"表示增长）	－36.7	－64.3
非银行部门FDI	18.5	6.7
其他负债	－55.2	－71.0
包括计划内的外债偿付	－208.3	－126.4
净借款	153.1	55.4
外国资产（"－"表示增长；"＋"表示减少）	－116.3	7.4

由表5—4可见，2015年，俄罗斯资本外流的主要渠道是对非居民的债务还款。2014年，主要的资本外逃来自外国资产的增加，增长达到1 163亿美元，其中包括300亿美元的外汇现金投资；相比之下，这一指标在2015年下降了74亿美元，这一下降基本上全部来自外汇现金投资的减少。

三是出台应对危机计划。

在2014年12月，作为当年预算的一部分，政府向银行业提供最高

1万亿卢布(约合165亿美元)用于资本重组;将存款保险赔偿金提高一倍,即由70万卢布(约合1.25万美元)提高至140万卢布(约合2.5万美元)。从2015年初开始,俄联邦政府采取了对抗危机的一揽子救助方案,包括预算审查和支出平均减少10%。俄罗斯政府公布一项规模为2.34万亿卢布(约合350亿美元)的危机应对计划,一揽子实施措施及监管框架涉及60多项配套法案。资金主要投向包括金融机构、基础设施建设、农业、工业等领域,旨在维护社会和宏观经济稳定。设立"坏账银行"用于收购金融行业的问题资产。政府专门建立支持进口替代政策的委员会致力于鼓励进口替代等。

虽然2015年俄罗斯GDP下降了3.7%,是继2009年(当年经济下滑7.8%)之后的又一次明显衰退,但绝大多数细分产业在7月前都已经走出了衰退的底部。

4. 俄罗斯银行部门表现

相较于汇市和股市,2015年俄罗斯银行系统总的来说相对稳定。

政策利率提高不仅带来借贷成本上升和投资恶化的直接后果,也对银行业产生了不良影响。2014年底,一项旨在支持大银行的银行资本支持项目启动,用于帮助稳定金融系统,项目金额高达8 300亿美元。2015年,俄罗斯银行业不良贷款占贷款总额的比例仅从2013年的6%上升到8%,并未出现系统性银行危机。

银行部门的主要问题体现在金融业绩效较差和大量银行的亏损。约30%的银行出现亏损,2009年该指标只有11%。一方面,由于资产质量的恶化、大量增加准备金提取的支出,俄罗斯银行部门利润下滑;而且,由于银行负债比贷款组合对于贴现率的上升更为敏感,受高利率政策的影响,核心银行业务边际利润下降,从而导致银行部门净利润进一步减少。银行部门参与投资融资的作用也较2014年有所下降,银行贷款占融资来源的比重为7.8%,下降幅度为2.6%,其中下降部分主要来自银行贷款展期总量和比重的减少。

相比之下,小银行的金融压力较大银行更为显著。与大银行相比,小银行面临破产和失去营业资格的风险较大。救助资金主要被用于协助政府部门和国有企业的大银行,如第一大银行俄罗斯外贸银行(VTB Group)、第三大银行俄气银行(Gazprombank)和俄罗斯农业银行(Rosselkhozbank)等，使得其从2015年初起资本增加了超过9 000亿卢布，相比之下，其他所有制的银行资本只增加了不到2 000亿卢布。2015年，政府对金融系统进行进一步整顿。继2014年吊销86家信用机构的执照之后，2015年又有93家信用机构被撤销营业资格。银行数量从2013年末的923家下降到2015年末的733家。

（二）拉美经济面临严峻挑战，各国差异扩大

2015年，拉美经济体遭遇以汇率集体贬值为代表的金融压力。

1. 巴西雷亚尔汇率大跌

作为盛产原油、铁矿石以及农产品的大宗商品出口国和拉美最大的经济体，巴西近年来陷入自20世纪30年代以来时间最长、幅度最大的经济滑坡。2011年，雷亚尔兑美元汇率贬值幅度为12.7%，此后连续三年又分别贬值9.6%、17%和10.75%。

巴西经济高度依赖铁矿石和其他原材料对中国的出口。2015年7月底，雷亚尔兑美元下跌至3.34，是12年来最低。受此影响，标准普尔9月9日将巴西债券降至垃圾级别，惠誉10月15日将巴西主权债务评级降为仅高于垃圾档的投资级最低档，且评级展望保持负面。新兴市场充斥着对美联储加息的担忧，并做出相应的反应。随着巴西主权债务评级遭到降级，经济和政治的不确定性放大使得其与美国长期政府债券之间的风险利差大大升高（见图5—8），这也直接导致了拉美地区的风险利差大大高于同期新兴市场风险利差的均值。

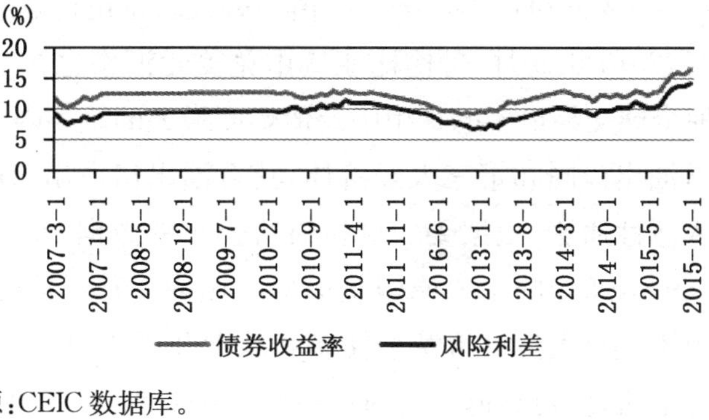

资料来源：CEIC数据库。

图5—8　巴西长期债券收益率及风险利差（2007年3月～2015年12月）

巴西雷亚尔汇率大跌主要是由于大宗商品价格下跌、经济低增速和高通胀、美联储加息三个主要原因。

第一,大宗商品价格下跌,导致巴西经济放缓。作为大宗商品的出口国家,随着包括原油、铁矿石以及大豆、玉米等农作物在内的大宗商品价格的大幅下跌,巴西经济疲软,带来经济放缓和信心下降。自 2011 年起,巴西经济开始进入下行通道,连年处于低速增长,2014 年仅增长 0.2%。

第二,通胀率居高不下。2014 年,巴西通胀率为 6.41%,2015 年则高达 10.67%,大大高于政府设定的 4.5%通胀管理目标上限,为 13 年来最高水平。在常年高企的通胀率背景下,银行基准利率已高达 12.25%,为 2011 年 7 月以来的最高水平。为抑制不断走高的通胀水平,恢复投资者信心,巴西自 2014 年 12 月份起就开始实行紧缩性财政政策和货币政策。巴西央行不断提高利率,但受政府"提高税收、减少补贴、调整政府管理价"等新政的影响,未能有效控制通胀,基本面脆弱。2015 年 1 月,巴西央行再次加息 50 个基点,从而巴西成为全球三大高利率国家之一。

第三,美联储加息带来资本外流。美国持续向好的经济形势和美联储持续升温的加息预期导致美元指数迅速走强,国际资本大量回流美国。

2. 其他主要拉美国家情况

拉美其他国家也受到油价下跌和美国货币政策的影响。哥伦比亚和墨西哥都大量出口石油,智利和秘鲁除了石油外还是铜和铝的重要出口国。2015 年 8 月 24 日,墨西哥政府 8 月 24 日动用外汇储备干预市场,央行入市将每日标售美元的限额从5 000万美元提升至 2 亿美元,但未能阻止汇率下跌。2015 年,墨西哥比索对美元贬值 16.7%。哥伦比亚石油出口占总出口将近一半,2015 年 9 月,哥伦比亚货币兑美元汇率也在一年内贬值了 36%,是 31 种全球交易最多的货币中贬值幅度最大的。委内瑞拉作为拉美地区最大的石油出口国和第三大经济体,其石油出口占出口收入的 96%。委内瑞拉陷入恶性通胀,根据委内瑞拉央行公布的数据,2015 年该国通货膨胀率为 180.9%,通胀的主要原因是进口和国内生产下降导致的供应不足。政府不得不通过大量抛售黄金储备和从 IMF 账户中提取特别提款权来缓解流动性危机,应对衰退。委内瑞拉经济增长低迷、失业率高企,而该国 2016 年将有 120 亿美元的债务到期,对美元债务违约概率大大增加。

当前拉美地区内部因素并没有根本好转,经济结构依然单一,过度依赖能源和大宗商品出口,外部环境面临美元升值和资本外流、债务负担加重等因素的困扰，金融风险依然较高。

（三）马来西亚2015年金融动荡

在1997～1998年亚洲金融危机前，亚洲国家大多实行固定汇率制度，但这一旨在稳定企业的外债成本而维持汇率稳定的制度最终导致了危机的发生。此次不同，这些亚洲国家采取的是浮动汇率制度，且储备水平提高、治理改善和债务水平下降。与1997～1998年的金融危机中的水平相比，美国次债危机引发全球性金融危机时，亚洲国家外汇储备的GDP占比都较当时有所加强，抵御风险的能力得到提升。

亚洲经济体中，马来西亚最为脆弱。相比之下，泰国、菲律宾有先进的制造业部门，而马来西亚具有典型的依赖大宗商品出口的经济结构。作为亚洲唯一的原油净出口国，马来西亚经济增长十分依赖石油和棕榈油的出口，原油产业收入约占该国财政收入的三分之一。继俄罗斯卢布贬值之后，马来西亚林吉特也随着包括油价在内的大宗商品价格持续下跌而大幅度贬值。油价持续下跌使投资者对其经济增长持悲观预期，资本外流加速，外汇储备下降。此外，马来西亚政府4月1日引入6%的商品和服务税（GST），致力于平衡财政。但商品和服务税降低了消费支出。总理纳吉布和其负责管理的国家投资基金1Malaysia Development Bhd（1MDB）陷入金额高达7亿美元的政治丑闻。国内的税收政策和政治丑闻带来了政治风险，影响了市场信心，进一步加剧了汇率波动。

对于东亚其他国家，弱势货币不是主要的风险来源。但马来西亚外债严重，加上出于对中国经济放缓的考虑，以及多次加息预期所带来的强势美元，国际资金在2015年大举撤离新兴市场国家。而马来西亚国内消费者信心低迷则进一步加剧了该国资本外逃的风险。尼尔森《全球消费者信心》调研报告每两年发布全球主要国家消费者信心指数，用于综合衡量该市场消费者关于劳务市场的态度、支出意愿和习惯改变等。2015年，马来西亚的消费者信心指数从7月到9月下降了78个点，该季度下降11%，是该项调研自2005年开展以来最差，也在同期东南亚经济体中表现最差。2014年9月1日到2015年8月11日，林吉特兑美元贬值了超过20%。2015年初到8月，林吉特贬值18%，远远高于同期泰铢6.4%和菲律宾比索2.2%的贬值幅度。

2015年前后，马来西亚林吉特经历了三轮贬值。

第一轮贬值出现在2014年底。布伦特原油价格在2014年下跌了49%。2014年11月28日至12月15日,为了减缓本币林吉特贬值,马来西亚央行一直抛售美元和买进林吉特干预外汇市场,外汇储备下降4.3%。作为亚洲唯一的原油净出口国,油价暴跌恶化了经常账户,同时大大减少了政府财政收入,林吉特兑美元贬值3.36%。2014年第四季度,林吉特累计下跌7.9%,为亚洲金融危机以来林吉特汇率的最大单季跌幅,其中仅12月的单月跌幅就达4.1%。

第二轮贬值出现在2015年1月。2015年一季度开始,伴随着美联储加息预期的增强,美元升值明显。从2014年1月至2015年3月间,美元累计升值约10.9%,其中2015年第一季度累计升值4.8%。而延续从2014年9月开始的连续贬值,林吉特汇率从2015年1月大跌约3%,第一季度累计下跌约5.7%。在此背景下,持有大量马来西亚国债的外国投资者开始撤资,加上受总理纳吉布和国家投资基金的丑闻影响,市场的紧张情绪加剧,林吉特贬值的预期和贬值压力进一步加大。

第三轮贬值出现在2015年8月,这轮贬值与油价的进一步下跌直接相关。油价下跌导致出口额和财政收入减少,加上美元升值导致美元债务激增,都给林吉特带来了巨大的贬值压力。2015年8月11日,人民币实行新汇改带来林吉特的加速贬值。受人民币短期贬值的影响,林吉特兑美元汇率大跌3.8%。到12月25日,林吉特较之年初累计跌幅达19%。

马来西亚债市也经历了大幅动荡,债务风险特别值得关注。随着投资者大举撤出股市和汇市,到2015年8月25日,外国基金抛售了30万亿美元的股票。国外投资者大量抛售政府债券,更是成为市场恐慌情绪的重大来源。截至2015年6月,马来西亚的外债占国内生产总值的68.4%。央行为阻止汇率贬值而在本币市场抛售外汇,导致马来西亚的外汇储备不断消耗,其外汇储备降至1 000亿美元下方。到7月底,马来西亚的外汇储备仅剩967亿美元,较年初下降了17%,比2013年的峰值下降了26%,这是自2010年以来首次跌至千亿美元以下。仅7月的前两周,央行就使用了约50亿美元的外汇储备,到8月14日,短期外债的覆盖度已经降至1.1倍。马来西亚家庭债务和公共债务占GDP的比重分别从1997年的46%和31%、上涨到86%和54%。这与外汇储备的不断下降共同引发市场对可能发生外债危机的担忧。马来西亚国债也出现大幅下跌,10年期国债价格创下近

2个月来最大跌幅，收益率较1月上涨超过14%。

相较于股市、汇市和债市而言，马来西亚银行部门较为稳定。1998年，马来西亚银行系统充斥着大量不良贷款，而此次该国银行部门状况则健康许多。该国银行部门风险在2015年8月《经济学人》智库（简称EIU）的评估中并未上升。报告认为，马来西亚金融机构提供了包括银行、保险、资产管理和资本市场服务等在内的综合性业务，是该国政府2011～2020年期间经济转型项目的12个支柱项目之一，具有政治重要性，政府也致力于避免系统性风险的发生。根据马来西亚央行数据，该国银行部门资本状况良好，总资本率为15.1%。在2015年5月，不良贷款（拖欠3个月及以上）占未偿贷款总额的1.2%。但需要指出的是，在当前政策利率水平较低的情况下，马来西亚的家庭收入负债比率达到约150%，如果国内信贷继续过快增长，一旦政策利率上升，该国银行系统的不良贷款则很可能被推高。

（四）2015年希腊债务危机

2015年，希腊爆发危机，这次危机是欧债危机的延续，主要表现为主权债务危机和继发的银行危机。

希腊债务危机爆发于2009年，随后六年一直持续不断。虽然希腊GDP只占欧元区GDP的不到2%，但其对欧元区其他国家和全球经济可能带来的金融压力传染效应却广受关注。特别是，希腊危机引发了其可能退出欧盟的政治风险和广泛争论，并且这一行为如若发生可能对欧洲其他国家产生示范效应，并对欧盟一体化的进程产生深远影响。虽然IMF和欧洲央行等采取了一系列政策来控制危机，但希腊仍然面临着严重的经济挑战。

2008年后，同其他因加入欧元区而失去利率和汇率政策的国家一样，希腊政府采取了扩张性财政政策来应对危机。但由于经济存在结构性缺陷，公共财政政策的过度扩张和全球金融危机的冲击导致公共债务急剧增加。2009年末，新当选的政府承认上任政府低报了希腊政府赤字和公共债务，引发外界对于希腊偿还债务能力的担忧。国际三大评级机构相继下调希腊主权信用评级，进而引发了希腊主权债务危机。此后，欧债危机全面爆发，其他欧盟国家，爱尔兰、葡萄牙、塞浦路斯相继爆发了危机，并传染到欧洲第三大和第四大经济体——意大利和西班牙。在欧洲债务危机中，各国政府为救市而注资银行，欧洲的银行系统金融压力上升，直接引发了危机国的经济增长下降和失业率上升。

针对希腊的债务问题，国际社会和机构共提供了三次救助。2009～2013年，希腊两度发生债务危机，成为继迪拜债务危机之后全球又一大债务危机。在2010年5月的第一次救助方案中，欧盟、欧洲央行和IMF向希腊提供1 100亿欧元的贷款，期限为3年。但希腊经济状况并未随之改善，政治不稳定和社会的动荡进一步加深。第二次救助方案由欧元区财长会议通过，包括更复杂的协议，救助金额共计约1 300亿欧元。两次救助之后，金融救助支出共达到2 400亿欧元。此轮救助后，希腊在2013年实现财政盈余。

2015年1月开始，希腊成功换届后的新政府要求对严苛的救助协议进行重新谈判，结束紧缩措施。2015年6月25日，希腊的债主们以实施一系列紧缩政策和相应改革作为条件，提出希腊可以将已经到期的现有救助协议再延长5个月，并获得155亿欧元贷款。金融市场和政治决策不确定性的上升导致希腊政府债券收益率激增，主权债利差急剧扩大，如图5—9所示。

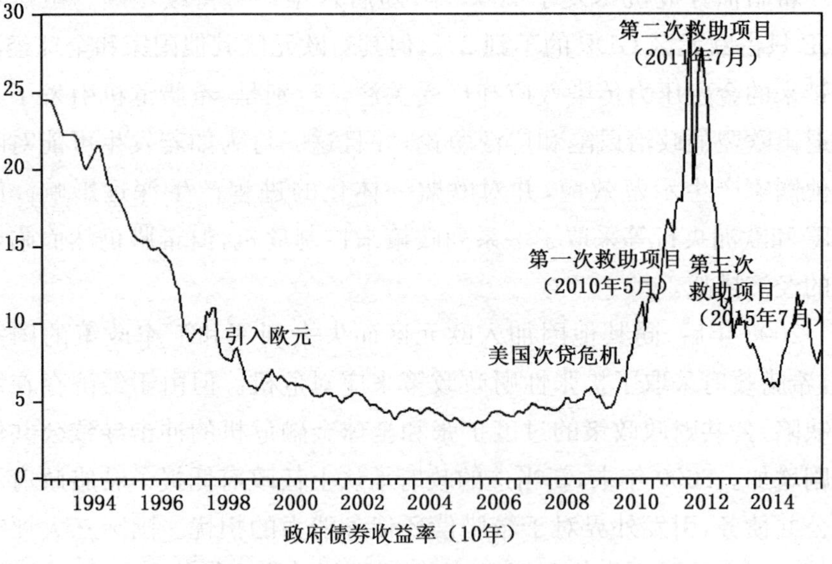

数据来源：CEIC数据库。

图5—9　希腊十年期政府债券收益率变动

由于欧洲央行决定冻结对希腊银行的紧急流动性援助，6 月 29 日希腊开始实行资本管制，银行停业，股市休市，给全球其他股市带来溢出效应。英国富时 100 指数下跌 150 点，下跌幅度超过 2%，法国和德国股市约下跌 4%，欧洲银行股票损失超过 10%。第二天开盘的亚洲股市也应声下跌，东京日经指数下跌 3%，香港恒生指数下跌 2.5%。

7 月 5 日，希腊就以紧缩性政策换取救助协议延期及新增贷款的决议进行公投，结果以超过 60%的反对率否决了债权人的要求。7 月 12 日，第三次救助方案出台，该方案主要包括：(1)提供第三次金融救援一揽子措施。2015 年 8 月，欧元区政府同意在接下来三年对希腊提供 860 亿欧元(相当于约合 950 亿美元)的新救助措施。资金主要来自欧元区主要的救助机构(欧元稳定机制，ESM)，而与前两次不同，此次 IMF 并未参与。(2)范围广泛的改革措施。希腊政府短期内实施系列改革，并长期承诺就包括税收、养老金、统计报告、司法系统、市场自由化(包括改革银行监管、医药所有权等)、能源市场私有化、解决银行部门问题和公共管理去政治化等进行改革。(3)转移 500 亿欧元(约 550 亿美元)的希腊资产到一个新的基金，用以对银行进行资本重组、偿还现有债务、投资希腊经济等。(4)在多个欧盟项目下，欧盟委员会与希腊政府共同发起 350 亿欧元(约合 380 亿美元)用于未来三至五年在希腊的投资。

希腊的主权债务危机导致了该国银行部门危机。主权债务降级和主权债务利差扩大都使得银行和政府很难通过国际资本和货币市场进行融资。严重收紧的流动性条件使得银行部门压力激增。因此，希腊银行部门的宏观基本面和资产质量比率严重恶化。流动性紧缩大大损害了银行为实体经济融资的功能。根据希腊财政部的规定，储户每日每张卡取款不能超过 60 欧元(合 67 美元)，通常这类限制属于银行系统压力巨大时采取的管制措施。宏观经济指标的恶化程度高于 2008～2009 年危机。2009 年 9 月至 2015 年 12 月期间，银行系统存款下降了 44%，约合1 170 亿欧元，主要是存款者担忧希腊在欧元区的前景不确定所致。这也是同期贷款负增长的结果。银行部门在 2010 年后开始亏损。从 2010 年底到 2015 年底，希腊银行大规模的去杠杆导致私人部门贷款下降了 540 亿欧元。此外，居民工资下降，失业率达到第二次世界大战后最高水平，导致居民可支配收入大大下降，银行不良贷款大大增加。在经历了 2013 年、

2014 年两次重组之后,由于 2015 年上半年的不确定性对宏观经济和金融基本面所带来的负面冲击,2015 年希腊银行业进行了第三次资本重组。在该项调整计划中,希腊金融稳定基金(HFSF)向银行提供了 250 亿欧元的“适当的开支上限”用于希腊银行体系的资本重组。2015 年 8 月,欧洲央行针对四家具有系统性意义的希腊银行启动了资产质量审查项目并进行压力测试。希腊银行也对一些小规模的银行采取了类似做法。在希腊政府和央行的努力下,2015 年 12 月,市场对希腊银行恢复了信心,希腊银行的资产比率也大大提高。

2015 年 7 月 15 日,希腊议会通过了这一版改革方案,希腊经济和金融市场得到稳定。7 月 20 日,银行重新恢复营业。雅典股票交易所在 8 月初恢复交易,希腊银行业股价大跌,损失巨大,随后持续三周停业的银行恢复营业。

第三节 2015 年中国股市和汇市震荡

2012～2014 年,一系列带来中国金融市场不稳定,以及可能触发未来金融危机的重要问题引人关注,一些金融市场压力事件引发广泛讨论。例如,中国房价上涨过快和房地产泡沫破灭的可能性;大规模地方政府债务导致中国财政状况恶化;2013 年 6 月和 12 月银行出现“钱荒”,流动性危机下出现同业拆放利率大大提高、央行大量注资解决流动性短缺的紧张局面;半官方融资公司“地方政府融资平台”(LGFV)海外举债,中国地方债“全球化”引人关注;随着地方投融资平台债务被划分为政府债务,公司债务问题连年持续发酵,特别是非金融企业债务集中,无力还债的企业为银行系统和信用市场顺利运转带来压力,对信用市场带来严峻挑战;影子银行活动引发广泛担忧,而包括民间借贷在内的游离于银行监管体系之外的各类信用中介机构的地下信贷网络崩溃,则导致全国范围内的金融动荡;等等。

2015 年,中国金融市场压力主要体现为股市和汇市的大幅震荡。

一、股市大幅度震荡

中国股票市场经历大涨大跌,暴跌引发市场经历了两次大幅度震荡。

2014 年，上证综指上升 53%，深证成指上升 34%，市场表现活跃。2014 年 7 月份以后，尤其是 10 月份以后，市场出现了三次大幅度上涨。从 2014 年 12 月 31 日到 2015 年 6 月 12 日近五个半月里，上证综指从3 235点上涨到了5 166点，涨幅高达 60%。《金融时报》数据显示：一方面，企业高杠杆。2014 年 10 月底至 2015 年 8 月 18 日间，企业杠杆融资从6 890亿元人民币增加到 2.7 万亿元人民币。另一方面，中国股市的估值相对于收益仍然过高。创业板市盈率达到 130～140 倍，超过通常认为的合理估值 2 倍还多。在内地和香港同时挂牌的企业，内地挂牌的股票相对香港挂牌同一家公司的股票存在 30%的溢价。在中国经济增速放缓的情况下，基于政府将要出台经济刺激政策的预期，投资者仍大量涌入市场。仅上半年就开设了5 600万新交易账户，6 月股市的交易量达到上年同期的 6 倍，市场体现出过于乐观的情绪。根据股价上涨速度、幅度及市盈率等关键指标，市场显然出现了极其严重的泡沫。

进入 2015 年，股市的猛增势头达到失控状态。从 2014 年 11 月到 2015 年 6 月中旬，不到 7 个月的时间，上证指数从2 450点累计上涨超过一倍，达到 110.9%。经历了 12 个月的上涨，上海和深圳交易所的市值都在 2015 年 6 月 12 日达到高峰。随后，6 月 15 日当天，股价大跌，A 股市场经历剧烈波动，指数一度集体跌停。其间在 A 股中下跌的个股多达2 498只，且其中1 541只跌幅超过 50%。到 7 月 8 日，上证指数和深成指数持续下跌，分别大跌 32%和 40%，市值蒸发 24 万亿元人民币(约合 4 万亿美元)。7 月 9 日，股市才出现反弹，上证指数和深成指数分别上涨 5.8%和 3.8%，市场出现短暂恢复。2015 年三季度，中国股市全球跌幅领先，在 6 月 15 日至 8 月 26 日的 52 个交易日内，沪指下跌 40.31%，深成指下跌 45.30%，中小板和创业板分别下跌 44.35%和 51.53%。

中国股市与世界其他地区股市的政策联动性和对其他市场的政策外溢性增强，从而引发了其他地区股市的震荡。8 月 24 日当天，两市成交量严重萎缩，合计成交仅6 000亿元，上涨股票数量仅 15 只，超过2 000只股票跌停。沪指跌幅达到 8.49%，深成指下跌 7.83%，市场一度恐慌蔓延。同日，全球股市受到影响，VIX 恐慌指数飙升至自 2009 年以来最高，日本日经指数、香港恒生指数和英国 FTSE100 指数分别下跌 4.61%、5.17%和 4.67%。道琼斯工业平均指数、标准普尔 500 指数和纳斯达克综合指数分别下跌6.26%、4.92%和7.92%,其中道指下跌高达1 030.89点。三大股指跌幅触发熔断机制,美国三大交易所一度暂停交易。

2015年6～7月,中国股市大跌,上证指数累计下跌33%,美国股市、欧洲股市和亚洲股市分别下跌了13%、17%和19%。图5－10显示了各主要市场对中国该股价下跌的“反应”,即各市场对中国股市变动的弹性。其中,全球主要市场股价变动百分比变化在10%～23%,包括欧洲整体指数、中国香港、新加坡和秘鲁等市场的弹性系数达到或者超过0.5。

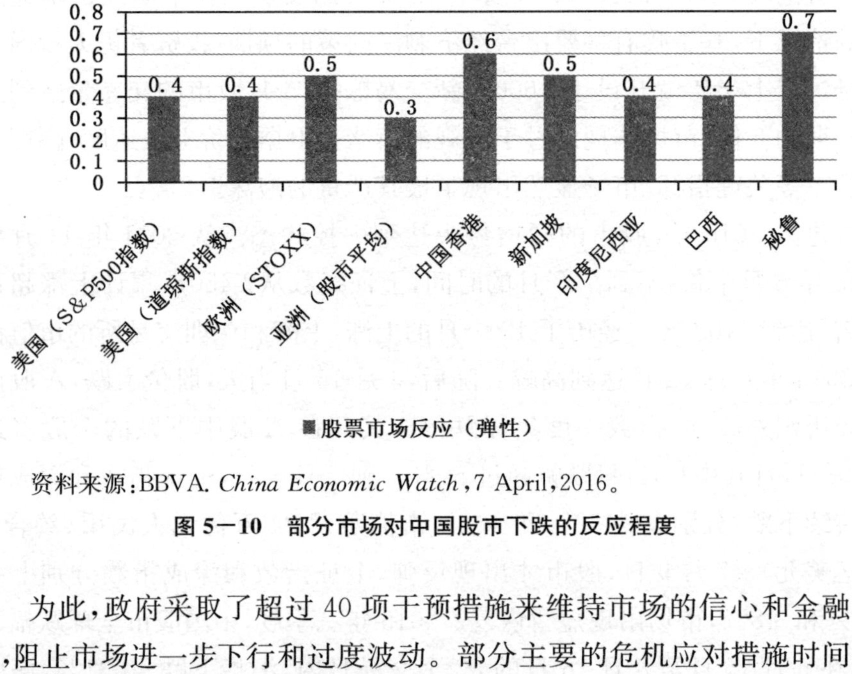

资料来源:BBVA. *China Economic Watch*,7 April,2016。

图5－10 部分市场对中国股市下跌的反应程度

为此,政府采取了超过40项干预措施来维持市场的信心和金融秩序,阻止市场进一步下行和过度波动。部分主要的危机应对措施时间表如表5－5所示。随着救市措施的不断出台,从第四季度开始,投资者信心逐步增强,市场逐步回归常态化。

表5－5 2015年中国政府的股市干预主要措施时间表

时间	政府措施
6月24日	国务院取消商业银行75%存贷比规定,存贷比由法定监管指标转为流动性监测指标
6月27日	人民银行宣布定向降准,金融机构人民币贷款和存款基准利率下调25个基点(分别降至4.85%和2%),部分银行存款准备金下调50个基点

续表

时间	政府措施
6月29日	人社部、财政部联合提出，基本养老保险基金可投资股票、股票基金、股票型养老基金、混合基金等，比例不高于基金资产净值的30%；证监会发文安抚市场情绪
6月30日	中国证券投资基金业协会倡议投资者和基金经理保持理性
7月1日	证监会实施《证券公司融资融券业务管理办法》，沪深交易所发布《融资融券交易实施细则》，规定不动产可作为两融担保物；深沪交易所及中国证券登记结算有限公司宣布于8月1日调整有关A股交易及结算的费用
7月4日	21家券商斥资1 200亿元人民币（合190亿美元）购买蓝筹股救市；证监会执行国务院会议决定，暂停IPO发行，当晚沪深两市28只新股公告暂缓发行，期指合约部分账户限制开仓
7月5日	证监会宣布，为“维持市场稳定”，中国人民银行将通过多种形式给予证金公司流动性支持用于信用提供和股票增持，资金金额约达人民币2 600亿元（约合420亿美元）
7月8日	证监会规定上市公司持股5%以上大股东及董监6个月内不得减持；财政部考虑降低印花税
7月9日	证监会暂停首发和再融资的初审会、发审会
7月17日	作为救市主力的中国证券金融股份有限公司获得商业银行授信规模约2万亿元人民币
7月27日	证监会对“国家队”撤出救市的消息进行辟谣，并对7月27日集中抛售股票等开展进场核查
8月3日	证监会调查电子交易；24只基金暂停3个月交易；上海和深圳证交所大幅上调佣金；政策性银行宣布发行1万亿元人民币债券支持未来几年基础设施建设
8月7日	证监会表明将继续加大对杠杆融资、内幕交易违法案件的打击力度，并要求各地方政府规范通过互联网开展股权融资活动
8月11日	央行调整汇率平价，人民币主动贬值3%。中金公司下属的四只基金开始投资A股市场
8月23日	国务院公布养老金新规定——《基本养老保险基金投资管理办法》，规定投资股票、股票基金、混合基金、股票型养老金产品的比例，合计不得高于养老基金资产净值的30%
8月25日	央行降息0.25%
9月7日	财政部、国家税务总局和中国证监会联合发布规定，持股1年以上股息红利免征个税
10月24日	央行降息0.25%

资料来源：整理自 Zeng, Huang and Hueng (2016), Salidjanova (2015)。

二、人民币新汇改带来的汇市波动

2015年8月11日,人民币汇率制度改革步入新阶段,引发汇率贬值,双向波动加剧。2015年,随着中国经济增长放缓和美元走强,人民币经历2005年汇改以来的长期升值后已存在高估。"8·11汇改"推动人民币汇率市场化形成机制的改革步入新阶段,也引起了市场的震荡。经过自2005年起的十年汇改,2015年8月11日,央行推出新的人民币汇率制度改革方案。"8·11汇改"使得汇率中间价形成机制更加市场化。根据规定,做市商在每日银行间外汇市场开盘前,参考上日银行间外汇市场的收盘汇率进行报价。央行操控中间价的空间缩小,把确定中间价的主导权交给市场,提高了人民币汇率的市场化程度。

在新的定价机制下,做市商报价方法的变化带来过去人民币中间价与市场汇率点差偏离的一次性调整,加之受美联储加息预期走强、前期汇率贬值预期累积、国内股市震荡等因素影响,人民币汇率随后经历了较大幅度的贬值。央行宣布人民币兑美元中间价下调1 136个基点后,三天内人民币兑美元累计跌幅达到3 000点。人民币汇率中间价超调,贬值幅度接近2%。此后,随着市场恐慌情绪的逐步缓解,人民币汇率趋于稳定,呈双向波动趋势。同年10月,人民币加入SDR。

根据摩根士丹利的研究,人民币贬值可能通过贸易、大宗商品和通货紧缩等渠道给其他新兴市场国家带来货币贬值的压力。因此,随着人民币贬值,经济开放且高度依赖对中国出口的国家的货币(如韩元、新加坡元),处于低通胀状态的经济体的货币(如韩元、新加坡元、新台币和泰铢),以及在大宗商品贸易方面对中国风险敞口最大的国家的货币(智利比索、秘鲁新索尔、巴西雷亚尔,以及非洲的南非兰特)将承受极大的贬值压力。事实上,人民币贬值引发了全球金融市场的动荡,特别是亚洲货币的集体贬值。2015年8月12日,越南央行宣布为了应对人民币中间价两次下调对越南经济产生的负面影响,将越南盾交易价围绕中间价的上下浮动区间由1%扩大到2%。马来西亚货币林吉特跌幅达到8.6%,该跌幅在亚洲货币中最大,也是该国货币自1998年来的最大跌幅,2015年该货币全年累计下跌19%。印度尼西亚货币印尼盾兑美元的汇率也跌至1997～1998年亚洲金融危机以来的低点,较过去12个月贬值幅度高达 18%，在彭博亚洲货币贬值榜上仅次于林吉特。新加坡元与泰铢分别以 12%和 10%的贬值幅度，位列第三名和第四名。作为中国南太平洋国家最大的贸易伙伴，澳大利亚澳元一度跌 1.2%报0.721 6美元，创下 2009 年 4 月份以来的最低水平，新西兰元兑美元跌 0.7%报0.649 1。作为高度外向的经济体，新加坡的经济增长与中国经济，特别是与中国工业增长对大宗商品的需求高度相关。新加坡金融市场受人民币贬值的影响明显，到 8 月 15 日，新加坡海峡时报指数下跌 4%，新加坡元兑美元贬值 2%，新加坡银行同业拆借利率（SIBOR）和掉期利率（SOR）分别上调了 6.7%和 17%。

2015 年 8 月，人民币汇改和汇率下跌引起了亚洲市场货币的竞争性贬值。图 5－11 显示了部分主要市场对人民币汇率变动的反应，即各市场对中国汇市变动的弹性。如图 5－11 所示，亚洲国家货币平均的弹性为 0.8，澳大利亚、印度尼西亚、马来西亚、新西兰、巴西、墨西哥、土耳其等与中国经贸往来密切的国家，其货币弹性普遍大于 1，个别国家还超过了 2（马来西亚林吉特弹性为 2.4，巴西雷亚尔高达 4.1）。

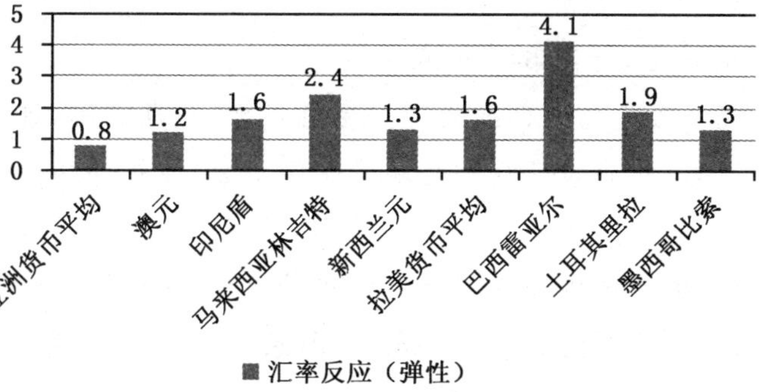

资料来源：BBVA. *China Economic Watch*，7 April，2016。

图 5－11　部分主要市场货币汇率对人民币贬值的反应程度

参考文献

[1]第一财经研究院，国家金融与发展实验室和东航金融.中国金融风险与稳定报告 2016[R]，2016.

[2]L. Laeven and F. Valencia. "Systemic Banking Crises Database: An

Update", IMF Working Papers,2012,61(2):225—270.

[3]Zeng, Huang and Hueng."On Chinese Government's Stock Market Rescue Efforts in 2015",*Modern Economy*,2016,411—418.

[4]N. Salidjanova,"China's Stock Market Collapse and Government's Response",*U.S.—China Economic and Security Review Commission*. July 13,2015.Issue Brief.

[5]Ravi Balakrishnan,Stephan Danninger,Selim Elekdag and Irina Tytell."The Transmission of Financial Stress from Advanced to Emerging Economies",*Emerging Markets Finance & Trade*,2014,47(5):40—68.

[6]R. Cardarelli,S. A. Elekdag and S. Lall."Financial Stress, Downturns,and Recoveries",IMF Working Papers,2009,9(100):25—29.

[7]Jinyue Dong and Alejandro Neut."Global Prominence of China's Financial Markets",*China Economic Watch*,April 7,2016. BBVA.

附录

1. 危机的内涵、界定和数据来源

金融危机一般是指全部或大部分金融指标(短期利率,证券、房地产、土地等资产价格,商业破产数和金融机构倒闭数)在短期内急剧和超周期的恶化。

货币危机、银行危机和主权债务危机的起始年份数据来源于 Laeven and Valencia(2012)。根据该文,165 个国家(地区)划分为发达国家、新兴市场国家和其他国家三种类型,其中发达国家 25 个,新兴市场国家 29 个,其他国家 111 个。

系统性银行危机的识别标准是:银行部门出现大的金融压力信号,例如明显的银行挤兑,银行系统损失和(或)银行清算,并且出现了应对银行损失的明显政策干预措施。具体识别年份的标准包括符合下列 6 个条件中的 3 个:①大规模的流动性支持(非居民存款和负债的 5%);②银行重组总成本占 GDP 超过 3%;③大量银行国有化;④大量实施保险制度;⑤明显的资产购买(至少占 GDP 的 5%);⑥冻结存款和(或)延长银行假日。货币危机定义为:一国兑美元汇率贬值超过 30%,且贬值幅度超过上一年贬值幅度10%以上。主权债务危机界定和识别来自 Beim and Calomiris（2001）、World Bank（2002）、Sturzenegger and Zettelmeyer（2006）、IMF和评级机构报告等。

2. 三类危机的时间表

三类危机起始年份时间表(1970～2011年)

国家(地区)	系统性银行危机（起始年份）	货币危机（年份）	主权债务危机（违约时间）
Albania	1994	1997	1990
Algeria	1990	1988,1994	
Angola		1991,1996	1988
Argentina	1980,1989,1995,2001	1975,1981,1987,2002	1982,2001
Armenia	1994	1994	
Australia			
Austria	2008		
Azerbaijan	1995	1994	
Bangladesh	1987	1976	
Barbados			
Belarus	1995	1994,1999,2009	
Belgium	2008		
Belize			
Benin	1988	1994	
Bhutan			
Bolivia	1986,1994	1973,1981	1980
Bosnia and Herzegovina	1992		
Botswana		1984	
Brazil	1990,1994	1976,1982,1987,1992,1999	1983
Brunei			
Bulgaria	1996	1996	1990
Burkina Faso	1990	1994	
Burundi	1994		
Cambodia		1971,1992	
Cameroon	1987,1995	1994	1989
Canada			

续表

国家(地区)	系统性银行危机(起始年份)	货币危机(年份)	主权债务危机(违约时间)
Cape Verde	1993		
Central African Rep.	1976,1995	1994	
Chad	1983,1992	1994	
Chile	1976,1981	1972,1982	1983
China,P.R.	1998		
Colombia	1982,1998	1985	
Comoros		1994	
Congo,Dem. Rep. of	1983,1991,1994	1976,1983,1989,1994,1999,2009	1976
Congo,Rep. of	1992	1994	1986
Costa Rica	1987,1994	1981,1991	1981
Côte d'Ivoire	1988	1994	1984,2001
Croatia	1998		
Czech Republic	1996		
Denmark	2008		
Djibouti	1991		
Dominica			2002
Dominican Republic	2003	1985,1990,2003	1982,2003
Ecuador	1982,1998	1982,1999	1982,1999,2008
Egypt	1980	1979,1990	1984
El Salvador	1989	1986	
Equatorial Guinea	1983	1980,1994	
Eritrea	1993		
Estonia	1992	1992	
Ethiopia		1993	
Fiji		1998	
Finland	1991	1993	
France	2008		
Gabon		1994	1986,2002
Gambia,The		1985,2003	1986
Georgia	1991	1992,1999	
Germany	2008		
Ghana	1982	1978,1983,1993,2000,2009	

续表

国家(地区)	系统性银行危机(起始年份)	货币危机(年份)	主权债务危机(违约时间)
Greece	2008	1983	2012
Grenada			2004
Guatemala		1986	
Guinea	1985,1993	1982,2005	1985
Guinea-Bissau	1995	1980,1994	
Guyana	1993	1987	1982
Haiti	1994	1992,2003	
Honduras		1990	1981
China,P.R.: Hong Kong			
Hungary	1991,2008		
Iceland	2008	1975,1981,1989,2008	
India	1993		
Indonesia	1997	1979,1998	1999
Iran,I.R. of		1985,1993,2000	1992
Ireland	2008		
Israel	1977	1975,1980,1985	
Italy	2008	1981	
Jamaica	1996	1978,1983,1991	1978,2010
Japan	1997		
Jordan	1989	1989	1989
Kazakhstan	2008	1999	
Kenya	1985,1992	1993	
Korea	1997	1998	
Kuwait	1982		
Kyrgyz Republic	1995	1997	
Lao People's Dem. Rep.		1972,1978,1986,1997	
Latvia	1995,2008	1992	
Lebanon	1990	1984,1990	
Lesotho		1985	
Liberia	1991		1980
Libya		2002	

续表

国家(地区)	系统性银行危机(起始年份)	货币危机(年份)	主权债务危机(违约时间)
Lithuania	1995	1992	
Luxembourg	2008		
Macedonia	1993		
Madagascar	1988	1984,1994,2004	1981
Malawi		1994	1982
Malaysia	1997	1998	
Maldives		1975	
Mali	1987	1994	
Mauritania	1984	1993	
Mauritius			
Mexico	1981,1994	1977,1982,1995	1982
Moldova		1999	2002
Mongolia	2008	1990,1997	
Morocco	1980	1981	1983
Mozambique	1987	1987	1984
Myanmar		1975,1990,1996,2001	
Namibia		1984	
Nepal	1988	1984,1992	
Netherlands	2008		
New Caledonia		1981	
New Zealand		1984	
Nicaragua	1990,2000	1979,1985,1990	1980
Niger	1983	1994	1983
Nigeria	1991,2009	1983,1989,1997	1983
Norway	1991		
Pakistan		1972	
Panama	1988		1983
Papua New Guinea		1995	
Paraguay	1995	1984,1989,2002	1982
Peru	1983	1976,1981,1988	1978
Philippines	1983,1997	1983,1998	1983
Poland	1992		1981

续表

国家(地区)	系统性银行危机（起始年份）	货币危机（年份）	主权债务危机（违约时间）
Portugal	2008	1983	
Romania	1990	1996	1982
Russia	1998,2008	1998	1998
Rwanda		1991	
São Tomé and Principe	1992	1987,1992,1997	
Senegal	1988	1994	1981
Serbia, Republic of		2000	
Seychelles		2008	2008
Sierra Leone	1990	1983,1989,1998	1977
Singapore			
Slovak Republic	1998		
Slovenia	1992,2008		
South Africa		1984	1985
Spain	1977,2008	1983	
Sri Lanka	1989	1978	
Sudan		1981,1988,1994	1979
Suriname		1990,1995,2001	
Swaziland	1995	1985	
Sweden	1991,2008	1993	
Syrian Arab Republic		1988	
Switzerland	2008		
Tajikistan		1999	
Tanzania	1987	1985,1990	1984
Thailand	1983,1997	1998	
Togo	1993	1994	1979
Trinidad and Tobago		1986	1989
Tunisia	1991		
Turkey	1982,2000	1978,1984,1991,1996,2001	1978
Turkmenistan		1993,2008	
Uganda	1994	1980,1988	1981
Ukraine	1998,2008	1998,2009	1998
United Kingdom	2007		

续表

国家(地区)	系统性银行危机（起始年份）	货币危机（年份）	主权债务危机（违约时间）
United States	1988,2007		
Uruguay	1981,2002	1972,1983,1990,2002	1983,2002
Uzbekistan		1994,2000	
Venezuela	1994	1984,1989,1994,2002,2010	1982
Vietnam	1997	1972,1981,1987	1985
Yemen	1996	1985,1995	
Yugoslavia,SFR			1983
Zambia	1995	1983,1989,1996,2009	1983
Zimbabwe	1995	1983,1991,1998,2003	

第六章

内外部经济均衡状态

第一节 主要经济体内部经济均衡状态概述

一、内部均衡的测度

理论上，内部均衡是指国内经济中产品市场、货币市场和劳动市场同时实现均衡，即宏观经济处于充分就业水平，无通货膨胀压力。我们通过计算经济体的产出缺口，即实际产出水平与潜在产出水平的比值，并取对数，评估其内部均衡状态。其中，潜在产出是指在合理稳定的价格水平下，使用最佳可利用的技术、最低成本的投入组合并且资本和劳动力的利用率达到充分就业要求，所能生产出来的物品和服务。

潜在产出的测度方法主要有单变量统计法（如 HP 滤波；De Masi，1997）、生产函数法（D'Auria et al.，2010）、多变量滤波法（Kuttner，1994；Benes et al.，2010）和动态随机一般均衡（DSGE）模型法（Vetlov et al.，

2011)。HP 滤波因其简单、透明的特点而备受青睐,适用于任何有 GDP 统计数据的国家。因此,鉴于新兴市场国家普遍存在统计数据缺失的问题,学者们往往采用该方法测度这些国家的潜在产出。

生产函数法能够单独考察生产过程中每种要素投入对潜在产出的影响。具体估计步骤为:第一步,建立双要素生产函数(通常为柯布—道格拉斯函数);第二步,搜集就业和资本存量数据;第三步,根据生产函数方程的残差估算全要素生产率(TFP);第四步,修匀 TFP 序列并为潜在就业量设定某种随机过程;第五步,将第四步的结果与资本存量的(估计)数据代入生产函数,从而得到潜在产出的估计值。但该方法也存在一定的局限性,一方面,可靠的资本存量数据难以获得;另一方面,剔除 TFP 序列和就业量趋势的具体方式直接决定了潜在产出估计值的大小。

多变量滤波法在模型中加入了一些基本的理论关系(如利用菲利普斯曲线将通胀变化与产出缺口挂钩)。这样,产出缺口和潜在产出的估计值便与传统概念相一致。另外,模型使用便捷、形式灵活,仅需少数几种经济变量便可完成估计,同时在可获统计变量较多时将模型进一步扩展。不过,该方法也存在一些不足,比如"样本末"问题。同时,估计的准确性还取决于上述理论关系在特定经济体中是否成立。DSGE 模型法具有严格的理论依据,但技术细节过于庞杂,需要一定的建模技巧和时间投入。另外,由此得出的产出缺口和潜在产出估计值对模型设定非常敏感,稳健性不足。

基于对数据可得性和模型完善程度的考量,本报告采用 Laxton et al.(2015)构建的模型计算样本经济体的产出缺口和潜在产出。模型所需的可观测变量包括实际 GDP 增长率、以 CPI 衡量的通货膨胀率和失业率,并利用贝叶斯方法估计方程中的参数和冲击项的方差。模型主要由以下方程构成[①]:

(1)$y=Y-\bar{Y}$

(2)$\bar{Y}_t=\bar{Y}_{t-1}+G_t+\varepsilon_t^{\bar{Y}}$

(3)$G_t=\theta G^{ss}+(1-\theta)\ G_{t-1}+\varepsilon_t^G$

(4)$y_t=\phi y_{t-1}+\varepsilon_t^y$

---

① 其中,方程(5)为菲利普斯曲线,方程(8)为奥肯规则。

$(5)\pi_t=\lambda\pi_{t+1}+(1-\lambda)\ \pi_{t-1}+\beta y_t+\varepsilon_t^{\pi}$

$(6)\overline{U}_t=[\tau_4\overline{U}^{ss}+(1-\tau_4)\overline{U}_{t-1}]+g\overline{U}_t+\varepsilon_t^{\overline{U}}$

$(7)g\overline{U}_t=(1-\tau_3)g\overline{U}_{t-1}+\varepsilon_t^{g\overline{U}}$

$(8)u_t=\tau_2\ u_{t-1}+\tau_1 y_t+\varepsilon_t^u$

$(9)u_t=\overline{U}_t-U_t$

其中，y 为产出缺口，等于实际 GDP 与潜在实际 GDP 的对数差分值；潜在产出水平 $\overline{Y}_t$ 根据潜在增速 G_t 与水平冲击项 $\varepsilon_t^{\overline{Y}}$ 演化；ε_t^y 为需求冲击。为了识别方程(2)～(4)，模型加入了方程(5)～(9)以描述通货膨胀率与失业率变化。$\overline{U}_t$ 是指时变均衡失业率(即非加速通货膨胀失业率，NAIRU)，它受冲击项 $\varepsilon_t^{\overline{U}}$ 和趋势变动项 $g\overline{U}_t$ 的影响。

二、内部均衡分析

一般地，正产出缺口会在经济过热时上升，同时通货膨胀率呈现向上的趋势；经济不景气或衰退时，产出缺口会或快或慢地收窄并逐渐滑入负值区间。其中，尤以长期的负产出缺口的危害最大，其经济后果主要体现在劳动力就业、长期经济潜力和公共财政收支方面。第一，负产出缺口的持续时间越长，就业率越低，说明由于实际产出低于潜在产出，许多愿意工作的工人就业无门。第二，负产出缺口越大，持续时间越久，对经济体的长期增长潜力破坏越大。经济运行低于潜在水平会造成工人和资本闲置，一方面，工人的专业技能和人脉会由于长期失业而逐渐丧失；另一方面，投资下降会在长期拉低教育、研发投入。第三，长期的负产出缺口会使一国的公共财政收支状况恶化。Bivens and Edwards(2010)研究发现，美国的周期性预算赤字每增加 0.37 美元，潜在产出就会下降 1 美元。

本节的分析包含 54 个国家，其中 34 个为经合组织(OECD)成员国①，其余 20 个为新兴市场国家②。除保加利亚、印度尼西亚、约旦、秘鲁、罗马尼亚、南非、斯里兰卡、泰国和委内瑞拉外，其余国家的样本区间

① 2016 年 7 月 1 日，拉脱维亚正式加入经济合作与发展组织，成为其第 35 个成员国。

② 参考靳玉英等(2013，2014)，我们选取的 20 个新兴市场国家为：阿根廷、巴西、保加利亚、中国、哥伦比亚、埃及、印度、印度尼西亚、约旦、马来西亚、摩洛哥、巴基斯坦、秘鲁、菲律宾、罗马尼亚、俄罗斯、南非、斯里兰卡、泰国和委内瑞拉。

为1996～2015年。上述9国由于缺少1996～2000年间个别相关指标的数据,故将它们的样本区间调整为2001～2015年。全部数据来自国际货币基金组织(IMF)的世界经济展望数据库(2016年4月版)①。

OECD成员国的内部均衡状况见附录A.1。整体而言,除韩国外,其余OECD国家的产出缺口自2002年左右开始由负转正或者正缺口继续扩大,同时带动通货膨胀率缓慢攀升。另外,我们也发现,金融危机爆发前连续5年以上出现显著正缺口的经济体(如加拿大、希腊、冰岛、西班牙、爱尔兰),在危机后呈现的负缺口更大、持续时间更长。这说明当总需求高涨的经济体面临内外需求收缩时,无论是借助需求支持政策还是依靠经济体的内在韧性,其调整能力均有限,容易加剧内部失衡。

根据"后危机"时代(2011年后)各发达国家产出缺口的变化方向,我们可以将其分为四类:(1)负向缺口持续扩大,如澳大利亚、奥地利;(2)产出缺口呈"倒U型"或"倒V型",如智利;(3)负向缺口呈"U型"或"V型"反弹,如比利时、捷克共和国、丹麦、芬兰、法国、冰岛、爱尔兰、希腊、匈牙利、意大利、卢森堡、荷兰、新西兰、葡萄牙、斯洛文尼亚、西班牙、瑞典、英国、美国;(4)产出缺口较小并保持稳定,如爱沙尼亚、加拿大、德国、以色列、日本、韩国、墨西哥、挪威、波兰、斯洛伐克共和国、瑞士、土耳其。

另外,我们将同一时期各国潜在产出增速的变化方式归为三类②:(1)潜在产出增速缓慢下滑或小于零,如智利、希腊、以色列、意大利、波兰、葡萄牙、斯洛伐克共和国;(2)潜在产出增速基本保持稳定,如澳大利亚、奥地利、比利时、加拿大、丹麦、芬兰、法国、德国、韩国、墨西哥、荷兰、西班牙、瑞士、土耳其;(3)潜在产出增速缓慢上升,如捷克共和国、爱沙尼亚、匈牙利、冰岛、爱尔兰、日本、卢森堡、新西兰、挪威、斯洛文尼亚、瑞典、英国、美国。

与OECD国家相比,新兴市场国家(附录A.2)在"后危机"时代出现负向缺口持续扩大或呈"倒U型"、"倒V型"的情况较为普遍,如阿根廷、

① International Monetary Fund. World Economic Outlook Database (April 2016)[DB/OL]. http://www.imf.org/external/pubs/ft/weo/2016/01/weodata/index.aspx. 2016－04－12/2016－09－25.

② 分类依照2011～2015年各国潜在GDP增长率的年均变化值:"潜在产出增速缓慢下滑"指年均变化值<－0.05%;"潜在产出增速基本保持稳定"指|年均变化值|≤0.05%;"潜在产出增速缓慢上升"指年均变化值>0.05%。

巴西、中国、秘鲁、俄罗斯、斯里兰卡、泰国和委内瑞拉。内部均衡程度相对较高的国家有印度、印度尼西亚和南非。从各国的潜在产出增速看，整体呈上升趋势的国家仅有马来西亚、巴基斯坦、菲律宾和罗马尼亚。

第二节　主要经济体外部经济均衡状态概述

理论上，外部均衡是指国际收支均衡，即既不存在国际收支顺差，也不存在国际收支逆差。但这一定义不像内部均衡定义中的充分就业、物价稳定和经济增长那样具有明显的社会福利意义。根据双缺口模型，一国的超额储蓄造成的超额供应可以通过等量的出口净额得到消化；反之，一国的储蓄不足形成的超额需求则可凭借进口净额予以维持（奚君羊，2008）。换言之，若一国的进口大于（小于）出口，则会降低（提高）其国内的储蓄存量或导致资本输入（输出）。因此，国际收支余额的理论值为零。

然而，现实中，国际收支均衡的理论值与实际值间不免存在偏差。目前，国际公认的国际收支余额占GDP比例的合意水平为±3%，超过该水平意味着国际收支失衡。因此，我们将以国际收支均衡代表外部均衡，并以经常账户差额占GDP的比例辅助分析。金融危机后，一些学者将本次危机归因于资产价格上升、杠杆率攀升和外部失衡（Obstfeld and Rogoff，2009）。一般地，国际收支逆差过大会使一国面临资本流入“骤停”（sudden stop）的风险[①]，从而减缓该国的实际经济增速。Jordà Ò et al.（2011）研究了1870～2008年间相继在14个发达国家爆发的金融危机，发现一国在危机前夕均会出现高于该国历史水平的巨额经常账户逆差和信贷激增。此外，Blanchard（2007）、Blanchard and Milesi-Ferretti（2010）认为，即使庞大的经常账户差额反映了正常的私人储蓄与投资决策，国家仍应利用政策手段纠正商品、劳动力或金融市场存在的各类扭曲。

国际货币基金组织（IMF）的国际收支统计数据库（BOPS）提供了上

① 根据Edwards（2004）的定义，资本流入“骤停”（sudden stop）是指当年资本流入量占GDP的比例至少下降5%。

节中54国的经常账户差额占GDP的比例[①]。同时,我们根据数据库中各国的经常账户差额、资本账户差额和非储备性质的金融账户差额计算了各国国际收支总差额占GDP的比例以衡量各国的外部均衡程度[②]。附录B.1为OECD成员国的外部均衡状态,附录B.2为新兴市场国家的外部均衡状态。

以国际公认的外部失衡警戒线为界,我们发现,金融危机一方面加剧了OECD成员国的外部失衡状况,另一方面略微缓解了新兴市场国家的外部经济失衡。同时,所考察的54个国家国际收支余额占GDP比例的标准差在危机后整体小幅上扬,说明经济体的外部稳定性有所降低。1996~2015年间先后有27个OECD成员国出现过外部失衡,其中15国曾相继经历过正向失衡和负向失衡,而奥地利、加拿大、德国、法国、英国、意大利和美国在此期间保持了良好的外部均衡状态。金融危机爆发前8年(2000~2007年),存在外部失衡的OECD成员国有22个,其中正向失衡的有17个,负向失衡的有9个,正负失衡同时存在的有4个;金融危机后8年(2008~2015年),虽然存在外部失衡的成员国同样为22个,但正向与负向失衡的已分别增至21国和19国,正负失衡同时存在的增至10国。此外,我们还分别测算了金融危机前后8年OECD成员国国际收支总差额占GDP比例的标准差,发现危机前的标准差中位数为1.82,之后为2.00,小幅上扬。样本期间新兴市场20国的外部失衡状况较为严重,其中以中国、马来西亚、俄罗斯、保加利亚和约旦的失衡状况最为突出,仅哥伦比亚保持了良好的外部均衡状态,另有11个国家既存在正向失衡也存在负向失衡。金融危机前后,外部失衡的国家由18个降至16个,其中正向失衡国家由16个降至13个,负向失衡国家由6个升至8个。从各国国际收支总差额占GDP比例的标准差看,危机前为2.67,之后为2.86。

另外,各国经常账户余额(占GDP的比例)与国际收支总差额(占GDP的比例)的变化趋势在新兴市场国家中较为相似,相关系数的中位数为0.446,而该数值在OECD成员国中仅为0.047。其主要原因是,新兴市场国家通常实行较为严格的资本管制,大幅削弱了资本和非储备金

① International Monetary Fund. Balance of Payments Statistics [DB/OL]. http://data.imf.org/? sk=7A51304B-6426-40C0-83DD-CA473CA1FD52.2016-08-25/2016-09-25.

② 国际收支总差额=经常账户差额+资本账户差额+非储备性质的金融账户差额。

融账户余额的波动性。

值得注意的是，冰岛的经常账户余额与国际收支总差额（占 GDP 的比例）波动最大，且波动幅度远高于其他样本国家。其经常账户余额占比在 2008 年为－23.7%，达到历史最低值，国际收支总差额占比在经历了 2009 年的－169%低值后又于 2015 年飙升至 426.60%。我们认为，造成冰岛数据大起大落的原因除数据本身可能存在的收集或计算误差外，还因为该国对外经济较为脆弱，缺乏对资本流动方向和规模的有效监管。

第三节　主要经济体的内外均衡状态组合和政策干预

本节将着眼于世界主要国家，包括美国、加拿大、墨西哥、澳大利亚、英国、法国、德国、意大利、日本、韩国、土耳其、巴西、中国、印度、印度尼西亚、俄罗斯和南非。针对 1996～2015 年各国的内外经济均衡状态以及政府所采取的政策干预手段（中国将在下节单独讨论），我们将按照“先内后外”的次序，力图在描述数据表象的同时兼顾对其背后政策的剖析。

美国（附录 A.1 图 67～图 68；附录 B.1 图 142）的正产出缺口峰值分别出现在 2000 年和 2006 年，前者为 2.26%，后者为 2.03%，同时通货膨胀率逾 3%，接踵而来的分别是互联网泡沫的破灭与金融危机的爆发。为应对经济过热、抑制经济内部失衡，美国曾在 1999 年 6 月～2000 年 6 月期间 6 次上调联邦基金目标利率，在 2004 年 6 月到 2006 年 6 月间 17 次加息。在金融危机前，美国的负产出缺口相对温和，绝对值一般小于 0.8%。但在金融危机爆发后，该缺口在 2009 年一度扩大至－3.64%，此后缓慢收窄，截止到 2015 年已处于正值区间。为此，美联储在 2008 年 12 月 16 日将联邦基金目标利率降至 0.25%的历史低位，同时相继推出三轮量化宽松货币政策（QE）以支持经济复苏。QE 有别于传统货币政策，使美联储得以绕过银行等金融机构直接向经济体和特定机构注入流动性，而有计划地大幅增持长期国债和资产抵押支持证券（MBS）能够有效压低长期低利率和房地产按揭利率，促进私人部门投资和房地产市场的复苏。财政政策方面，美国政府先后推出《美国就业法案》（American Jobs Act）和《增长促就业法案》（Jobs through Growth Act），分别从需求端和供给端拉动经济增长。前者侧重于增加刺激性支出、削减劳动所得税[①];后者以降低公司、高收入群体的适用税率以及放松就业限制为主[②]。

另外,尽管经常账户逆差较大,但得益于资本和非储备类的金融账户顺差,美国保持了良好的外部均衡状态。2015 年,受贸易逆差上升的影响,美国经常账户差额占 GDP 的比例继续下降,进而导致国际收支逆差扩大。但随着对美联储未来多次加息的预期升温,资本回流将使资本和金融账户顺差上升,抑制经济外部失衡势头。

加拿大(附录 A.1 图 7～图 8;附录 B.1 图 112)分别在 2000 年和 2007 年出现正产出缺口峰值,同期通货膨胀率分别为 2.74%和 2.13%。受 2008 年金融危机的影响,加拿大经济也出现了明显的衰退迹象,负产出缺口一度达到－3.1%。但由于加拿大银行体系受到有效监管,联邦政府在1997～2008 年间长期保持财政盈余并不断削减债务水平[③],经济衰退的破坏性持续时间较短,从而很快扭转了内部失衡状况,产出缺口于 2011 年收缩至－0.35%。作为发达国家中少数几个净能源出口国,2013 年以来的国际能源价格下跌使该国的经济增速放缓,2015 年全年实际 GDP 增速仅为 1.08%,远低于上年的 2.47%。但由于产出缺口仅为－0.17%,内部经济整体保持均衡。同时,经常账户逆差扩大,但鉴于资本和非储备类的金融账户顺差增加,该国仍然保持了良好的外部均衡状态。

墨西哥(附录 A.1 图 41～图 42;附录 B.1 图 129)于 1994 年初加入北美自由贸易协定(NAFTA)。在经历了 1994～1995 年的比索危机后,随着 Zedillo 总统推出的一系列宏观经济改革,恶性通货膨胀逐渐缓解,但国内经济在之后很长一段时间内(1996～2005 年)都未企稳,实际 GDP 增长率波动较大,导致内部失衡状况日益严重。一方面,墨西哥的投资水平较低,1996～2005 年间固定资本形成总额占 GDP 的比例均值为

---

① The White House.Fact Sheet: The American Jobs Act [EB/OL].https://www.whitehouse.gov/the-press-office/2011/09/08/fact-sheet-american-jobs-act.2011－09－08/2016－09－25.

② Office of Sen. Rob Portman.Jobs Through Growth Act: The Republican Plan to Put Americans Back to Work [EB/OL].http://www.portman.senate.gov/public/index.cfm/files/serve? File_id=46bf4ac7－d376－4aa5－9c57－0cc03ce2ab9f.2011－10－13/2016－09－25.

③ Mercatus Center at George Mason University. Canada's Budget Triumph [EB/OL].https://www.mercatus.org/publication/canada-s-budget-triumph.2010－09－30/2016－09－25.

20%[①]，从未超过25%[②]。另一方面，国内实行严格的信贷配给制度，限制了支撑生产投资活动的信贷量，非金融部门新增信贷量占GDP的比例由1996年初的86%下降至2005年末的44%[③]。2006年，新一届的墨西哥政府取消了信贷配给，非金融部门新增信贷量占GDP的比例随后缓慢提高，在2015年底已达到76.3%。2009年，始于美国的次贷危机开始蔓延至全球各个角落，墨西哥也未能幸免，负产出缺口一度达到−4.58%。为此，墨西哥央行于2009年7月17日将基准利率（银行间隔夜拆借利率）由2008年末的8.25%降至4.5%，随后在中长期通胀预期稳定的情况下进一步降息（2014年末为3%）[④]。墨西哥政府大幅增加政府支出，以抵消总需求下滑。自2010年开始，负产出缺口逐渐收窄，墨西哥经济在2011年之后基本实现了内部均衡。

2008年，墨西哥的经常账户余额占GDP的比例扩大至−1.84%。由于市场担心受外部需求低迷的影响，墨西哥的经常账户逆差会进一步扩大。同时，墨西哥央行为维持币值稳定，必然入市干预，从而降低其外汇储备，墨西哥比索汇率出现较大波动。为平抚市场情绪，墨西哥央行分别与IMF和美联储签署了总额约500亿美元的货币额度协议。此后，资本流入增加，但受政府支出增加的影响，进口增加，经常账户逆差占GDP的比例升高，国际收支总差额占GDP的比例在2010年扩大至4.1%。

澳大利亚（附录A.1图1～图2；附录B.1图109）的产出缺口虽在样本期间屡有波动，但波幅较窄，除个别年份外基本处于±1%范围内，保持了良好的内部均衡状态。此外，作为世界主要的大宗商品出口国，2000年以来大宗商品价格的稳步增长显著提高了澳大利亚的贸易条件，从而保持了长期经常账户逆差[⑤]。2006年5月，为抑制经济过热、正产出缺口

① The World Bank.Gross fixed capital formation [DB/OL]. http://data.worldbank.org/indicator/NE.GDI.FTOT.ZS. 2016−08−10/2016−09−25.

② 联合国贸易和发展会议（UNCTAD）认为，若一国维持年均5%的中期经济增速，其固定资本形成总额占GDP的比例不应低于25%。资料来自Moreno Brid et al.(2005)。

③ Bank for International Settlements. Credit to the non-financial sector [DB/OL]. http://www.bis.org/statistics/totcredit.htm? m=6%7C326. 2016−09−18/2016−09−25.

④ Bank of Mexico.Annual Report [EB/OL].http://www.banxico.org.mx/publicaciones-y-discursos/publicaciones/informes-periodicos/anual/index-en.html. 2016−09−25.

⑤ Wikipedia. Australia [EB/OL]. https://en.wikipedia.org/wiki/Australia # Economy. 2016−09−25.

进一步扩大，澳大利亚储备银行(RBA)开始缓慢上调基准利率(银行间隔夜无担保贷款利率见图 6—1)，截至 2008 年中旬，利率已上调 175bp 至 7.25%[①]。在金融危机爆发后，RBA 又在 1 年内降息 6 次，将基准利率降至 3%，尽管此后曾一度上调至 4.75%，但随着 2012 年至 2013 年初主要贸易伙伴经济放缓，非矿业部门出现衰退迹象，基准利率再次下调[②]。然而，史无前例的宽松货币政策难以有效拉动总需求，近年来负产出缺口有扩大之势。

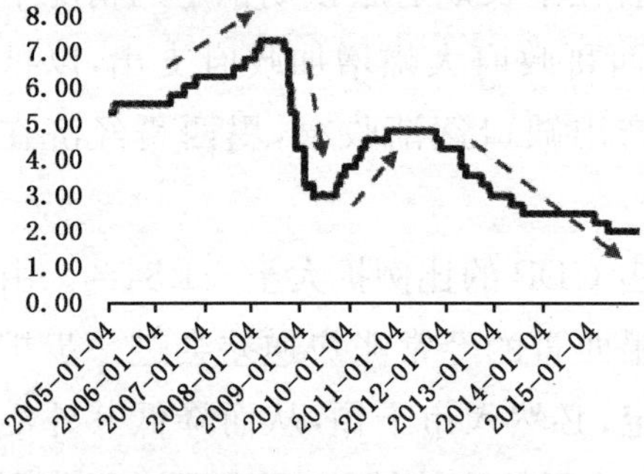

资料来源：Wind。

图 6—1 澳大利亚的基准利率变化(%)

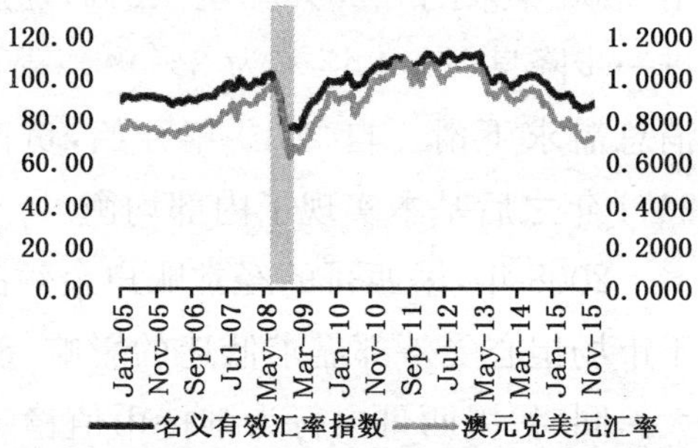

资料来源：Wind。

图 6—2 澳元汇率与名义有效汇率指数

在外部均衡方面，2008 年以来未有大的失衡。2008 年末，受金融危机影响，全球经济增长前景黯淡、大宗商品价格下跌、投资者风险偏好降低、澳元大幅贬值，当年 7 至 10 月仅 3 个月内澳元兑美元汇率下挫 40%，贸易加权汇率指数下降 30%(见图 6—2)。为此，RBA 在外汇市场总计购买约 38 亿澳元以稳定汇率，澳元汇率随后自 2009 年 3 月起开始稳步上升，有效地遏制了资本流出，将国际收支总差额占 GDP 的比例控制在合理范围内。

英国(附录 A.1 图 65～图 66；附录 B.1 图 141)的正产出缺口在 2002～2007 年间稳步扩大，峰值为 3.51%。但金融危机的爆发刺破了英

① Reserve Bank of Australia. Annual Report [EB/OL]. http://www.rba.gov.au/publications/annual-reports/rba/2009/. 2016—09—25.

② THE CONVERSATION. National economy grows but some non-mining states in recession [EB/OL]. http://theconversation.com/national-economy-grows-but-some-non-mining-states-in-recession—12670. 2013—03—06/2016—09—25.

国的房地产泡沫，接踵而来的信贷紧缩沉重打击了该国经济，2009 年实际 GDP 收缩 4.19%，负产出缺口相应扩大至－3.19%。为此，英格兰银行试图通过降息和量化宽松货币政策来刺激经济。一方面，英格兰银行自 2007 年 12 月 6 日起进入降息周期，截至 2009 年 3 月 5 日，累计下调基准利率 525bp 至 0.5%；另一方面，央行分两个阶段实施量化宽松货币政策，第一阶段为流动性注入，第二阶段为资产购买（陈静，2013）①。此外，英国政府还实施了大规模财政刺激计划，2008 年和 2009 年的新增财政支出之和占 GDP 的比例达到 8.7%（Cameron，2012）。2010 年，英国实际 GDP 增长1.54%，此后虽有波动，但整体稳中有升，使负产出缺口逐渐收窄。

纵观整个样本区间（1996～2015 年），英国保持了良好的外部均衡状态，国际收支总差额占 GDP 的比例远低于±3%的水平。即便在金融危机爆发后，受英镑升值和国内需求回暖的影响，经常账户逆差持续扩大，国际收支总差额占 GDP 的比例仍保持在±1%范围内。

法国（附录 A.1 图 19～图 20；附录 B.1 图 118）、德国（附录 A.1 图 21～图 22；附录 B.1 图 119）和意大利（附录 A.1 图 33～图 34；附录 B.1 图 125）同属欧元区国家，自 1999 年 1 月 1 日起实施统一的货币政策。金融危机前夕（2007 年），法、德、意三国的正产出缺口均达到历史高点，其中法国为 2.15%，德国为 2.49%，意大利为 3.36%。危机的爆发随之在 2009 年末点燃了“欧债危机”的导火索，为救助金融机构、刺激总需求、遏制负产出缺口继续扩大，欧洲中央银行（ECB）除下调基准利率（主要是再融资利率）外，还推出量化宽松货币政策，包括长期再融资操作（LTRO）、证券市场计划（SMP）和直接货币交易计划（OMT）②。另外，各国财政部也相继推出财政刺激方案，法、德、意三国 2008 年和 2009 年两年合计新

① 第一阶段实施时间为 2008 年 4 月～2009 年 3 月，运用特别流动性计划（SLS）解决银行系统流动性问题，以贴现窗口便利（DWF）向市场注入流动性以防范系统性风险，以及通过货币互换协议和长期英镑逆回购操作向同业市场注入美元和英镑流动性。第二阶段始于 2009 年 3 月，资产购买计划（APF）涵盖国库券、商业票据和公司债券。

② 欧洲央行自 2015 年 3 月 9 日全面开启量化宽松货币政策，每月购买 600 亿欧元的政府及私人债券，直至 2016 年 9 月。2016 年 3 月 10 日，欧洲央行召开货币政策会议，宣布将主要再融资利率下调 5 个基点至 0%，下调边际贷款利率 5 个基点至 0.25%，下调隔夜存款利率 10 个基点至－0.40%，并扩大 QE 规模至每月 800 亿欧元，将 QE 购债范围扩大至非银行企业债券。

增财政支出之和占 GDP 的比例分别为 4.8%、3.3%、3.8%(Cameron, 2012)。除政策刺激外,凭借着雄厚的资本存量、高水平的创新能力和庞大的熟练工人队伍,德国经济很快从危机中复苏,产出缺口缓慢收窄。为避免银行受到较大冲击,法国政府在 2008 年向国内六大银行注资 105 亿欧元,同时于 2008 年 9 月 22 日,暂停卖空银行、保险公司股票,期限为 3 个月。庞大的政府债务(见图 6—3)和孱弱的银行体系将意大利很快卷入"欧债危机"中。为此,欧洲央行一方面通过长期再融资操作(LTRO)和建立欧洲稳定机制(ESM)直接向负债累累的意大利银行提供融资支持,使其能够兼顾偿债与维持正常的经营及工商业贷款业务,避免出现信贷紧缩扼杀经济复苏,同时还有赖这些银行购买一部分政府债券,从而缓解债务危机压力①;另一方面敦促意大利政府加快结构性改革、削减政府支出、平衡预算。2013 年,意大利经济有所好转,实际 GDP 增长率触底反弹至—1.75%,负产出缺口开始收缩,内部经济失衡的局面得以逐渐扭转。

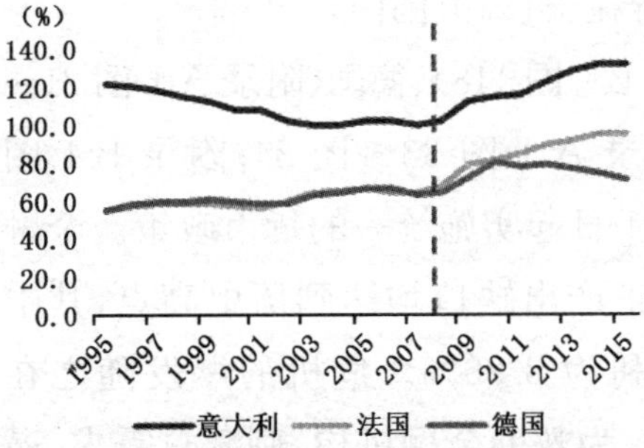

资料来源:Wind。

图 6—3 政府总债务占 GDP 比重

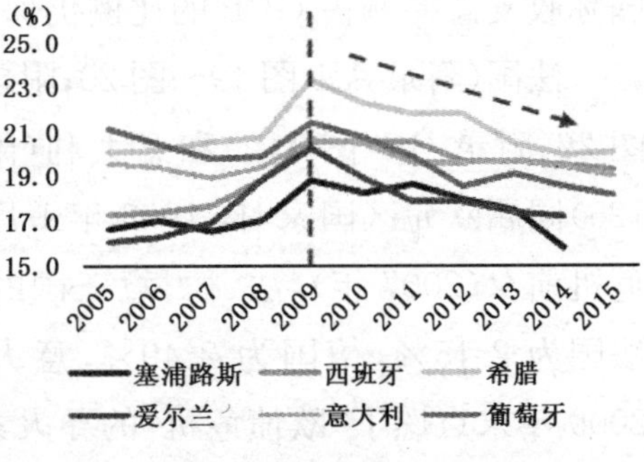

资料来源:The World Bank。

图 6—4 "欧债危机"核心国政府支出占 GDP 比重

法、德、意三国长期保持着良好的外部均衡状态,国际收支总差额占 GDP 的比例始终处于±3%以内。此外,"欧债危机"爆发后,意大利的经常账户逆差占 GDP 的比例一度上升至—3.5%,危及该国的外部经济均衡。为此,意大利政府削减公共支出(见图 6—4),并利用降低单位劳动

① New York Times. Banks in the euro zone must raise more than 200 billion euros in the first three months of 2012 [EB/OL]. http://www.nytimes.com/2011/12/22/business/global/demand-for-ecb-loans-surpasses-expectations.html. 2011—12—21/2016—09—25.

成本来提高出口竞争力，截至 2013 年，其经常账户已实现均衡。

20 世纪 90 年代，受房地产泡沫破灭和政府应对过度投机不力的影响，日本（附录 A.1 图 35～图 36；附录 B.1 图 126）经济增速降低，此后由于亚洲金融危机[①]和 2000 年互联网泡沫导致的全球经济放缓，日本经济直到 2005 年才稍有起色，因而此前的产出缺口以负值为主，同时经济面临严重的通货紧缩。为此，1999 年 9 月 21 日，日本银行（BOJ）史无前例地将基准利率（无担保隔夜拆借利率）降为零。然而，“零利率”政策收效甚微，2000 年全年通货膨胀率为－0.65％，产出缺口为－0.25％。2001 年 3 月 19 日，日本银行进一步实施了量化宽松货币政策，从央行资产负债表的负债方入手，增加商业银行在中央银行的准备金，同时大量购买日本本国国债以及其他传统型的金融资产（张磊，2014）。2008 年全球金融危机爆发后，日本经济再次陷入衰退的“泥潭”，负产出缺口一度扩大至－4.07％。2011 年 3 月，东日本大地震更是令日本经济雪上加霜，负产出缺口再次扩大至－0.87％[②]。为此，2012 年底上台的安倍政府推出“安倍经济学”（Abenomics），于 2013 年 1 月 11 日通过了总额为 10.3 万亿日元的财政刺激方案，并于同年 4 月 4 日正式拉开新一轮量化宽松货币政策的序幕，计划每年购买 60 万亿～70 万亿日元的日本政府债券（2014 年 10 月 31 日扩大至 80 万亿日元[③]）。但大规模政策刺激的效果未能维持多久，2014 年实际 GDP 收缩 0.03％，2015 年略微扩张 0.47％。目前，日本量化宽松货币政策的边际效果已开始递减，若不加快结构性改革，经济增长将依然乏力，负产出缺口可能会进一步扩大。

1996～2015 年间，日本的国际收支总差额占 GDP 的比例仅在 2003 年和 2004 年突破 3％，其余时间均保持了良好的外部均衡状态。金融危机爆发后，受境外避险资金涌入的影响，日元升值（见图 6－5），再加上外部需求收缩的负面冲击，日本出口增速下滑（见图 6－6）。2011 年，日本经常账户差额占 GDP 的比例为 1.01％，国际收支总差额占 GDP 的比例

---

① 1997 年底，随着三洋证券、北海道拓殖银行等大型金融机构破产，日本爆发了大规模金融危机。

② 2010 年 10 月 5 日，日本银行将银行间无担保的隔夜拆借利率保持在 0～0.1％水平，并于同年 10 月 28 日创立了总额为 35 万亿日元的基金，用于购买各类资产从而为市场提供流动性。此后，日本银行先后 8 次扩大该基金规模，累计提供 66 万亿日元。截至 2012 年底，基金规模为 101 万亿日元。

③ Bank of Japan. Expansion of the Quantitative and Qualitative Monetary Easing [EB/OL]. https://www.boj.or.jp/en/announcements/release_2014/k141031a.pdf. 2014－10－31/2016－09－25.

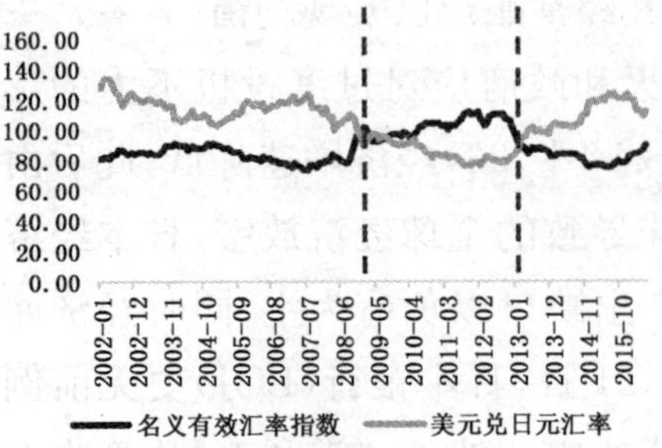

资料来源：Wind。

图 6-5　日元汇率

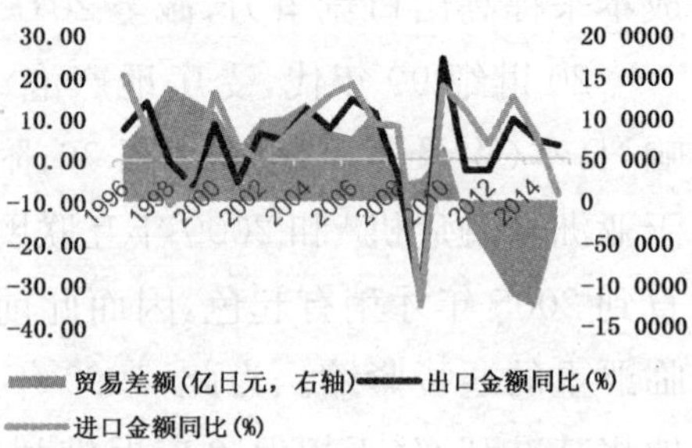

资料来源：Wind。

图 6-6　日本的对外贸易

为-0.54%。2013 年初，日本推出量化宽松货币政策，日元稳步贬值，美元兑日元汇率突破“100 大关”，带动出口增速提高、经常账户顺差扩大。

韩国(附录 A.1 图 37～38；附录 B.1 图 127)的贸易依存度高，经济增长受进出口影响较大①。2008 年，受韩元贬值和上半年国际油价快速上涨的影响，韩国全年通货膨胀率为 4.67%，远超韩国央行(The Bank of Korea)订立的 3±0.5%目标区间，因此韩国央行于当年 8 月 7 日将基准利率短暂上调 25bp 至 5.25%②。然而，随着国际金融危机愈演愈烈，2008 年下半年国际原油价格开始下跌，韩国国内经济活动出现下滑，对外出口受外需低迷的拖累表现不佳，韩国当年实际 GDP 增长率降至 2.83%，次年又进一步放缓至 0.71%，负产出缺口达到-2.04%。为提振经济，韩国央行自 2008 年 10 月 9 日开始至 2009 年 2 月 2 日连续 6 次降息，将基准利率降至 2%。韩国政府则扩大政府支出、降低企业税负，并为国内银行的外债提供担保，此外还鼓励大型跨国公司利用竞争对手深陷危机泥潭的有利时机积极进行对外投资、扩大对商业研发投资的减税范围以及将政府的研发方面支出占 GDP 的比重提高至 5%③。因此，韩国经济在 2009 年第三季度出现反弹，2010 年实际 GDP 增长率为 6.5%，

① 1996～2015 年，韩国出口贸易额占 GDP 的比例不断提高。若以 5 年为间隔，1996～2000 年的比例均值为 26.1%，2001～2005 年的比例均值为 33.9%，2006～2010 年的比例均值为 46.1%，2011～2015 年的比例均值为 56%。

② Bank of Korea. Annual Report 2008[EB/OL]. http://www.bok.or.kr/broadcast.action?menuNaviId=740. 2009-07-01/2016-09-25.

③ NEWSWEEK.South Korea Survived Recession with CEO Tactics [EB/OL]. http://www.newsweek.com/south-korea-survived-recession-ceo-tactics-216564. 2010-05-10/2016-09-25.

产出缺口由负转正，为0.66%。2012年以来，韩国经济增速平稳，产出缺口保持在±1%以内。为对冲欧洲主权债务危机、主要贸易伙伴国经济衰退和日元贬值的负面影响，韩国央行曾先后8次下调基准利率，截至2016年6月末，基准利率为1.25%。

在外部均衡方面，1996～2010年间，韩国有明显的失衡存在。韩国国际收支总差额占GDP的比例波动较大，且与经常账户差额占GDP比重的相近、变化趋势高度相关（相关系数为0.80），超过±3%的年份有7个，这表明该国存在一定的外部失衡，并且资本和非储备性质的金融账户差额较小。2008年金融危机爆发后，为应对韩元贬值和全球外汇流动性吃紧，韩国央行积极采取行动，与主要国家央行签署货币互换协议、向外汇银行提供外币流动性以及进入外汇和互换市场进行操作，熨平汇率波动。2011年以来，国际收支总差额占GDP的比例始终处于±3%的区间内，保持了良好的外部均衡状态。

土耳其（附录A.1图63～图64；附录B.1图140）的产出缺口波动较大，样本期间内标准差达到3.61，而同一时期澳大利亚产出缺口的标准差仅为0.66。其中，该国的经济过热期分别出现在1997～1998年和2006～2007年；衰退期分别出现在2000～2001年和2008～2009年，与土耳其金融危机和全球金融危机的时间重合。

1997～1998年，土耳其年通胀率达85%，正产出缺口扩大至4%左右，因此同期土耳其央行以"降通胀"作为其主要目标。具体地，央行为每个季度的准备金同比增长率设定波动区间，特别关注外币净资产增速，以此控制基础货币增速和货币总量，进而达到调节利率、信贷量，乃至通胀率的目标[①]。截至1999年，通胀率已降至60%左右，但实际GDP收缩−3.37%，负产出缺口为−2.43%。2000～2001年，由于1999年末实施的经济稳定计划[②]失败以及后续的政策干预不当，土耳其爆发金融

① Central Bank of the Republic of Turkey. Annual Reports[EB/OL]. http://www.tcmb.gov.tr/wps/wcm/connect/TCMB+EN/TCMB+EN/Main+Menu/PUBLICATIONS/Reports/Annual+Reports. 2016-09-25.

② 1999年12月，土耳其政府推出一项以汇率改革为中心的经济稳定计划，试图以盯住汇率制度降低通货膨胀率和公共债务存量，但政策效果仅仅维持了9个月。自2000年秋开始，该计划便只得借助IMF的大量纾困资金才能勉强维持。2001年2月，土耳其宣布以浮动汇率代替盯住汇率制度（Akyüz and Boratav，2003）。

危机,2001 年实际 GDP 收缩 5.7%,负产出缺口为-7.58%。为此,2002~2004 年,土耳其央行开始以短期利率(隔夜借/贷款利率)作为其主要政策工具,同时为基础货币基数、国内资产基数和国际储备变化量设定目标上限。鉴于其间通胀压力逐渐缓解、土耳其里拉缓慢升值,土耳其央行连续 16 次降息,隔夜借/贷款利率分别下降3 900bp 和4 000bp 至 18%和 22%。至 2004 年,实际 GDP 增长率达到 9.36%,负产出缺口缩小为-1.43%。金融危机爆发后,2009 年其实际 GDP 萎缩 4.83%,负产出缺口扩大至-6.77%。为此,除向金融机构提供流动性支持外,土耳其央行自 2007 年 9 月起至 2010 年 12 月将隔夜借/贷款利率累计分别下调1 600bp 和1 350bp。土耳其政府也积极增加政府支出、降低税负。政策刺激使土耳其经济很快企稳,产出缺口逐年收窄,内部经济趋于均衡。

土耳其国际收支总差额占 GDP 的比例分别在 2001 年、2005 年和 2012 年超过±3%的外部均衡区间。

1996~2010 年,巴西(附录 A.2 图 71~图 72;附录 B.2 图 144)是世界主要经济体中增长最快的国家,实际 GDP 年均增长率为 3.17%。其中,受 2002 年外部信贷减少的影响,巴西经济出现供给冲击,短期通胀预期上升,同时巴西雷亚尔的贬值进一步推升了通货膨胀率。2003 年,巴西实际 GDP 的增长率降至 1.14%,负缺口达到-3.99%,内部经济失衡严重。为此,巴西央行自 2002 年 10 月至 2003 年 6 月末连续 7 次上调基准利率,累计上调 800bp 至 26%,同时将活期存款的法定准备金率由 45%上调至 60%。2003 年 1~6 月,随着雷亚尔汇率止跌回升,以及美国-巴西债券息差收窄,外部融资量回升,下半年通胀压力有所缓解。因此,巴西央行于 2003 年 7~12 月下调基准利率至 16.5%,并将活期存款的法定准备金率下调至 45%[①]。2004 年,巴西实际 GDP 为 5.76%,负产出缺口收窄为-1.81%。

2013 年后,作为铁矿石和大豆等商品的主要出口国[②],全球大宗商品

---

① Central Bank of Brazil. Annual Report [EB/OL]. http://www.bcb.gov.br/? ANNUALREPORT. 2013-05-27/2016-09-25.

② 巴西的前三大类出口商品依次为矿产品、植物产品以及食品、饮料和烟草,2013 年这三类商品占巴西出口商品总额的 50%左右。

价格的趋势性下跌(见图 6—7)以及接踵而来的政治腐败丑闻为巴西经济蒙上了一层阴影,实际 GDP 增长率大幅跳水,产出缺口也随之由正转负。不过,在此番经济衰退中,巴西央行着重于实现价格稳定,抑制本币贬值带来的通胀预期上升。因此,2013 年 4 月～2015 年 7 月,央行将基准利率累计上调 875bp 至 14.25%(见图 6—8)。

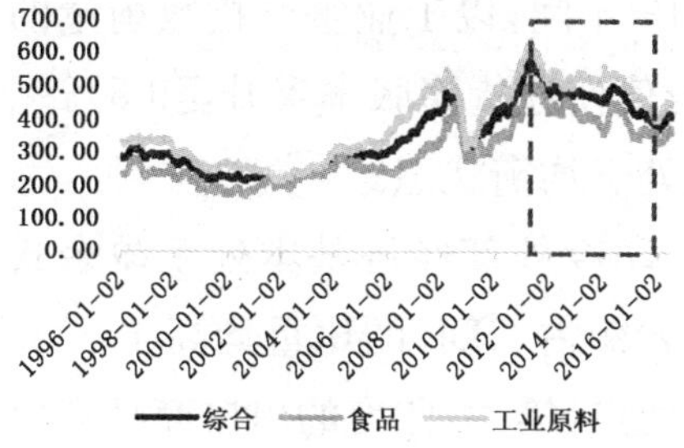

资料来源:Wind。

图 6—7　CRB 现货指数

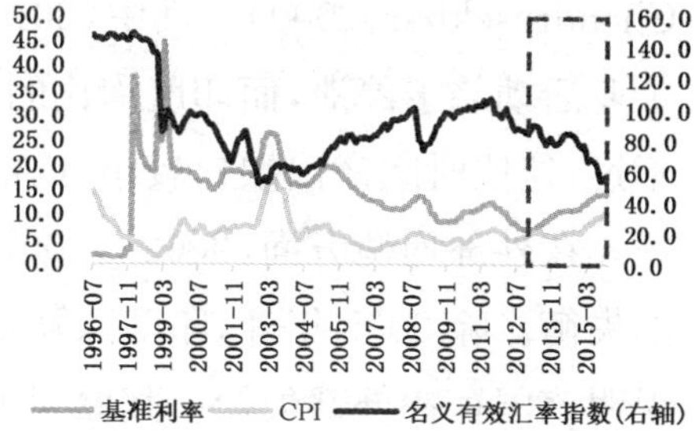

资料来源:Wind。

图 6—8　巴西的基准利率、通胀率和本币汇率指数

巴西国际收支总差额占 GDP 的比例分别在 2005 年和 2007 年超过±3%的外部均衡区间。2005 年,巴西对外贸易表现良好,经常账户顺差扩大,带动国际收支总差额占 GDP 的比重升至 3.05%,同时外国直接投资的稳定流入改善了外部融资环境①。2007 年,受巴西国内消费和投资上升影响,进口增加,经常账户占 GDP 的比例下降至 0.11%。但由于长期资本大量流入,国际收支总差额占 GDP 的比重达到 6.43%。

2000～2002 年,全球经济放缓、国际原油价格上涨和国内出现严重旱情等不利因素拖累了印度(附录 A.2 图 81～图 82;附录 B.2 图 149)经济增长,负产出缺口逐渐扩大至－3.3%。为此,印度央行分别下调基准利率和现金储备率(CRR)至 6%和 4.5%,累计下调 200bp 和 450bp,并将后者的适用范围扩大至除银行间同业负债外的其他所有负债。另外,为应对国内旱情以及可能出现的成本推动型通货膨胀(cost-push inflation),印度政府一方面放松进口限制,另一方面实施积极的财政政策,扩

① Central Bank of Brazil. Annual Report 2005 [EB/OL]. http://www.bcb.gov.br/pec/boletim/ingles/banual2005/rel2005introdi.pdf. 2008—01—23/2016—09—25.

大食品类支出并增加生产投入补贴[①]。2003～2007 年,印度经济增长强劲,实际 GDP 年均增长率为 8.8%,产出缺口也随之由负转正并稳步上升至 2.67%。其间,印度央行主要以提高现金储备率(CRR)来抑制经济过热。金融危机爆发后,由于印度经济在危机前过于依赖服务出口、短期资本流入以及信贷驱动的消费和投资,经济增长受到一定影响(Ghosh and Chandrasekhar,2009)。其中,2010～2013 年间,以工业生产指数衡量的工业活动趋于停滞,而印度卢比的大幅贬值使通货膨胀率攀升至9.5%[②]。不过,这段时间产出缺口较小,内部经济处于均衡状态。

在外部均衡方面,2002～2007 年间,印度外部经济基本处于盈余式的失衡。除 2005 年外,印度国际收支总差额占 GDP 的比重均高于 3%,说明该国存在外部失衡。其原因主要有两点:第一,印度的出口商品竞争力提高以及贸易条件的改善;第二,鉴于印度经济的不俗表现,以及 2003 年标普、穆迪等国际评级机构上调该国信用评级至投资级[③],资本流入量(以外国直接投资和国外商业贷款为主)增加。

在 2001～2015 年的大部分年份中,印度尼西亚(附录 A.2 图 83～图 84;附录 B.2 图 150)的通货膨胀率都超过 6%。从产出缺口看,2001～2007 年,产出缺口处于－1.8%～0,负向缺口较大;2008～2015 年,产出缺口处于－0.5%～1%内,内部经济保持均衡。金融危机爆发后,凭借强劲的国内需求(消费占 GDP 的比重约 55%),以及政府推出的总额占 GDP1.4%的财政刺激方案[④],印度尼西亚的实际 GDP 增长率在 2010 年反弹至 6.38%,产出缺口仅为 0.2%。

1996～2015 年,印度尼西亚国际收支总差额占 GDP 比重超过±3%的年份有 6 个,其中超过 3%的年份有 5 个。从图中可以看出,2002～2003 年和 2006～2007 年的经常账户余额与国际收支总差额接近,说明

---

① Reserve Bank of India.Annual Report 2002－03 [EB/OL].https://www.rbi.org.in/scripts/AnnualReportPublications.aspx? year=2003. 2003－08－27/2016－09－25.

② 2010～2013 年,印度卢比名义汇率指数年均值累计下跌 22.7%。

③ Business Line.Moody's upgrade—Uplifts the mood but raises questions [EB/OL]. http://www.thehindubusinessline.com/2003/02/10/stories/2003021000040900.htm. 2003－02－10/2016－09－25.

④ Wikipedia.Economy of Indonesia[EB/OL].https://en.wikipedia.org/wiki/Economy_of_Indonesia. 2016－09－25.

这四年出现的外部失衡是由经常账户顺差所致，本质上是出口额上升引起的。一方面，作为东南亚唯一的欧佩克成员国，2000～2007 年间，国际油气价格以及非油气大宗商品价格上涨提高了印度尼西亚的出口收入；另一方面，印度尼西亚政府积极采取措施提高非油气出口商品的国际竞争力，如通过市场渗透或出口奖励鼓励出口企业开辟新市场，对能够提高国内投资、降低生产成本的特定进口商品减免关税，为投资领域内的许可审批程序提供"一站式"服务[①]。1998 年和 2010 年的外部失衡缘于大规模跨境资本流动。

俄罗斯(附录 A.2 图 99～图 100；附录 B.2 图 158)的内部经济失衡主要出现在俄罗斯金融危机期间(1998～1999 年)、国际金融危机前夕及爆发后(2006～2010 年)以及顿巴斯战争(War in Donbass，2014 年至今)。1998 年 8 月，俄罗斯爆发金融危机，当年实际 GDP 收缩 5.35%，负产出缺口为－7.91%。不过，得益于卢布贬值产生的进口替代[②]，以及 1999 年国际油价反弹，俄罗斯经济迅速摆脱困境[③]。2000 年，俄罗斯实际 GDP 增长率升至 10.05%，负产出缺口收窄为－0.48%，内部经济实现均衡。国际金融危机爆发前夕，俄罗斯经济出现过热迹象，通货膨胀率超过 9%，正产出缺口不断扩大。为此，2007 年 6 月～2008 年 12 月间，俄罗斯央行累计上调基准利率 300bp 至 13%。随着危机的负面影响逐渐显现，俄罗斯央行一方面迅速下调基准利率，另一方面及时为银行体系注入流动性，其中向银行部门注资1 000亿美元，向大型银行提供 370 亿美元的长期贷款，以及向债台高筑的公司、银行提供 500 亿美元再融资贷款[④]。此外，凭借危机前石油收入积累的雄厚外汇储备(见图 6－9)，俄罗斯能够承受卢布贬值 30%的压力，并提前清偿了外债。因此，国际金融危机对俄罗斯的破坏较为有限，国内经济在 2009 年末强劲复苏。2014 年 3

---

① Bank Indonesia. Annual Report[EB/OL]. http://www.bi.go.id/en/publikasi/laporan-tahunan/perekonomian/Default.aspx. 2016－09－25.

② 1998 年 9 月 2 日，俄罗斯央行宣布允许卢布自由浮动。

③ The Guardian. The Ruin of Russia[EB/OL]. https://www.theguardian.com/world/2003/apr/09/russia.artsandhumanities .2003－04－09/2016－09－25.

④ The Guardian. Financial crisis: action taken by central banks and governments[EB/OL]. https://www.theguardian.com/business/2008/oct/13/creditcrunch-marketturmoil1 .2008－10－21/2016－09－25.

月,俄罗斯占领克里米亚后,美国、欧盟、加拿大和日本先后对其实施制裁,涉及领域包括金融、能源和国防。严厉的制裁措施与国际原油价格下跌(见图6—10)使俄罗斯经济遭遇寒冬,2014年实际GDP增长率仅为0.8%,并于次年收缩3.75%,负产出缺口也相应扩大至—2.47%。为此,俄罗斯央行先是上调基准利率(关键利率)至17%以抑制通胀和卢布贬值,随后又将基准利率逐步下调以刺激总需求。俄罗斯的外部经济失衡出现在1998~2007年、2010年和2014年。其中,针对2014年资本外流所导致的卢布贬值和资本账户逆差,俄罗斯央行将基准利率短暂提高至14%。

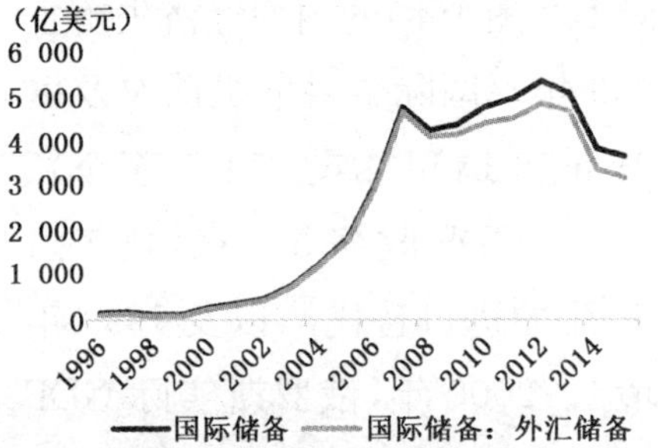

资料来源:Wind。

图6—9 俄罗斯外汇储备

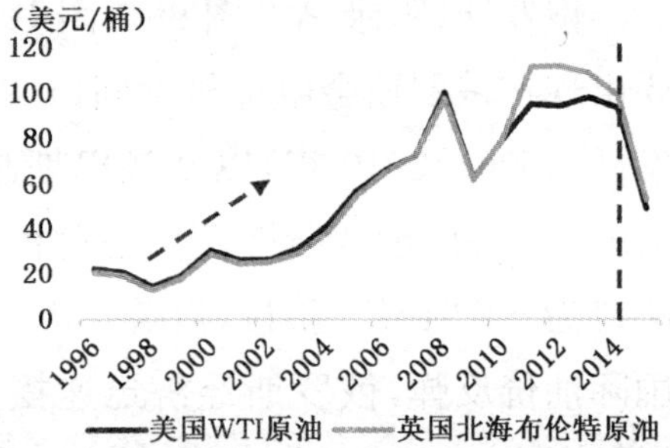

资料来源:Wind。

图6—10 国际原油现货价格

南非(附录A.2图101~图102;附录B.2图159)主要在2003年、2007年和2008年出现内部经济失衡,其中2003年的产出缺口扩大至—2.01%,2007年、2008年的产出缺口徘徊在3.2%左右。2000年初,时任南非总统的塔博·姆贝基(Thabo Mbeki)通过积极的财政、货币政策以及结构性改革促进经济增长和外国直接投资。如改革劳动法以放松对劳动力的限制、加快私有化改革进程、降低公共债务比率和大幅降低利率(OECD,2008)。截至2003年底,南非政府债务占GDP的比重下降10.9%,基准利率(回购利率)降至8%。2004~2008年,得益于就业和资本形成率的提高,南非保持了较快的经济增长。产出缺口也随之由负转正并逐渐扩大,经济出现过热迹象,2008年的全年通货膨胀率攀升至11.54%。为此,南非央行自2006年6月起至2008年6月连续10次上调基准利率至12%,累计上调500bp。南非的外部经济失衡出现在1997年和2009年,国际收支总差额占GDP的比例分别为3.63%和3.6%。

第四节　中国的内外均衡状态

1998～2006年，中国(附录A.2图75～图76；附录B.2图146)虽以负产出缺口为主，但程度较小，说明我国经济基本处于内部均衡状态。为确保经济保持在潜在产出水平平稳运行，预防经济过热，中国人民银行实施稳健的货币政策。首先，自2002年9月24日起，中国人民银行采取发行央行票据的方式在公开市场回笼货币，以对冲强制结售汇制度产生的过剩流动性(李扬等，2007)[①]。其次，上调人民币存款基准利率和存款准备金率。截至2006年末，基准利率累计上调54bp至2.52%，存款准备金率累计上调300bp至9%。

2006年下半年至2008年上半年，人民币升值和外汇占款压力增大，国际市场大宗商品价格居高不下，经济出现过热势头，通货膨胀压力增加，产出缺口由负转正。通货膨胀率由2006年的1.5%跃升至2007年的4.8%。为此，自2007年初至2008年6月，中国人民银行将存款准备金率由9%上调至17.5%，同时累计上调基准利率162bp至4.14%。2008年下半年，随着美国次贷危机的蔓延加深，中国人民银行将货币政策的方向由稳健调整为适度宽松，先后5次下调存贷款基准利率，4次下调存款准备金率。另外，国务院于2008年11月5日提出了促进经济增长的十项措施，并出台了配合十项措施的巨额投资计划，提出到2010年底将完成4万亿元人民币的中央政府投资计划[②]。

"四万亿"刺激计划有力地支撑了我国的经济增长。据测算，其对2009年和2010年GDP的直接拉动效应分别占当年GDP的2.7%和4.1%(苏治等，2013)。如果再加上"四万亿"计划撬动的18万亿地方政府投资，以及公共投资对上下游企业供需市场的改善，其对2009年和2010年GDP的间接刺激效果巨大(黄海杰等，2016)。因此，国际金融危

① 2012年4月16日，国家外汇管理局发布公告称，强制结售汇制度废止，企业和个人可自主保留外汇收入。

② 四万亿元投资投向包括：廉租住房、棚户区改造等保障性住房(4 000亿元)，农村水电路气房等民生工程和基础设施(3 700亿元)，铁路、公路、机场、水利等基础重大设施建设和城市电网改造(15 000亿元)，医疗卫生、教育文化等社会事业发展(1 500亿元)，节能减排和生态建设工程(2 100亿元)，自主创新和产业结构调整(3 700亿元)，汶川地震灾后恢复重建(10 000亿元)。

机对我国经济增长的影响十分有限,产出缺口在2009年小幅收缩后继续扩大。2011年,经济出现过热迹象,通货膨胀再次抬头,产出缺口扩大至2.72%。因此,当年的货币政策方向回归稳健,前三季度先后6次上调存款准备金率共300bp,3次上调基准利率共75bp[①]。

2013年以来,面对全球经济增长动力不足,以及国内经济处于三期叠加的困境,实际GDP增长率缓慢下滑,负产出缺口有扩大之势。为此,中国人民银行除采用传统的下调存款准备金率或存贷款基准率等手段外,还创设了常备借贷便利(SLF)、抵押补充贷款(PSL)、中期借贷便利(MLF)、短期流动性调节工具(SLO)等新型货币政策工具,用以保持流动性的合理充裕,同时引导金融机构向国家政策导向的实体经济部门提供低成本资金。此外,2015年11月,中央提出了供给侧结构性改革,以去产能、去库存、去杠杆、降成本、补短板为重点,力图调整经济结构,使要素实现最优配置,提升经济增长的质量和规模。

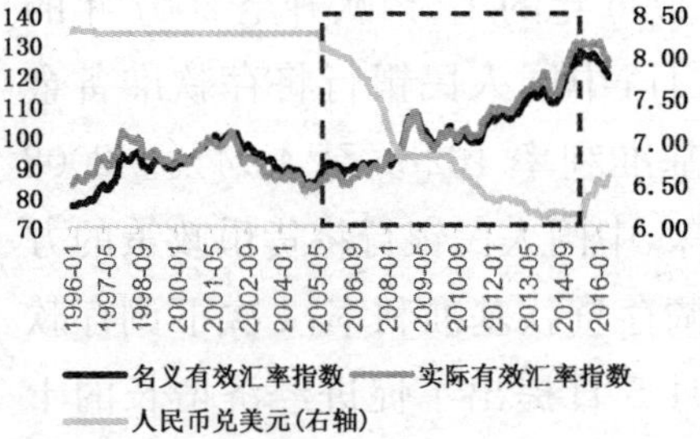

资料来源:Wind。

图6—11 人民币汇率

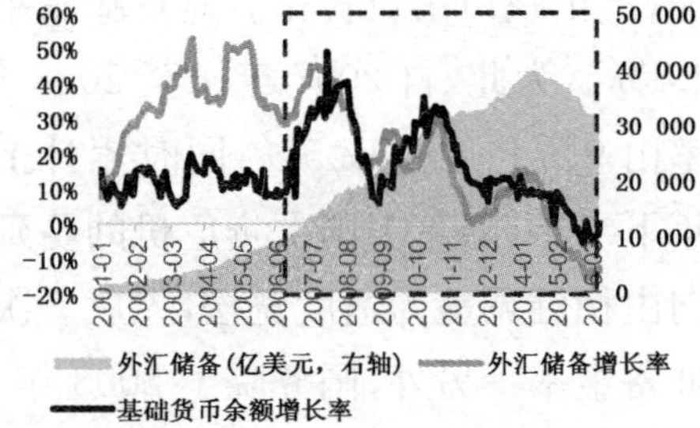

资料来源:Wind。

图6—12 中国的外汇储备与基础货币

在外部均衡方面,我国国际收支主要处于盈余的失衡状态。自2001年加入世界贸易组织(WTO)至2011年末,受国际收支经常账户和资本(及非储备性质的金融)账户"双顺差"的影响,我国国际收支总差额占GDP的比例连续11年超过3%。其中,经常账户占GDP的比例在2007年达到10.02%。2005年7月21日,我国对人民币汇率形成机制进行改革,人民币与美元脱钩。此后,尽管人民币稳步升值(见图6—11),"双顺差"的局面依然没有明显改观。

---

① 中国人民银行:中国货币政策执行报告(2011年第四季度)[EB/OL].http://www.pbc.gov.cn/zhengcehuobisi/125207/125227/125957/125997/2857989/index.html .2012—02—15/2016—09—25.

资本账户的顺差主要源于外商直接投资(FDI),政策层面尤其是地方政府对外商投资提供了包括税收在内的多方面优惠条件。同时,资本账户管制限制了我国企业和居民部门对外投资的渠道,使非政府部门的跨境资本流动不平衡,流入持续大于流出。"双顺差"的结果是以外汇储备为主的储备资产不断增加。一方面,外汇市场供大于求,形成了人民币升值的市场压力;另一方面,外汇储备快速大规模增长带来的外汇占款(见图6—12)造成冲销压力和通货膨胀压力。

为促进国际收支平衡,中国人民银行相继出台了一系列措施,主要归结为以下四点①:一是便利市场主体持有和使用外汇,便利企业和个人外汇收支,切实满足企业、个人合理的经常项目用汇需求。二是有序拓宽资本流出入渠道。自2002年和2003年相继设立合格境外机构投资者(QFII)与合格境内机构投资者(QDII)制度以来,相关的管理制度不断完善,二者的投资额度和领域也不断扩大。三是加强和改进资金流入和结汇管理。四是扩大人民币汇率弹性。将人民币汇率的每日浮动区间由2005年7月的±0.3%逐渐放宽至当前的±2%②。

参考文献

[1]Akyüz Y. and Boratav K."The Making of the Turkish Financial Crisis",*World Development*,2003,31(9):1549—1566.

[2]Beneš J., Clinton K., García-Saltos R., et al. "Estimating Potential Output with a Multivariate Filter",IMF Working Papers,2010:1—37.

[3]Bivens J., Edwards K. A. "Cheaper than You Think: Why Smart Efforts to Spur Jobs Cost Less than Advertised",Economic Policy Institute,Policy Memo,2010,165.

[4]Blanchard O. "Current Account Deficits in Rich Countries", IMF Staff Papers,2007,54(2):191—219.

---

① 中国人民银行. 中国货币政策执行报告(2003～2008年)[EB/OL]. http://www.pbc.gov.cn/zhengcehuobisi/125207/125227/125957/index.html. 2016—09—25.

② 浮动区间扩大的(公告)时点依次为:2007年5月19日,±0.5%;2012年4月14日,±1%;2014年3月15日,±2%。

[5]Cameron D. "Fiscal Responses to the Economic Contraction of 2008—09", Yale University, 2012.

[6]D'Auria F., Denis C., Havik K., et al. "The Production Function Methodology for Calculating Potential Growth Rates and Output Gaps", European Economy-Economic Papers, 2010, 66(4): 1—105.

[7]De Masi M. P. *IMF Estimates of Potential Output: Theory and Practice*. International Monetary Fund, 1997.

[8]Edwards S. "Financial Openness, Sudden Stops, and Current-Account Reversals", *The American Economic Review*, 2004, 94(2): 59—64.

[9]Ghosh J., Chandrasekhar C. P. "The Costs of 'Coupling': The Global Crisis and the Indian Economy", *Cambridge Journal of Economics*, 2009, 33(4): 725—739.

[10]Jordà Ò, Schularick M., Taylor A. M. "Financial Crises, Credit Booms, and External Imbalances: 140 Years of Lessons", *IMF Economic Review*, 2011, 59(2): 340—378.

[11]Kuttner K. N. "Estimating Potential Output as a Latent Variable", *Journal of Business & Economic Statistics*, 1994, 12(3): 361—368.

[12]Laxton D., Blagrave P., Zhang F., et al. *A Simple Multivariate Filter for Estimating Potential Output*, International Monetary Fund, 2015.

[13]Milesi-Ferretti M. G. M, Blanchard O. J. *Global Imbalances: In Midstream*. International Monetary Fund, 2009.

[14]Moreno-Brid J. C., Santamaria J., Rivas Valdivia J. C. "Industrialization and Economic Growth in Mexico after NAFTA: The Road Travelled", *Development and Change*, 2005, 36(6): 1095—1119.

[15]Obstfeld M., Rogoff K. "Global Imbalances and the Financial Crisis: Products of Common Causes", *Social Science Electronic Publishing*, 2009: 131—172.

[16]OECD. "Achieving Accelerated and Shared Growth for South Africa", *OECD Economic Surveys*, 2008, volume 2008: 25—68(44).

[17]Vetlov I., Hlédik T., Jonsson M., et al. "Potential Output in DSGE Models", SSRN Working Paper Series, 2011.

[18]陈静. 量化宽松货币政策的传导机制与政策效果研究——基于央行资产负债表的跨国分析[J]. 国际金融研究，2013(2)：16—25.
[19]郭庆旺，贾俊雪. 中国潜在产出与产出缺口的估算[J]. 经济研究，2004(5)：31—39.
[20]黄海杰，吕长江. “四万亿投资”政策对企业投资效率的影响[J]. 会计研究，2016(2)：51—57.
[21]靳玉英，周兵，张志栋. 新兴市场国家外汇市场压力吸收方式的比较研究[J]. 世界经济，2013(3)：54—79.
[22]靳玉英，周兵. 新兴市场国家三元悖论框架选择为何中间化？——基于经济增长和金融稳定视角的分析[J]. 国际金融研究，2014(9)：34—44.
[23]李扬，余维彬，曾刚. 经济全球化背景下的中国外汇储备管理体制改革[J]. 国际金融研究，2007(4)：4—12.
[24]苏治，李媛，徐淑丹. “结构性”减速下的中国投资结构优化：基于四万亿投资效果的分析[J]. 财政研究，2013(1)：43—47.
[25]奚君羊. 国际金融学[M]. 上海财经大学出版社，2008.
[26]张磊. 日美央行金融危机管理比较——基于资产负债表变化的特征分析[J]. 现代日本经济，2014，33(2)：1—8.

附录

A. 各国的产出缺口与潜在产出(%)

A.1 OECD 成员国

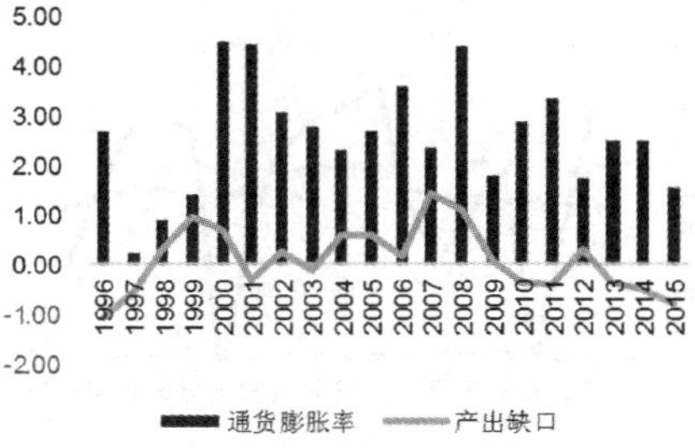

资料来源：IMF，作者测算。下同。

图 1　澳大利亚(1)

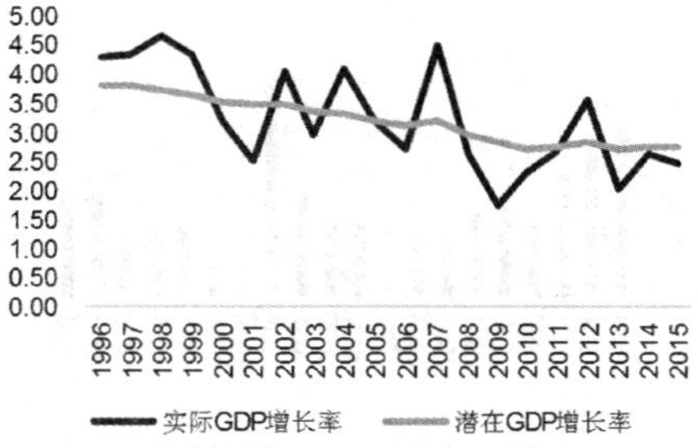

图 2　澳大利亚(2)

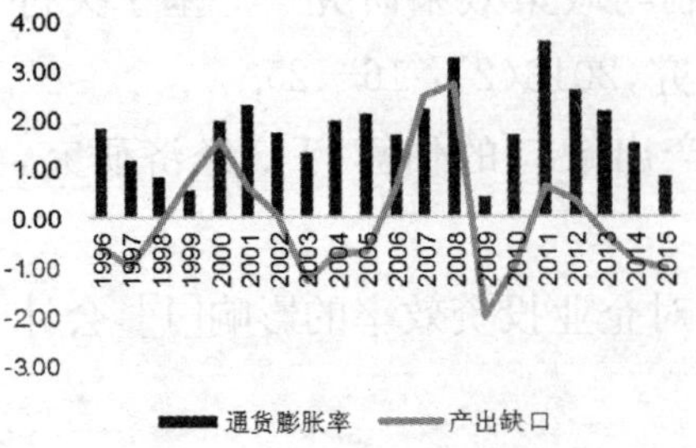

图 3　奥地利(1)

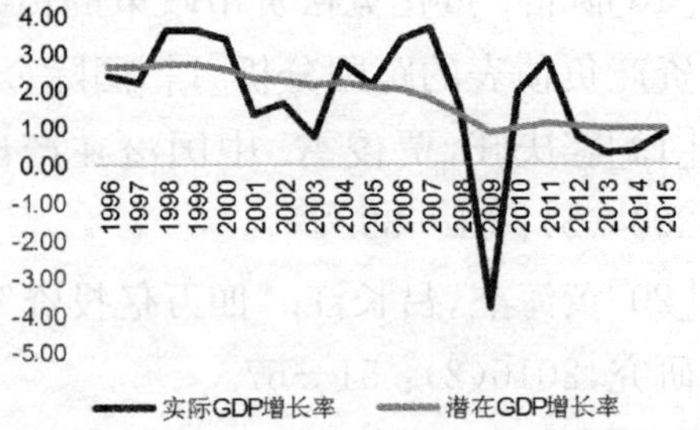

图 4　奥地利(2)

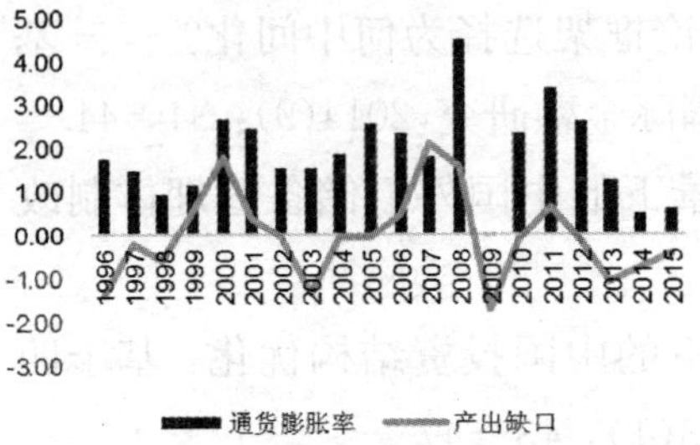

图 5　比利时(1)

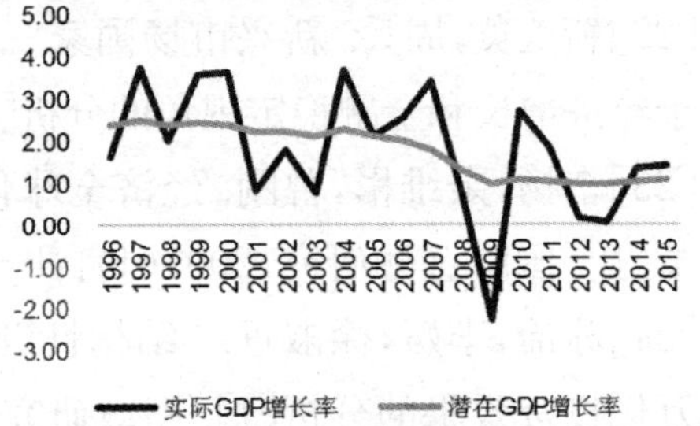

图 6　比利时(2)

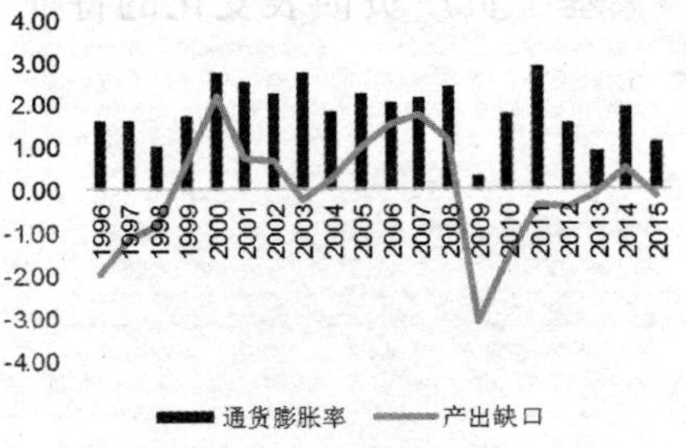

图 7　加拿大(1)

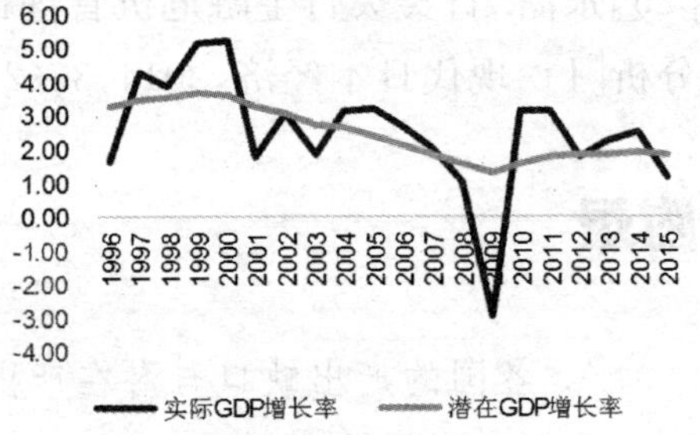

图 8　加拿大(2)

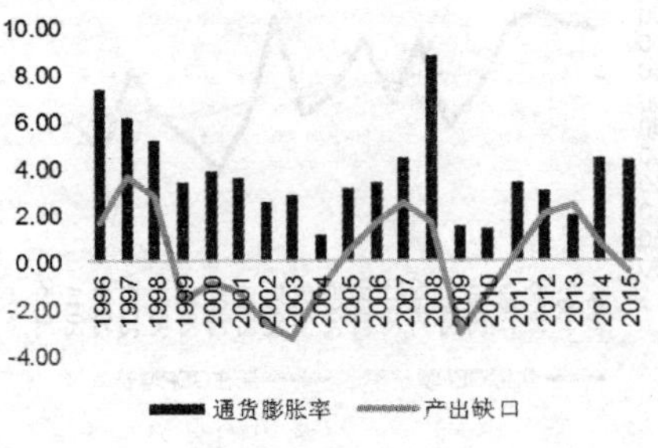

图 9　智利(1)

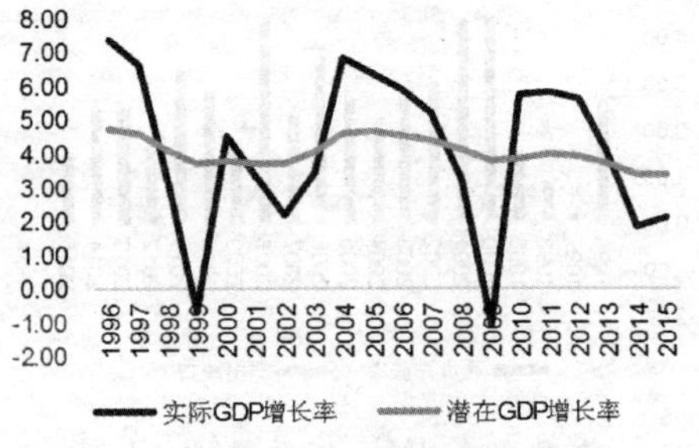

图 10　智利(2)

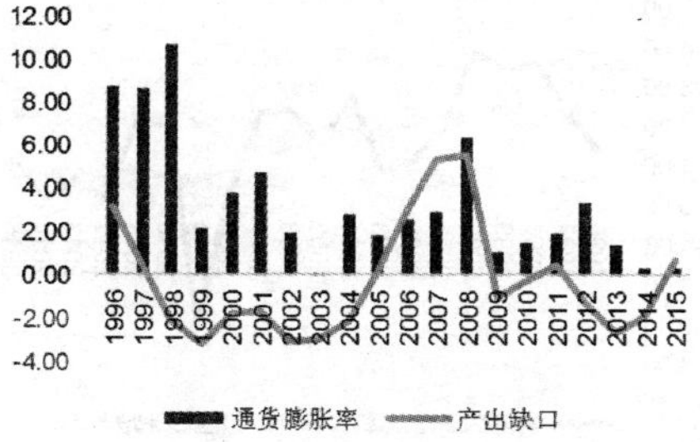

图 11　捷克共和国(1)

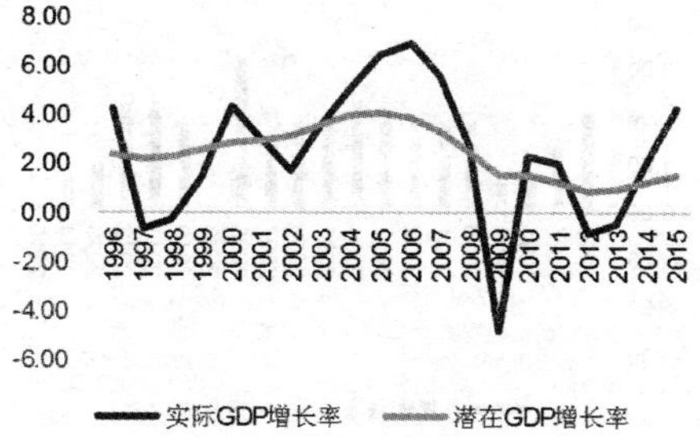

图 12　捷克共和国(2)

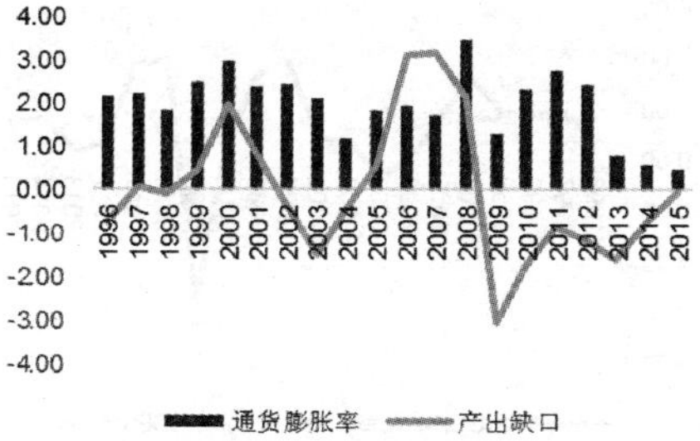

图 13　丹麦(1)

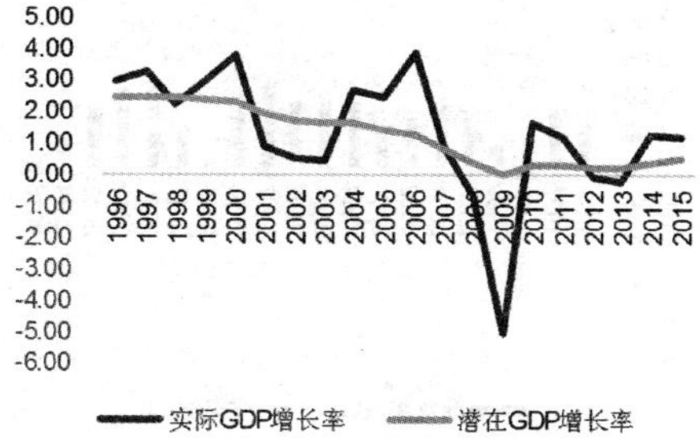

图 14　丹麦(2)

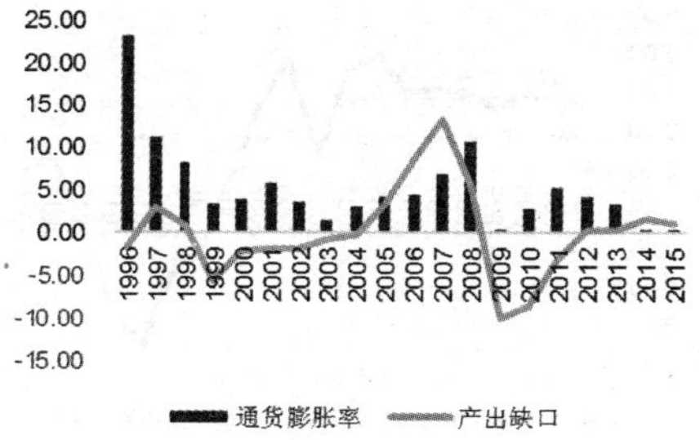

图 15　爱沙尼亚(1)

图 16　爱沙尼亚(2)

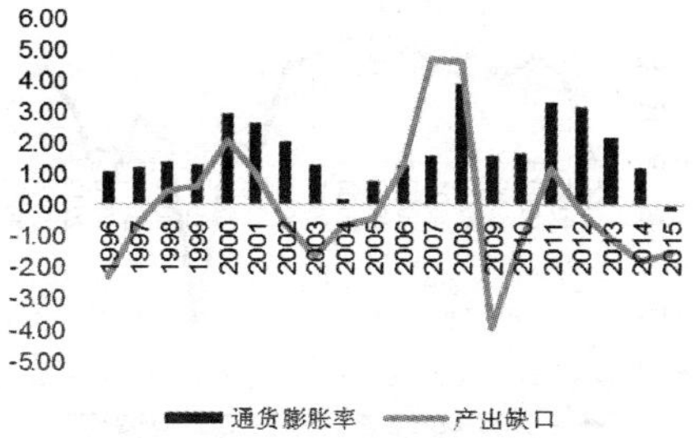

图 17　芬兰(1)

图 18　芬兰(2)

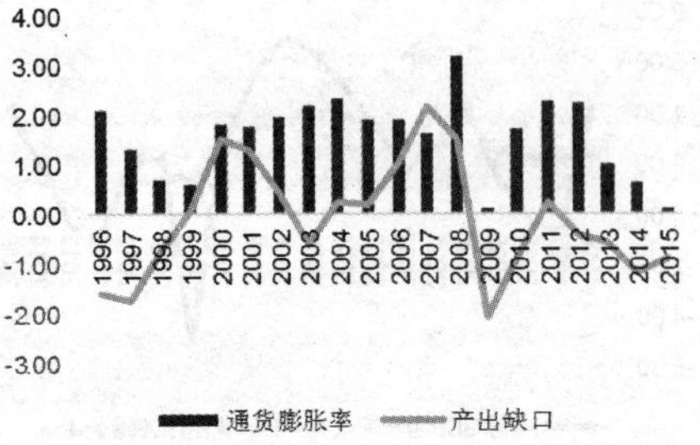

图 19　法国(1)

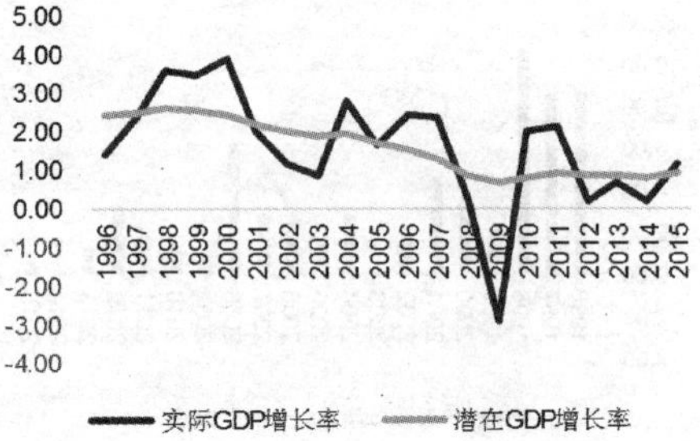

图 20　法国(2)

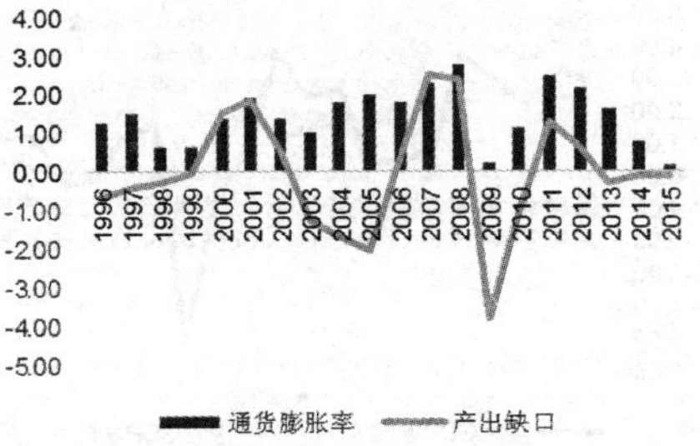

图 21　德国(1)

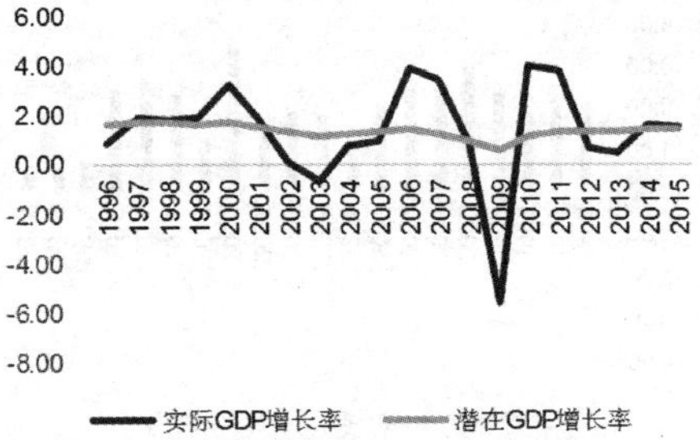

图 22　德国(2)

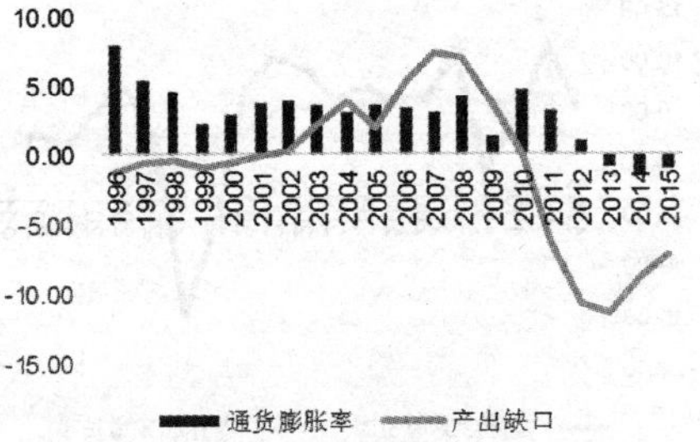

图 23　希腊(1)

图 24　希腊(2)

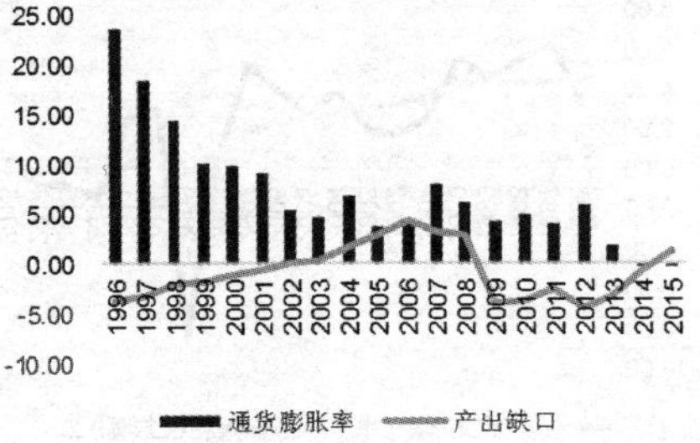

图 25　匈牙利(1)

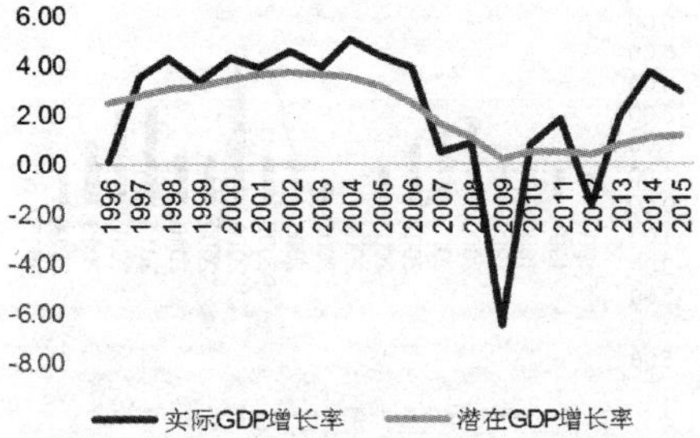

图 26　匈牙利(2)

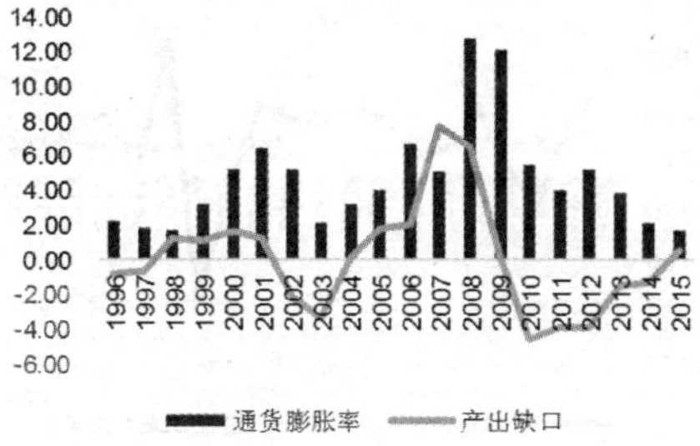

图 27　冰岛(1)

图 28　冰岛(2)

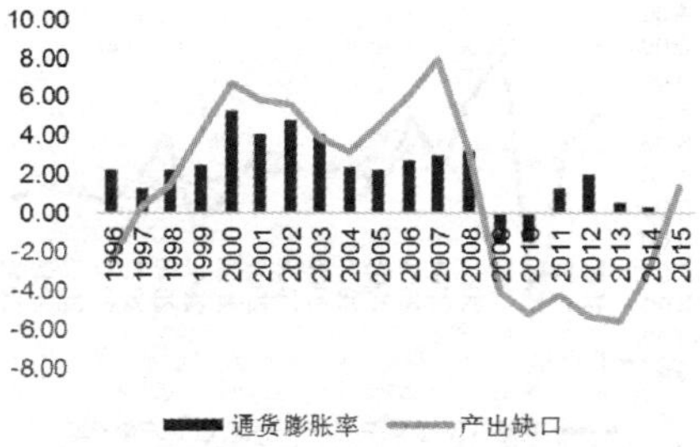

图 29　爱尔兰(1)

图 30　爱尔兰(2)

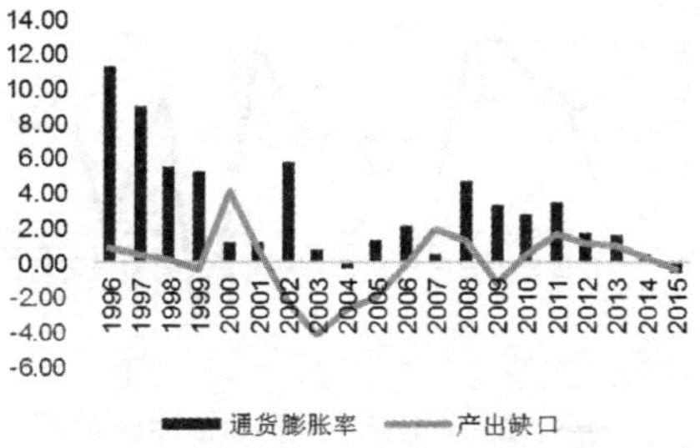

图 31　以色列(1)

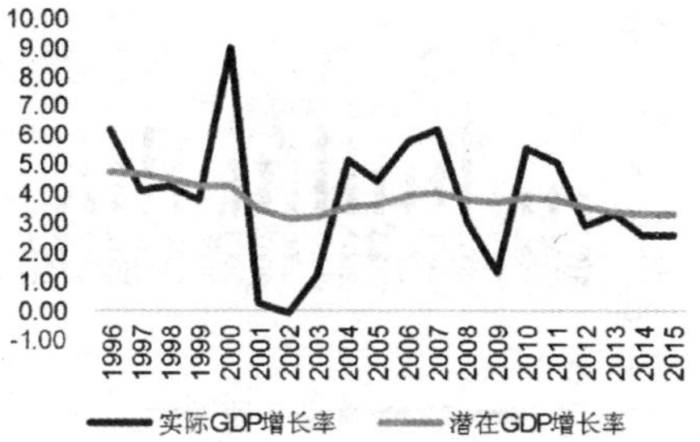

图 32　以色列(2)

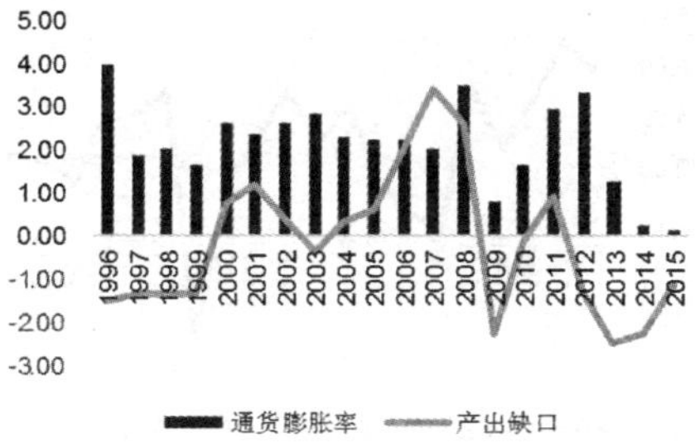

图 33　意大利(1)

图 34　意大利(2)

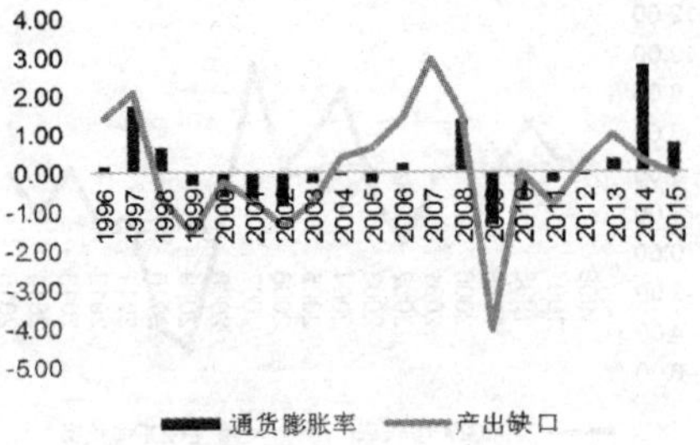

图 35 日本(1)

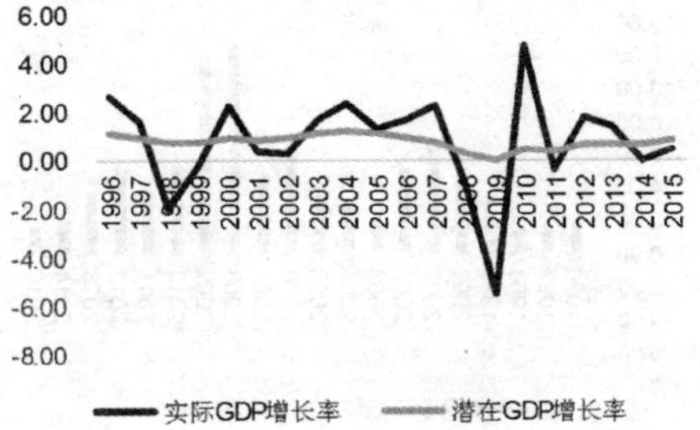

图 36 日本(2)

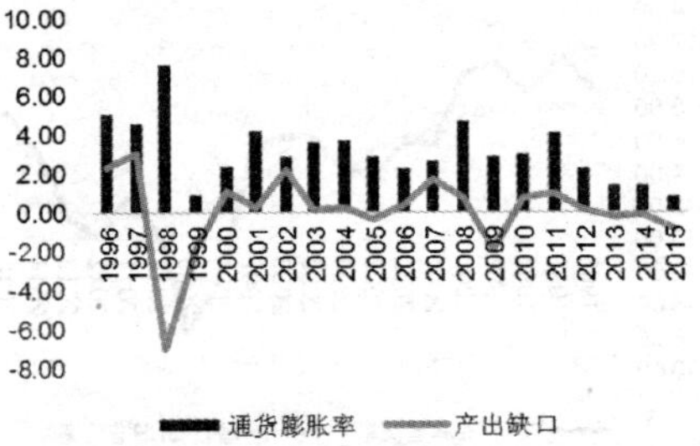

图 37 韩国(1)

图 38 韩国(2)

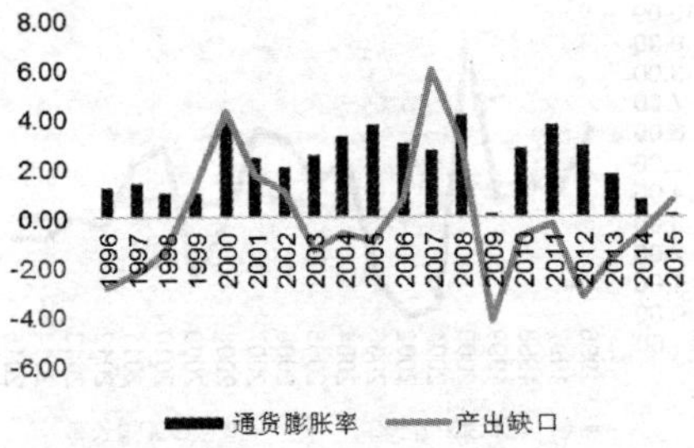

图 39 卢森堡(1)

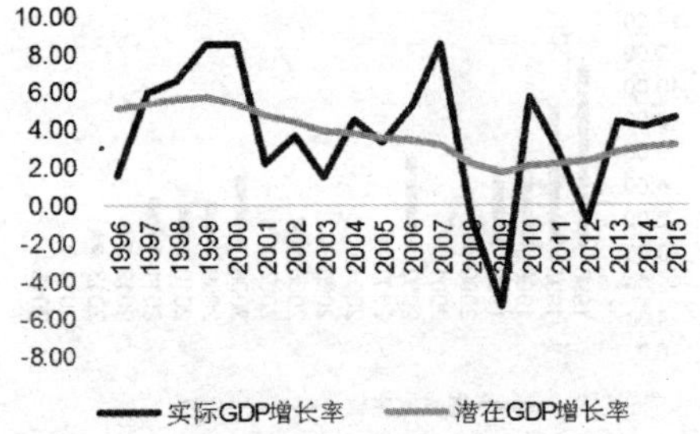

图 40 卢森堡(2)

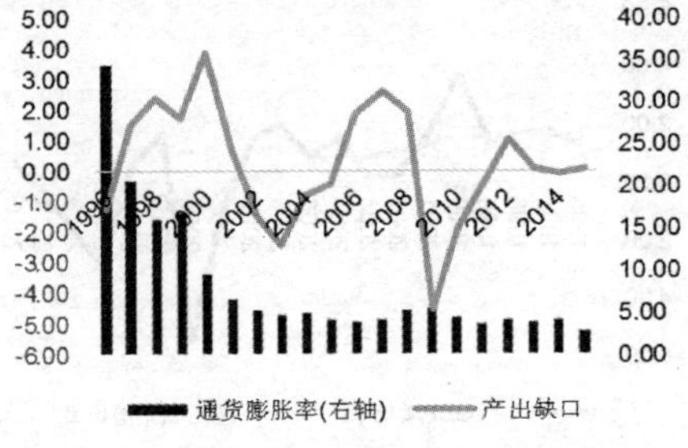

图 41 墨西哥(1)

图 42 墨西哥(2)

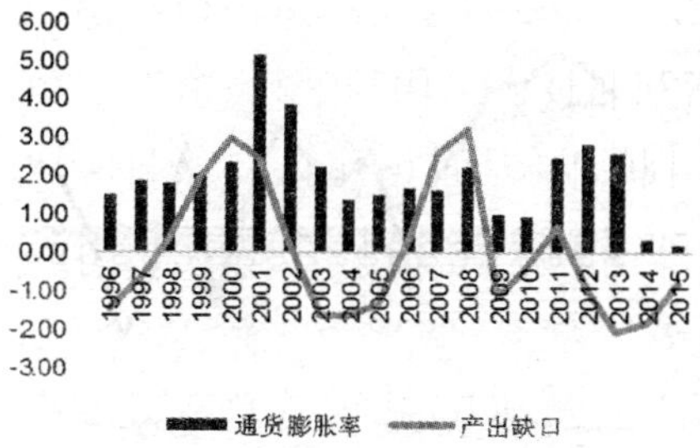

图 43　荷兰(1)

图 44　荷兰(2)

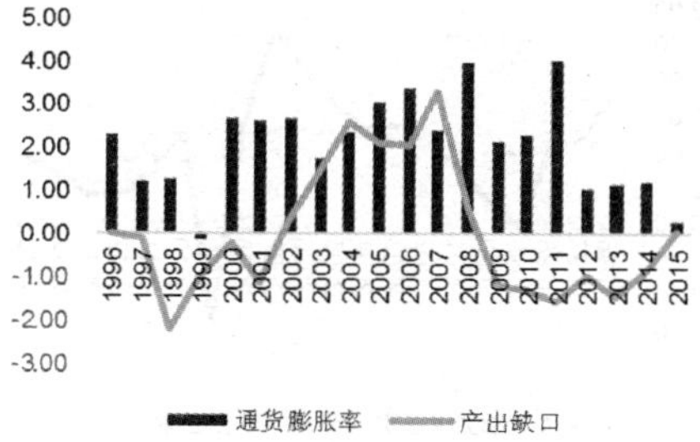

图 45　新西兰(1)

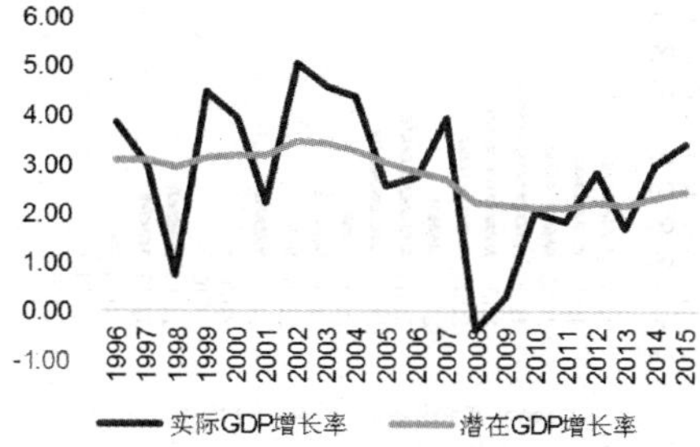

图 46　新西兰(2)

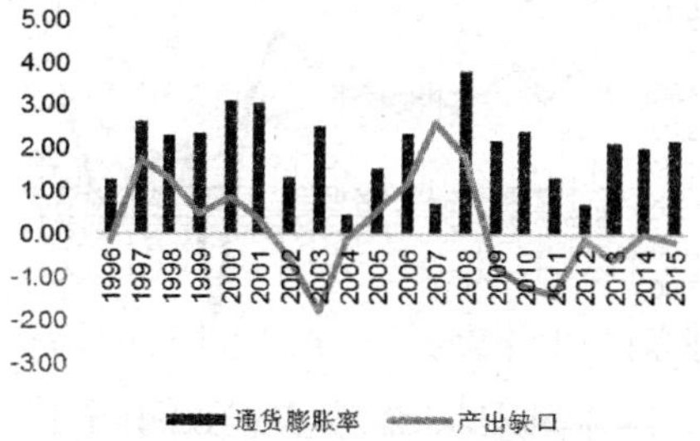

图 47　挪威(1)

图 48　挪威(2)

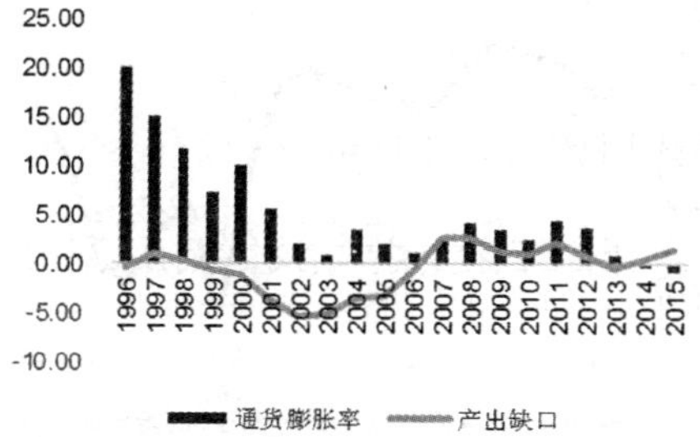

图 49　波兰(1)

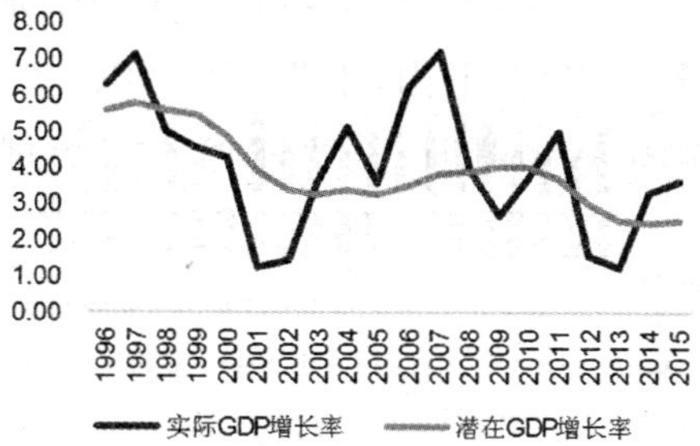

图 50　波兰(2)

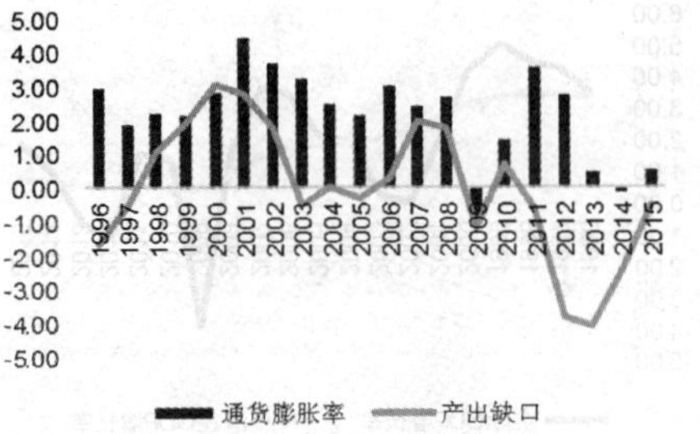

图 51 葡萄牙(1)

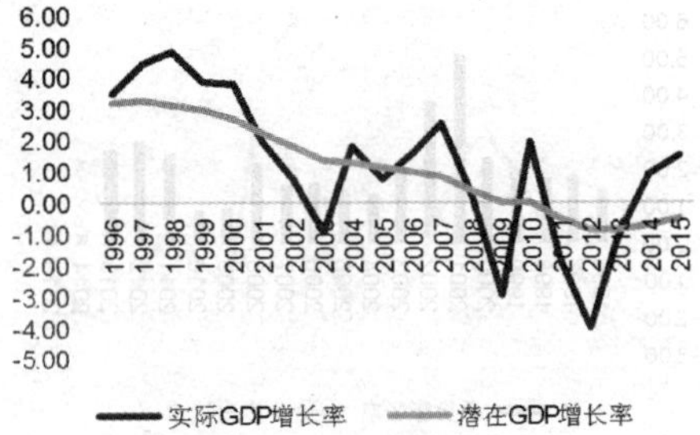

图 52 葡萄牙(2)

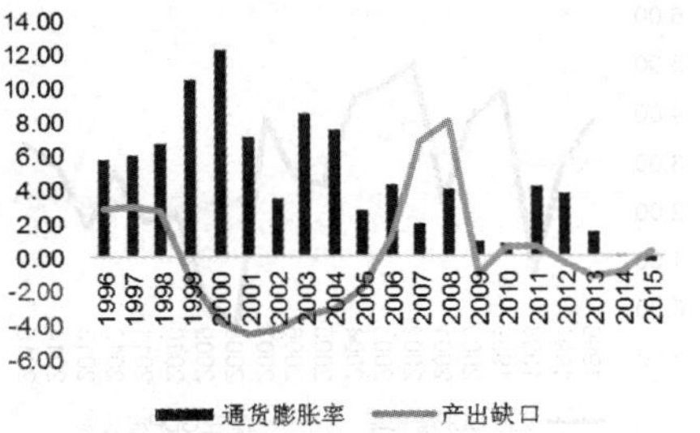

图 53 斯洛伐克共和国(1)

图 54 斯洛伐克共和国(2)

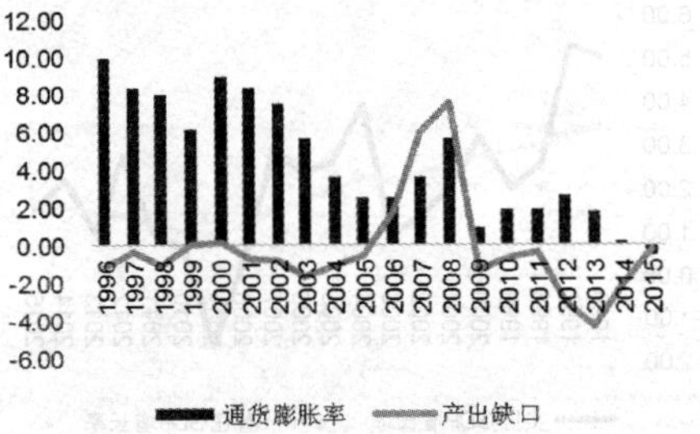

图 55 斯洛文尼亚(1)

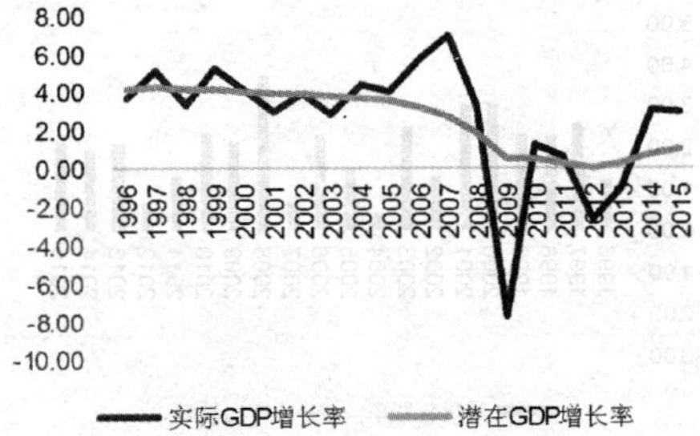

图 56 斯洛文尼亚(2)

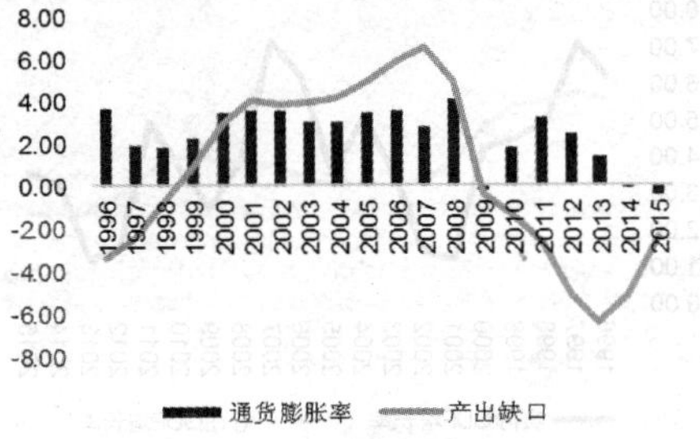

图 57 西班牙(1)

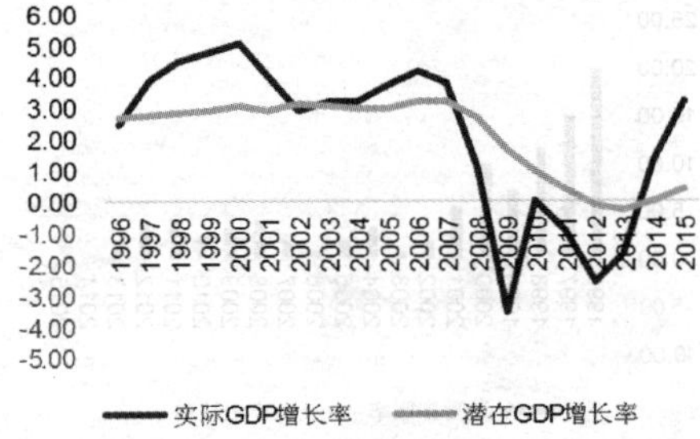

图 58 西班牙(2)

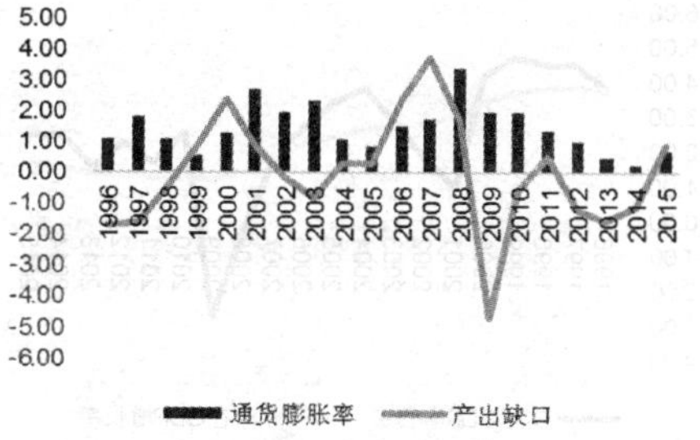

图 59　瑞典(1)

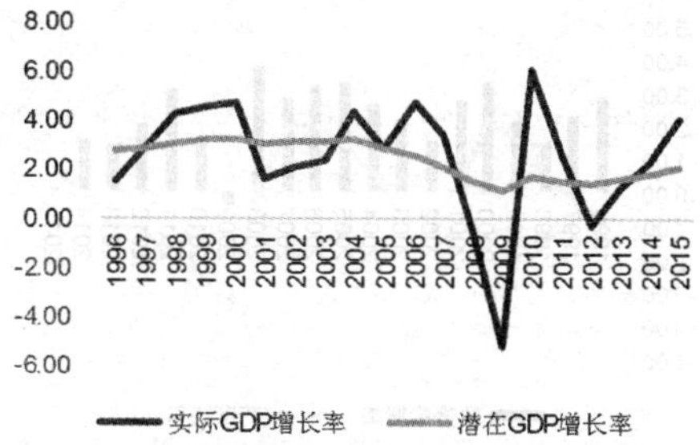

图 60　瑞典(2)

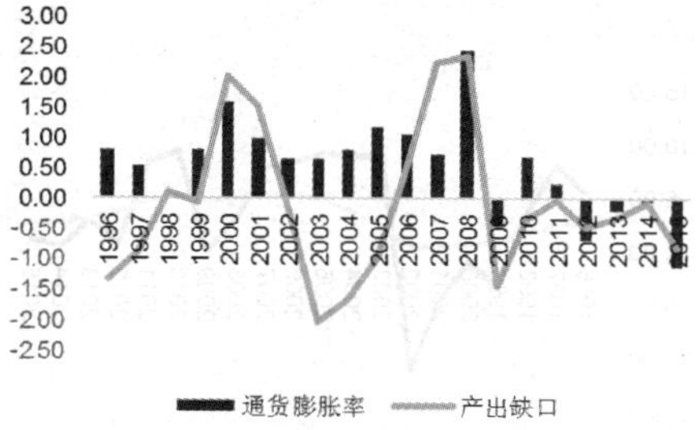

图 61　瑞士(1)

图 62　瑞士(2)

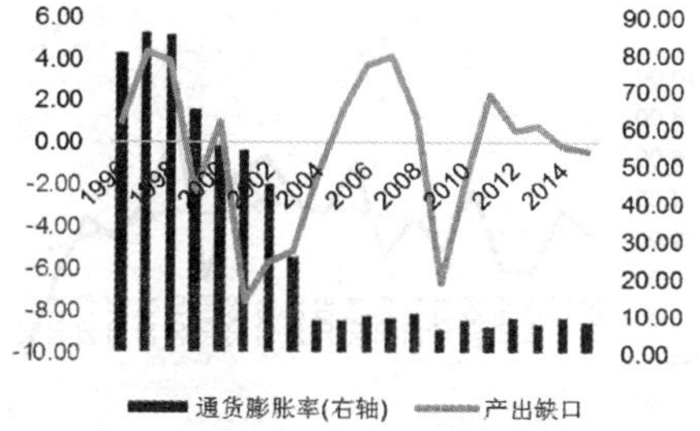

图 63　土耳其(1)

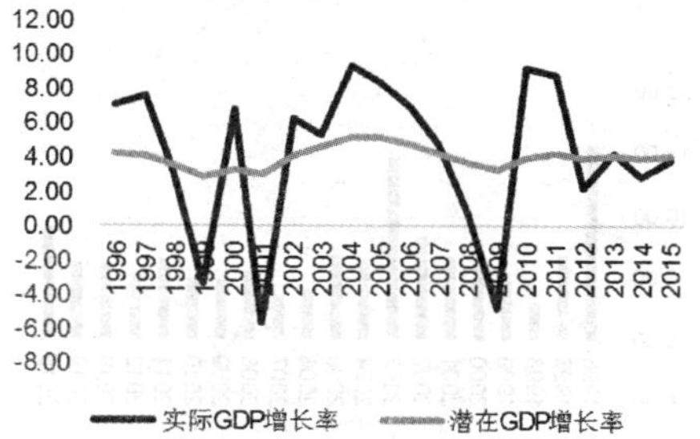

图 64　土耳其(2)

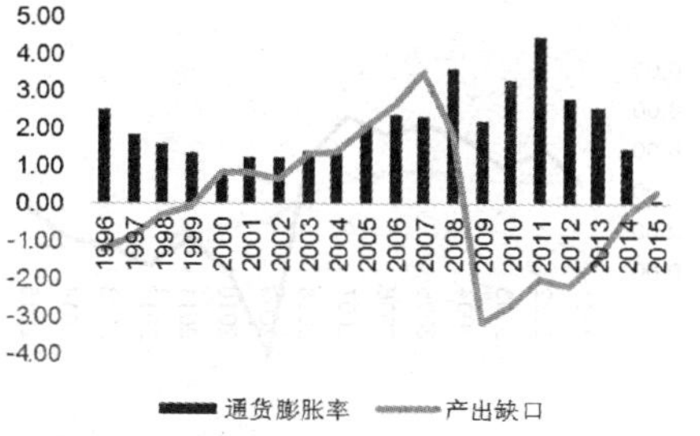

图 65　英国(1)

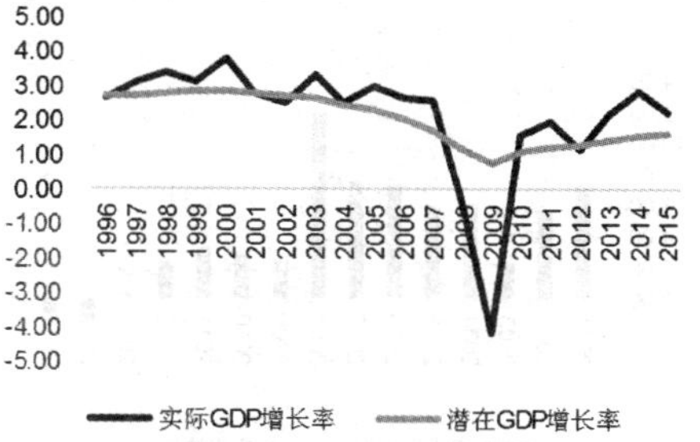

图 66　英国(2)

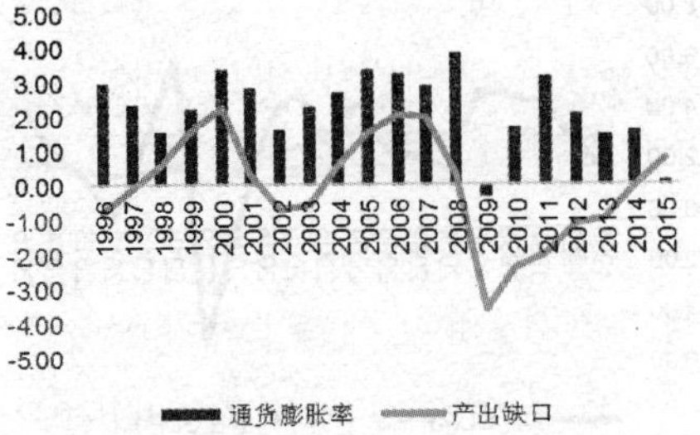

图 67 美国(1)

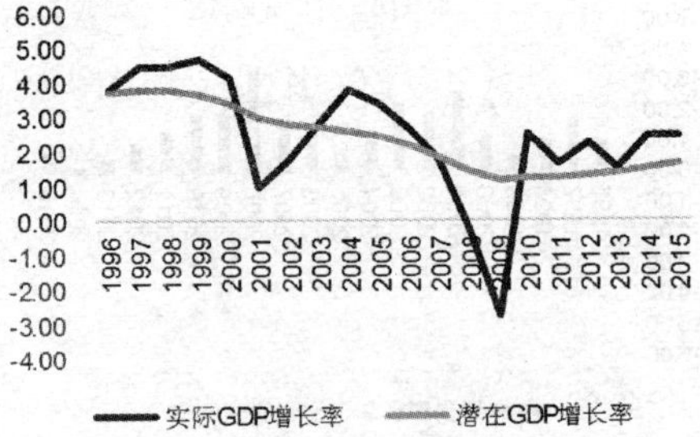

图 68 美国(2)

A.2 新兴市场国家

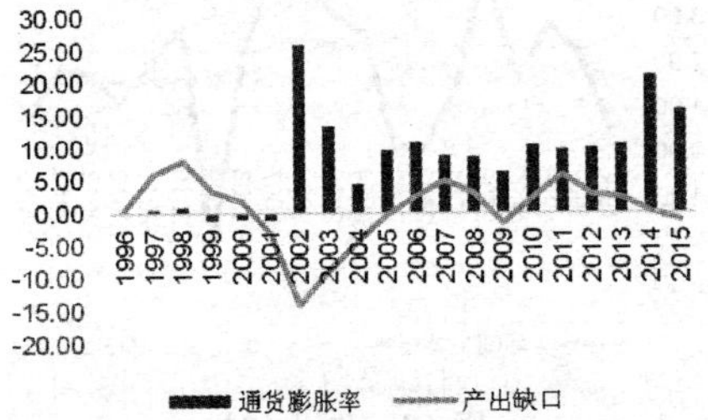

图 69 阿根廷(1)

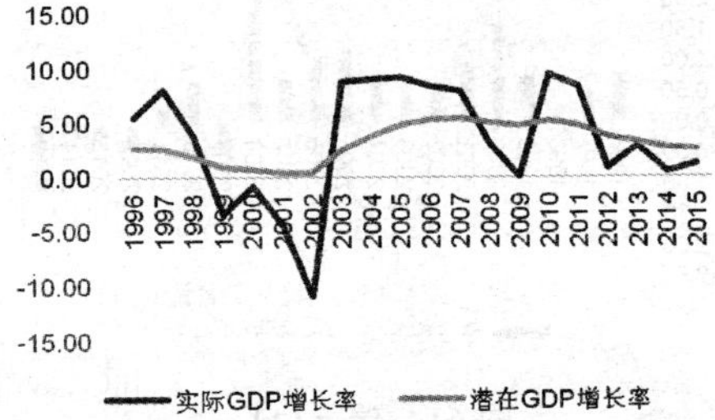

图 70 阿根廷(2)

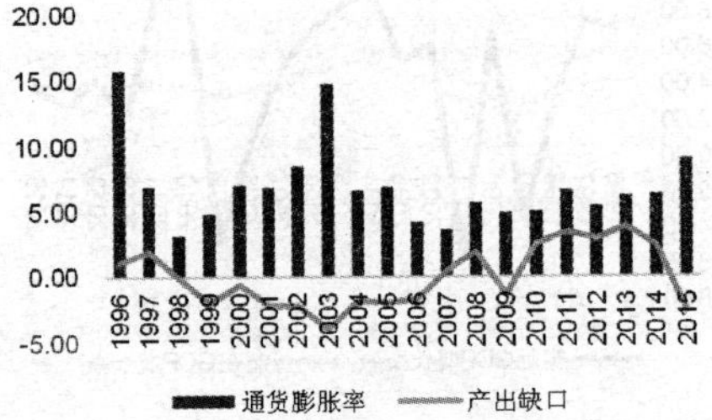

图 71 巴西(1)

图 72 巴西(2)

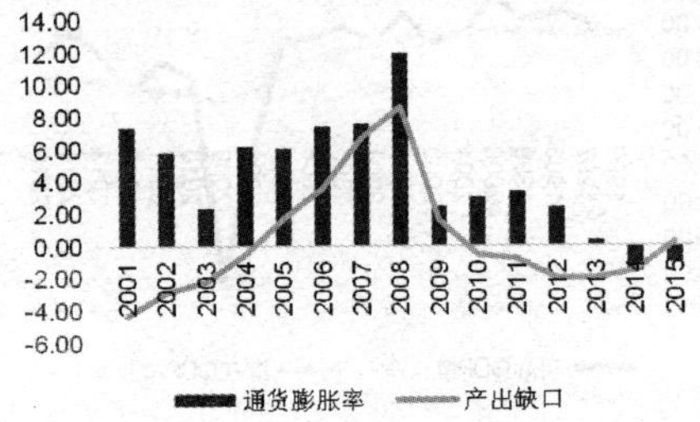

图 73 保加利亚(1)

图 74 保加利亚(2)

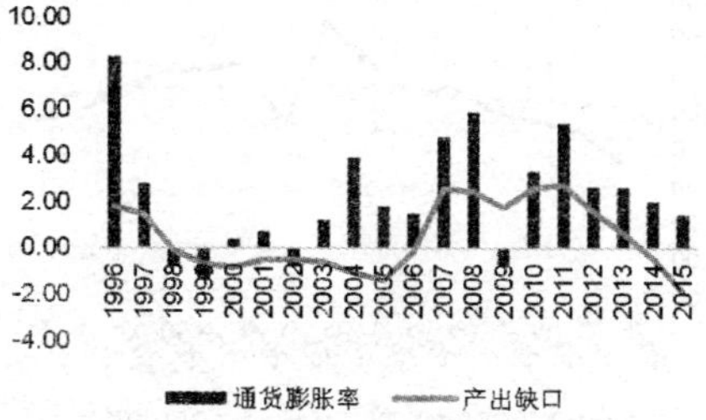

图 75　中国(1)

图 76　中国(2)

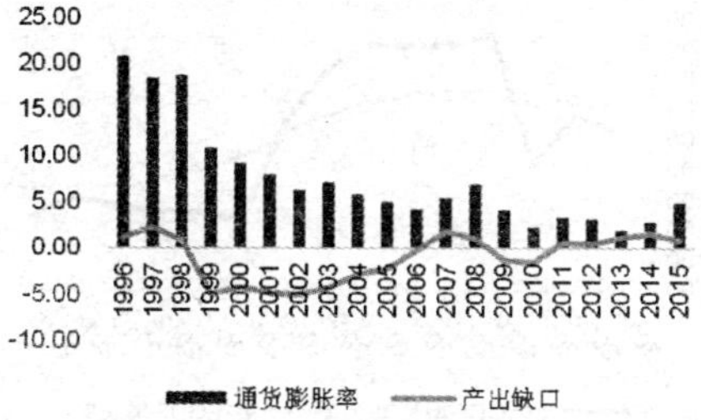

图 77　哥伦比亚(1)

图 78　哥伦比亚(2)

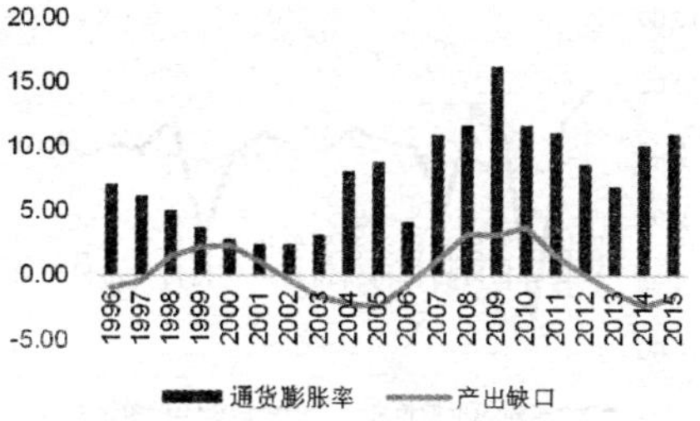

图 79　埃及(1)

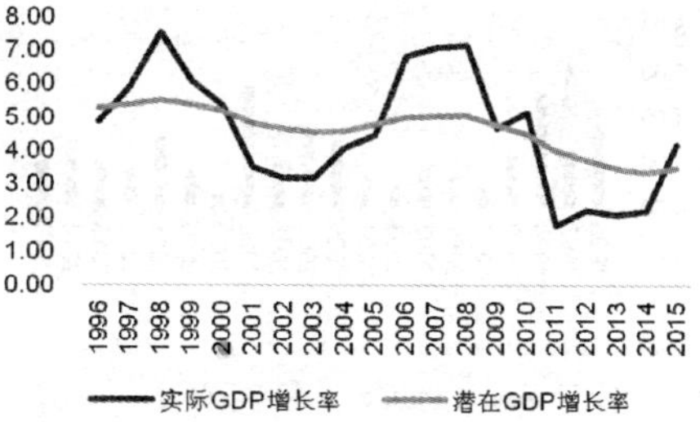

图 80　埃及(2)

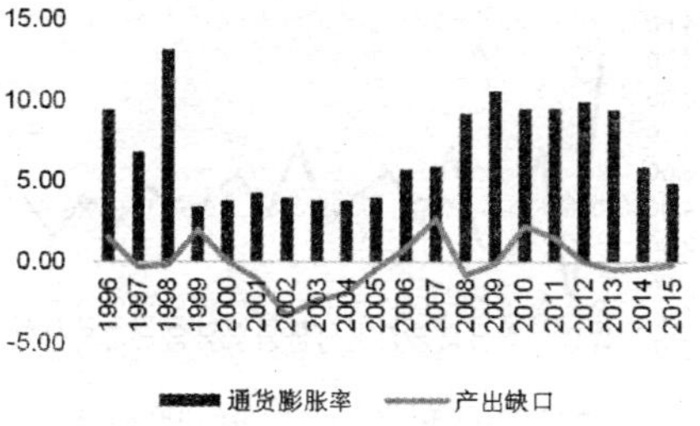

图 81　印度(1)

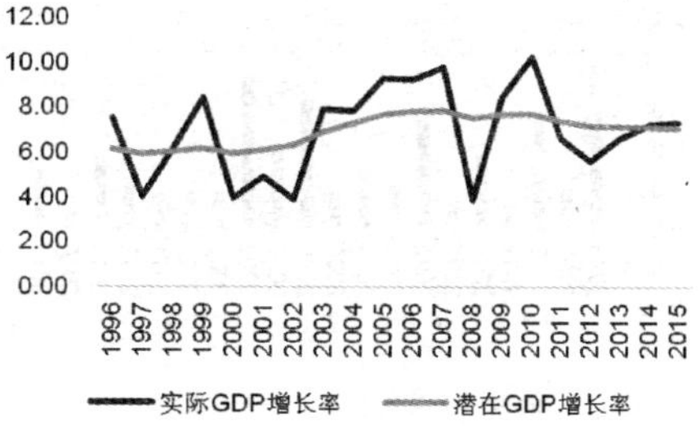

图 82　印度(2)

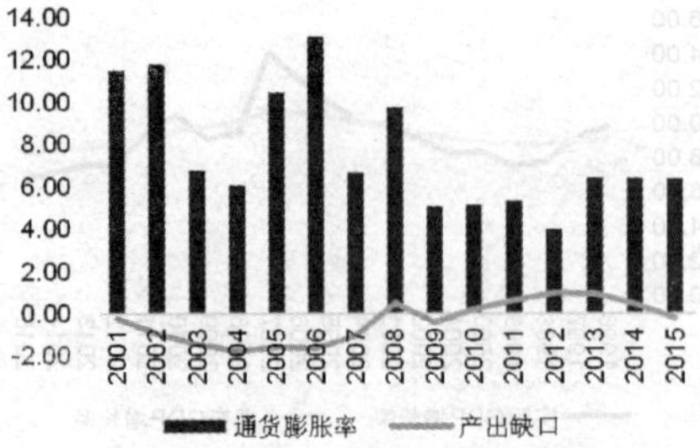

图 83 印度尼西亚(1)

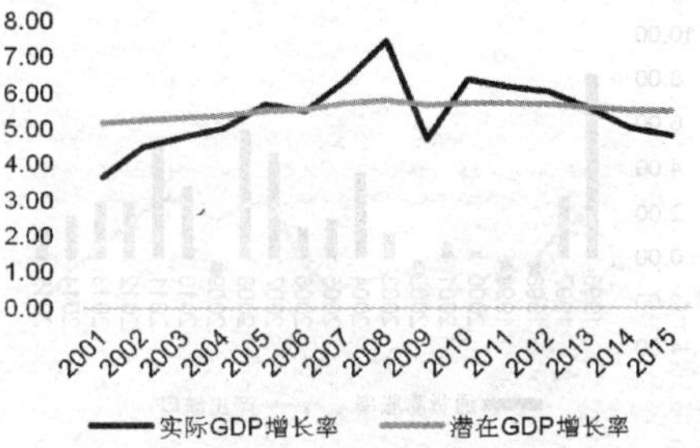

图 84 印度尼西亚(2)

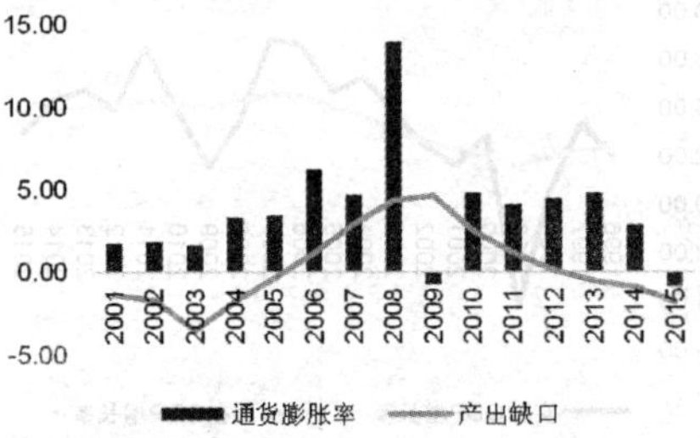

图 85 约旦(1)

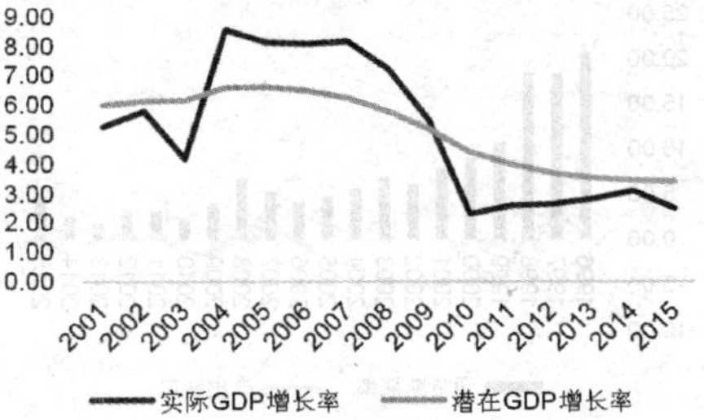

图 86 约旦(2)

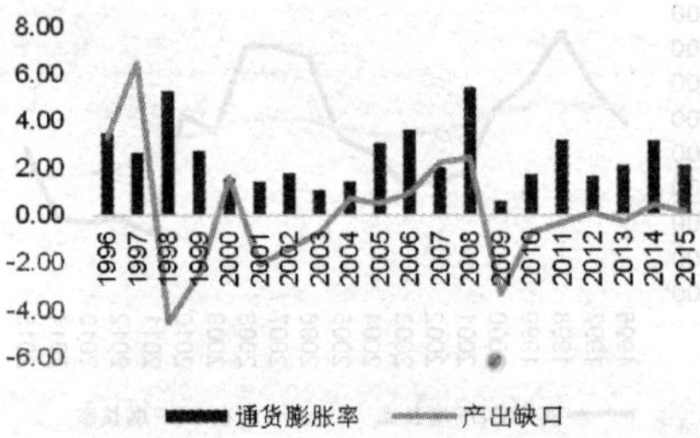

图 87 马来西亚(1)

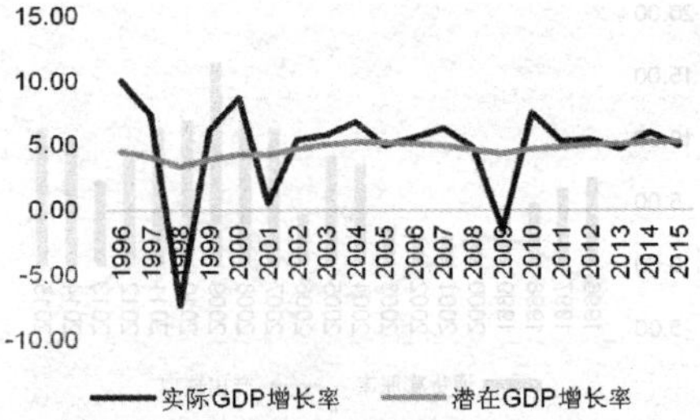

图 88 马来西亚(2)

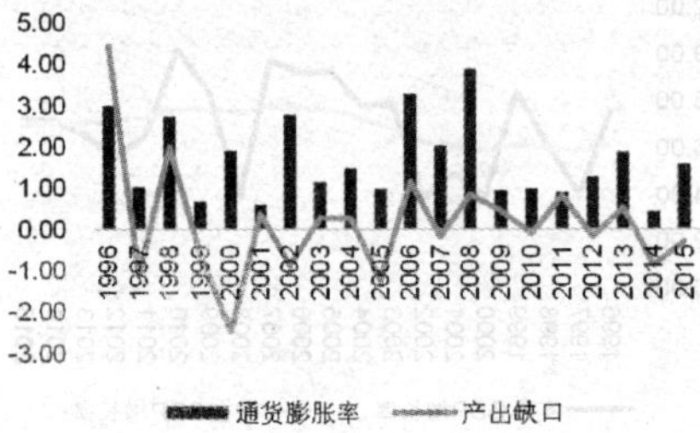

图 89 摩洛哥(1)

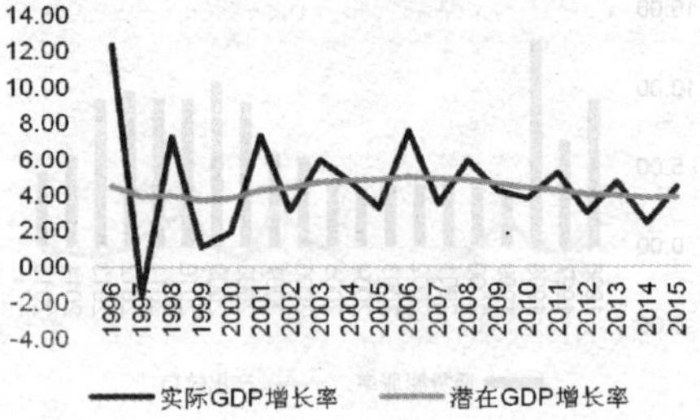

图 90 摩洛哥(2)

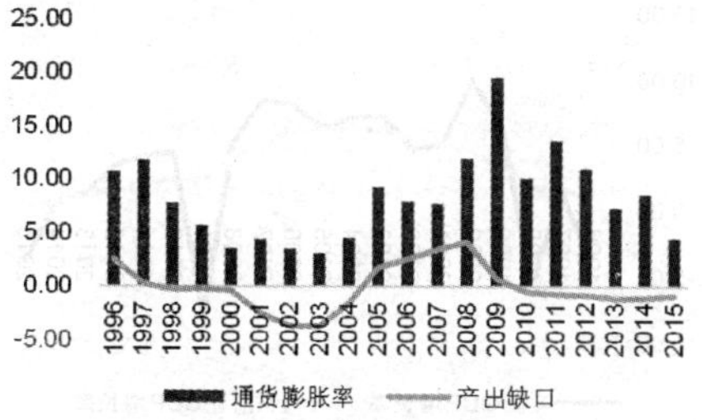

图 91　巴基斯坦(1)

图 92　巴基斯坦(2)

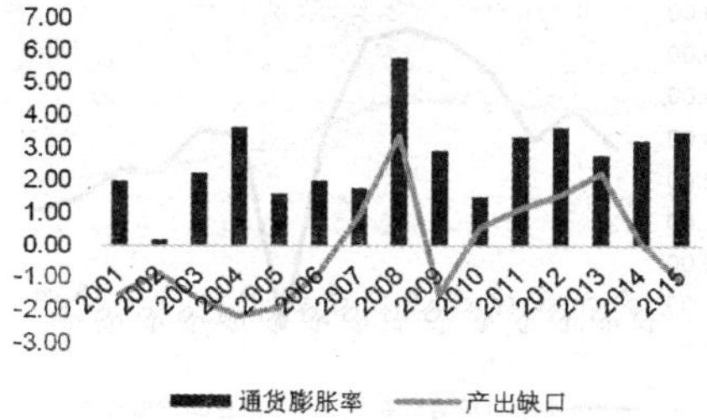

图 93　秘鲁(1)

图 94　秘鲁(2)

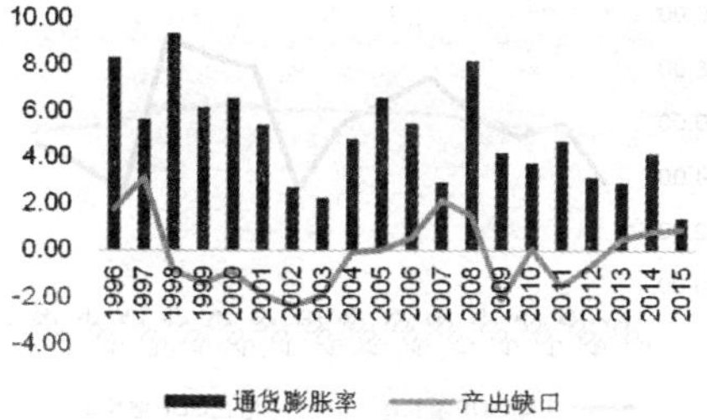

图 95　菲律宾(1)

图 96　菲律宾(2)

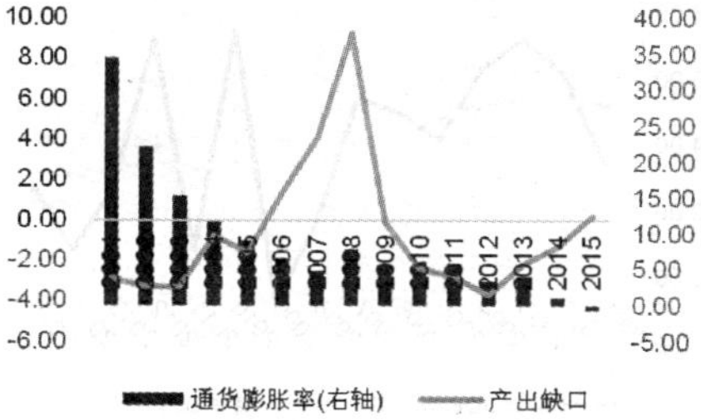

图 97　罗马尼亚(1)

图 98　罗马尼亚(2)

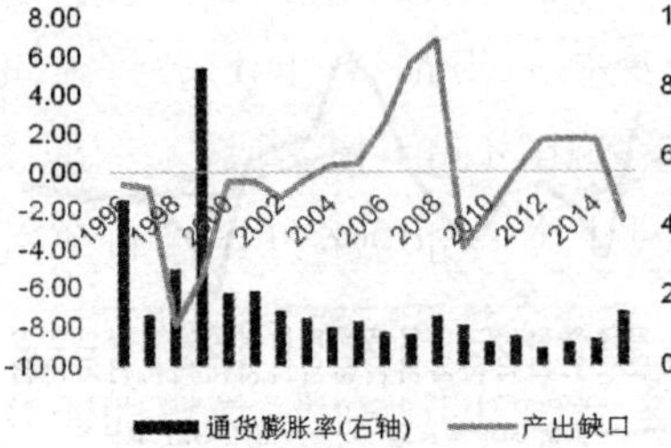

图 99 俄罗斯(1)

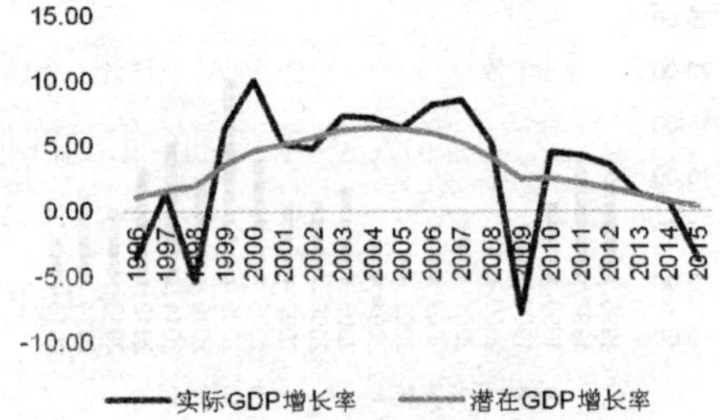

图 100 俄罗斯(2)

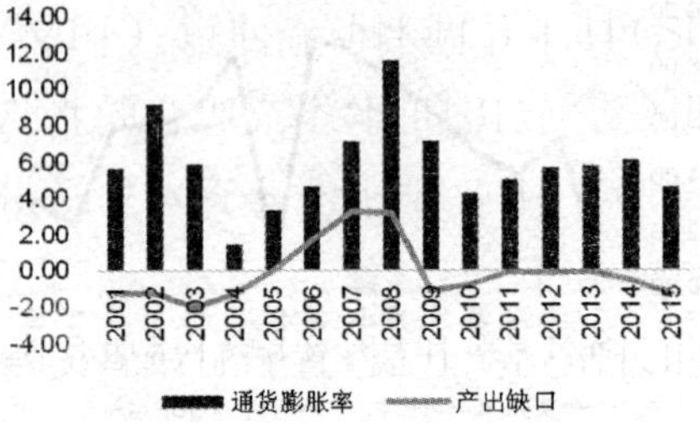

图 101 南非(1)

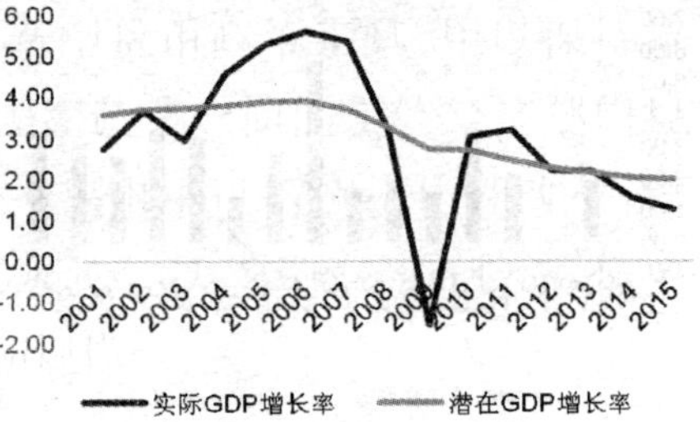

图 102 南非(2)

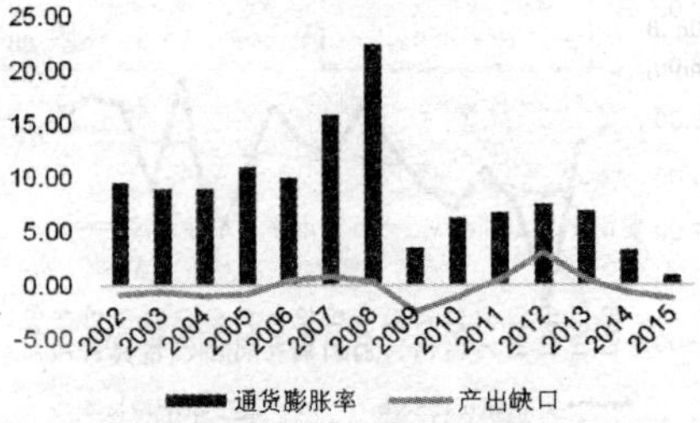

图 103 斯里兰卡(1)

图 104 斯里兰卡(2)

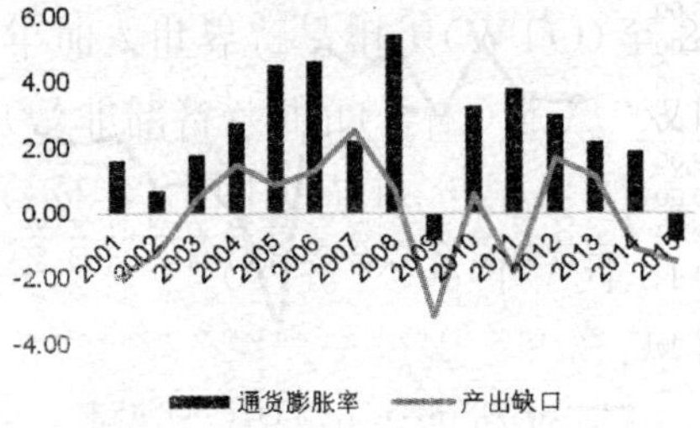

图 105 泰国(1)

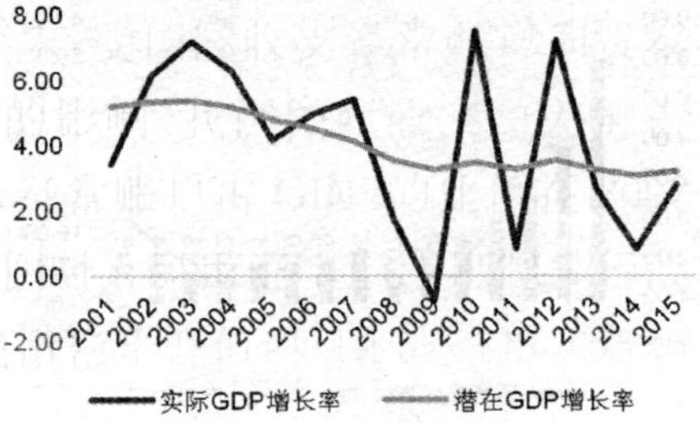

图 106 泰国(2)

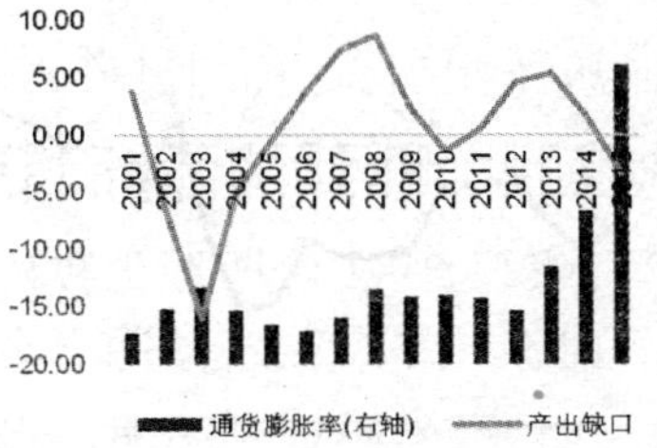

图 107　委内瑞拉(1)

图 108　委内瑞拉(2)

B. 各国经常账户余额与国际收支总差额占 GDP 的比例(%)

B.1　OECD 成员国

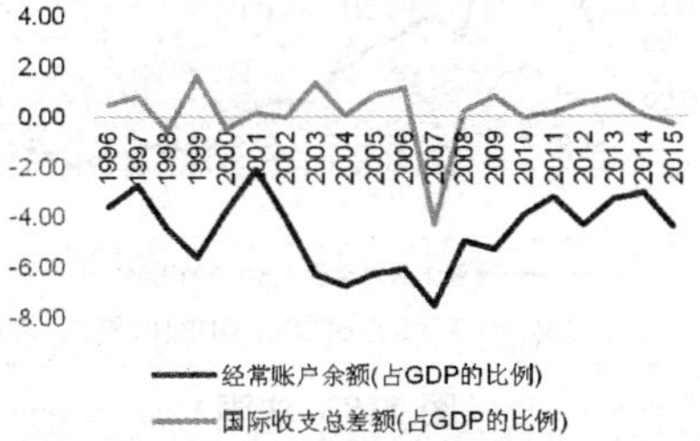

图 109　澳大利亚

图 110　奥地利

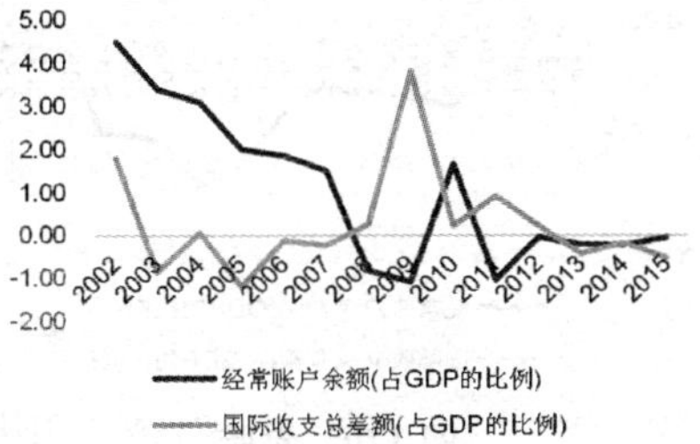

图 111　比利时

图 112　加拿大

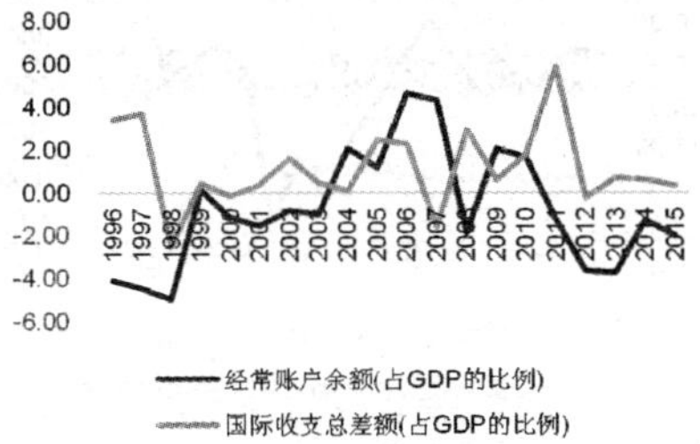

图 113　智利

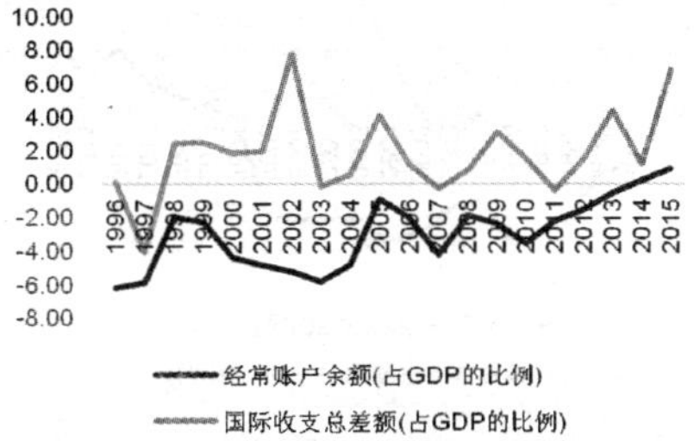

图 114　捷克共和国

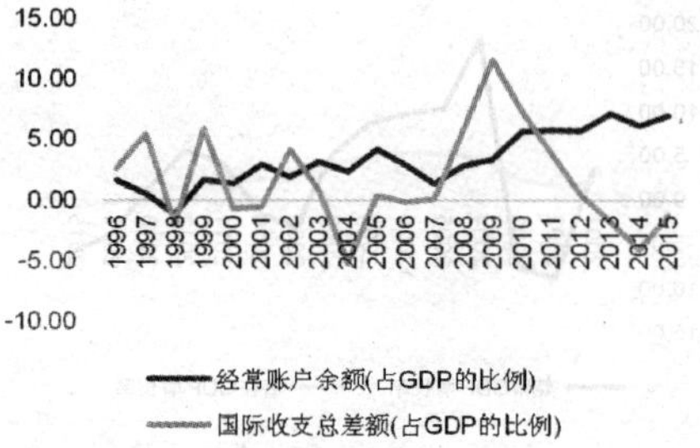

图 115 丹麦

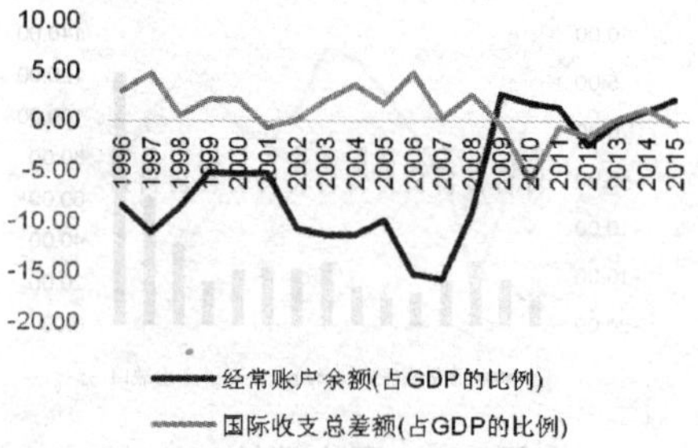

图 116 爱沙尼亚

图 117 芬兰

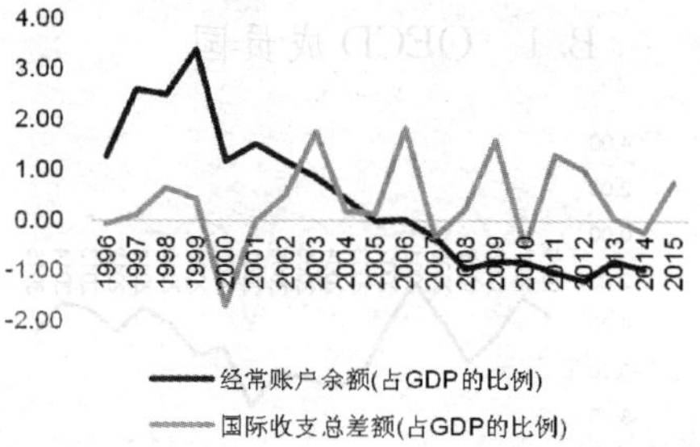

图 118 法国

图 119 德国

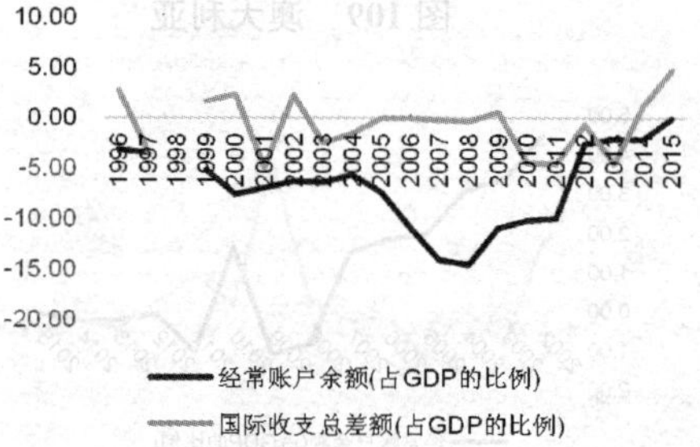

图 120 希腊

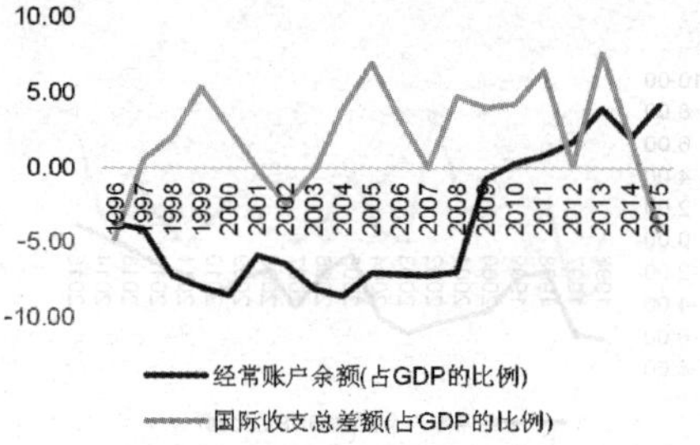

图 121 匈牙利

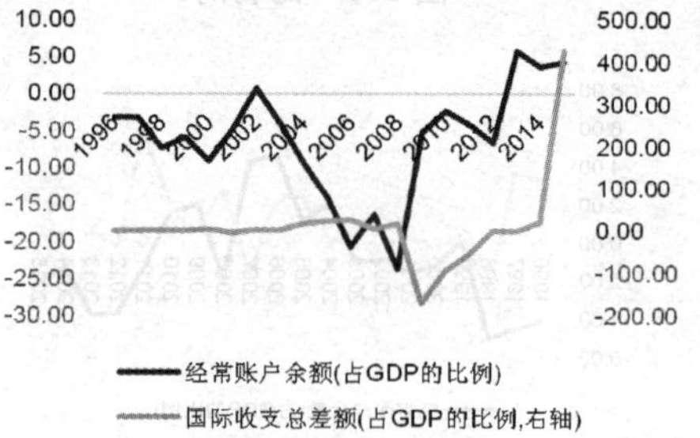

图 122 冰岛

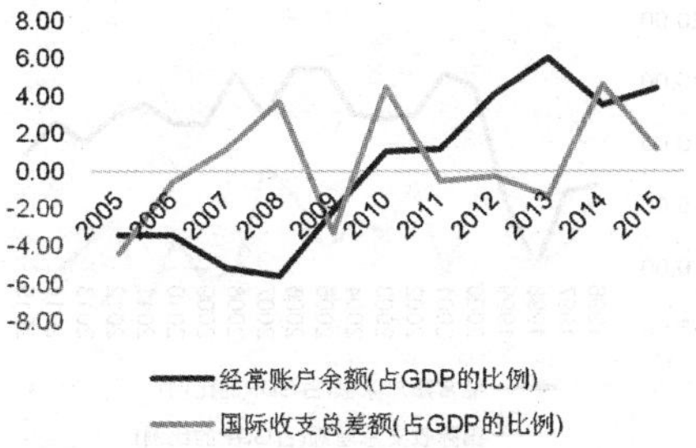

图 123　爱尔兰

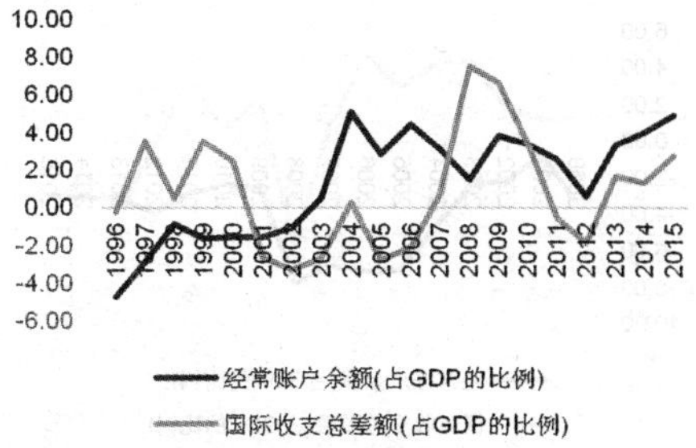

图 124　以色列

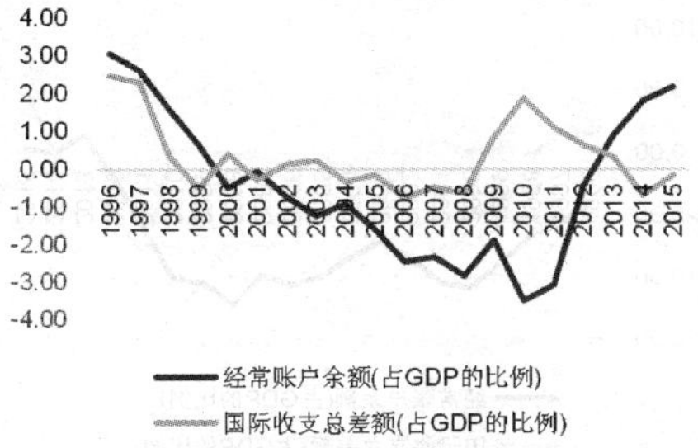

图 125　意大利

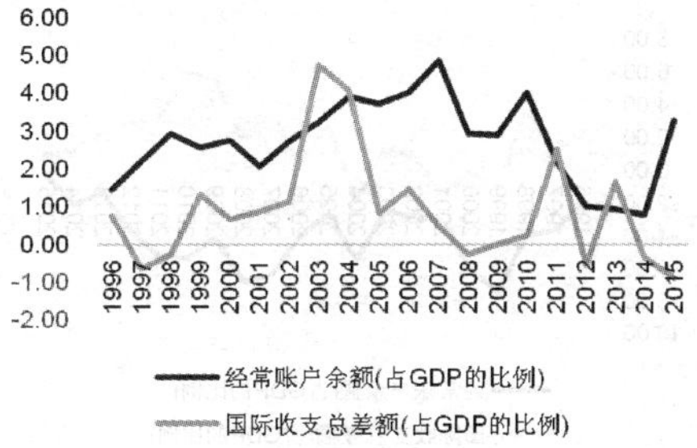

图 126　日本

图 127　韩国

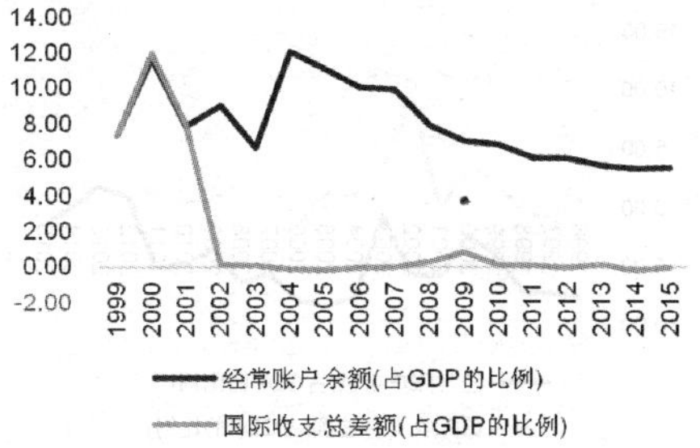

图 128　卢森堡

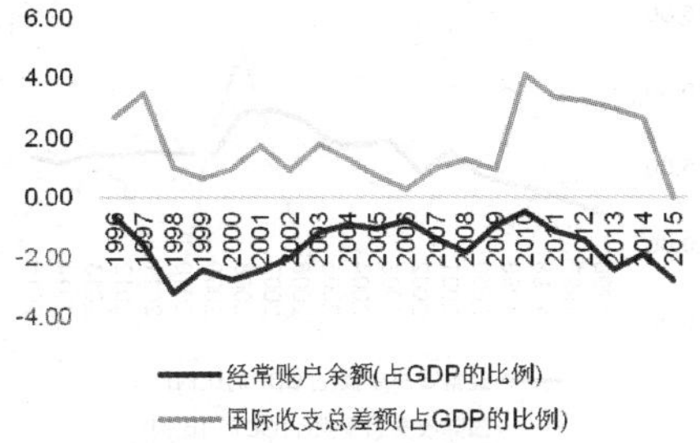

图 129　墨西哥

图 130　荷兰

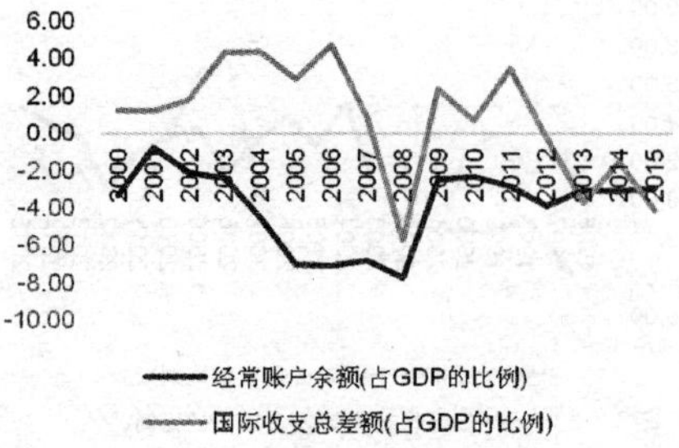

图 131　新西兰

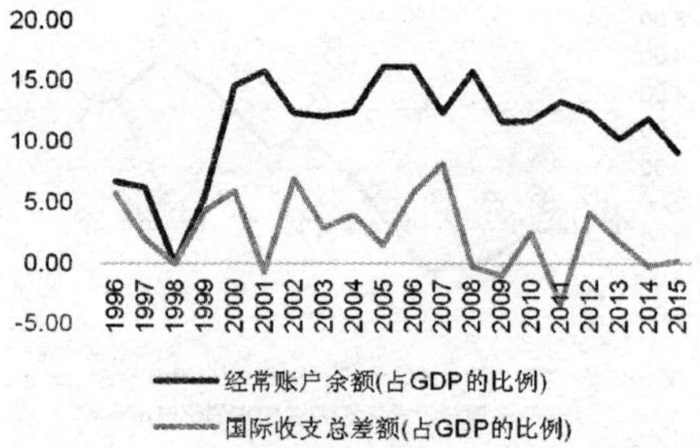

图 132　挪威

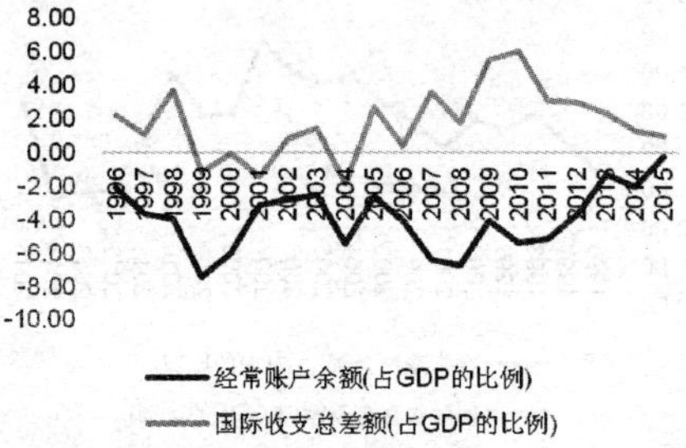

图 133　波兰

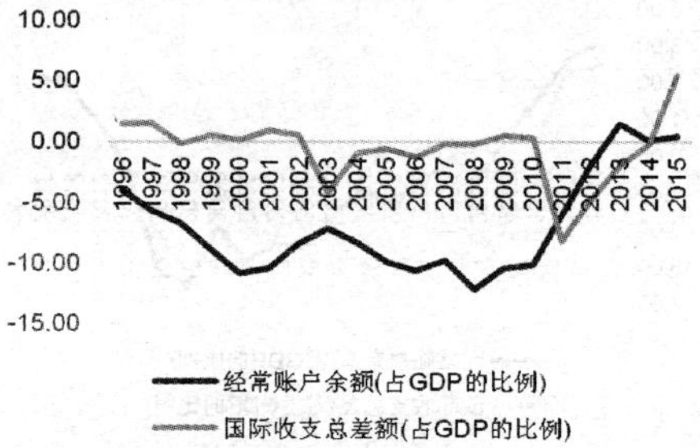

图 134　葡萄牙

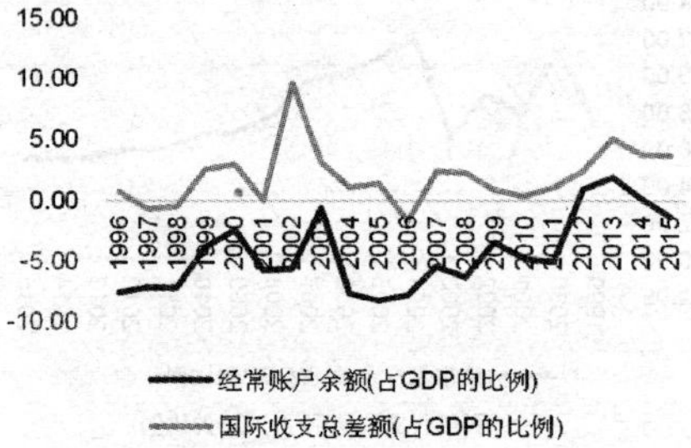

图 135　斯洛伐克共和国

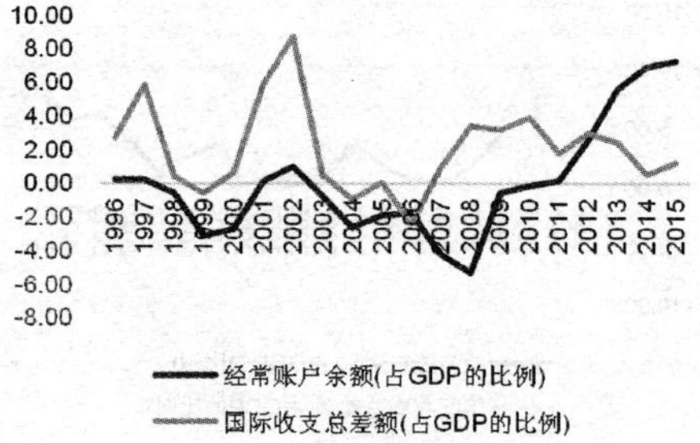

图 136　斯洛文尼亚

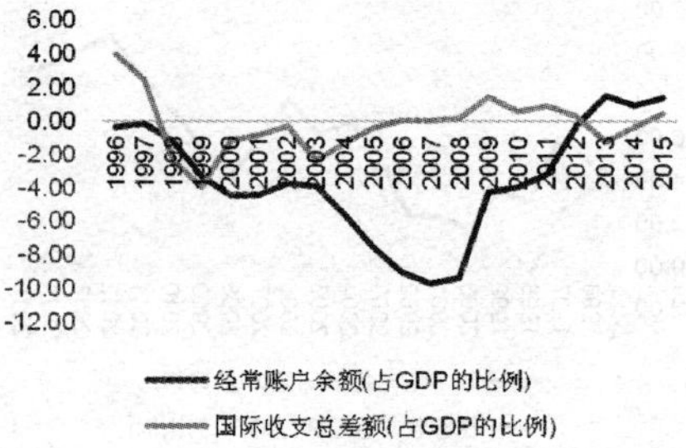

图 137　西班牙

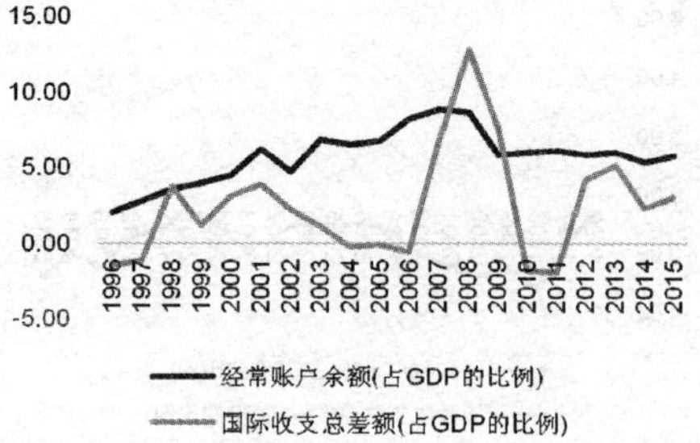

图 138　瑞典

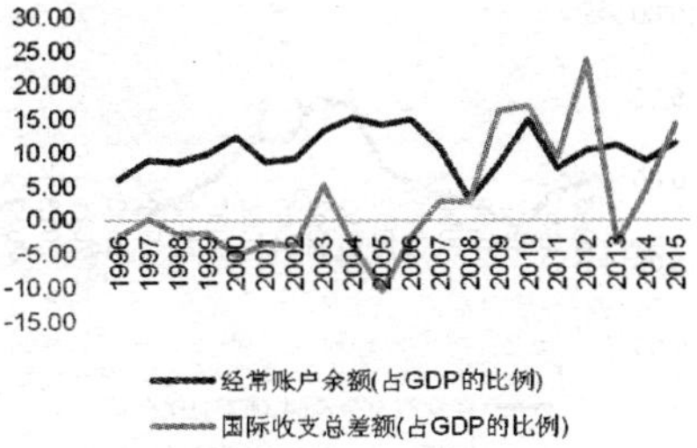

图 139　瑞士

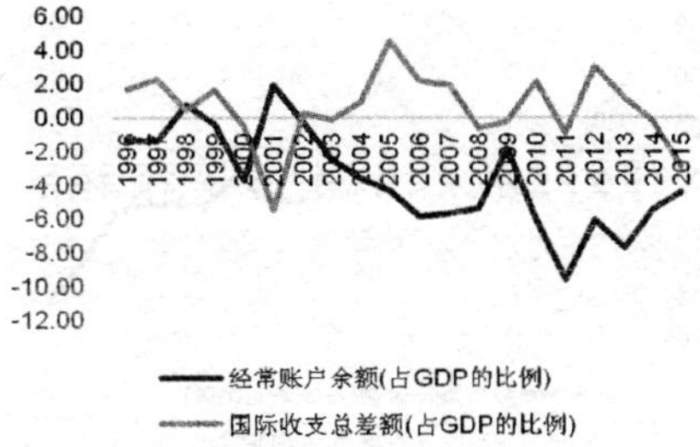

图 140　土耳其

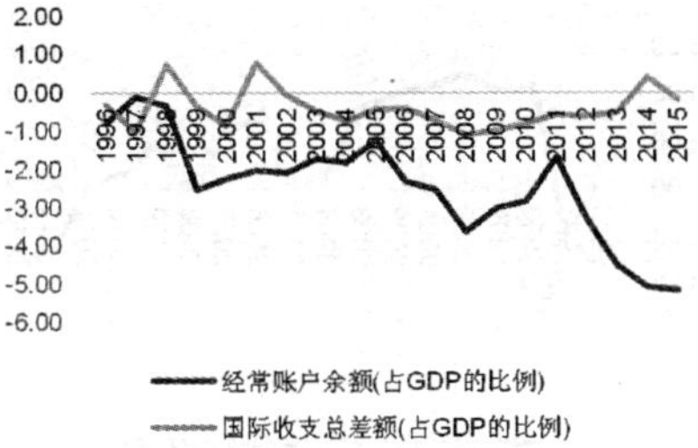

图 141　英国

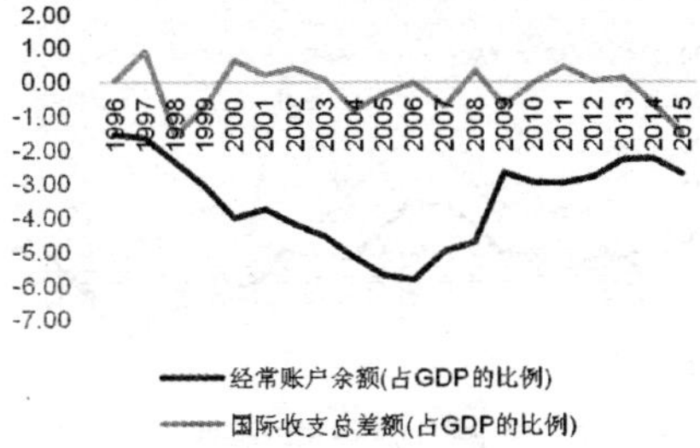

图 142　美国

B.2　新兴市场国家

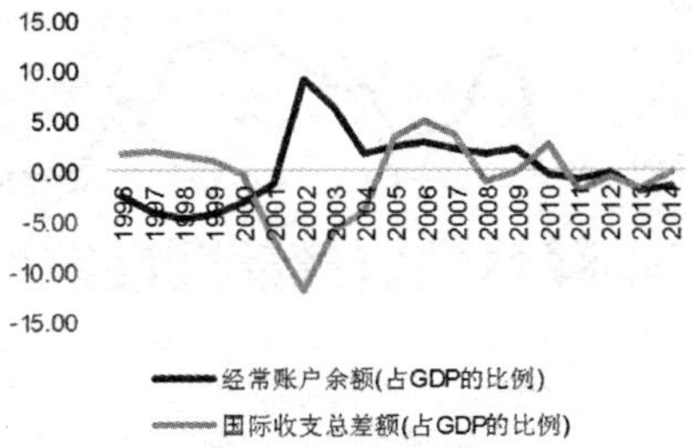

图 143　阿根廷

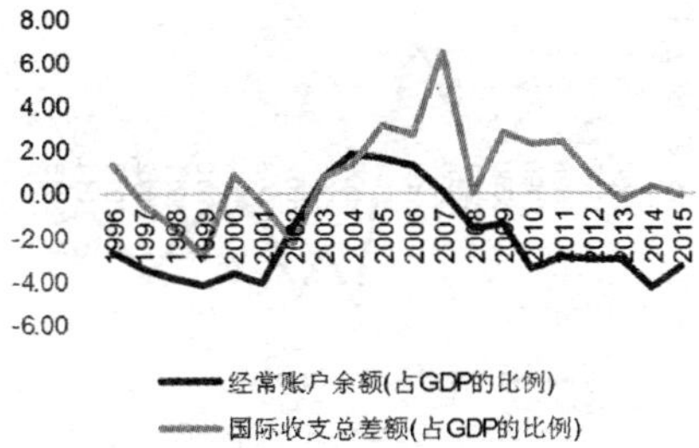

图 144　巴西

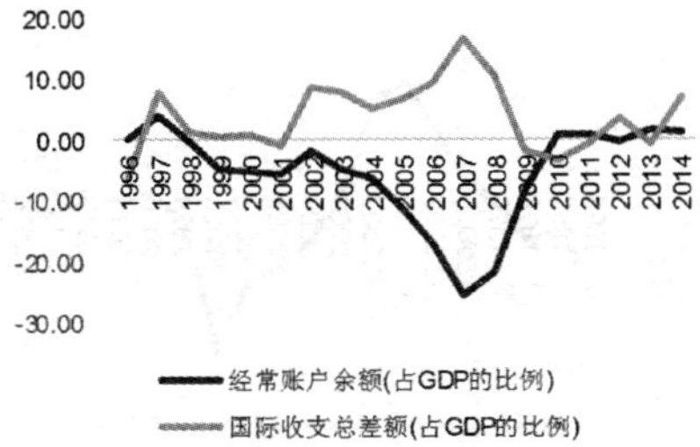

图 145　保加利亚

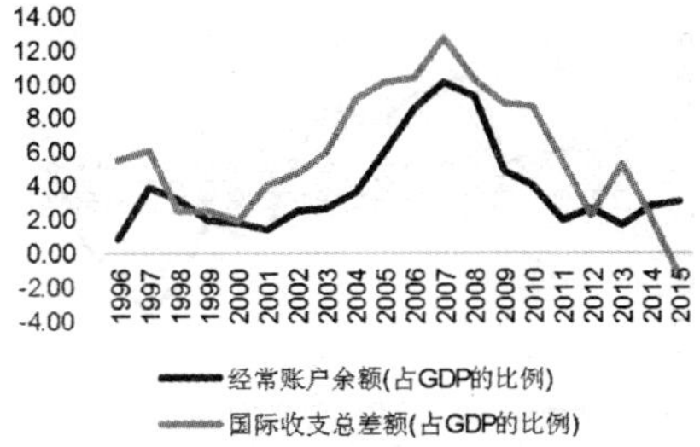

图 146　中国

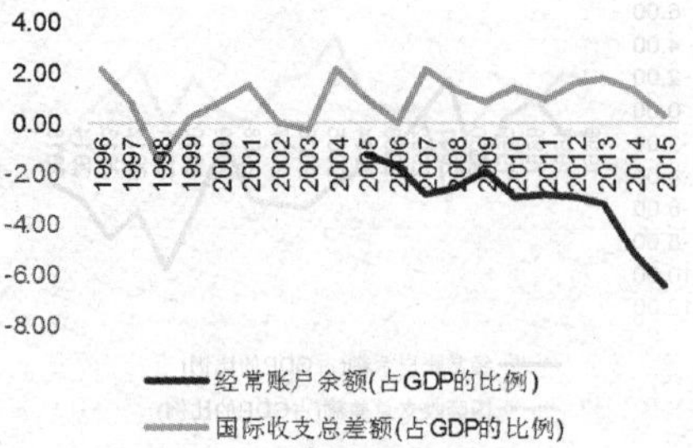

图 147 哥伦比亚

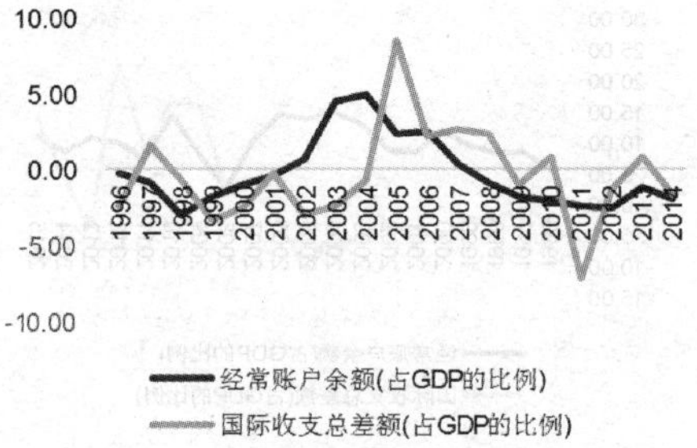

图 148 埃及

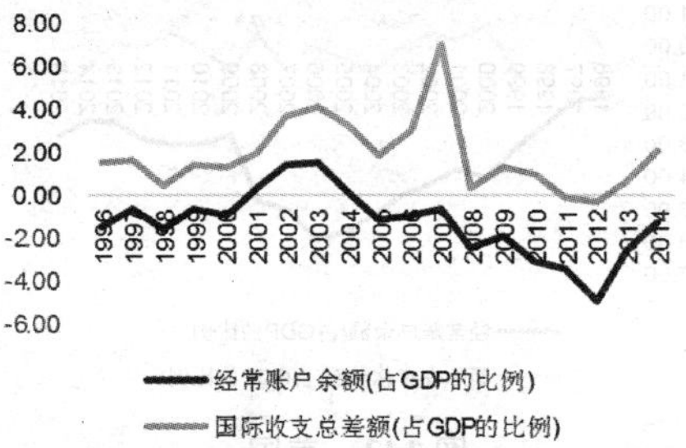

图 149 印度

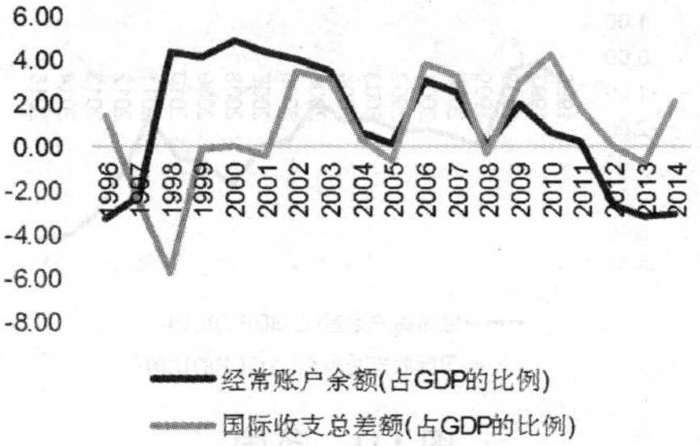

图 150 印度尼西亚

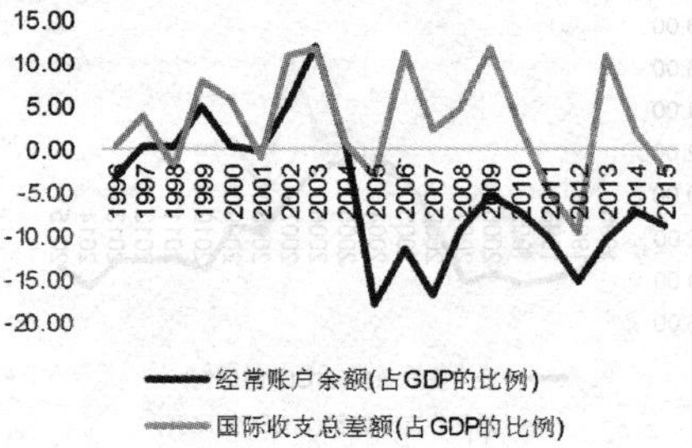

图 151 约旦

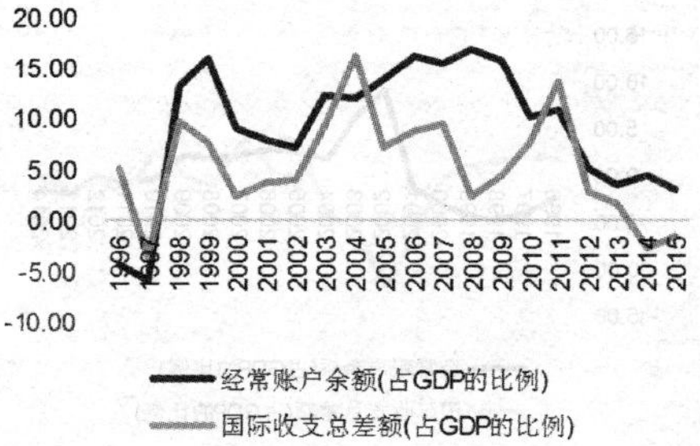

图 152 马来西亚

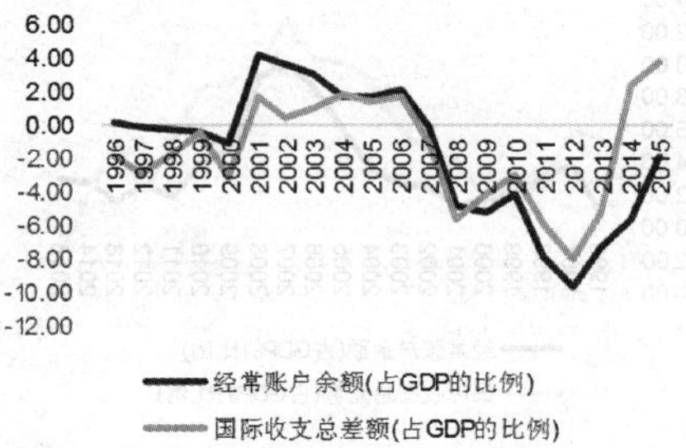

图 153 摩洛哥

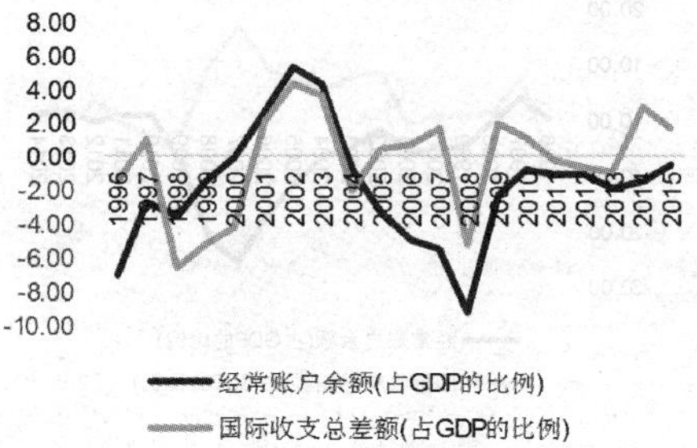

图 154 巴基斯坦

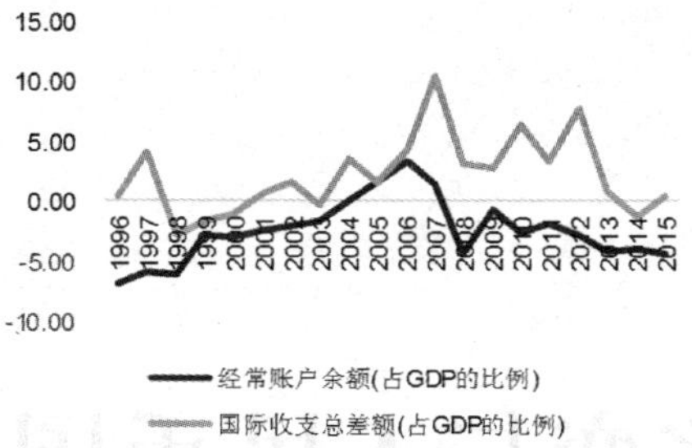

图 155 秘鲁

图 156 菲律宾

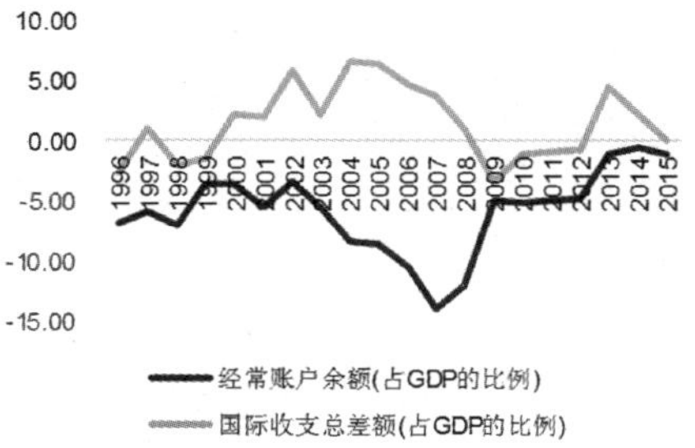

图 157 罗马尼亚

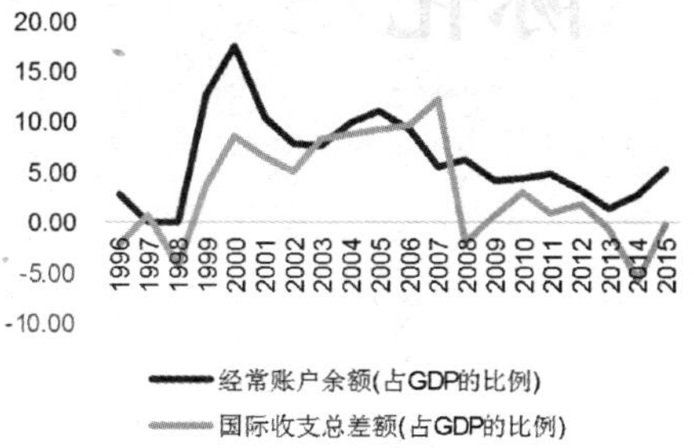

图 158 俄罗斯

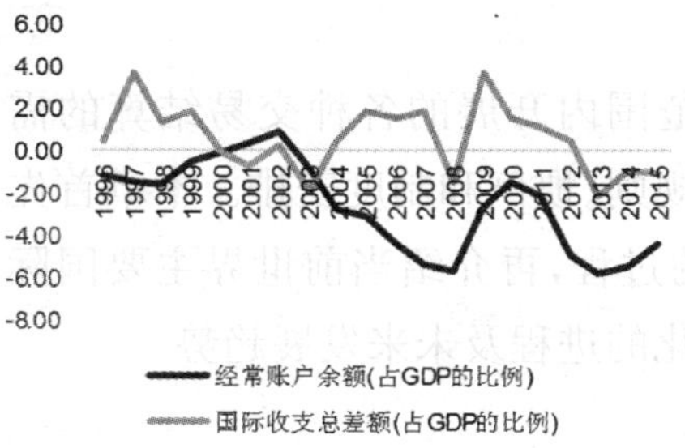

图 159 南非

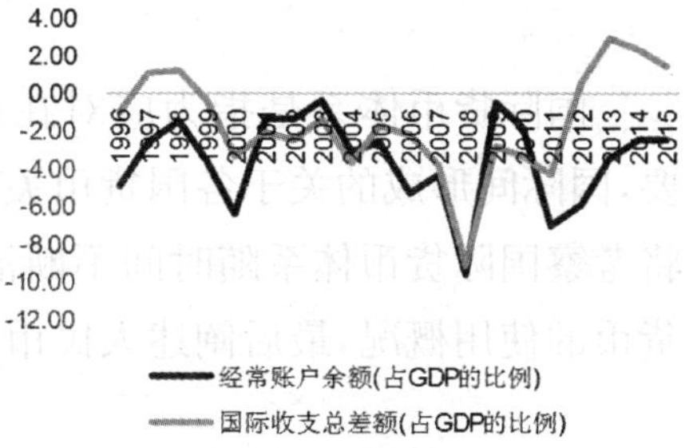

图 160 斯里兰卡

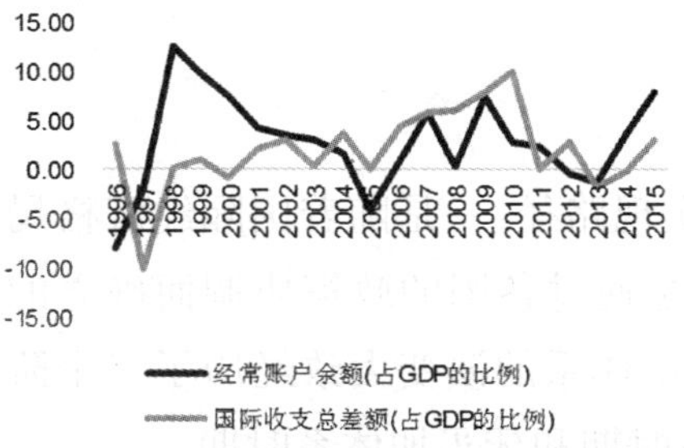

图 161 泰国

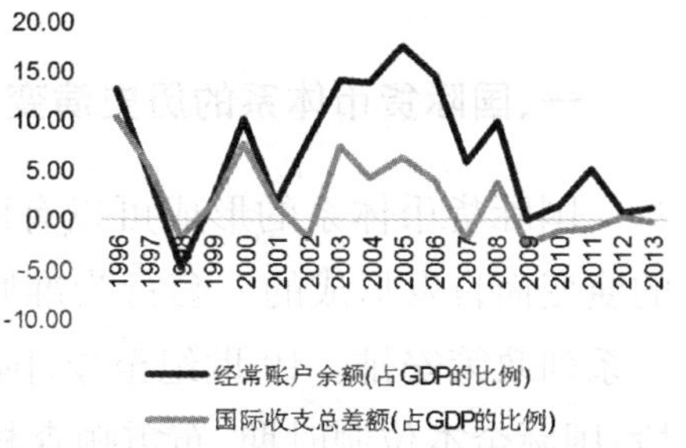

图 162 委内瑞拉

第七章

国际货币体系演变与人民币国际化

国际货币体系是指为应对在世界范围内开展的各种交易结算的需要，国际间形成的关于各国货币关系的规则、惯例和制度安排。本章首先将考察国际货币体系随时间不断演变的过程，再介绍当前世界主要国际货币的使用概况，最后阐述人民币国际化的进程及未来发展趋势。

第一节　国际货币体系的历史、现状与发展趋势

一、国际货币体系的历史演变

国际货币体系的形成可以有两种实现路径：一是随着国际经济格局的演变而自发形成的一套行为准则，二是通过各国的政策协调而确立的一系列政策安排。19 世纪至今，国际货币体系的演变大致经历了三个阶段：国际金本位制时期、布雷顿森林体系时期和牙买加体系时期。

(一)国际金本位制时期

金本位制是指黄金作为货币发行的本位货币,承担计价、流通、支付、贮藏等职能。1819 年,英国国会颁布《恢复条令》,确定英镑与黄金的固定比价,并取消黄金的进出口限制措施,正式实行金本位货币制度。此后,世界主要国家纷纷效仿,相继实行金本位制度。到 19 世纪末期,各国金本位制构成各国货币间关系的联系纽带,具有全球意义上的国际货币体系正式确立,这就是国际金本位制。

国际金本位制的主要特点在于:黄金作为本位货币,可以自由铸造和融化、自由兑换,并在不同国家之间自由输出入。黄金的自由铸造与融化,可以自发调节市场流通的货币数量,使得金币的面额价值与实际价值保持一致;黄金与代表其流通的各种货币价值符号保持自由兑换,可以保证纸币和金属辅币价值的稳定,防止通货膨胀的发生;黄金在不同国家之间自由输出入,使得国际外汇市场汇率保持稳定,不会大幅偏离金平价。因此,在国际金本位制度下,各国之间的汇率水平保持基本稳定,从而有利于国际贸易的发展。

当一国国际收支出现失衡时,在国际金本位制度下,市场会自发进行调节,使得国际收支重新趋于均衡。金本位制下的国际收支调节机制,被大卫·休谟称为"黄金—价格—流动机制"。其具体过程如下:当一国出现国际收支逆差时,该国黄金外流,该国货币供给减少,国际收支顺差国货币供给增加,进而导致逆差国物价水平下降而顺差国物价水平趋于上升,这样逆差国产品价格竞争力提高,最终使得逆差国出口增加,顺差国出口减少,国际收支重新趋于均衡。

1914 年以前,国际金本位制体系总体上运行良好,各国汇率水平保持基本稳定,促进了世界经济贸易的迅速发展。然而,随着第一次世界大战的爆发,各国政府为筹集军费,一方面,大量发行纸币和银行券,使其与黄金的兑换日益困难;另一方面,限制甚至禁止黄金的出口,"黄金—价格流动机制"完全失效。国际金本位制也因此宣告瓦解。

第一次世界大战结束后,各国政府尝试恢复货币的国际金本位体系。1919 年,美国重返金本位制。1925 年,英国也恢复了黄金与英镑的可兑换性,并解除了黄金的出口限制措施。不久,随着 1929 年世界经济危机的爆发,各国寻求将自身储备的英镑兑换成黄金,此时英国本已捉襟见肘的黄金储备难以为继,被迫终止黄金与英镑的兑换,英镑汇率大幅贬值,国际金本位制体系再次终结。此后,各国为摆脱经济衰退,刺激出口,竞相贬值本国货币,最终导致各国相互报复,纷纷采取以邻为壑的汇率政策,国际货币体系进入不稳定时期。

(二)布雷顿森林体系时期

第二次世界大战即将结束之时,同盟国胜利在望。为实现战后经济重建的需要,英美等44国代表于1944年7月聚集在美国小镇布雷顿森林,共同商讨重建国际货币体系,以促进世界经济贸易的发展。

当时的世界经济格局已经发生重大变化,美国成为世界最大的债权国家,拥有世界黄金储备和工业制成品的一半以上,在全球经济体系中处于绝对核心地位。在布雷顿森林会议上,通过了以美国"怀特计划"为基础的国际货币体系重建方案,形成了以美国为主导的国际货币体系,因会议地点该体系被命名为"布雷顿森林体系"。

布雷顿森林体系作为国际货币体系包括以下几方面主要内容:

第一,建立以"黄金—美元"为基础"双挂钩"的金汇兑本位货币制度。美元与黄金挂钩,保持35美元兑换1盎司黄金的固定汇率比价,其他国家政府有权将储备的美元按照官方比价兑换成黄金。其他国家货币与美元挂钩,保持固定汇率比价,各国货币与美元的平均波幅不超过1%。只有当一国国际收支发生"根本性失衡"[①]时,才可以重新调整该国货币与美元之间的汇率比价。

第二,建立国际货币基金组织这一国际金融机构,旨在促进国际金融政策协调。一方面,国际货币基金组织需要对各成员国的汇率政策进行监督,防止汇率的无序变动;另一方面,当成员国出现临时性国际收支逆差时,国际货币基金组织可通过提供短期贷款,避免该国因采用紧缩性货币政策而影响其就业。

第三,各国逐步取消对经常账户自由兑换的限制措施,促进国际贸易的发展。两次世界大战期间,各国政府对经常账户交易进行严格管制,不利于世界各国之间的贸易往来。通过实现货币在经常项下的自由兑换,

---

① 国际货币基金组织对于"根本性失衡"没有明确的定义,只是用以描述一国的国际收支遭受持久性失衡的状况。

可以便利国际经济贸易。同时，为防止跨境资本的频繁流动对固定汇率制度造成冲击，国际货币基金组织允许各国对资本与金融项下的交易进行管制，限制短期资金的自由流动。

布雷顿森林体系自第二次世界大战结束后的十多年内，在欧洲国家经济重建中发挥了巨大的作用。然而，美国耶鲁大学特里芬教授指出，布雷顿森林体系存在根本性缺陷，具有内在的不稳定特征。一方面，为保证美元与黄金的固定比价，美国需要控制美元向海外输出；另一方面，其他国家为应对外部失衡，具有积累美元储备的动力，这需要美元不断向海外输出。因此，造成美元处于两难状态，为应对世界经济发展的需要，美元需要不断向海外流出，而美元的日益增加，就会使得其与黄金的固定兑换比率难以维持，最终诱发美元对黄金的兑换危机，并导致布雷顿森林体系的崩溃。

“特里芬两难”具有高度的理论预见性，随着美元因美国持续的国际收支逆差而不断外流，美元与黄金的固定比价愈发难以维持。1968 年，美元实行价格双轨制，官方市场仍以每盎司黄金兑 35 美元进行交易，私人市场实行价格随市场的浮动制度，布雷顿森林体系开始瓦解。1971 年，美元贬值 8%，并停止与黄金的兑换，金本位制崩溃。1973 年，国际外汇市场再次出现美元的抛售潮，使得德国、日本等主要工业化国家的货币与美元之间的固定汇率制度难以为继，并开始实行浮动汇率制度。自此，布雷顿森林体系彻底崩溃，国际货币体系开始向新的形式过渡。

二、国际货币体系的发展现状

(一)现行国际货币体系的运行方式

布雷顿森林体系崩溃后，主要工业化国家为建立新的国际货币体系进行了长时间的磋商与协调，在 1976 年签署的《牙买加协议》，使得就国际货币体系运行中的一些基本问题达成共识。1978 年，该协议获得国际货币基金组织的正式批准并付诸实施。自此，国际货币体系进入新的发展阶段。

牙买加体系确认了浮动汇率制度的合法性，放弃了布雷顿森林体系下以“黄金—美元”为核心的金汇兑制度，并进一步强化了国际货币基金组织的作用。牙买加国际货币体系主要包括以下几方面内容：

第一,黄金的非货币化。黄金不再同各国货币保持固定比价,也不再作为货币发行的本位币和国际收支清算的主要工具,各国开始进入纯信用货币发行阶段。

第二,各国汇率制度安排自主化。各国可以根据自身经济发展的需要,在不影响其他国家的前提下,自主选择适合自身的汇率制度安排,并接受国际货币基金组织的监督。

第三,逐步提升特别提款权的国际储备货币地位。扩大特别提款权在国际货币基金组织中的使用范围,允许各成员国使用特别提款权进行借贷结算。

第四,改革国际货币基金组织的份额。一方面,扩大国际货币基金组织的总份额;另一方面,在调整各国基金份额的分配比例,适当降低美国的份额同时,提高德国、日本等国家的基金份额,以反映世界经济格局的相对变化。

第五,创设新的信贷工具,增加对成员国的资金融通条件。国际货币基金组织通过建立各种新的基金贷款,扩大信贷资源使用额度,为国际收支出现困难的国家提供融资安排。

牙买加体系正式实施三十多年以来,汇率制度安排的多样化适应了具有不同要素禀赋和处于不同发展阶段各成员国的需要,各国经济政策的灵活性和自主性得到增强,一定程度上使得国际收支的调节更加有效,避免了外部均衡干扰到国内经济的稳定运行。另外,多元化的国际储备货币也为国际间的清算安排提供了多种手段,使得国际货币的供应相对得到缓解。

(二)现行国际货币体系存在的问题

牙买加体系本身存在着众多不完善的地方,在实际的运行过程中也暴露出了一系列问题。

第一,各国之间的汇率频繁剧烈波动。随着选择浮动汇率制国家的日益增多,各国之间的汇率变动日益频繁。汇率风险的增大提高了商品交易价格和投资回报的不确定性,对国际贸易和投资的开展产生了消极影响。

第二,跨境资本的大量流动,外汇市场的投机性行为大幅增加,货币危机频繁爆发。1992 年,欧洲货币体系中的英镑与里拉发生剧烈波动,最终演化为该体系的货币危机，英国和意大利被迫退出该体系。1994年，墨西哥发生货币危机。1997～1998年，东南亚及俄罗斯相继发生货币危机，并引发金融和经济危机。1999年和2002年，巴西和阿根廷又相继发生货币危机。

第三，牙买加体系强化了美元作为国际货币的霸权地位，成为国际金融不稳定的根源。

牙买加体系未能从根本上消除“特里芬两难”问题。牙买加协定初期，布雷顿森林体系导致的路径依赖以及美国经济无人能与之抗衡的实力，共同构筑了美元的霸主地位。尽管后续有日元的国际化以及欧元的诞生，都难以动摇美元在国际货币体系中的强权地位。当前，美元仍占据主导地位，世界各国外汇储备中美元的比例维持在2/3左右。美元在世界经济交易中发挥着计价、交易、支付、贮藏和避险功能。多年来，美国通过持续的国际收支逆差向海外输出美元，东南亚贸易顺差国和中东产油国积累了大量的美元储备。美元的大量发行，既会导致美元资产持有国担心美元贬值导致储备价值受损，又会使得发行国担心其他国家对美元信心的丧失导致美元大幅度贬值或者削弱美元霸权地位货币的出现以及现有其他国际货币的实力增强，从而弱化美元的霸权地位，进而弱化美国经济的霸权地位。

同时，靠经常账户对美盈余获得的巨额美元造成对美元金融资产需求的增加，导致美国金融资产的滥发和价格的虚高，为金融危机埋下隐患，危机的发生往往又会通过这种金融关联传染到全世界。

三、国际货币体系的改革进程

(一)国际货币体系的改革设想

自2008年国际金融危机全面爆发以来，美元的国际信用受损，当前的国际货币体系存在的重大缺陷进一步凸显，美联储无法在兼顾国内经济目标的同时为全球经贸发展提供充足稳定的流动性并承担“最后贷款人”的职责。国际社会对于改革国际货币体系的呼声日益高涨。目前，关于国际货币体系改革最具代表性的方案有以下两大类：

(1)激进改革方案：彻底颠覆现有的国际货币体系。

2009年3月23日，中国人民银行行长周小川提出，创造脱离主权国家信用的超主权国际储备货币，是国际货币体系改革的理想方案。周小川进一步提出，通过一系列改革措施，特别提款权(SDR)可以具备承担超主权国际储备货币的特征和潜力。首先，需要强化SDR的货币职能，推动企业在国际贸易和金融中使用SDR进行计价、交易和支付结算，增强SDR的吸引力；其次，完善SDR计值公式，增加SDR定价篮子的货币代表性，同时以实际资产作为发行储备；最后，由国际货币基金组织监测全球经济与金融市场的变动，管理SDR的发行，逐步替代现有成员国的国际储备，最终实现对全球流动性的宏观调控。

法国经济学家莫里斯·阿莱提出重建布雷顿森林体系，重回固定汇率制，限制短期资本投机活动和各国汇率波动幅度，改革国际金融机构，放弃美元作为全球储备货币，建立超主权计价结算单位。

埃及经济学家萨米尔·阿明提出，改革国际货币基金组织和联合国，使得国际货币基金组织成为世界中央银行，并在联合国框架内建立起全球经济和金融协调机制。

然而，这些设想将动摇美元作为国际储备体系的核心地位，无法得到美国政府的支持。由于美国在国际货币基金组织中具有一票否决权，加之其在全球经济、政治和军事领域的广泛影响力，这些方案在现阶段的可操作性不强。

(2)温和改革方案：对现有国际货币体系的内在缺陷进行修补，积极发展多种国际储备货币共存的国际货币体系。

以国际货币基金组织前总裁米歇尔·康德苏为首的研究团队在2011年发布了国际货币体系改革的“皇宫倡议书”，从全球经济金融政策协调、外汇汇率、全球流动性管理、特别提款权与政府管理五个方面对国际货币体系改革提出18条改革建议，对现有体系的内在缺陷进行修补完善。

李扬提出，在尊重美元作为全球主要储备货币的前提下，通过加强国际货币合作，对现有体系的内在缺陷进行修补，积极发展多种国际储备货币共存的国际货币体系。针对美元作为主权信用货币和世界货币属性的双重职能，美国需要承担一定的国际责任，同其他主要经济体在宏观层面加强协调，采取务实的经济政策，平衡国际收支，保持美元币值的相对稳定，并考虑国内政策对世界其他国家的溢出效应。针对全球国际货币有效供应问题，可以由国际货币基金组织进行协调，全球主要央行建立多边货币互换网络，建立全球流动性的供应机制和政策协调机制。

温和型国际货币体系改革方案，在尊重美元作为全球主要储备货币的前提下，加强全球的货币合作协调，使得现有货币体系的运行更加有效，因此也更加具有现实可行性。

（二）国际货币体系的改革进展

为应对2008年爆发的全球金融危机，2008年11月，二十国集团（G20）领导人聚集华盛顿，首次召开全球金融峰会，提出了一系列改革国际金融体系的主张和政策建议。在G20的推动下，国际货币体系改革取得了一定的进展。

1. 改革全球金融机构的治理结构

G20峰会多次提出改革国际金融机构的治理结构，增强发展中国家的代表性和发言权，以适应世界经济格局的变迁。

2009年G20伦敦峰会决定，金融稳定理事会扩大成员国组成，吸收中国、印度等新兴经济体加入，加强政策协调和监督，共同维持国际金融体系的稳定。

世界银行在2010年4月25日通过投票权改革方案，发达国家将3.13%投票权转移给发展中国家，其中，中国的投票权增加了1.65%，达到4.42%，仅次于美国和日本，位居世界第三位。

2009年的G20匹兹堡峰会提出，国际货币基金组织应改革份额计划，发达国家至少将5%的份额转移给发展中国家，但由于美国国会多次阻挠，直到2015年12月18日方才批准IMF改革法案。2016年1月底，IMF执行董事会正式通过IMF份额改革方案，共有6%的份额由发达国家转移给发展中国家。中国在IMF的份额增至6.39%，位居第三位。

2. 完善全球金融监管框架

关于完善全球金融监管框架，IMF在2012年通过了新的双边和多边监督政策，强化对各国经济和金融政策的监管。

在经济政策方面，重点监督各国汇率政策，提出明确的汇率政策监督和指引，各国不能操纵汇率以谋取不公平的竞争优势，并给出了汇率政策的具体行为规范。

IMF同时还加强关注各国财政和货币政策的外溢效应，防止经济政策对其他国家国际收支可能产生的不利影响。

在监测全球资本流动方面,IMF 提出了管理资本流动的政策框架,加强宏观审慎金融政策管理,构建金融安全网,防止出现系统性金融风险。为避免投机性资金在资本市场的冲击,在必要时可以加强资本流出和流入管制,与此前 IMF 一直鼓励成员国实施资本项目自由化的观点有很大改变。

防范主权债务危机也被纳入此框架。2009～2013 年,欧洲爆发了主权债务危机,从希腊蔓延到葡萄牙、西班牙、爱尔兰等多个国家,IMF 提供了大量的救助资金以协助这些国家克服此危机。另外,巴黎俱乐部作为处理官方债务最重要的国际平台,成员国的范围也在不断扩大。2016 年 7 月 1 日,韩国正式加入。中国作为全球最重要债权国家之一,目前已经参与巴黎俱乐部的部分活动,就债务重组、可持续性等问题与正式成员国进行了广泛沟通,而且已经考虑在适当时候加入其中。

3. 改进 SDR 定值公式,扩大其使用范围

2015 年 12 月 1 日,国际货币基金组织宣布,为进一步增强 SDR 定值的合理性,改变 SDR 的计算公式,并将人民币纳入 SDR 计值货币篮子,调整篮子货币的权重,调整后的五种货币——美元、欧元、人民币、日元和英镑的比例分别为 41.73%、30.93%、10.92%、8.33%和 8.09%,并于 2006 年 10 月 1 日正式生效。另外,2016 年 8 月 31 日,全球首单公开募集并用 SDR 计价的债券由世界银行发行,由中国工商银行作为主承销商向市场销售。世行债券的成功发行为未来更多机构发行 SDR 计值债券起到了良好的示范作用,对于扩大 SDR 的使用范围、发展以 SDR 计值的资本市场、增强 SDR 作为全球储备资产的吸引力、改革国际货币金融体系具有重要的意义。

第二节 全球主要国际化货币的使用概况

一、美元的国际化角色

(一)美元在国际借贷市场中的使用

在全球跨境贷款市场上,以美元标价的贷款额占据了一半以上的份

额。国际清算银行的统计数据显示，2002～2015年间，以美元标价的全球贷款余额在53%～57%徘徊，平均份额为55.3%。其中，2015年全球跨境贷款未清偿余额为6.79万亿美元，较2014年减少了2.7%。以美元标价的跨境贷款余额3.92万亿美元，较上年同期小幅增加了1.5%，所占份额创新高，达到了57.7%。

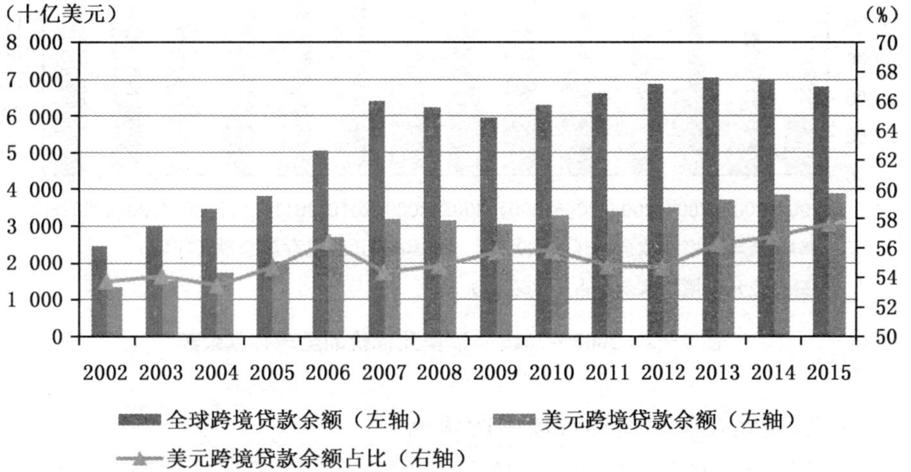

注：本节的所有图表，若无特别说明，涉及数额的单位均为十亿美元。

图7—1　2002～2015年以美元标价的全球贷款余额

在全球跨境存款市场上，以美元标价的存款余额所占份额同样超过了一半。2002～2008年间，一方面，石油和铁矿石等大宗商品的价格大幅上涨，导致中东、澳大利亚、巴西等大宗商品出口国持有的美元存款出现快速增长；另一方面，东亚地区出口导向型国家通过向美国出口大量工业制成品，经常项目持续累积巨额的美元顺差。因此，全球以美元资产持有的存款出现快速上涨趋势。全球金融机构中的美元存款余额从2002年的1.55万亿美元增长到2008年的3.83万亿美元，增幅超过一倍以上，而美元存款在全球所有存款中所占比重也相应从2002年的50.4%上涨到2008年的59.6%。

2008年，由美国次贷危机引发的全球金融危机全面爆发，大宗商品价格大幅下降，同时美国的高消费高借贷模式难以为继。因此，大宗商品出口国和东亚国家积累美元资产的速度明显放缓。2009年，以美元标价的全球存款余额仅为3.48万亿美元，较2008年下降了9%。直到2015

年,全球美元存款余额仅为 3.71 万亿美元,仍未恢复到金融危机之前的水平。

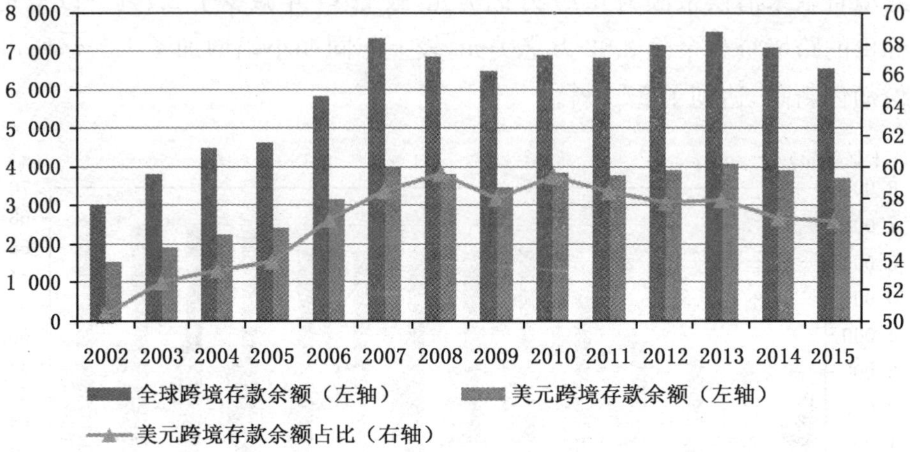

图 7—2 2002～2015 年以美元标价的全球存款余额

(二)美元在国际债券市场中的角色

国际清算银行对于国际债券有广义和狭义两种统计口径:广义的国际债券是指一国或地区发行人为筹集资金,在本国境外发行的债券;狭义的国际债券是指非居民在境内外发行的债券。

按广义口径统计的数据显示,2002～2015 年间,以美元标价的国际债券未清偿余额在全球国际债券中所占比重呈现先下降后上升的趋势。其中,在 2002～2008 年间,以美元标价的国际债券余额年均增长 9.3%,低于全球国际债券余额年增长率 6.1 个百分点;2009～2015 年,以美元标价的国际债券余额年均增长 6.8%,远高于全球国际债券余额年均 1%的增长速度。截至 2015 年底,全球国际债券未清偿余额为 19.3 万亿美元,而以美元为票面标价的国际债券未清偿余额达到 9.2 万亿美元,在全球国际债券余额中的比重为 47.9%。

按照狭义口径的统计数据显示,2002～2015 年间,以美元标价的国际债券未清偿余额年均增长 11.5%,超过全球国际债券年平均增速 2 个百分点,所占比重呈现持续增长的趋势。截止到 2015 年底,全球国际债券未清偿余额为 12.6 万亿美元,而以美元为票面标价的国际债券未清偿余额达到 7.6 万亿美元,在全球国际债券余额中的比重为 60.3%。

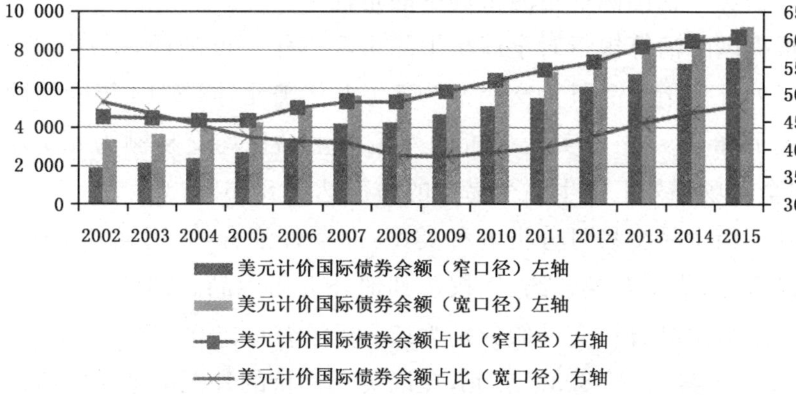

图 7—3　2002～2015 年以美元标价的国际债券余额

根据债券发行主体的身份不同，狭义的国际债券和票据又可以分为四大类：国家主权债券、其他公共部门债券①、金融机构债券和国际组织债券。截止到 2015 年底，在上述四类债券中，以美元标价的金融机构国际债券和国家主权债券是最重要的两种形式，在所有以美元标价的国际债券和票据未清偿余额所占比重分别为 67.3%和 14.1%，两者合计总比重超过 80%。

分地区来看，截止到 2015 年底，以美元标价的国际债券和票据未清偿余额在拉丁美洲、中东、非洲、离岸中心和亚太地区所占份额较高，分别为 85.1%、82.6%、80.8%、79.0%和 64.9%，而在欧洲、北美和国际组织中所占份额相对较低，分别为 51.1%、35.3%和 32.2%。

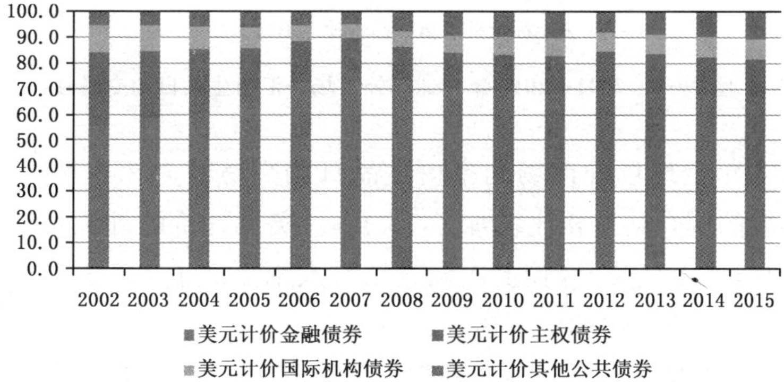

图 7—4　2002～2015 年以美元标价的各种国际债券所占比重

① 其他公共部门债券包括国有企业、国有银行和其他国有非银行金融机构发行的债券。

(三)美元在国际衍生品市场中的角色

根据国际清算银行对全球衍生品市场三年一度的调查数据，2016 年全球场外外汇衍生品日均交易额为 5.1 万亿美元，同 2013 年度的调查结果相比下降了 5.3%。美元计价的外汇衍生品日均交易额为 4.5 万亿美元，在全球场外外汇衍生品交易中的份额达到 87.6%。

外汇衍生品交易可分类五种类型：即期外汇合约、远期外汇合约、汇率互换合约、货币互换合约、期权及其他外汇衍生品。2016 年，以美元标价的上述衍生品日均交易额分别为13 865亿美元、6 000亿美元、21 650亿美元、875 亿美元、21 803亿美元，在以美元标价的外汇衍生品中所占比重分别为 32.1%、13.5%、48.6%、1.9%、4.9%，汇率互换合约和即期互换合约是最主要的交易品种。

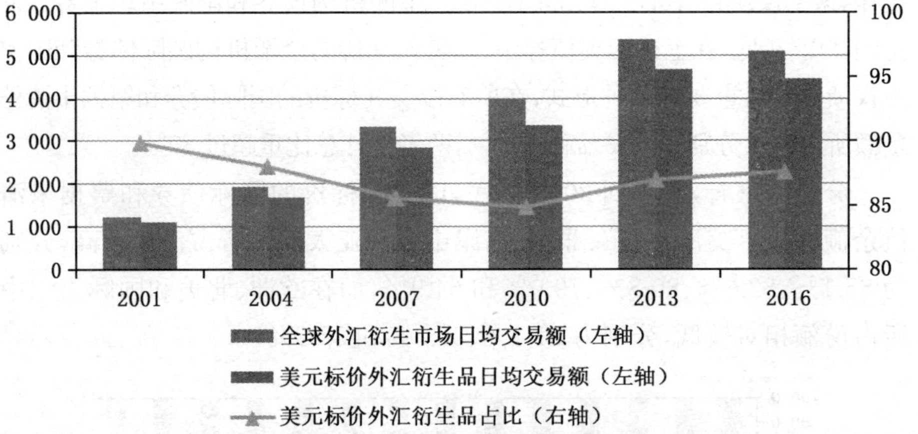

图 7—5　2001～2016 年全球场外市场外汇衍生品日均交易额

2016 年全球场外市场利率衍生品日均交易额为 2.7 万亿美元，与 2013 年度的调查结果相比增加了 15.4%。美元计价的外汇衍生品日均交易额为 1.4 万亿美元，较上次调查结果大幅上涨了 112.3%，在全球场外利率衍生品交易中的份额达到 50.9%。

利率衍生品交易可分为三种类型：远期利率合约、利率互换合约、期权及其他利率衍生品。2016 年，以美元标价的上述利率衍生品日均交易额分别为3 414亿美元、8 984亿美元、1 168亿美元，在以美元标价的利率衍生品中所占比重分别为 25.2%、66.2%、8.6%。其中，利率互换合约是最主要的交易品种。

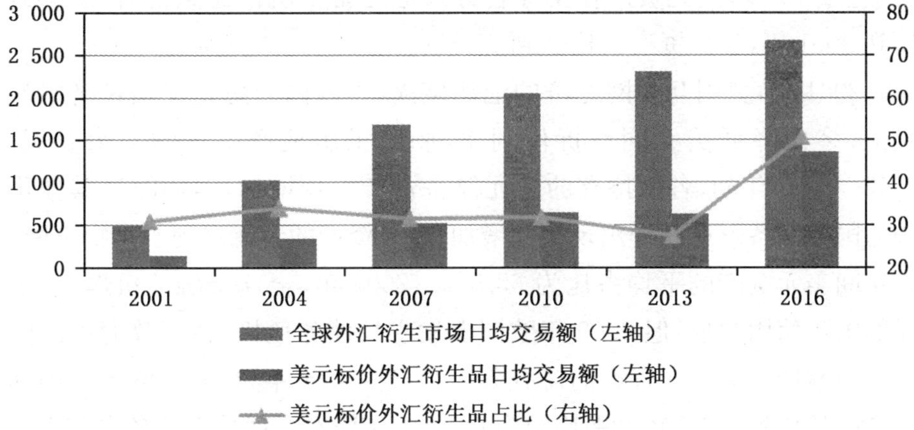

图 7—6　2001～2016 年全球场外市场利率衍生品日均交易额

(四)美元在国际储备货币中的角色

自 1976 年全球货币体系进入牙买加体系以来,美元不再是全球占绝对主导地位的国际储备货币,日元、马克等其他发达国家货币开始获得国际市场的认可,各国政府外汇储备中的币种结构开始日趋多元化。

根据国际货币基金组织的统计数据,1976～1990 年间,美元在全球外汇储备中所占比重不断下降。1976 年,美元在全球官方外汇储备中的份额高达 78.8%,而到 1990 年则下降到 47.8%,首次跌破 50%,达到第二次世界大战结束以来的历史最低点。

这段期间,美元作为国际储备货币的地位日趋下降,原因主要有三个方面:第一,美国经济在 20 世纪七八十年代处于滞涨状态,失业率高企,而西欧和日本等国家处于高速发展时期,美国在全球经济中的地位相对下降;第二,美国国内的通货膨胀率高企,而德国和日本的通胀率较低,世界其他国家为实现外汇储备保值增值的需要,纷纷调整外汇储备币种结构,减少对美元资产的持有数量;第三,美元汇率相对德国、日本等其他国家货币出现多次大幅贬值,以其他币种标价的资产市值相对美元资产出现上升,因而美元资产的比重不断下降。

1991～2001 年期间,随着美国互联网经济的兴起,美国经济开始复苏,失业率和通货膨胀率下降,经济出现较高的增长速度。此外,日本房地产泡沫的破灭,以及欧洲经济增速下滑,全球开始增加对美元资产的持有量。1991 年,美元资产在全球官方外汇储备中所占比重仅有 48.3%,而到 2001 年,美元资产占比达到 71.5%。

2001 年,美国互联网经济的泡沫破灭,美联储为防止美国经济出现衰退,多次降低美元同业拆借利率,刺激了房地产市场的繁荣发展。2002～2007 年间,各国持有的美元储备资产出现增加,但同时期其他币种的国际储备资产同样出现大幅增加,美元资产的占比出现了小幅下降,六年间美元资产的平均占比为 65.5%。2008 年,全球金融危机爆发,美元的国际信用受损,但 2009 年欧洲爆发主权债务危机,各国政府因避险需要而增加了对美元资产的持有量。2008～2014 年间,美元资产在国际储备中的比重相对稳定,平均约为 62.4%,依旧在全球外汇储备资产中占据主导地位。

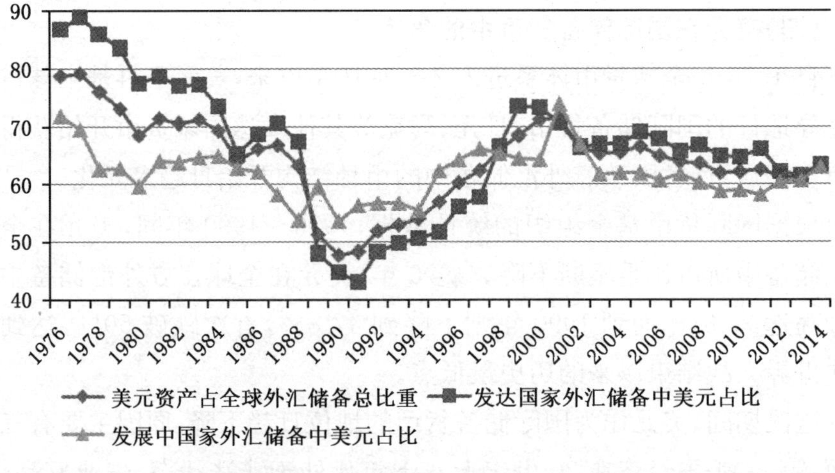

图 7－7　1976～2014 年美元资产在全球官方外汇储备中所占比重

二、欧元的国际化角色

(一)欧元在国际借贷市场中的使用

在全球跨境贷款市场上,以欧元计价的国际贷款额占据了 25%左右的市场份额。2002～2015 年间,以欧元标价的全球贷款年平均占比为24.2%,与欧元区 GDP 占全球份额比例大致持平。其中,2002～2008 年以欧元标价的全球跨境贷款余额持续增加,年均增长 21.7%。从 2009 年开始,受希腊、西班牙、葡萄牙、爱尔兰、意大利等国主权债务危机的影响,以欧元标价的国际贷款余额增速出现下降趋势，2009～2015年的年均增长率为－3.3%。2015年，以欧元计价的国际贷款余额达到欧洲债务危机爆发以来的新低，市值为1.5万亿美元，在全球跨境贷款市场中的比重仅有21.9%。

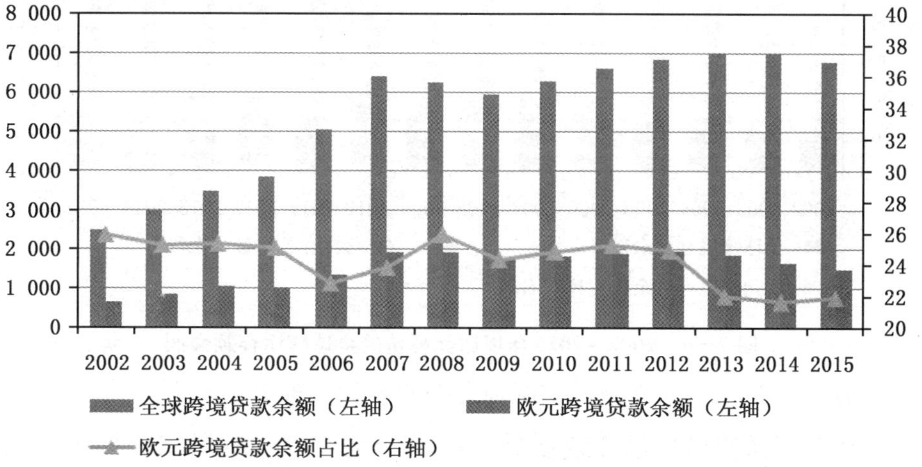

图7－8　2002～2015年以欧元标价的全球跨境贷款余额

在全球跨境存款市场上，2002～2015年间，以欧元标价的跨境存款余额所占平均比重为24.6%，与欧元国际贷款市场份额较为接近。其中，2002～2007年，欧元跨境存款余额出现较快的增长，年均增长率为19.1%。但由于同时期美元资产存款余额增速更快，因此，欧元资产存款在全球存款余额中的比重出现持续下滑，从2002年最高的29.2%下降到2007年的21.5%。2008～2015年间，欧元计值的存款余额年均增速下降了2.2%，但同时期美元存款下降速度更快，因此，欧元跨境存款在全球所占比重有所上升。截止到2015年底，以欧元计值的跨境存款总额在全球所占比重为24.8%，较2007年上涨了3.3个百分点。

(二)欧元在国际债券市场中的角色

按广义口径统计的数据显示，2002～2015年间，以欧元标价的国际债券未清偿余额在全球国际债券中所占比重呈现先上升后下降的趋势。其中，在2002～2008年间，以欧元标价的国际债券余额年均大幅增长22.6%，超过全球国际债券增长率7.2个百分点；2009～2015年，受欧洲债务危机的影响，以欧元标价的国际债券余额年均下降3.4%，低于全球国际债券余额1%的增长速度。截止到2015年底，以欧元为票面标价的国际债券未清偿

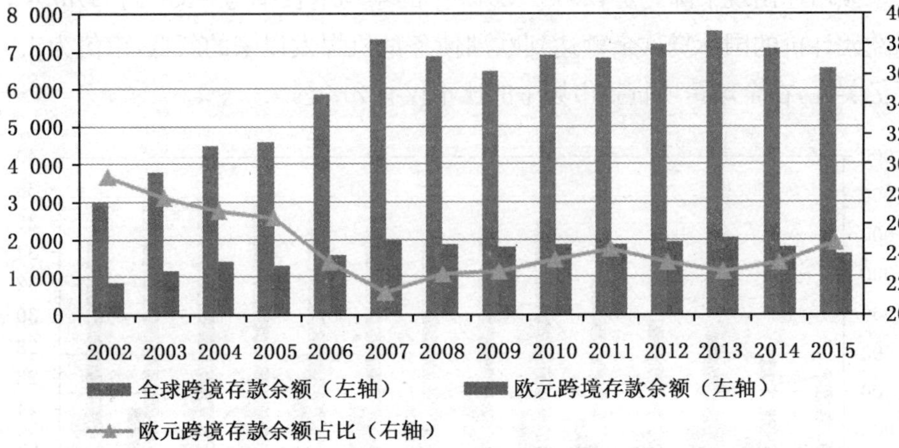

图 7—9　2002～2015 年以欧元标价的全球跨境存款余额

余额为 6.3 万亿美元，在全球国际债券余额中的比重为32.8%。

按照狭义的口径统计数据显示，2002～2015 年间，以欧元标价的国际债券未清偿余额年均增长 11.5%，超过全球国际债券年平均增速 2 个百分点，所占比重呈现持续增长的趋势。截止到 2015 年底，以欧元为票面标价的国际债券未清偿余额为 2.9 万亿美元，在全球国际债券余额中的比重为 22.7%。

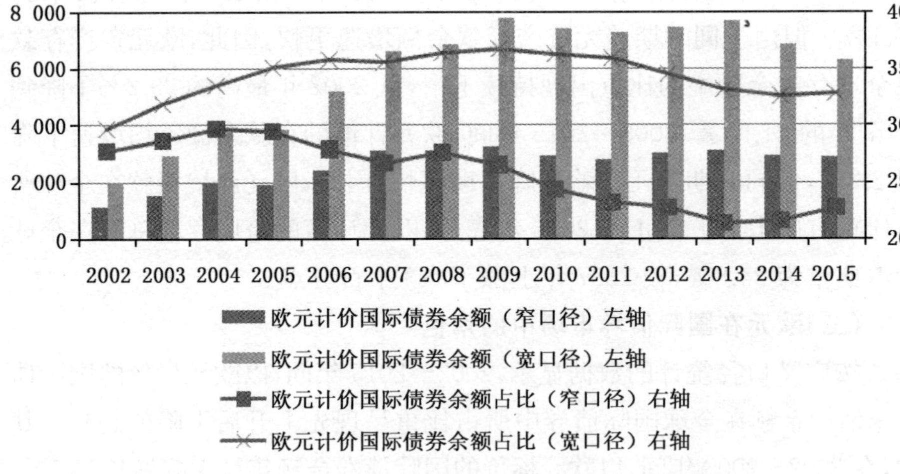

图 7—10　2002～2015 年以欧元标价的国际债券余额

从国际债券发行主体来看，受欧洲债务危机影响，金融机构发行的欧元国际债券自2009年开始大幅下降，而国际货币基金组织等国际和区域性金融机构为欧洲国家筹集纾困资金，发行的欧元国际债券显著增加。截止到2015年底，以欧元标价的国家主权债券、其他公共部门债券、金融机构债券和国际组织债券的未清偿余额市值分别达到1 810亿美元、300亿美元、16 450亿美元和6 360亿美元，所占比重依次为7.3%、1.2%、66.0%和25.5%。

分地区来看，截止到2015年底，以欧元标价的国际债券和票据未清偿余额在国际组织、北美和欧洲所占份额较高，分别达到44.7%、40.2%和25.5%，而在亚太地区、中东、拉丁美洲、非洲和离岸中心所占份额相对较低，依次为14.4%、10.7%、10.6%、10.3%和6.1%。

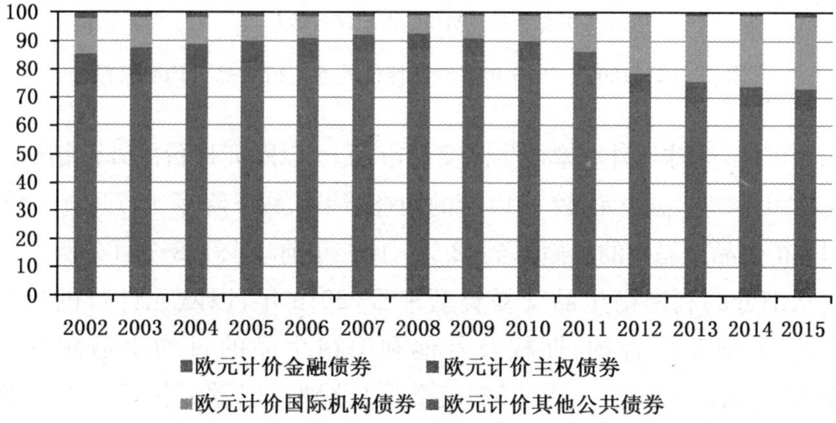

图7—11　2002～2015年以欧元标价的各种国际债券分类占比

(三)欧元在国际衍生品市场中的角色

根据国际清算银行对场外衍生品市场三年一次的调查数据显示，2016年，在全球场外外汇衍生品上，以欧元标价的外汇衍生品日均交易额为1.6万亿美元，与2013年度调查结果相比下降了11.1%，超过全球降幅5.8个百分点，在全球场外外汇衍生品交易中的份额下降至31.3%。

从具体外汇衍生品交易类型来看，2016年，以欧元标价的即期外汇合约、远期外汇合约、汇率互换合约、货币互换合约、期权及其他外汇衍生品的日均交易额分别为5 201亿美元、1 779亿美元、8 073亿美元、218亿美元、643亿美元，分别占以欧元标价的外汇衍生品的32.7%、11.2%、50.7%、1.4%、4.0%，汇率互换合约和即期互换合约是最主要的交易品种，占欧元外汇衍生品交易的八成以上。

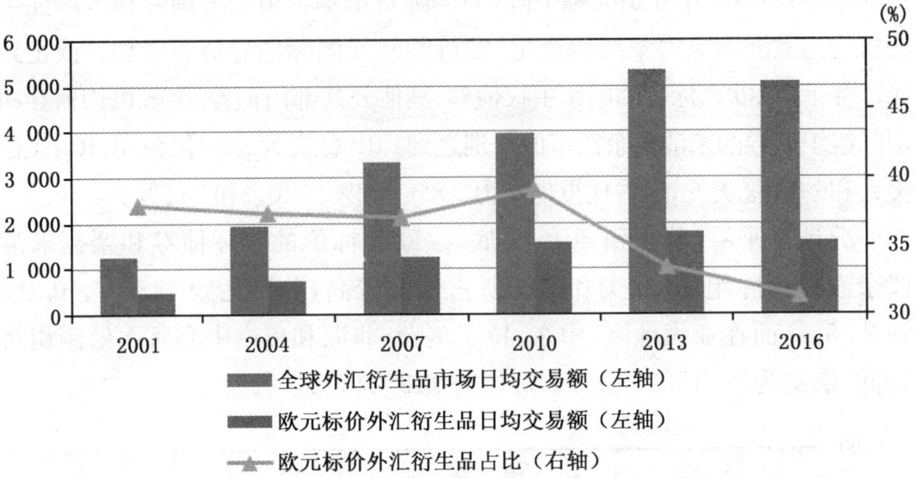

图 7－12　2001～2016 年以欧元标价的外汇衍生品日均交易额

2016 年,全球场外利率衍生品交易市场上,以欧元标价的外汇衍生品日均交易额为6 376亿美元,较 2013 年的调查结果大幅下降了 43.7%,在全球场外利率衍生品交易中的份额降至 12.5%,比三年前减少了 8 个百分点。

从细分的利率衍生品交易类型来看,2016 年,以欧元计价的远期利率合约、利率互换合约、期权及其他利率衍生品的日均交易额分别为 1 676亿美元、4 438亿美元、2 625亿美元,分别占以欧元标价的利率衍生品的 26.3%、69.6%、4.1%。其中,利率互换合约是最主要的交易品种。

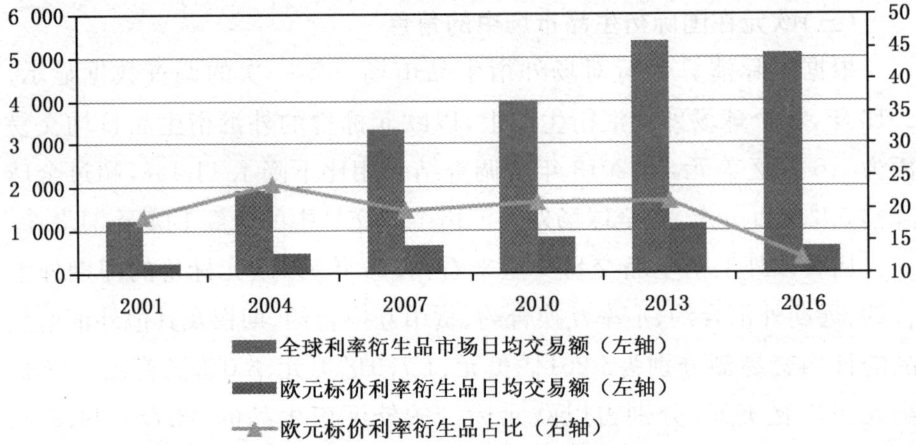

图 7－13　2001～2016 年以欧元标价的利率衍生品日均交易额

(四)欧元在国际储备货币中的角色

作为世界最具影响力的超主权国际货币,欧元于1999年1月1日正式诞生。截止到2015年底,欧元已经是德国、法国、意大利等欧洲19个国家的法定货币。1999～2014年间,欧元在全球外汇储备中的比重呈现先上升后下降的局面。1999～2009年间,各国官方持有的欧元资产不断增加,在全球外汇储备中所占比重从1999年的17.9%增加到2009年的27.7%。2009年,欧洲主权债务危机爆发,超国家货币联盟的缺陷日益凸显,由于缺乏统一的财政政策约束,欧元区各国的经济周期不完全同步,从而影响到欧元的发展前景。此后,世界其他国家对欧元资产的持有量增速有所放缓。到2014年底,欧元资产在全球官方外汇储备中的比重下降到22.1%。

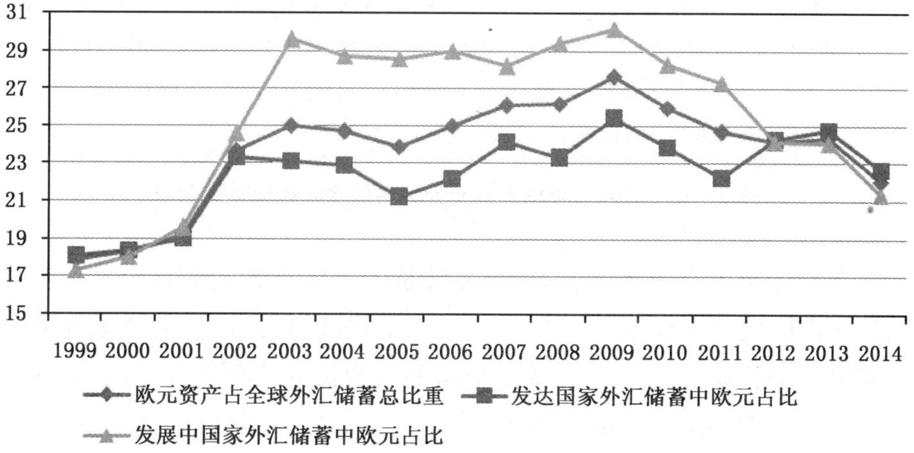

图7—14　1999～2014年欧元资产在全球外汇储备中所占比重

三、日元的国际化角色

(一)日元在国际借贷市场中的使用

在全球跨境贷款市场上,主要以美元和欧元计价发放的贷款为主,而以日元计价的贷款额占比较低。2002～2015年间,以日元计价的全球跨境贷款余额年平均增长率仅为5.1%,低于全球平均增长率3.6个百分点,在全球贷款发放总额中的平均比重仅为4.3%。

以日元计价的贷款在全球贷款总额中所占比重总体上呈现出先下降后上升的趋势。其中,2002 年,日元计价贷款所占比重达到最高,达到 6.8%,到 2009 年一路下降到 2.8%,此后有所回升。截止到 2015 年底,日元标价跨境贷款总额总市值为 0.27 万亿美元,在全球所占比重上升到 3.9%。

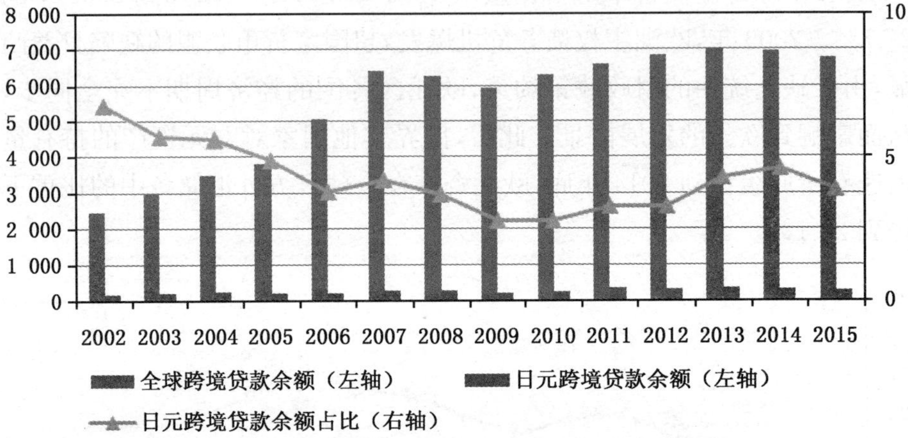

图 7-15 2002～2015 年以日元标价的全球跨境贷款余额

在全球跨境存款市场上,以日元计价的跨境存款余额在全球存款总额中所占的比重同样很低。2002～2015 年间,以日元计价的全球存款余额年平均增长率约为 3.8%,低于全球平均增长率 3 个百分点,在全球跨境存款余额中的平均比重仅为 2.7%。

日元标价跨境存款占比同样呈现出先下降后上升的趋势。其中,2002 年,日元标价跨境存款占比最高,达到 4.2%,到 2010 年下降到 1.7%,此后有所回升。截止到 2015 年底,日元标价跨境存款余额的总市值为 0.19 万亿美元,在全球所占比重上升到 2.9%。

(二)日元在国际债券市场中的角色

按广义口径统计的数据显示,2002～2015 年间,以日元标价的国际债券未清偿余额增长十分缓慢,年均增速仅为 0.2%,全球国际债券中所占比重呈现出持续下降的趋势。2002 年底,以日元为票面标价的国际债券未清偿余额已经达到4 530亿美元,在全球国际债券余额中的比重为 6.4%。到 2015 年底,以日元为标价的国际债券未清偿余额下降到4 050

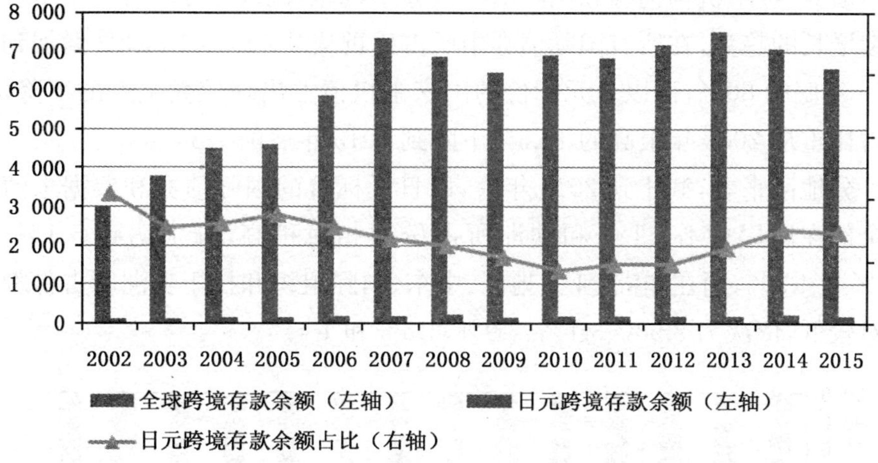

图 7－16　2002～2015 年以日元标价的全球跨境存款余额

亿美元，在全球国际债券未清偿余额中的比重仅为 2.1%。

以狭义口径统计的日元国际债券发展趋势与广义口径结果非常类似。2002～2015 年间，以日元标价的国际债券未清偿余额年均下降 0.2%，远低于全球国际债券余额年平均增速 9.5%的增长速度，所占比重也出现不断下滑，从 2002 年最高的 9.8%下降到 2015 年底的 2.7%，十多年下降超过 7 个百分点。

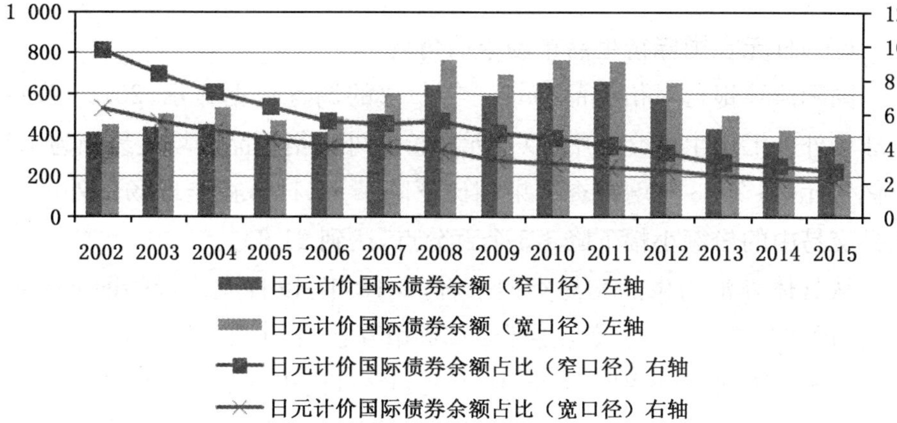

图 7－17　2002～2015 年以日元计价的国际债券余额

从国际债券发行主体来看，在以日元标价的国家主权债券、其他公共部门债券、金融机构债券和国际组织债券中,金融机构债券所占比重呈现持续增长的趋势,在所有国际债券中所占比重从2002年的71.3%增加到2015年底的80%;而以日元标价的国家主权债券出现较大幅度的下降,所占比重从2002年最高的16.5%下降到2015年底的7.3%。

分地区来看,截止到2015年底,以日元标价的国际债券和票据未清偿余额在离岸中心、北美和欧洲所占份额相对稍高,分别达到5.1%、4.3%和4.3%,而在非洲、亚太地区、中东、国际组织和拉丁美洲所占份额相对较低,依次为3.5%、3.1%、2.9%、1.6%和1.4%。

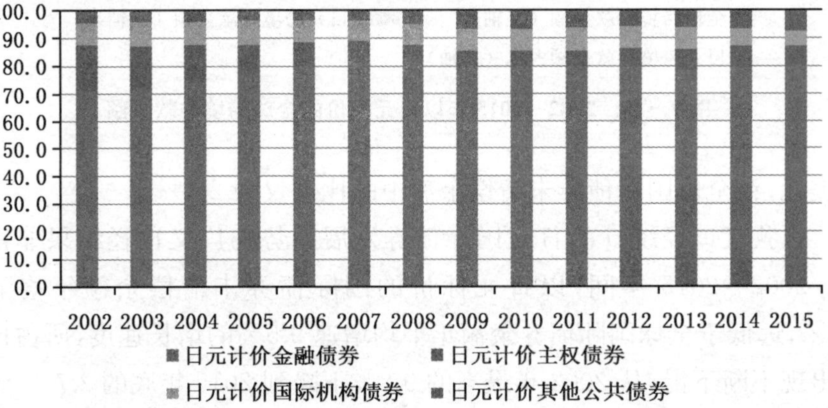

图7—18 2002～2015年以日元标价的各种国际债券分类占比

(三)日元在国际衍生品市场中的角色

国际清算银行对衍生品市场三年一次的调查数据显示,2016年,在全球场外外汇衍生品交易中,以日元标价的外汇衍生品日均交易额为1.1万亿美元,与2013年度调查结果相比下降了11.1%,在全球场外外汇衍生品交易中的份额小幅下降1.5个百分点,达到21.6%。

从具体外汇衍生品交易类型来看,2016年,以日元标价的即期外汇合约、远期外汇合约、汇率互换合约、货币互换合约、期权及其他外汇衍生品的日均交易额分别为3 955亿美元、1 511亿美元、4 588亿美元、179亿美元、735亿美元,在以日元标价的外汇衍生品中所占比重分别为36.1%、13.8%、41.8%、1.6%、6.7%,汇率互换合约和即期互换合约是最主要的交易品种,占日元外汇衍生品交易的七成以上。

在全球场外市场利率衍生品交易中,以日元标价的外汇衍生品交易

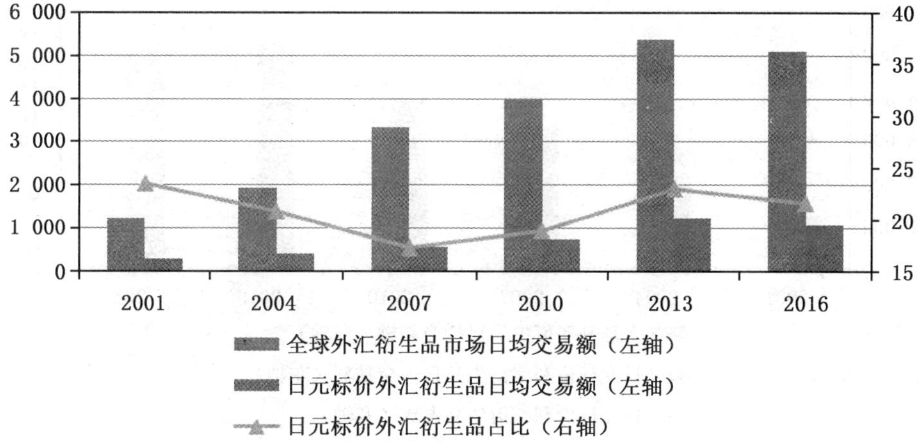

图 7－19　2001～2016 年以日元标价的外汇衍生品日均交易额

量较小，2016 年的日均交易额仅为 834 亿美元，较 2013 年的调查结果增加了 20.4%，在全球场外利率衍生品交易中所占比重小幅上升至 1.6%。

从细分的外汇衍生品交易类型来看，2016 年，以日元计价的远期利率合约、利率互换合约、期权及其他利率衍生品的日均交易额分别为 4 亿美元、757 亿美元、73 亿美元，在以日元标价的利率衍生品中所占比重分别为 0.4%、90.8%、8.8%。其中，利率互换合约是占绝对主导地位的交易品种，而远期利率合约份额几乎可以忽略不计。

(四)日元在国际储备货币中的角色

自 20 世纪 50 年代开始，日本经济开始逐渐恢复，并走向高速增长的轨道。伴随着经济的腾飞，日本政府自 60 年代开始谨慎推进日元国际化进程。1964 年，日元实现了经常项目交易项下的自由兑换。1972 年，日本政府取消了日元的强制结售汇制度，并逐渐放松对资本项下交易的限制。自此，日元的国际化步伐开始加快，各国政府持有日元资产的意愿开始增强。

IMF 的统计数据显示，1976～1990 年间，日元在全球外汇储备中所占比重不断上升。1976 年，日元资产在全球官方外汇储备中的份额仅有 2.5%，而到 1990 年则大幅增加到 8.8%，达到第二次世界大战结束以来的历史最高点。这段时间日元国际地位的不断上升缘于：一方面，日本经济的高速增长令世界其他国家对日元的信心增强，从而增加对日元资产的持

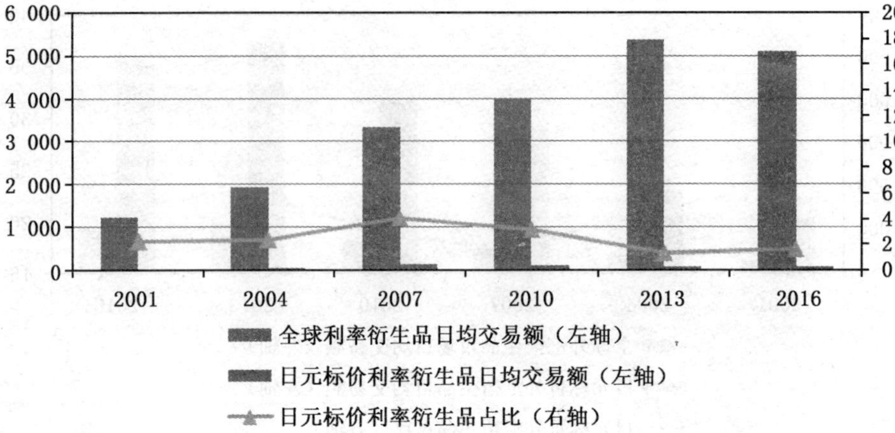

图 7－20　2001～2016 年以日元标价的利率衍生品日均交易额

有;另一方面,日元兑美元汇率的不断升值,特别是 1985 年广场协议以来,日元汇率出现快速大幅升值,导致以美元计算的日元资产总市值增加。

然而,随着 1991 年日本房地产泡沫的破灭,日本经济进入了"失去的三十年"。伴随着日本经济增速显著放缓,日元汇率开始贬值,世界其他国家对日元资产的兴趣逐渐减弱,日元在国际储备中的地位不断下降。截止到 2014 年底,日元资产在全球外汇储备中的份额已经不足 4%,较巅峰时期下降了一半以上。

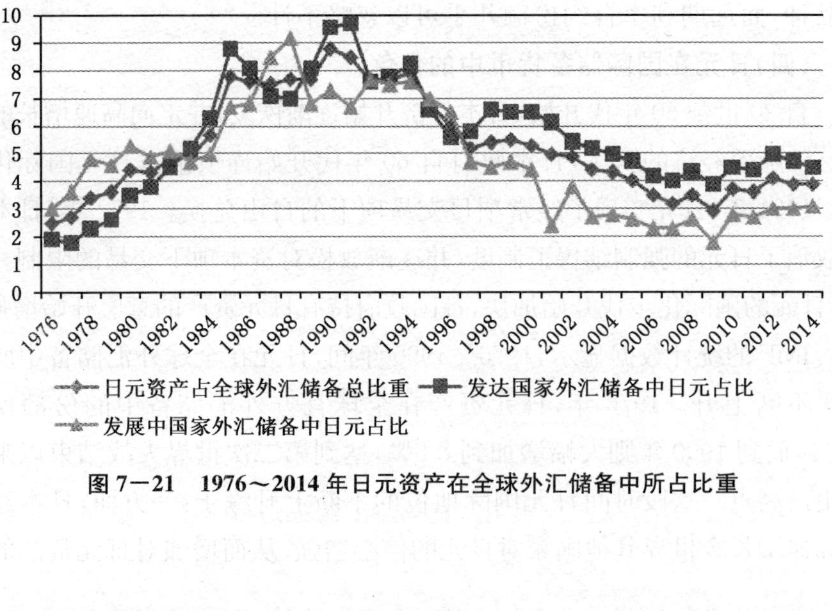

图 7－21　1976～2014 年日元资产在全球外汇储备中所占比重

第三节　人民币国际化的发展历程

一、人民币国际使用进展

从 2009 年起，中国人民银行开始推进人民币的国际化战略，逐步取消人民币跨境交易中的限制措施，人民币的国际使用取得了飞速发展，在全球经济与金融交易中的影响力日益增强。

（一）人民币在经常项目下的国际使用进展

2009 年 7 月，中国人民银行开始在上海和广东的部分城市启动人民币跨境结算交易试点。到 2014 年底，已经基本取消经常项下人民币结算的所有限制措施，个人和企业均可开展人民币跨境结算业务。2009～2015 年间，经常项下人民币跨境结算总额达到 23.9 万亿元人民币，货物贸易人民币跨境结算总额为 19.3 万亿元，服务贸易和其他经常项下人民币结算总额为 4.6 万亿元。其中，2015 年的人民币跨境结算金额为 7.2 万亿元，较上年同期增长 10.4 个百分点，为 2010 年结算金额的 15 倍左右。在 2015 年人民币跨境结算金额中，货物贸易结算金额为 6.4 万亿元，服务贸易结算金额为 0.8 万亿元。

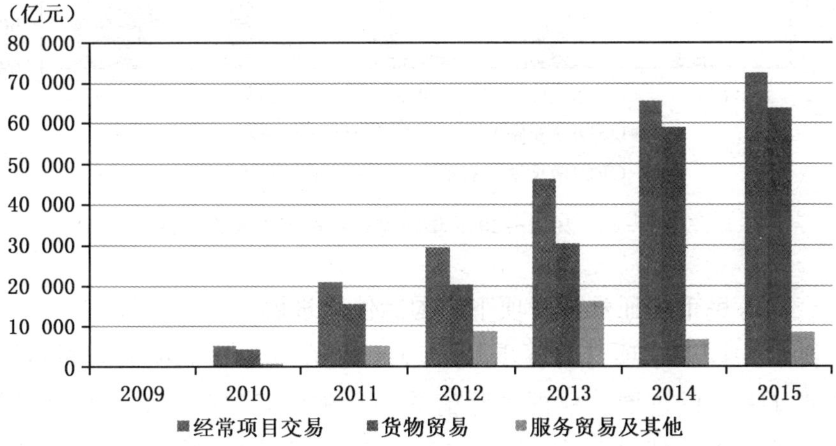

图 7—22　2009～2015 年跨境贸易人民币结算额

2015 年，经常项下人民币收付比首次发生逆转，跨境人民币流入境内数额超过对外支付额。原因可能在于,2015 年人民币对美元汇率出现贬值,贬值压力大。一方面,海外企业使用人民币进口支付意愿大于出口支付意愿;另一方面,短期套利性资本通过经常项下向海外流出。

(二)人民币在跨境直接投资中的国际使用进展

2011 年开始,中国人民银行允许境内外机构使用人民币进行跨境直接投资交易,并在 2014 年进一步简化了人民币业务结算流程后,人民币跨境直接投资增长迅速。

截止到 2015 年底,境内企业以人民币结算的对外直接投资累计余额达到 1.1 万亿元,外资企业对我国人民币直接投资累计余额达到 3.3 万亿元。其中,2015 年,人民币对外直接投资额为 0.7 万亿元,外商对我国人民币直接投资额为 1.6 万亿元,分别较上年同期增长 294.5%和 84.1%。当前,外商直接投资人民币结算额远远高于人民币对外直接投资,但后者的增长速度更快,具有很大的发展潜力。

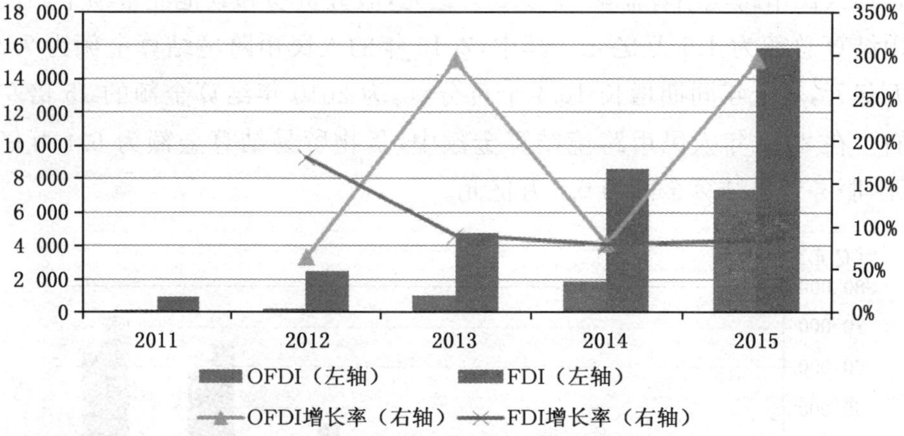

图 7—23 2011~2015 年跨境直接投资人民币结算

(三)人民币在证券投资项下的国际使用进展

随着中国资本项目的逐步开放,人民币在证券投资项下的国际使用也取得了一定的进展。根据国际清算银行的统计,2015 年,人民币国际债券及票据未清偿余额为7 772.5亿元,较上年同期增长 34.6%。其中,香港地区是人民币国际债券最大的交易市场,2015 年该市场的人民币国际债券余额为3 971.2亿元,占人民币国际债券总额的一半以上。

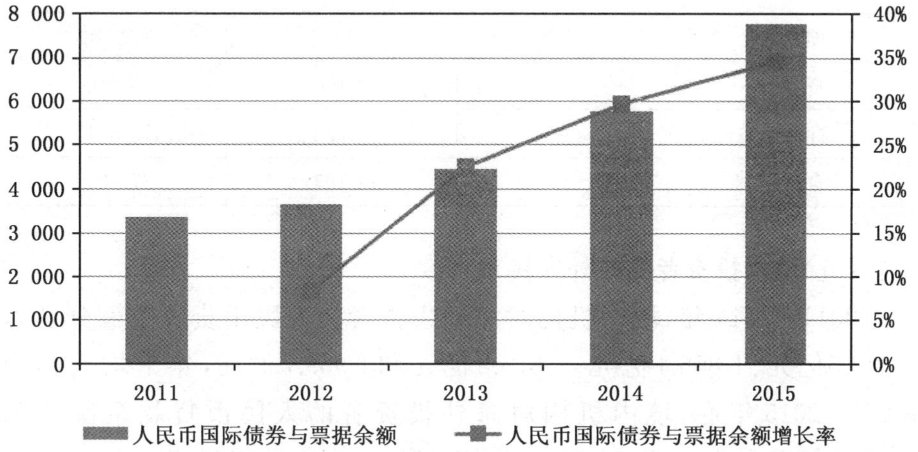

图 7—24　2011～2015 年人民币国际债券与票据

然而，从国际纵向比较来看，人民币国际债券规模与世界主要储备货币发行的国际债券额相距甚远，人民币国际债券市场还有很大的发展空间。由于中国资本项目尚未完全开放，2015 年人民币国际债券余额仅占全球市场的 0.6%，而同期美元、欧元和日元的国际债券占比分别为 47.9%、32.8%和 2.1%。

(四)境外投资者持有的人民币金融资产

随着中国金融市场的逐步开放，境外投资者可以通过多种渠道持有人民币金融资产。海外机构可以通过参与银行间债券市场、合格境外机构投资者(QFII)、人民币合格境外机构投资者(RQFII)等方式持有境内证券资产，海外个人投资者在 2014 年以后可以通过“沪港通”购买境内股票。2015 年底，境外投资者持有的人民币金融资产余额约为 3.7 万亿元，较上年同期下降了 15.4%。其中，海外机构和个人在中国境内的人民币存款出现较大幅度的下降，降幅达到 35.2%。而海外投资者持有的股票、债券和贷款余额均呈现不同幅度的上升，增幅分别达到 7.8%、11.9%和 4.0%。

表 7—1　　2013～2015 年境外投资者持有的人民币金融资产　　单位:亿元

项目	2013 年	2014 年	2015 年
股票	3 448	5 555	5 987
债券	3 990	6 716	7 517

续表

项目	2013年	2014年	2015年
贷款	5 310	8 190	8 516
存款	16 049	23 722	15 381
合计	28 797	44 183	37 401

(五)境内投资者的对外人民币贷款

2011～2014年,境内机构对海外投资者的人民币贷款余额分别为1 548.5亿元、1 806.1亿元、1 873.8亿元和1 989.7亿元,年平均增幅为8.9%。2015年底,境内机构对海外投资者的人民币贷款余额达到3 153.3亿元,大幅上升58.5%。原因可能主要在于,2015年中国人民银行批准广东自贸区开展人民币境外贷款业务试点方案,允许区内企业从海外募集资金,对自贸区内或海外放款。此外,人民币兑美元汇率存在一定的贬值压力,加之海外人民币利率较低,境外机构和个人存在较强的人民币融资需求。

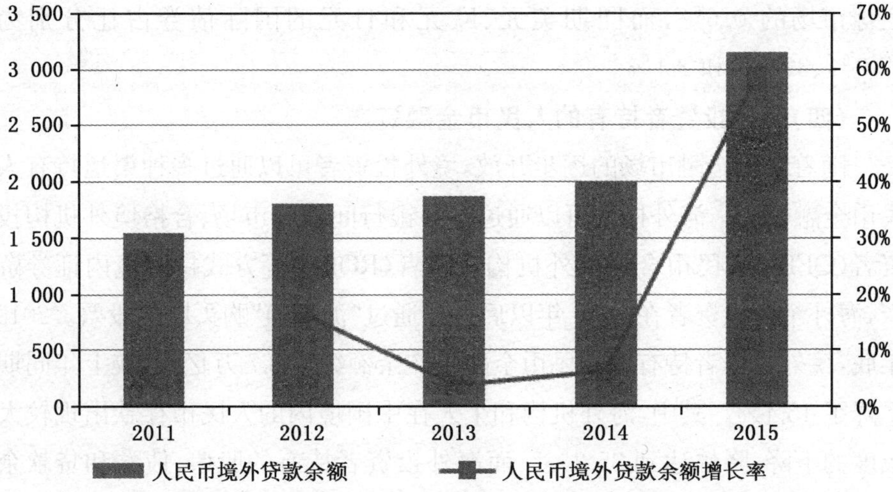

图7－25　2011～2015年人民币境外贷款余额

(六)人民币外汇交易市场发展进展

根据国际清算银行对全球外汇交易每隔三年进行一次的市场调查报告,2016年4月,全球外汇交易日均交易量为5.1万亿美元,较2013年的调查数据小幅下降了5.6%。其中，人民币在外汇市场日均交易量达到2 020亿美元，占全球外汇交易的4.0%，较2013年大幅增加68.3%。人民币成为世界第8大外汇交易币种，位居发展中国家货币首位。

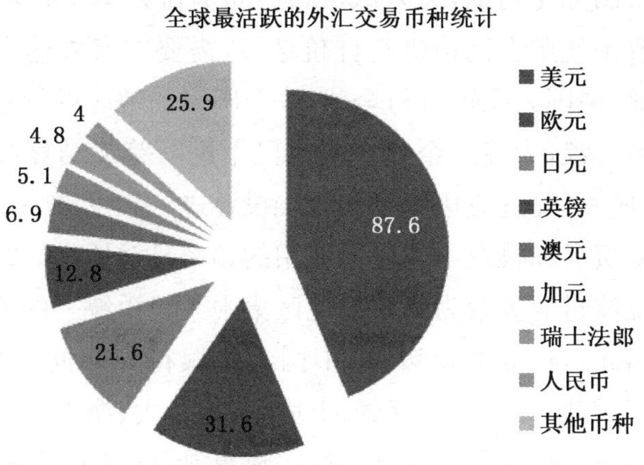

图7—26　全球最活跃的外汇交易币种统计

美元依旧是全球最活跃的外汇交易货币，占全球外汇交易总额的87.6%。而人民币与美元的外汇交易量占据世界第6位，占人民币外汇交易的95%以上。居于前五位的分别为美元/欧元、美元/日元、美元/英镑、美元/澳元和美元/加元，在全球外汇交易占比分别为23.0%、17.7%、9.2%、5.2%和4.3%。

(七)人民币作为国际储备货币进展

截止到2015年底，在国际货币基金组织公布的全球外汇储备币种构成中，并未公布以人民币形式持有的储备资产情况。自2008年金融危机后中国与多个国家和地区货币当局签署货币互换协议并设立清算行，以支持人民币跨境使用。据不完全统计，目前全球共有超过40个国家的中央银行以不同方式持有人民币资产。2016年10月1日，人民币正式成为计算SDR价值的五种篮子货币之一，权重达到10.92%，仅次于美元和欧元。这意味着，国际货币基金组织正式认可人民币作为全球重要的储备货币，并将吸引更多国家持有以人民币计价的国际资产。

二、相关配套改革措施

自2008年全球金融危机爆发后，为加快推进人民币国际化进程，中国人民银行采取了一系列配套改革措施，以支持人民币在国际贸易和资本交易中承担更大的角色。

(一)人民币跨境结算制度安排

在人民币国际化初期，海外人民币存量有限。为支持境外企业在国际贸易和投资中使用人民币进行计价结算，需要向海外输出一定额度的人民币。为此，中国人民银行与全球 33 个国家和地区的货币当局签订了双边本币互换协议，为境外企业使用人民币进行跨境结算提供流动性支持，降低交易成本，促进双边贸易和直接投资进一步发展。

随着跨境贸易和投资中人民币使用的频率日益增加，数量越来越大，在人民币跨境收付业务较为集中的地区集中人民币统一的清算安排变得十分必要。为此，自 2012 年以来，中国人民银行先后同台湾地区、新加坡、英国、德国、韩国、法国、卢森堡、卡塔尔、加拿大、澳大利亚、马来西亚、泰国、智利、南非、阿根廷、赞比亚、瑞士、阿联酋 18 个国家或地区央行或货币当局签署人民币清算安排。由中国人民银行指定的境外清算银行为海外企业和金融机构开设人民币清算账户，集中处理境外人民币结售汇、现钞配送和回收等业务，并为当地金融市场提供人民币流动性。

(二)人民币跨境交易基础设施建设

目前，人民币跨境交易主要通过国外的清算行和代理行直接或间接地接入人民币境内大额支付系统完成结算。由于境内大额支付系统主要服务于国内人民币清算需求，运行时间与全球运行时区的要求不匹配，而且同全球最重要的结算系统“环球同业银行金融电讯协会”(SWIFT)不完全兼容，因此跨境人民币结算效率不高，资金无法实时到账。为此，中国人民银行自 2012 年开始建设专门用于处理跨境人民币结算的支付系统，并于 2015 年 10 月 8 日正式上线。新建立的第一期人民币跨境支付系统采用国际通行报文标准，可以满足世界不同地区人民币跨时区结算要求，极大地提高人民币跨境结算效率，有利于进一步促进人民币跨境业务的发展。

目前，第一期人民币跨境支付系统主要用于处理跨境贸易和直接投融资相关的人民币清算业务，暂不能有效处理人民币离岸金融结算业务。未来上线的第二期人民币跨境支付系统将会进一步完善人民币支付系统的结算功能，全面处理跨境人民币贸易和金融结算业务，助力人民币国际化。

(三)资本项目可兑换

为进一步推进人民币国际化，便利人民币的跨境使用，同时为海外的人民币存量资金建立一条保值增值渠道，这需要进一步完善人民币跨境循环流通机制。因此，在保证我国金融体系稳定的前提下，逐步实现资本项目的可兑换，对于人民币国际化具有重要的意义。

目前，海外投资者参与国内证券市场投资的渠道主要有三类：境外合格投资者(QFII)、人民币境外合格投资者(RQFII)和沪港通。

2002 年 11 月 5 日，境外合格投资者投资管理办法正式出台。截止到 2015 年底，证监会和中国人民银行共批准 295 家境外机构投资者在额度范围内投资国内证券市场，人民币资本项目可兑换程度得到提升。

为完善境外人民币回流机制，使得境外的人民币可以投资于国内证券市场以获得相应的收益，完善人民币投资和储备功能，2011 年底，中国证监会和中国人民银行联合发布人民币境外合格投资者参与境内证券市场投资试点办法，允许符合条件的境外机构投资者在审批的额度范围内投资境内证券市场。此后，RQFII 资金准入条件逐步放松，额度逐步放宽，在一定程度上解决了海外人民币投资渠道匮乏的局面，有利于增强其他国家将人民币纳入储备资产的动力。截止到 2015 年底，共有 186 家人民币境外合格投资者获批在4 443亿元总额度范围内进入中国证券市场投资。

为促进国内资本国际化，同时也为境内外个人投资者提供一条新的投资渠道，2014 年 11 月 17 日，中国证监会和人民银行正式启动沪港股票市场互联互通机制试点，允许两地投资者购买对方交易所特定投资标的股票。这意味着我国启动股票市场双向开放的重要一步，为未来推出“深港通”和“沪伦通”积累经验，并为进一步推进资本项下可兑换奠定基础。

(四)利率市场化

自 1993 年中国政府确立利率市场化改革思路以来，人民币利率市场化进程一直在稳步推进。1996 年 6 月 1 日，中国人民银行放开银行间同业拆借利率管制，标志着人民币利率市场化的开端。到 2015 年 10 月 24 日，人民币存款利率完全放开，金融机构可以根据市场供求变化对各类金融产品进行自主定价,这标志着中国利率市场化改革基本完成①。利率市场化改革的完成,对于进一步完善上海银行间同业拆借利率形成机制,缩小境内外人民币利差波动幅度,降低跨境人民币套利动机,同时对于进一步完善人民币汇率形成机制具有重大的意义。

表 7—2 利率市场化改革进程一览表

(截止到 2015 年底)

1996 年 6 月	取消银行间同业拆借利率限制措施
1997 年 6 月	取消银行间债券回购利率限制措施
1998 年	取消商业银行贴现与再贴现利率限制措施
2000 年 9 月	取消外币贷款利率和大额外币(300 万美元以上)存款利率限制措施
2002 年 3 月	中资和外资金融机构外币利率管理政策统一化
2003 年 7 月	取消英镑、瑞郎和加元小额存款(300 万美元以下)利率限制措施
2003 年 11 月	美元、欧元、日元和港币小额存款利率实行上限管理
2004 年 10 月	贷款利率上限和存款利率下限放开,贷款利率下限调整为基准利率的 0.9倍
2006 年 8 月	调整商业银行个人住房贷款利率下限至基准利率的 0.85 倍
2008 年 5 月	调整商业银行个人住房贷款利率下限至基准利率的 0.7 倍
2012 年 6 月	调整存款利率上限至基准利率的 1.1 倍,贷款利率下限至基准利率的0.8 倍
2012 年 7 月	调整贷款利率下限至基准利率的 0.7 倍
2013 年 7 月	全面取消金融机构贷款利率限制措施
2014 年 11 月	调整存款利率上限至基准利率的 1.2 倍
2015 年 3 月	调整存款利率上限至基准利率的 1.3 倍
2015 年 5 月	调整存款利率上限至基准利率的 1.5 倍,外币小额存款利率全面放开
2015 年 10 月	存款利率浮动上限完全放开,利率市场化基本完成

(五)人民币汇率形成机制

完善的人民币汇率形成机制,可以保证人民币币值在均衡合理的水

① 央行通过调整再贴现率和公开市场业务操作等货币政策工具调控市场利率的传导机制还需进一步完善。

平范围内双向浮动，对于人民币外汇交易市场的发展壮大具有重要的意义。

2005 年 7 月 21 日，中国人民银行宣布改革汇率形成机制，放弃盯住美元的固定汇率制度，实行参考一篮子货币的有管理的浮动汇率制。此后，人民币对美元汇率开启单边升值趋势。2008 年底，全球金融危机的爆发，为防止跨境资本的无序流动对国内金融市场的冲击，人民币汇率市场化改革机制暂停。待国际经济金融形势大体稳定后，中国人民银行于 2010 年 6 月 19 日再次启动人民币汇率市场化形成机制，人民币兑美元汇率弹性不断增强。5 年多来，中国人民银行通过采取逐步扩大人民币兑美元日均波动幅度、取消金融机构对客户外汇买卖价格管制、完善人民币兑美元报价机制等一系列措施，中国人民银行基本退出了外汇市场常态化干预，让市场供求因素在人民币汇率形成机制中发挥主导作用。目前，人民币兑美元汇率的双向波动趋势进一步增强，这将有助于推动人民币兑美元远期、掉期等金融衍生品市场的发展。

另外，为促进双边贸易、便利跨境直接投资、降低汇率兑换成本，中国货币当局加快同其他国家金融合作，推出人民币同多国货币的直接交易，不再通过美元汇率进行套算。截止到 2015 年底，中国银行间外汇交易市场上可以同人民币进行直接交易的货币有 10 种，分别为美元、欧元、英镑、日元、瑞郎、澳元、新西兰元、新加坡元、卢布和林吉特。随着人民币国际使用范围的扩大，预计未来会有更多国家货币同人民币进行直接交易，在银行间形成有效的双边汇率市场。

表 7—3　　汇率市场化改革进程一览表

（截止到 2015 年底）

1996 年 12 月～2005 年 7 月	人民币实行盯住美元的固定汇率制度
2005 年 7 月 21 日	启动人民币汇率市场化改革，实行以市场供求为基础的有管理浮动汇率制，同日人民币兑美元汇率升值 2%
2008 年 7 月～2010 年 6 月	受全球金融危机影响，人民币重新事实上盯住美元
2010 年 6 月 19 日	重启人民币汇率市场化形成机制改革，参考一篮子货币进行调节
2012 年 4 月 16 日	人民币兑美元日均交易价格波动幅度由 0.5%扩大至 1%，商业银行对客户提供的美元外汇买卖价差波幅由当日汇率中间价的 1%扩大至 2%

续表

2014年3月15日	人民币兑美元日均交易价格波动幅度由1%扩大至2%
2014年7月12日	完全取消商业银行对客户提供的美元外汇买卖价差限制
2015年8月11日	银行间外汇市场开盘前人民币汇率报价主要参考上一日收盘价,结合国际市场主要汇率变动和外汇市场供求进行微调

三、"一带一路"战略与人民币国际化前景展望

2013年9月和10月,中国政府提出共建"丝绸之路经济带"和"21世纪海上丝绸之路"(简称"一带一路")的重大倡议,提议一带一路沿线国家加强区域政治、经济和文化交流合作,构建命运共同体,得到了相关国家的积极响应。根据商务部统计数据,2015年,我国对"一带一路"沿线国家累计直接投资额达到148.2亿美元,较上年同期增长18.2%,占当年我国对外直接投资总额的12.6%。我国从"一带一路"沿线国家获得对外承包工程项目合同3 987份,合同金额为926.4亿美元,同比增长7.4%,占同期我国获得的对外承包工程总合同额的44.1%。我国同"一带一路"沿线国家区域经济合作的深化和发展对我国在后全球金融危机时代培育新的经济增长点,加快经济转型升级具有重大的意义,同时也对我国加快推进人民币国际化步伐大有裨益。

(一)"一带一路"倡议的主要内容

"一带一路"包括海上丝绸之路和陆上丝绸之路经济带,起于中国,贯通亚洲、中东和欧洲部分地区,连接亚太和欧洲两大经济圈,一共包括65个国家和地区。"一带一路"合作的内容包括五个方面,分别是:政策沟通、设施联通、贸易畅通、资金融通和民心相通。

在政策沟通方面,由于沿线国家的经济发展阶段不同,政治文化结构存在差异,因此需要各国政府通过沟通交流,就区域经济合作的方向达成共识,化解消极因素,为共同建设经济和社会民生项目开启政策绿灯。

在设施联通方面,通过重点加强区域内的道路、桥梁、港口、管道、电力、网络、海关等一系列基础设施建设,为国家间贸易、投资、物流和人员流通打开方便之门。

在贸易畅通方面,"一带一路"沿线多数为发展中国家,而我国传统的贸易对象国是欧盟、美国和日本等发达国家。通过消除区域内的各种贸易和政策壁垒,深入挖掘同区域内国家之间的贸易和投资潜力,实现经济贸易共同发展。

在资金融通方面,项目的建设需要资金的投入,因此需要通过亚洲基础设施投资银行、新开发银行、丝路基金等区域性金融机构为项目投资注入资金,同时加强同世界银行、亚洲开发银行等国际和区域性金融机构合作,吸引民间资本进入,共同支撑"一带一路"建设。

民心相通方面,通过加强区域内人文交流,增进彼此之间的合作,为区域经济合作获取民众的支持和理解。

"一带一路"倡议的目标在于通过加强在以上五方面的合作,构建区域内利益、责任和命运共同体,实现区域内共同繁荣发展。

(二)"一带一路"建设给人民币国际化带来的重大机遇

"一带一路"建设在增进区域内人民共同福利的同时,也给人民币国际化带来了难得的发展机遇。

在货物贸易方面,我国和"一带一路"沿线众多国家之间的国际贸易已经有了长足的发展。然而,由于企业使用惯性和美元的国际影响力,现阶段区域内的国际贸易主要采用美元进行结算。这不仅增加了双边贸易的汇率波动风险,还会增加企业的汇率兑换成本。中国人民大学《2015人民币国际化报告》的研究表明,人民币汇率波动的增加会显著抑制中国同"一带一路"沿线国家的商业活动。

随着人民币国际化的推进,中国政府同"一带一路"沿线国家将签署越来越多的双边货币互换协议和本币结算安排,中国同区域内国家使用人民币替代美元进行贸易结算已经具备了现实可行性。"一带一路"建设可以扩大人民币在区域内的使用范围,而且通过使用人民币结算规避汇率风险,降低交易成本,可以进一步促进区域贸易的繁荣发展。

在推进货物贸易人民币计价结算的过程中,可以重点考虑推进大宗商品人民币计价结算。目前,俄罗斯因为乌克兰危机受到欧美国家的经济和金融制裁,其国内公司无法获得足够的美元和欧元融资支持。而中国是俄罗斯石油、天然气等大宗商品的重要出口对象国,这为人民币国际化提供了难得的契机。通过与俄罗斯加强合作,推进同俄罗斯在石油和天然气等初级商品跨国交易中使用人民币和卢布计价结算,并以此为突破口,推动中亚和中东部分国家在石油和天然气等商品交易中使用人民币计价结算,将会使得人民币在区域内的影响力得到增强。此外,人民币成为大宗商品的计价结算货币,还可以刺激其他大宗商品进口国对人民币的需求,增强其他国家在一般贸易中使用人民币进行计价结算的意愿,提高其他国家央行将人民币纳入储备货币的动力,这对人民币全面实现计价、结算、投资和储备功能具有重要意义。

在投资方面,"一带一路"沿线大多数属于发展中国家,尚未完成工业化进程,对基础设施建设有较大的现实需求。中国在道路、桥梁、工程建筑、高铁等重大基础设施建设方面有丰富的经验和较强的国际竞争力。通过推动同"一带一路"相关国家在基础设施建设中使用人民币计价结算,鼓励相关企业和金融机构通过发行人民币计价的国际债券筹集资金,不仅可以避免国内投资企业货币错配的风险,增强人民币的国际投融资功能,还可以带动国内相关基建设备的出口和劳务人员的对外输出,有利于化解我国国内企业的过剩产能,促进产业结构的优化升级。

此外,中国还可以同"一带一路"沿线国家加强合作,在当地设立产业园区,吸引国内存在对外投资设厂意愿的企业进驻,通过形成聚集优势,在当地市场获得发展先机。产业园区的发展壮大会促使当地产生对产业并购重组、跨境理财、资金结算、投资贸易融资等众多人民币金融服务需求,这会刺激人民币在境外资本和金融项目的国际使用,并推动人民币离岸金融业务的发展。

在电子商务方面,作为一项新兴贸易方式,电子商务在全球发展迅速,中国目前已经成为全球最大的电子商务市场。通过支持人民币在跨境电子商务中的使用,会增加跨境人民币计价结算业务。发展同"一带一路"国家跨境电子商务业务对相关国家的通信、网络、物流和电商平台等基础设施方面有较高的要求,这也会催生对中国相关科技公司、电子商务企业的业务需求,带动我国服务贸易的发展。另外,与"一带一路"国家发展国际电子商务,离不开政府层面的合作。通过相互改善通关和物流条件,消除贸易壁垒,可以为跨境电子商务的发展提供良好的外部环境。因此,加强与"一带一路"国家进行跨境电子商务合作,将会为人民币跨境计价结算业务的发展提供新的机遇。

当然，人民币国际化的发展也会面临一些现实条件的制约。首先，国内金融机构海外分支机构不完全覆盖相关国家和地区，人民币计价金融产品创新不足；其次，由于结算货币使用的惯性和转换成本，海外企业对人民币的接受度不够高；再次，在全球量化宽松的背景下，人民币贷款利率相对美元、欧元等国际化货币过高，对融资企业缺乏足够的吸引力；最后，海外人民币回流渠道尚不够健全，国内资本市场对外开放度不足。"一带一路"建设中人民币国际化所面临的挑战，需要中国在进一步推进"一带一路"建设、促进跨区域经贸合作一体化，以及推动中国经济的持续发展中加以解决。只有中国经济成功实现转型升级，综合国力不断提高，人民币才能媲美美元，成为具有全球影响力的国际货币。

参考文献

[1]BIS."Triennial Central Bank Survey Foreign exchange turnover in April 2013：Preliminary Global Results"，BIS Basel，Swiss：Bank for International Settlements，2013.9：1—22.

[2]BIS. "Triennial Central Bank Survey Foreign Exchange Turnover in April 2016"，BIS Basel，Swiss：Bank for International Settlements，2016.9：1—21.

[3]姜波克.国际金融新编[M].上海：复旦大学出版社，2012.

[4]中国人民大学国际货币研究所.人民币国际化报告(2013)[M].北京：中国人民大学出版社，2013.

[5]中国人民大学国际货币研究所.人民币国际化报告(2014)[M].北京：中国人民大学出版社，2014.

[6]中国人民大学国际货币研究所.人民币国际化报告(2015)[M].北京：中国人民大学出版社，2015.

[7]中国人民大学国际货币研究所.人民币国际化报告(2016)[M].北京：中国人民大学出版社，2016.

[8]中国人民银行.人民币国际化报告(2015)[R].北京：中国人民银行，2015.6：1—34.

第八章

国际金融组织

随着金融市场全球化的发展，单个国家金融市场与国际金融市场的联系不断紧密，其金融市场受到全球金融市场的影响越来越大，从全球视角多市场入手的监管愈发重要。国际性金融组织在全球金融市场中的重要性不断增强，国际金融组织肩负着维护国际金融市场稳定的重任。目前，重要的全球性金融组织主要有：国际货币基金、世界银行。同时，一些旨在维护地区金融稳定和经济发展与合作的地区性金融组织不断涌现，其中有：欧洲稳定机制、清迈倡议、拉美地区南方银行、北美框架协议、阿拉伯货币基金、金砖国家新开发银行、亚洲基础设施投资银行等。

第一节　主要国际性金融组织的任务与成效

在国际性金融组织中，世界银行和国际货币基金组织相互补充，自成立以来对国际金融稳定起到了重要的作用。二者均是根据 1944 年 7 月布雷顿森林会议的决定，于 1945 年 12 月 27 日同时成立的，总部设于华盛顿，均是联合国下属专门机构。它们是第二次世界大战后美国和欧洲维护新秩序的产物，欧美达成默契，世界银行行长由美国人担任，国际货币基金组织总裁由欧洲人担任，且这一惯例延续至今。世界银行和国际货币基金组织成立以后，对维护全球经济秩序、促进国际金融稳定起到了非常重要的作用，也是目前全球金融合作中最重要的国际组织。同时，随着国际金融市场的发展，各国金融市场联系日益紧密，金融系统的脆弱性日益明显，国际性金融组织维护全球金融稳定的功能愈发突出。

一、世界银行

世界银行目前拥有 188 个成员国，是世界上最大的发展援助机构之一，其使命是与世界各地的贫困做斗争，帮助它们兴建某些建设周期长、利润率偏低的重要项目，提高发展中国家人民的收入水平。世界银行由先后成立的国际复兴开发银行（IBRD）和国际开发协会（IDA）组成。国际复兴开发银行的主要职责是通过贷款、担保、风险管理产品以及其他服务，维护贫困国家的经济发展。国际开发协会则主要通过贷款和赠款，减少贫困并改善落后国家人民的生活水平。按照世界银行的宗旨，当前世界银行的主要作用是向发展中国家提供长期项目贷款和技术协助来帮助这些国家实现它们的反贫穷政策。

长期以来，世界银行在减少贫困、促进发展中国家经济发展等方面作出了巨大贡献。但是，由于各种因素的影响，世界银行仍然面临一些问题：

首先，贷款供需不平衡。世界银行是按股份公司的原则建立的，且采用加权投票制，其在提供贷款时既要考虑发展中国家减贫的需要，同时要兼顾股东的利益，这使世界银行的贷款供给选择具有歧视性，最终导致其贷款供给和需求存在一定程度的不平衡。虽然贫穷落后的发展中国家是世界银行的主要贷款援助对象，但是基于对回报的考虑，世界银行会选择投资回报率高、经济发展潜力大、政治环境比较稳定的发展中国家，贷款的发放往往与其“减少贫困”的目标有一定的脱离。

其次，债务问题突出。基于世界银行减少贫困的目标，其部分贷款贷给发展中国家特别是重债穷国和最不发达国家，但是这些国家外债的增长速度比 GDP 增长速度还快，它们已经债台高筑，无力偿还世界银行的贷款。目前,延长还款期限只能帮助那些在短期存在偿还困难的国家,而那些重债穷国和最不发达国家仍然还不起债务。世界银行认为,继续提供贷款是目前解决债务问题的最好方法,通过提供贷款促进经济发展从而解决债务问题。但是,对于一些国家而言,继续提供贷款只能使世界银行面临更多的债务问题。

再次,美国在世界银行占据主导地位。目前,美国垄断了世界银行行长的位置,同时拥有独家否决权,虽然近年美国迫于各方压力开始降低其在世界银行的投票权数,但其时常干扰世界银行的决定,以对自己有利。

在2008年全球金融危机爆发后,世界银行积极推行政策,稳定全球经济,主要包括增加贫困国家的贷款供给,对遭受危机的国家提供咨询,加大推行全球贸易自由化的力度等,对全球经济复苏起到了重要作用。当然,经济的复苏是一个漫长的过程,世界银行针对各国经济复苏的差异化程度提出针对性的措施。其中,2012年,土耳其有超过1 200家中小企业获得了世行的贷款支持,以应对金融危机下的流动性紧缩。另外,自2009年起,世行为59个国家提供了债务管理方面的技术援助。对最贫困国家,世行通过重债贫困国(HIPC)倡议和多边减债倡议(MDRI)对这类国家进行了债务减免。2012年,科摩罗、科特迪瓦和几内亚三个国家通过这些项目获得了全额债务减免。2013年度,对于受2008年金融危机影响最大、复苏缓慢的欧洲和中亚地区,世界银行为该地区批准援助项目43个,共计55亿美元,其中IBRD贷款47亿美元,IDA承诺资金7.98亿美元。同时,世行与该地区13个国家签署了36项可补偿咨询服务(RAS)协议。

全球金融危机的爆发表明,金融抗风险能力的国际标准需要加强。世界银行在就这些标准的建立,帮助成员国适应该标准而努力。2014年,银行与国际货币基金组织一起开展了10个金融部门评估项目审议,帮助各国发现并纠正各自金融体系的脆弱性。与20多个国家合作共同针对这些领域开展国家风险评估,并设计了降低潜在脆弱性的战略。2015年度,世界银行继续增加IBRD贷款和IDA资金。世界银行针对最贫困国家的资金窗口IDA做出了162亿美元的资金承诺。世界银行近年不断增加贷款规模,对全球经济在金融危机后的复苏起到重要作用。

二、国际货币基金组织

国际货币基金组织(IMF)是世界上国际货币合作的核心组织，目前拥有188个成员国。世界上几乎所有国家都在IMF中协同合作促进共同利益。IMF负责监督国际货币体系以确保其有效运行。其运行宗旨主要包括：促进国际货币合作，为国际货币问题提供解决方法；保持汇率稳定并推动国际贸易增长；协助成员国建立制度，减少外汇管制；在一定条件下，帮助成员国纠正国际收支的失调。

IMF的主要作用包括：维护成员国宏观经济稳定，促进经济增长，缓解贫困；对面临国际收支困难的成员国在必要时提供紧急资金融通，避免其他国家受其影响；维护国际间的汇率秩序；促进国际经济一体化的步伐；应成员国请求帮助其实施稳健的经济政策提供技术支持和培训，并为成员国提供有关国际货币合作与协商等会议场所；制定成员国间的汇率政策和经常项目的支付规则，并进行监督。

IMF经历了多年的发展，目前仍然面临一定的制度缺陷和问题：首先，IMF的组织机构由美国及欧盟控制，其他国家话语权较小，导致IMF主要维护西方国家利益；其次，IMF份额分布和治理结构中的权力过于集中，这与经济全球化相违背，由于IMF的基金份额和投票权分配不合理，美国拥有一票否决权，所以其极力维护美元作为主要国际储备货币的霸权地位，忽视其他国家货币的作用；最后，不平衡、单一的国际货币体系导致IMF调节国际收支平衡的能力不足，全球国际收支严重失衡，IMF无法充分发挥作用。

美国次债问题演化为全球性金融危机，IMF对此并未有预期，这使得国际社会开始怀疑IMF在全球金融治理和预测方面的能力。早在20世纪末亚洲金融危机发生时，IMF对于国际金融风险的预测和危机的应对能力就受到国际社会的质疑。在2008年全球金融危机期间，IMF创设短期流动性贷款机制，使执行稳健经济政策但面临流动性困难的经济体可以迅速得到贷款。同时，向信用良好但陷入经济困境的新兴经济体提供紧急贷款，帮助其度过金融危机。然而，这些“亡羊补牢”的措施并没有减少社会对IMF的质疑，各国要求IMF进行改革的争论不断。

随着金融市场全球化的发展，国际金融危机的预防与治理不再是单个国家可以应对的，需要国际社会的相互配合才能有效。未来IMF改革主要是出资份额和投票权向新兴经济体的转移，以及金融监管和危机的预防等方面。首先，改革份额与投票权的不均衡问题。早在2010年IMF就已经提出了份额和治理改革方案，这一方案旨在提高新兴经济体的出资份额和投票权，但是由于美国一直反对，直到2015年12月，美国国会才通过了该方案。该方案执行后，新兴市场将比从前增加超过6%的IMF份额，中国、巴西、印度、俄罗斯等新兴市场国家将跻身IMF前十大成员国。根据这一修正案，中国的投票权从3.8%提高至6.071%，而美国的投票权份额从16.72%微降至16.47%，同时保留其一票否决权。从这一结果可知，虽然经历了改革，但是欧美等国家仍然对IMF有着绝对的控制权，要增强新兴经济体在IMF的影响力需要更大的变革。其次，加强监管并增强救助机制的权威性和有效性。IMF以提供贷款为主要救助机制，并以贷款为条件迫使危机国纠正在IMF判断下来是错误的经济政策，并进行必要的结构改革。通过这一机制，IMF希望能够控制危机的扩大和蔓延，并对危机国经济结构进行调整使其经济恢复良性发展。但是，由于一些发达国家凭借其在IMF的权力，利用救助机制为其谋取利益，而部分权力较弱的新兴经济体则不能通过这一机制为本国经济的发展提供帮助。因此，增强新兴经济体的决策权力是提高IMF救助机制有效性和权威性的必要条件。

2008年全球金融危机后，国际货币基金组织作为最重要的国际金融组织，为危机后各国金融市场的恢复和金融市场制度的建设提供支持。2012年，IMF通过依托各种多边和双边监督机制的评估，通过政策与金融支持积极与成员国展开合作，协助成员国识别系统性风险，设计政策以应对国内和全球金融稳定所面临的威胁。

2014年，IMF春会中制定了全球政策议程，加强了政策的一致性和政策制定者之间的合作。当年，基金组织通过减贫与增长信托向60个成员国提供的优惠贷款共计61亿特别提款权(95亿美元)。IMF在重债穷国倡议下共提供了26亿特别提款权的债务减免，在多边减债倡议下共提供了23亿特别提款权的债务减免，包括向两个非重债穷国提供的债务减免。

2015年，IMF在提升自身的灵活性、一体化评估视角和以成员国为重心等方面，为各成员国提供支持，来维护金融市场稳定。灵活性主要是指 IMF 采取灵活的金融手段帮助成员国避免危机，其中包括 2015 年为受大宗商品价格下跌和自然灾害影响的国家提供资金。一体化方面主要体现在从全球视角评估成员国的溢出效应，尤其是中国再平衡和全球大宗商品价格低迷带来的影响。以成员国为重心，主要体现在 2015 年 IMF 执董会重新调整并扩大特别提款权篮子货币，将人民币纳入其中，且指派专门工作人员与中国合作，以便在 2016 年 10 月完成向新特别提款权篮子的顺利过渡。

从近年 IMF 对促进全球金融稳定所采取的措施来看，IMF 更加注重从全球角度建设国际金融制度。

第二节 主要地区性金融组织的任务与成效

一、欧洲稳定机制

2009 年，希腊主权债务危机爆发，随后葡萄牙、西班牙、爱尔兰、意大利纷纷陷入债务危机，欧元区经济面临战后以来最为严峻的时期。为防止危机进一步蔓延，欧盟同欧洲央行(ECB)和 IMF 等国际金融机构，提出了诸多救助方案和措施，并成立临时组织——欧洲金融稳定机制(EFSM)和欧洲金融稳定基金(EFSF)，对遭受危机的国家分别实行了贷款救助，对遏制债务危机蔓延起到了积极的作用。但限于这些政策和组织的临时性，并没有真正解决欧元区债务危机的根本性问题。为进一步解决欧洲债务问题、稳定金融市场，2011 年 3 月，欧洲峰会批准成立欧洲稳定机制(ESM)，总部设在卢森堡。ESM 的认缴资本总计达7 000亿欧元，其中包括 800 亿欧元的现金和6 200亿欧元通知即缴资本。2012 年 10 月 8 日，欧洲稳定机制正式生效，其扮演欧元区"最后贷款人"的角色，ESM 的主要救助方式是向欧元区处于债务危机状态的成员国提供贷款援助，且大多以低利率的中长期贷款为主。另外，ESM 还拥有多种危机援助工具和方式，比如，提供预防性金融资助，直接参与一级市场或二级市场等。

自成立以来，ESM 先后对希腊、西班牙和塞浦路斯进行了援助，且取得了较好的援助效果，这要归功于 ESM 创新性的制度设计：首先，ESM 是一个永久性的国际组织，具有国际组织的法律地位，并依据国际条约正式建立。其次，ESM 有充足的资本金，能够为成员国提供强大的流动性援助。再次，ESM 提供多种较灵活的援助工具，能够从多方面对成员国实施直接或间接的救助。最后，ESM 成员国必须通过《欧洲财政条约》，且申请援助必须向 ESM 提交严格的经济结构改革和财政紧缩计划，可见 ESM 是建立在加强欧元区财政纪律的基础上的。

同时，ESM 也显现出一些问题：首先，成员国构成复杂，经济结构差异较大，发展水平参差不齐，国家权重差异较大。其中，德、法出资比例较大，导致决策权掌握在德、法手中。其次，ESM 的附加条款严格，成员国要申请贷款会丧失部分经济和财政的自主权，降低其对经济的控制能力。最后，在面对多国大额资金需求的条件下，作为长效机制的 ESM 能否覆盖债务融资总规模，以及通知即付资本能否按时到位都存在着不确定性。如 2013 年，"欧猪五国"的债务融资需求突破7 000亿欧元，已经超过了 ESM 的援助能力。

从短期看，ESM 的建立缓解了欧元区成员国的债务危机，遏制了欧债危机的蔓延，有利于欧元区的经济发展和金融稳定。从长期来看，ESM 在一定程度上克服了欧元区分散的财政政策问题，加强了欧元区的财政纪律，有助于推进欧洲货币一体化进程。

二、清迈倡议

在受到 1997 年亚洲金融危机冲击后，2000 年 5 月，东盟 10 国和中、日、韩 3 国(即"10+3")的财长在泰国清迈共同签署了建立区域性双边货币互换机制，即清迈倡议(CMI)，旨在应对短期流动性冲击。2009 年，该机制发展为清迈倡议多边机制(CMIM)，由双边互换机制扩展为多边互换机制，并于 2012 年增至2 400亿美元规模的非正式"流动性储备池"，与 IMF 的挂钩部分也缩减为 70%。在危机的管理和预防方面，CMIM 引入稳定机制和预防线；在运行机制方面，CMIM 成立宏观经济研究办公室，在稳定期与危机期分别扮演不同角色。清迈倡议被认为是衡量亚洲经济一体化潜力的指标，其具有独特的地区特点，是亚洲在推进区域金融一体化过程中探索出的一体化模式。

自清迈倡议提出以来，经过不断的发展以及危机的检验，目前清迈倡议主要表现出以下几个问题：首先，虽然CMIM在2012年把"流动性储备池"规模增加至2 400亿美元，但与危机时各国的资金需求相比，份额仍较小。其次，该机制与IMF70%救助份额挂钩，会使危机国家直接求助于IMF而不求助于CMIM，2008年韩国出现大规模资本外流，作为清迈倡议的成员国，韩国政府直接求助于IMF。另外，CMIM的自身机制仍不完善，这主要体现在：CMIM中执行机构AMRO的职能有限，主要是因为"流动性储备池"的非正式性。实际上，各国出资都是各自分散管理，只在危机出现时才集中交出，这表明CMIM的资金是以约定的形式存在的，并没有形成真正的储备池，也不能实现财务独立，所以AMRO很难利用这些资金有效履行其管理和监控职能。最后，CMIM内部成员和外部力量都存在不确定性。中国和日本作为出资最多的两个成员国，自清迈倡议成立以来对各自出资份额和影响力的竞争就一直存在。目前，中国和日本出资各占32%，投票权也各为28.41%，为两个最大的股东。中、日影响力之争影响了CMIM的发展速度。CMIM具有较强的地域性，这导致欧美等国家在东亚的金融影响力减弱，会导致其对CMIM施压；另外，如果CMIM继续缩小与IMF救助金额的挂钩，IMF同样可能会抵制CMIM的发展。未来，在东亚经济金融一体化的大趋势下，亚洲各国的联系将更加紧密，建立亚洲货币基金也将会受到重视，目前的CMIM可以作为亚洲货币基金的雏形。

三、拉美地区南方银行

南方银行是南美7国于2009年9月在委内瑞拉参加第二届南美洲和非洲首脑会议时正式签署成立的，启动资金为200亿美元。由巴西、阿根廷、委内瑞拉、乌拉圭、厄瓜多尔、玻利维亚和巴拉圭7个南美国家组建。其宗旨是为南美各国融资提供便利，同时摆脱国际货币基金组织和世界银行通过提供贷款对南美国家经济决策权施加影响。南方银行的建立，将为南美各国在融资方面提供便利，有助于推动南美地区经济一体化的进程，促进南美国家经济独立，摆脱对发达国家的经济依附。

南方银行成立后，迟迟没有投入运营，主要是在一些问题上未达成一致：首先，各成员国的具体出资额还未达成一致，存在按各国经济实力分摊启动资金和平均分摊资金两种观点。另外,在投票权问题上也存在相似的问题,参考国际惯例,世界银行和国际货币基金组织均是出资越多的国家拥有越大的投票权,但是南方银行是否各国应该平等拥有投票权还是根据出资比例拥有加权投票权,这一直处于争论之中。其次,南方银行的具体性质还不明确。如是否需要其兼具政策性银行和金融管理机构的作用,二者之间的关系如何协调等。另外,南方银行还受到国际社会的制约,特别是美国的干预,美洲已经有美国主导的美洲开发银行,其不愿看到这里再出现一个与之相抗衡的金融机构。最后,南方银行各成员国之间的矛盾和成员国经济发展水平较低,南美洲国家如果不能求同存异,加强团结合作,那么南方银行正式启动仍将面临巨大阻力。

四、北美框架协议

北美框架协议以《北美自由贸易协定》为基础,是由美国、加拿大、墨西哥于 1994 年 4 月共同签订的融资协议。它是一个双边货币互换网络,将美国、加拿大、墨西哥以往两国之间的双边货币互换协议汇集,并增加了双边协定的规模。该协议为成员国的中央银行提供流动性支持,从而转移北美自由贸易区内经济一体化所带来的汇率压力和金融不稳定性。除此以外,三国还设立了磋商机制——北美融资工作组,三国财政部和中央银行的官员每年聚会讨论宏观经济和金融问题,为北美地区经济发展和金融稳定提供对策。北美框架协议在 1994 年 12 月墨西哥比索危机初期曾启用,用以补充墨西哥的流动性,减小危机对墨西哥的冲击。

另外,由于美国在国际货币基金组织的主导权,国际货币基金组织在稳定北美金融秩序中也起着独特的作用,与北美框架协议共同维护北美三国金融市场的稳定。北美框架协议是北美金融合作中表现最佳的区域性公共产品。

五、阿拉伯货币基金组织(AMF)

1975 年 2 月,在巴格达举行的阿拉伯各国中央银行行长全体会议和阿拉伯经济统一委员会中央银行行长第七次会议上通过成立阿拉伯货币基金组织,该组织与国际货币基金组织、世界银行、欧盟中央银行和美联储等金融组织合作密切。阿拉伯货币基金组织下属的经济政策学院为阿拉伯国家培养经济、金融人才，由国际著名专家任教。

该组织的宗旨是通过提供援助和优惠贷款的手段，帮助各成员国克服国际收支不平衡和财政赤字，稳定各成员国之间的货币汇率和消除货币支付的限制，使所有成员国获得经济和社会的均衡发展，实现阿拉伯经济一体化，促进阿拉伯金融市场的发展。

阿拉伯货币基金组织的主要职责有：向国际收支出现逆差的成员国提供贷款；协调成员国的货币金融政策；管理成员国存放的资金，并提供制订货币计划和外汇改革方案等技术援助。阿拉伯货币基金组织发布报告显示，自成立到 2015 年底，该组织已经累计向阿拉伯成员国提供了 120 亿美元的贷款，对阿拉伯国家的经济稳定起到了重要作用。

第三节 在中国设立的国际性金融组织概况

一、金砖国家新开发银行

金砖国家新开发银行(New Development Bank BRICS，新开发银行，俗称金砖银行)是在 2012 年提出的。2014 年 7 月 15 日，在金砖国家领导人第六次峰会上，五国领导人在巴西签署《福塔莱萨协议》，决定成立“金砖银行”。2015 年 7 月 21 日，该银行正式开业，总部设在上海，这也是国际金融组织首次将总部落户中国。印度人瓦曼·卡马特被任命为首任银行行长，任期为 5 年。之后将按巴西、俄罗斯、南非、中国的顺序轮流产生行长。金砖银行的宗旨是支持金砖国家及其他新兴市场和发展中国家的基础设施建设和可持续发展；银行的核定资本为1 000亿美元，初始认缴资本为 500 亿美元，认缴资本在金砖国家之间平均分配；银行创始成员为 5 个金砖国家，银行成立后将吸收新成员加入。

金砖银行的建立对国际金融体系主要有以下几方面影响：

首先，对世界银行和国际货币基金组织的业务造成冲击。主要是因为金砖银行的业务范围与世界银行和国际货币基金组织的业务范围几乎一致，如果金砖银行把贷款利率确定得低于世界银行和国际货币基金组织提供贷款所要的利率，那么必然会争取到一部分市场。金砖银行打破了由欧美主导的国际经济秩序构建模式，有助于在更加公平、民主的基础上构建新的国际经济秩序。

其次,金砖银行让世界各国的借贷行为更为公平化。无论是在世界银行还是在国际货币基金组织中,金砖五国的投票权总和都不及美国一国的投票权大。这使得金砖五国基础设施建设等大型项目申请贷款面临较大困难,并且世界银行和国际货币基金组织的放款条件比较苛刻。所以,金砖银行的成立便利了金砖国家基础设施建设的贷款需求,同时也能更好地帮助发展中国家的经济建设。

最后,金砖银行将会对传统的由西方国家掌控的全球金融格局造成冲击。世界银行和国际货币基金组织的权力主要是由欧美所掌握,本质上是为欧美国家服务的。在金砖银行成立后,扩大了发展中国家申请贷款的途径,降低了发展中国家获取贷款的门槛。金砖银行改善了发展中国家申请贷款的条件,对整个全球金融格局产生一定的冲击。

金砖银行对中国的影响主要有两方面:一方面,使中国的银行更加国际化,同时推动人民币的国际化。金砖银行的成立增加了金砖银行参与国际金融和贸易的频率,推动了金砖国家银行与世界其他银行的交流。特别是金砖银行总部设在中国上海,拉近了中国的银行与国际金融组织的距离,推动中国的银行国际化。同时,传统的国际贸易以美元为主要的结算货币,给我国的贸易带来诸多不便。金砖银行的成立,推动了金砖国家货币在国际贸易结算上的使用频率和数额,增强了人民币对国际金融市场的影响力,推动了人民币的国际化。另一方面,消化我国国内的过剩产能。经过多年的经济发展,我国制造业得到了飞速发展,部分产业的产能从不足发展为过剩。特别是在基础设施建设领域,钢铁和水泥都出现了严重过剩的局面,中国需要把这些过剩的产能输出到其他国家,特别是需要加大基础设施建设的落后国家。这不但可以帮助这些国家发展基础建设,同时也能转移中国过剩的产能。但是大部分落后国家缺乏资金进行基础设施建设,而金砖银行让这些国家看到了希望。同时,也为中国的过剩产能找到了市场。

当然,目前金砖银行建设中仍然面临许多问题,其中主要的问题有:首先,金砖五国的国情差异较大。金砖银行是由中国、俄罗斯、巴西、南非和印度五国组成,但是五国的经济发展情况和政治环境差异较大,在不同文化、不同历史、不同国情的条件下如何进行有效的合作是其面临的重要困难之一。另外,欧美等西方发达国家对金砖银行的发展有一定的制约。金砖银行冲击了世界银行和国际货币基金组织的业务,削弱了欧美对国际金融市场的影响力。但欧美等发达资本主义国家对全球金融领域控制已久,根深蒂固,仅靠金砖五国的现有影响力对抗欧美发达国家还不太可能。所以金砖银行面临世界银行和国际货币基金组织的挤压,要抢占市场求得发展还有很多困难。

二、亚洲基础设施投资银行

亚洲基础设施投资银行(Asian Infrastructure Investment Bank,简称亚投行,AIIB)是一个政府间性质的亚洲区域多边开发机构。2013 年 10 月 2 日,习近平主席提出筹建亚投行。2014 年 10 月 24 日,中国、印度、新加坡等 21 个首批意向创始成员国在北京签约,共同决定成立亚投行。2015 年 4 月 15 日,亚投行意向创始成员国确定为 57 个,其中亚洲区域内国家 37 个,亚洲区域外国家 20 个,并定于 2016 年 1 月在北京正式启动运行。亚投行由中国倡导设立,是政府间性质的亚洲区域多边开发机构,重点支持基础设施建设。亚投行法定资本为1 000亿美元,初始认缴资本目标为 500 亿美元左右,实缴资本为认缴资本的 20%。亚投行投资的重点领域包括能源、交通、农村发展、城市发展和物流五大方向。亚投行的宗旨在于:促进亚洲区域的建设互联互通化和经济一体化的进程;加强中国及其他亚洲国家和地区间的合作;重点支持亚洲基础设施建设。

亚投行对中国既有积极的影响,也存在不利因素。积极影响主要包括三方面内容:首先,促进国内的基础产业发展,消化过剩产能,特别是促进钢铁、水泥等产业的出口,推动中国经济结构优化和产业升级。其次,在亚投行推动基础产业发展的同时,拉动与基建有关股票的增长,特别是基建、核电、高铁等 A 股市场上蓝筹股的增长,对整个 A 股市场有一定的拉动作用,促进 A 股市场的发展。最后,作为亚投行的最初倡议国,亚投行的成立能增强中国经济在亚洲地区乃至世界经济中的地位,提高中国在国际政治经济中的话语权,推动人民币的国际化。亚投行的成立给中国带来的负面影响包括两个方面:一方面,会减少中国的外资投资规模,亚投行注重对亚洲新兴国家的基础设施投资,会提升这些国家在国际市场上的竞争力，近年随着我国劳动力成本的不断上升，已出现部分外资投资转移到东南亚。随着亚投行的成立，东南亚国家对外资会更具吸引力，导致中国的外资投资减少。另一方面，亚投行的资金池是美元，中国作为亚投行的主导国家对亚投行的投资会消耗中国较多的美元储备。并且，亚投行针对基础设施投资，这类投资一般具有周期长、资金量大的特征，且资金流动性差。

三、中国与国际金融组织之间的关系

1980 年，中国正式恢复其在世界银行和国际货币基金组织中的合法席位。随着中国经济和金融的发展，在国际金融组织中的地位不断提升。2010 年 4 月 25 日，世界银行发展委员会春季会议通过了改革方案，中国在世行的投票权从 2.77％提高到 4.42％，成为世界银行第三大股东国，仅次于美国的 15.85％和日本的 6.84％。2015 年 11 月 30 日，国际货币基金组织执董会通过了 SDR 审查报告，将人民币纳入 SDR 货币篮子，于 2016 年 10 月 1 日生效。生效后，SDR 货币篮子中美元、欧元、人民币、日元、英镑 5 种货币的权重将分别为 41.73％、30.93％、10.92％、8.33％和8.09％。中国在这两大国际金融组织中的话语权不断提高，加强了中国与国际金融组织之间的联系，中国从一个参与者逐步向国际金融秩序的建设者转变。

在不断增大在国际性金融组织中话语权的同时，中国也积极参与地区性国际金融组织的建立。其中，金砖银行和亚投行的总部均设立在中国。特别是，亚投行是第一个由中国首先倡议并主导建立的国际性金融组织，亚投行的建立完全体现了这一时期中国经济金融发展的需要，同时也对推动中国在国际经济中的地位以及人民币在国际市场中的地位起到重要的作用。随着中国金融市场的发展，在国际金融组织中的地位将会进一步上升，在国际金融事务中的话语权也会随之增强。中国将从国际金融的参与者逐步向领导者转移。

参考文献

[1]European Central Bank. “The European Stability Mechanism”, *Euro-*

pean Central Bank Monthly Bulletin,July,2011.

[2]European Stability Mechanism, Annual Report. *European Stability Mechanism*,2013.

[3]New Development Bank BRICS,Agreement on the New Development Bank,http://www.ndbbrics.org/index.html.

[4]International Monetary Fund,IMF Annual Report 30 June 2013,http://www.imf.org/external/pubs/ft/ar/2013/eng/pdf/ar13_eng.pdf.

[5]International Monetary Fund,IMF Annual Report 30 June 2014,http://www.imf.org/external/pubs/ft/ar/2014/eng/pdf/ar14_eng.pdf.

[6]International Monetary Fund,IMF Annual Report 30 June 2016,http://www.imf.com.au/docs/default-source/site-documents/annual-report-30-june-2016.

[7]International Monetary Fund,IMF Annual Report 30 June 2015,http://www.imf.com.au/docs/default-source/site-documents/annual-report-30th-june-2015.

[8]World Bank,The World Bank Annual Report 2011.

[9]World Bank,The World Bank Annual Report 2012.

[10]World Bank,The World Bank Annual Report 2013.

[11]World Bank,The World Bank Annual Report 2014.

[12]World Bank,The World Bank Annual Report 2015.

[13]The Asian Infrastructure Investment Bank ,History of AIIB,http://www.aiib.org/html/aboutus/introduction/aiib/? show=0.

[14]The Asian Infrastructure Investment Bank ,Signing and Ratification Status of the AOA of the AIIB,http://www.aiib.org/html/aboutus/introduction/aiib/? show=0.

